LIBRAIRIE MILITAIRE.
J. DUMAINE, LIBRAIRE-ÉDITEUR DE L'EMPEREUR,
Rue et Passage Dauphine, 30.

ANNALES ALGÉRIENNES

NOUVELLE ÉDITION,

REVUE, CORRIGÉE ET CONTINUÉE JUSQU'A LA CHUTE D'ADB-EL-KADER ;

AVEC UN APPENDICE,

Contenant le Résumé de l'Histoire de l'Algérie de 1848 à 1854
et divers Mémoires et Documents ;

PAR

E. PELLISSIER DE REYNAUD.

3 vol. in-8°.—Prix : 21 fr.

Prospectus.

La France possède l'Algérie depuis bientôt 25 ans, cependant il n'existe encore qu'un seul ouvrage qui traite avec des développements convenables de l'histoire de notre belle colonie : c'est le livre de M. PELLISSIER, les *Annales Algériennes*; mais les trois volumes publiés s'arrêtent à la prise de Constantine, en 1837, et cette édition est complétement épuisée.

Depuis la chute d'Abd-el-Kader, on désirait vivement la continuation de ces Annales qui ont été reconnues d'une exactitude si scrupuleuse, qu'elles font autorité. Pour répondre à ce vœu, l'auteur en a préparé une nouvelle édition que nous donnons aujourd'hui. Cette nouvelle édition, par une heureuse combinaison, reste enfermée dans le même nombre de volumes que la première, bien qu'elle comprenne l'histoire politique, militaire et administrative de dix années de plus. Dans un Appendice, composé de sept articles, l'auteur traite successivement plusieurs questions importantes, et présente un résumé clair et précis des faits qui se sont produits dans la colonie depuis la chute d'Abd-el-Kader, ainsi qu'un tableau général de la situation en 1854.

Le travail de M. Pellissier s'offre au public avec toutes les garanties qu'il peut désirer. En effet, l'auteur a habité l'Algérie de 1830 à 1842, soit comme officier d'état-major, soit comme directeur des affaires arabes, soit comme membre de la commission nommée en 1839 pour l'exploration scientifique de l'Algérie. Depuis, il a rempli des fonctions consulaires dans les Régences de Tunis et de Tripoli, et a fait de fréquents voyages dans la colonie où il a conservé de bonnes et nombreuses relations. Enfin, des relations bienveillantes avec le département de la guerre lui ont permis de puiser aux sources officielles.

Sous le rapport de l'intérêt, de la manière lucide et attachante dont les faits sont groupés, de la complète indépendance d'esprit qui a présidé aux appréciations, nous avons tout lieu d'espérer que le Lecteur ne trouvera pas de différence entre les vingt-quatre livres déjà connus et les dix-neuf nouveaux qui portent à quarante-trois ceux de l'édition que nous lui offrons.

Cet ouvrage se trouve aussi à Alger, Librairie Bastide.

Paris.—Impr. de Cosse et J. Dumaine, rue Christine, 2.

ANNALES
ALGÉRIENNES.

Paris.—Impr. de Cosse et J. Dumaine, rue Christine, 2.

ANNALES ALGÉRIENNES

NOUVELLE ÉDITION,
REVUE, CORRIGÉE ET CONTINUÉE JUSQU'A LA CHUTE D'ABD-EL-KADER;

AVEC UN APPENDICE,
Contenant le Résumé de l'Histoire de l'Algérie de 1848 à 1854
et divers Mémoires et Documents;

PAR

E. PELLISSIER DE REYNAUD.

TOME PREMIER.

PARIS,
LIBRAIRIE MILITAIRE,
J. DUMAINE, LIBRAIRE-ÉDITEUR DE L'EMPEREUR,
Rue et Passage Dauphine, 30.

ALGER. — LIBRAIRIE BASTIDE.
Octobre 1854.

ERRATA DU TOME Ier.

Page 160, ligne 7, au lieu de *sur le sens*, lisez : *sur le centre*.
— 204 — 29, au lieu de *dans le second volume*, lisez : *plus loin*.
— 271 — 10, au lieu de *Des Turcs*, lisez : *Les Turcs*.
— 178 — 24, au lieu de *ou à peu de distance*, lisez : *on a à peu de distance*.
— 297 à la note, au lieu de *un yataghan*, lisez : *le yataghan*.

PRÉFACE.

Lorsque je commençai, en 1836, la publication des *Annales Algériennes*, mon intention était d'en faire une sorte de revue annuelle ou bisannuelle, divisée en deux parties, l'une purement historique, l'autre composée d'articles et documents détachés relatifs aux questions pendantes à l'apparition de chaque volume. L'ouvrage se poursuivit sous cette forme jusqu'en 1839. Mais des circonstances sans intérêt pour le lecteur et que, par conséquent, je dois passer sous silence, m'ayant depuis empêché de continuer cette publication, je me bornai, dans les années suivantes, à faire provision de matériaux, afin d'être en mesure de la reprendre plus tard. Pendant ce temps, la première édition s'est épuisée, de sorte que depuis plusieurs années elle n'est plus dans le commerce. Dans cet état de choses, au lieu d'ajouter un ou deux volumes à cette première publication, je me suis déterminé pour une nouvelle édition des *Annales Algériennes*, en les continuant jusqu'à la chute d'Abd-el-Kader. J'en ai supprimé la seconde partie qui, composée principalement de pièces n'ayant qu'un intérêt temporaire, relatif à la polémique du moment, serait sans importance dans celui-ci. Seulement, j'ai mis à la suite des Annales, qui s'arrêtent en 1847, un appendice qui mettra parfaitement le lecteur au courant des affaires de l'Algérie, depuis la chute du célèbre Émir, et lui en fera connaître la situation exacte en 1854. Cet appendice contient en outre trois mémoires sur les mœurs, les institutions sociales, la religion des habitants du nord de l'Afrique, et sur les causes qui firent disparaître le Christianisme de cette contrée.

J'ai habité l'Algérie, à peu près sans interruption, depuis 1830 jusqu'en 1842, soit comme officier d'état-major, soit comme directeur des affaires arabes, soit comme membre de la Commission scientifique créée en 1839. Depuis, j'y ai fait de fréquents voyages et n'en ai jamais été fort éloigné, ayant rempli des fonctions consulaires dans la Régence de Tunis et à Tripoli; enfin, j'y ai entretenu jusqu'à présent de bonnes et nombreuses relations et y ai toujours eu plusieurs membres de ma famille. J'ai donc été en position de voir et d'apprendre beaucoup de choses.

Plusieurs ouvrages ont été publiés sur l'Algérie depuis la première édition des *Annales Algériennes*, qui y ont été largement mises à contribution. Je ne m'en plains pas; cependant je dois rappeler à ceux qui, venant à lire mon livre après avoir lu une *Histoire de l'Algérie ancienne et moderne*, imprimée avec luxe et ornée de gravures, reconnaîtraient des pages entières qui leur auraient déjà passé sous les yeux, que ce n'est pas moi qui suis l'emprunteur : ces passages sont textuellement pris dans ma première édition. Cette manière d'écrire est assurément commode pour ceux qui l'emploient; mais j'avoue que j'aime mieux en subir qu'en faire l'application.

Paris, le 20 octobre 1854.

ANNALES ALGÉRIENNES.

LIVRE PREMIER.

Aperçu géographique, historique et politique sur la régence d'Alger.—Cause de la guerre de la France contre Alger.—Blocus.—Préparatifs de l'expédition.—Départ de l'armée d'expédition.

La partie de la Barbarie qui formait l'ancienne régence d'Alger occupe, au nord de l'Afrique, une longueur de côte d'environ deux cents lieues, depuis les frontières du Maroc jusqu'à celles de Tunis. La largeur du nord au midi en est assez indéterminée ; les géographes la poussent jusqu'au grand désert, quoique toute cette étendue de pays ne reconnût pas la domination des deys d'Alger. Cette contrée est sillonnée longitudinalement de l'ouest à l'est par deux chaînes de montagnes bordant, au nord et au sud, une série de plateaux élevés qui en forme la zone centrale. Ces chaînes se détachent du mythologique Atlas, que l'inhospitalière terre du Maroc, où il est situé, soustrait aux études européennes. Nos géographes paraissent avoir voulu se consoler de la pénurie de données positives sur ce mont mystérieux, en décorant de son nom ses deux ramifications algériennes ; ils ont appelé petit Atlas celle du nord, et grand Atlas celle du sud : dénominations défectueuses, car c'est précisément ce qu'ils appellent le petit Atlas qui présente les pentes les plus abruptes et les sommets les plus élevés.

Quelques chaînons transversaux vont çà et là d'une chaîne à l'autre, en coupant les plateaux du centre qu'ils partagent en diverses régions, tantôt ridées par des ondulations de terrain, tantôt planes et en partie couvertes par de vastes amas d'eau salée, connus sous le nom de sebkahs, et qui ne méritent celui de lac que dans la saison des pluies; car, aux autres époques de l'année, l'eau s'évaporant ne laisse sur le sol qu'une nappe de sel cristallisé. Ces sebkahs sont les récipients des torrents qui n'ont pu s'ouvrir une issue à travers les chaînes, soit que leur peu de puissance ne leur ait pas permis de s'y creuser des vallées d'érosion, soit que les combinaisons du soulèvement des masses rocheuses aient opposé à leurs efforts d'invincibles obstacles.

Les plaines qui se déroulent aux pieds de la chaîne septentrionale, vers les points où elle est le moins éloignée du littoral, sont généralement séparées de la mer par des collines terreuses dont les pentes fécondes couronnent le rivage d'un feston de verdure et réjouissent les regards du navigateur. Ces collines forment ce que l'on appelle généralement le sahel (rivage), en le subdivisant par localités, comme le sahel d'Alger, le sahel de Cherchel, le sahel de Bone, etc. Le pays qui vient après, jusqu'à la chaîne méridionale, est assez souvent désigné, dans l'ouest surtout, sous la dénomination générique de Tell. Quelques personnes ont cru voir dans ce mot un dérivé du mot latin *tellus*, comme si l'on avait voulu indiquer par là la terre par excellence, la terre à céréales, par opposition au Sahara qui n'en produit point; mais c'est une erreur : cette expression est purement arabe, et signifie haut pays, pays élevé.

Le Sahara, que nous venons de nommer, s'étend au delà

de la chaîne méridionale. C'est une vaste zone de plaines sablonneuses, du sein desquelles s'élèvent de loin en loin, comme des îles, de belles oasis de palmiers. Au delà règnent le désert et ses mystères.

L'Algérie est arrosée par beaucoup de petits cours d'eau, mais il n'y a pas de rivières considérables, la constitution géologique du pays ne le comportant point. Le climat est assez généralement sain et tempéré ; le sol est presque partout fertile et se prête à une grande variété de culture ; il est, sur plusieurs points, d'une admirable beauté. Cette féconde contrée produit ou est susceptible de produire tout ce qui est nécessaire à la satisfaction des besoins matériels et sociaux de l'homme. Il n'est pas de pays peut-être qui eût moins à demander à ses voisins s'il était bien exploité par les peuples qui l'habitent.

Ces peuples appartiennent à des races diverses d'origine et de langage. La plus répandue est la race arabe qui, dans le 7ᵉ siècle de notre ère, fit la conquête de ce beau pays sur les faibles empereurs d'Orient. Elle occupe les plaines, et plus les lieux qu'elle habite sont éloignés de la mer, plus elle conserve avec pureté son type originel. Les Arabes que l'on rencontre entre la mer et la première chaîne ont des demeures fixes, ou pour le moins un territoire déterminé. Ceux des plaines sont plus enclins à la vie nomade, qui est l'existence ordinaire des Arabes du sud. Ces derniers, libres et fiers, n'ont jamais complétement courbé la tête sous le joug étranger ; ils ont été quelquefois les alliés, mais jamais véritablement les sujets des Turcs. Les autres, au contraire, étaient soumis au gouvernement du dey d'Alger, et reconnaissaient l'autorité de kaïds turcs qui leur étaient imposés. Mais il ne faut pas croire cependant que le despotisme oriental pesât sur eux de tout son poids ; les Turcs avaient de grands ménagements pour ces peuples. Il est vrai que de temps à autres, lorsque le Gouvernement avait trop à se plaindre d'une tribu, une expédition de guerre était dirigée contre elle, et que le châtiment était alors prompt et terrible ; mais, dans les rapports ordinaires et journaliers, le joug se faisait peu sentir. Cependant les peuplades les plus rapprochées des villes, qui étaient naturellement les centres d'action des Turcs, avaient bien quelques avanies à supporter.

Après les Arabes, viennent les Kbaïles que l'on regarde, en général, comme les descendants des anciens Numides. Pour moi, je ne pense pas qu'on doive leur donner cette seule origine. Je suis disposé à les considérer comme le résidu et le mélange de toutes les races qui ont successivement résisté aux invasions punique, romaine, vandale, grecque et arabe. Leur organisation physique se prête à cette supposition, car ils n'ont pas de type bien déterminé; les traits caractéristiques des races du midi s'y trouvent à côté de ceux des races du nord. Il existe même une tribu kbaïle qui, par tradition, a conservé le souvenir d'une origine européenne.

Le nom de Berbers, que dans plusieurs ouvrages on donne aux Kbaïles, n'est point connu dans la régence d'Alger. Il n'est employé que dans la partie de la Barbarie qui touche à l'Egypte.

Les Kbaïles habitent les montagnes, où ils jouissent de la plus grande somme de liberté qu'il soit donné à l'homme de posséder. Ils sont laborieux et adroits, braves et indomptables, mais point envahissants. Ce que je dis ici des Kbaïles s'applique plus particulièrement à ceux de Bougie, où les montagnes, plus rapprochées et plus épaisses, ont offert un asile plus sûr aux restes des anciennes populations. C'est là qu'ils forment véritablement une nation que ni les Arabes ni les Turcs n'ont pu entamer. Ailleurs ils ne présentent que des agglomérations d'individus, tantôt soumis tantôt rebelles à la race dominante.

On donne en général la dénomination de Maures aux habitants des villes. Les Maures ont été les premiers habitants connus de la partie occidentale de la Barbarie. Quelques auteurs croient que leur origine, qui se perd du reste dans la nuit des temps, remonte aux Arabes. On sait que, dans les siècles les plus reculés, ceux-ci envahirent l'Égypte, et l'occupèrent en maîtres fort longtemps. Il est possible que de là de nombreux émigrants de cette nation soient venus s'établir dans cette contrée que les Romains ont appelée Mauritanie. Cette supposition est même donnée comme un fait par plusieurs écrivains de l'Orient. Lorsque les Arabes de la génération du grand Mohammed vinrent, deux ou trois mille ans après, conquérir ce même pays, ils s'établirent peu dans les villes, d'où leurs mœurs les éloignaient; les Maures, au contraire, ainsi que les Gréco-romains qui n'émigrèrent pas, s'y concentrèrent, par cela même qu'ils ne devaient pas y trouver les Arabes; et de là, sans doute, l'habitude de donner le nom de Maures à tous les habitants des villes, quoiqu'à la longue bien des familles arabes se soient mêlées à eux. Malgré ces fusions partielles, les purs Arabes regardent encore avec dédain les Maures habitants des villes, et les mettent dans leur estime très-peu au-dessus des Juifs.

Ces derniers sont très-répandus dans l'Algérie, mais dans les villes seulement. Leur existence est là ce qu'elle est **partout**.

Les Turcs s'établirent à Alger dans le seizième siècle ; voici à quelle occasion : lorsque le vaste empire des Califes commença à se désorganiser, l'Espagne et l'Afrique s'en séparèrent successivement. Dans cette dernière contrée, la domination arabe se fractionnant encore, deux nouveaux empires se formèrent l'un à Fez et l'autre en Égypte, laissant entre eux un vaste espace où surgirent de petits États indépendants. Alger forma un de ces petits États, où il paraît que quelques princes sages firent fleurir l'industrie et l'agriculture, en ouvrant un asile aux Musulmans que les conquêtes des Chrétiens chassaient d'Espagne. Mais après l'entière destruction de la puissance arabe en Espagne, les Espagnols poursuivirent jusqu'en Afrique les restes de leurs anciens conquérants. Ils s'emparèrent d'Oran, de Bougie et d'autres places, et vinrent s'établir sur un rocher situé en mer en face d'Alger. L'émir de cette ville, fatigué de cet importun voisinage, appela à son secours le fameux renégat Haroudj Barberousse. Mais un allié trop puissant est souvent pire qu'un ennemi déclaré ; l'émir mourut assassiné, et Barberousse s'empara du pouvoir. Après sa mort, son frère Khaïr-Eddin fut nommé pacha d'Alger par la Porte Ottomane, et ce pays fit dès lors partie du vaste empire des Turcs ; mais Khaïr-Eddin, quoique satrape du Sultan de Constantinople, fut de fait le fondateur d'un État qui ne tarda pas à devenir indépendant.

Cet État était une république militaire, dont le chef était électif, et dont les membres devaient être Turcs. Les indigènes étaient sujets ou alliés, selon le plus où le moins d'action que les Turcs avaient sur eux ; mais ils ne pouvaient exercer aucune fonction politique en dehors de la race à laquelle ils appartenaient. Les fils de Turcs ou

Koulouglis étaient considérés, à cet égard, comme indigènes, et ne pouvaient, en conséquence, prétendre à aucun emploi gouvernemental. La république, qui n'était qu'un corps de troupe, se perpétuait par le recrutement qui se faisait à Constantinople, et surtout à Smyrne. Tout individu turc transporté de cette manière à Alger devenait membre de l'État, et pouvait parvenir à la position la plus élevée.

La milice turque était divisée en compagnies ou odas commandées par des officiers supérieurs appelés boulcabachys, ayant sous leurs ordres un certain nombre d'officiers subalternes. Les règles de l'avancement étaient établies de manière à assurer les droits de l'ancienneté, sans nuire à ceux du mérite. Les membres de la milice recevaient par jour deux livres de pain, et une modique solde qui variait selon l'ancienneté, mais dont le maximum ne dépassait pas 50 cent. par jour. C'étaient là de faibles moyens d'existence; mais comme ils pouvaient disposer de leur temps et de leurs actions, lorsqu'ils n'étaient pas de service, il leur était facile de s'en créer d'autres en se livrant à divers genres d'industrie. Les jeunes Turcs étaient casernés et soumis à une discipline très-sévère. Ils ne sortaient que le jeudi, sous la surveillance d'un officier; mais après cette sorte de noviciat, rien n'était moins assujettissant que les règlements de la milice turque. Un membre de cette milice pouvait vivre tranquillement au sein de sa famille, se livrer au commerce, ou occuper quelque emploi civil, sans que les exigences de la discipline s'y opposassent. On ne lui demandait autre chose que d'être toujours prêt à marcher lorsqu'il en recevait l'ordre.

L'administration avait beaucoup de condescendance

pour les soldats mariés : on les laissait, autant que possible, dans les mêmes garnisons, s'ils le désiraient et l'on cherchait en tout à améliorer leur position. Beaucoup de Turcs faisaient des fortunes considérables, soit dans les emplois publics, soit par leur industrie, soit par des mariages avec de riches héritières indigènes.

L'obligation du service cessait à l'âge de cinquante ans.

Les Koulouglis étaient admis dans la milice, mais ils ne pouvaient parvenir aux grades élevés. Ils furent traités sur le même pied que les Turcs, jusqu'en 1630. A cette époque une conspiration qu'ils firent pour expulser les Turcs du pays, et qui fut découverte, les fit exclure eux-mêmes de tous les emplois de quelque importance. Ils furent dès lors soumis à une surveillance qui pesait assez durement sur eux ; cependant quelques Koulouglis sont parvenus, par exception, aux plus grands emplois : le dernier bey de Constantine était Koulougli.

Le dey et les beys avaient auprès d'eux des soldats tous Turcs qui formaient leur garde. C'était ce qu'on appelait les janissaires. Ils jouissaient de plusieurs avantages et d'une très-grande considération.

Les forces militaires du Gouvernement algérien ne se bornaient pas à la milice turque : il existait dans les tribus arabes qui lui étaient soumises un certain nombre de cavaliers toujours à sa disposition. Il avait aussi établi sur plusieurs points des espèces de colonies militaires, composées d'aventuriers de toutes les races, dont il tirait un bon service. Nous entrerons plus loin dans des détails assez curieux à ce sujet.

Telle était l'organisation militaire des Turcs. Voici maintenant leur constitution politique.

La haute direction gouvernementale et le pouvoir législatif appartenaient à un conseil supérieur ou *Divan*, composé de soixante boulcabachys et des grands fonctionnaires. Ce divan nommait et déposait les deys. La déposition d'un dey était presque toujours suivie de sa mise à mort. La nomination d'un nouveau dey était annoncée par une ambassade à la Porte Ottomane, qui ne manquait jamais de la confirmer, en envoyant à l'élu du divan un firman et un kaftan d'honneur. Dans ces occasions, l'État algérien faisait quelques présents au Sultan, qui les rendait ordinairement en armes et en munitions de guerre. Le titre officiel du dey était celui de *pacha* ; le mot dey était à peine connu à Alger, dans ces derniers temps.

Le dey ou pacha avait le pouvoir exécutif dans toute sa plénitude ; il l'exerçait au moyen de ses ministres qui étaient :

Le *Khasnadji* ou ministre des finances et de l'intérieur ;

L'*Agha* ou ministre de la guerre ;

Le *Khodja-el-Kril* ou ministre des domaines nationaux ;

L'*Oukil-el-Hardj* ou ministre de la marine et des affaires étrangères ;

Le *Makatadji* ou chef des secrétaires ;

Le *Beit-el-Maldji* ou procureur aux successions ;

Le *Cheikh-el-Islam* ou *Muphti-el-Hanephi*, ministre du culte et de la justice.

Le lecteur comprendra facilement qu'en assimilant ces fonctionnaires à ceux qui, parmi nous, sont à la tête des grandes divisions administratives, je n'ai en vue que de lui donner une idée approximative de leurs attributions, et non d'en indiquer les limites d'une manière positive et absolue. Ainsi il ne faudrait pas croire que le kbasnadji, par exemple, fût exactement ce qu'est chez nous le ministre des finances; la comptabilité générale de l'Etat n'était pas entre ses mains: elle appartenait au makatadji.

L'administration de la justice criminelle n'appartenait qu'au dey, qui l'exerçait ou par lui-même ou par ses ministres; les peines étaient la mort, la mutilation, les travaux publics, la bastonnade et l'amende.

La justice civile était administrée dans chaque grand centre d'administration par deux cadis, l'un dit *el-Hanephi* pour les Turcs, et l'autre dit *el-Maleki* pour les indigènes. Les hanephis et les malekis forment deux sectes musulmanes qui diffèrent sur quelques pratiques assez insignifiantes du culte, et sur quelques points de jurisprudence. Du reste, elles vivent en bonne intelligence, et sont loin de s'anathématiser l'une l'autre, comme le font les catholiques et les protestants. Les Turcs sont de la secte des hanephis; les naturels de l'Afrique sont au contraire malekis. Au-dessus des cadis existaient deux muphtis, l'un hanephi et l'autre maleki. Le premier, qui, comme nous l'avons dit, portait le titre de Cheikh-el-Islam (chef de l'islamisme), était un fort grand personnage; il recevait les appels des jugements rendus par les cadis, dans une Cour appelée le *Midjelès* qu'il présidait, et qui se composait des deux muphtis, et des deux cadis. Une affaire civile pouvait être portée par les parties, soit à Tunis, soit à Fez, où se trouvent les plus célèbres légistes de l'Afrique.

Le beit-el-maldji, ou procureur aux successions, était chargé de l'ouverture des testaments et de tous les litiges que pouvait en entraîner l'exécution. Il était le représentant né de tous les héritiers absents. Il devait faire rentrer au domaine, après les prélèvements faits pour les pauvres et pour quelques autres dépenses spéciales, les successions vacantes, et la partie des biens qui revenaient à l'Etat dans toutes celles où il n'y avait pas d'héritier mâle direct, partie qui était quelquefois fort considérable. Il était aussi chargé de la police des inhumations. Il avait sous lui un cadi et plusieurs agents.

C'était au moyen de ces divers fonctionnaires que le dey dirigeait les rouages de son gouvernement; mais comme son action ne pouvait s'étendre directement sur les points éloignés, il avait établi dans les provinces des gouverneurs qui, sous le titre de *Beys*, y exerçaient la souveraineté en son nom. Ces gouverneurs étaient obligés de venir tous les trois ans à Alger rendre compte de leur administration. Les beyliks ou provinces étaient au nombre de trois, Constantine à l'est, Oran à l'ouest, et Titteri au midi. Nous en parlerons successivement, à mesure que notre narration nous y conduira. L'arrondissement d'Alger était directement administré par le dey et ses ministres.

Tel était le gouvernement turc d'Alger dans sa pureté constitutionnelle; mais les formes en furent plus d'une fois altérées par la licence de la milice. L'élection du Dey, au lieu d'être le résultat paisible d'une délibération du divan, n'était le plus souvent que le produit d'une émeute soldatesque. Ce conseil lui-même n'existait plus que de nom, lorsque nous nous emparâmes d'Alger. Hussein pacha, qui ne l'a pas appelé une seule fois dans toute la durée de son règne, ne lui avait laissé que des attributions tout à fait insignifiantes; de sorte que les principes fondamentaux de ce gouvernement étaient en pleine dissolution, lorsque la domination turque s'écroula sous les coups des Français.

La facilité avec laquelle elle s'établit dans le nord de l'Afrique n'a rien qui doive étonner, si l'on se reporte à l'époque où elle prit naissance ; c'était dans un temps où les malheurs des Maures d'Espagne avaient porté à son comble la haine du nom chrétien. Les Turcs se présentèrent comme les vengeurs de l'Islamisme, ce qui, joint à la gloire dont brillait alors l'empire des Osmanlis, dut les faire accueillir plutôt comme des protecteurs que comme des maîtres incommodes. Leurs premiers succès contre les Chrétiens, le système de piraterie qu'ils organisèrent avec autant d'audace que de bonheur, justifièrent la bonne opinion que les indigènes avaient conçue d'eux, et leur domination s'établit sur la double base de la reconnaissance et de l'estime. La dignité de leurs manières, la régularité de leur conduite, imprimèrent à tous les esprits un sentiment si profond de leur supériorité, que chacun les considérait comme nés pour commander. Aussi, avec sept ou huit mille hommes répandus sur plusieurs points, contenaient-ils dans le devoir de vastes contrées. Lorsque, dans un des livres suivants, nous étudierons leur politique envers les Arabes, nous verrons qu'elle était très-habile pour le maintien de leur autorité, mais déplorable pour la prospérité du pays qu'elle tendait sans cesse à étouffer. Il en sera toujours de même de celle d'un peuple conquérant qui ne cherchera pas à se mêler complétement au peuple conquis. Nous avons vu qu'à Alger, cet esprit d'isolement, qui est dans le caractère des Turcs, était poussé si loin, qu'ils regardaient leurs propres enfants comme étrangers, parce qu'ils naissaient de mères indigènes. Au reste, ils avaient su ménager à toutes les ambitions un peu actives un débouché qui, tout en les éloignant des hautes fonctions politiques, pouvait, jusqu'à un certain point, les satisfaire, car il était en même temps le chemin de la fortune; je veux parler de ces bâtiments armés en course, qui furent pendant si longtemps la terreur de la Chrétienté, et au commandement desquels chacun pouvait prétendre selon sa valeur, son habileté, et la confiance qu'il inspirait aux armateurs. La marine offrait à tous les indigènes, sans exception, des chances d'avancement que leur refusait la milice. Raïs-Hamida, qui commandait la flotte algérienne en 1815, était kbaïle.

Quoique les corsaires algériens fussent en général peu scrupuleux, les instructions qu'ils recevaient de leur Gouvernement étaient ordinairement basées sur les principes du droit des gens. Ils ne pouvaient capturer légalement que les bâtiments des nations avec lesquelles la Régence était en guerre. Il est vrai qu'il ne fallait que de bien faibles prétextes pour que le dey d'Alger se déclarât en état de guerre contre les puissances chrétiennes. Il est même arrivé plus d'une fois que, sans en chercher, il commençait les hostilités en avouant qu'il n'avait d'autre motif d'en agir ainsi que le besoin de faire des prises. C'est ainsi que la Régence était parvenue à rendre tributaires plusieurs puissances maritimes, qui, pour se soustraire à ses déprédations, lui payaient des subsides annuels; ce qui n'empêchait pas qu'au moindre sujet de mécontentement, soit réel, soit imaginaire, la guerre ne leur fût déclarée par les Algériens. En principe, le Gouvernement d'Alger regardait la guerre avec les Chrétiens comme son état normal. Il se croyait le droit de les réduire en servitude partout où il les trouvait, et il fallait, pour qu'il s'abstînt d'en user, qu'un traité positif lui fît un devoir de respecter ceux de telle ou telle nation. Ainsi, aussitôt après que l'indépendance des Etats-Unis d'Amérique eut été reconnue, les Algériens attaquèrent leur pavillon, parce qu'aucun traité ne les liait encore à cette nouvelle puissance. Les Américains, tout froissés de la longue et sanglante lutte qu'ils venaient de soutenir contre l'Angleterre, furent obligés d'acheter la paix à prix d'argent; ils s'engagèrent à payer à la Régence un tribut annuel de 24,000 dollars, et ne s'en affranchirent qu'en 1815.

Les deys d'Alger reçurent, plusieurs fois, d'assez vigoureuses corrections des grandes puissances. Louis XIV, comme tout le monde le sait, fit bombarder trois fois leur capitale, ce qui, joint à l'influence que nous exercions depuis longtemps en Barbarie par nos établissements de La Calle, nous mit dans une fort bonne position à l'égard de la régence d'Alger. En 1815, les Américains envoyèrent contre elle une flotte, qui, chemin faisant, captura plusieurs bâtiments algériens, et qui, s'étant présentée devant Alger dans un moment où rien n'était disposé pour repousser une attaque, arracha au dey Omar pacha, qui régnait alors, un traité avantageux. Enfin, en 1816, une flotte anglaise commandée par lord Exmouth, après un bombardement de neuf heures, força le même Omar pacha à souscrire à la délivrance de tous les esclaves chrétiens qui étaient dans ses États, et à renoncer pour l'avenir au droit abusif de mettre en vente les prisonniers européens. On a dit qu'il aurait été facile à la France et à l'Angleterre de détruire de fond en comble la puissance algérienne; mais qu'elles se bornèrent, dans les deux circonstances que nous venons de citer, à assurer la suprématie de leurs pavillons, voulant d'ailleurs laisser subsister la piraterie algérienne comme un obstacle à la prospérité commerciale des petits États. Je ne sais si ce reproche a jamais été fondé; dans tous les cas, depuis 1830, la France a cessé de le mériter.

L'Espagne, dont la politique cruelle envers les Maures de l'Andalousie avait été cause en grande partie de l'établissement de la piraterie barbaresque, fit aussi des efforts pour la réprimer; mais, en général, ses entreprises ne furent pas heureuses. Tout le monde connaît les détails de la funeste expédition de Charles-Quint. En 1775, O'Reilly, Irlandais au service de Charles III, se fit battre par les Algériens avec une armée de débarquement de plus de 30,000 hommes. En 1783 et en 1784, quelques tentatives de bombardement furent dirigées contre Alger; mais elles furent sans résultat. En 1785, la paix fut rétablie, entre les deux puissances, à des conditions qui augmentèrent prodigieusement l'insolence des Algériens.

L'expédition de lord Exmouth, en 1816, rabattit un peu leur orgueil; mais, Omar pacha, qui était un prince actif et habile, répara leurs pertes avec tant de rapidité que, deux ans après, ils purent braver une flotte combinée anglaise et française, qui vint les sommer, au nom du congrès d'Aix-la-Chapelle, de s'abstenir, à l'avenir, de toute hostilité contre les États chrétiens. Cette bravade n'ayant pas été punie, ils oublièrent bien vite l'humiliation de 1816; quelques succès qu'obtinrent leurs navires dans la guerre de l'insurrection de la Grèce accrurent encore leur orgueil, qu'ils poussèrent jusqu'à insulter à deux reprises différentes le pavillon du Grand-Seigneur leur suzerain. Mais ce fut principalement contre la France qu'ils dirigèrent leurs outrages.

Le traité qui, en 1817, nous remit en jouissance de nos possessions de La Calle et du monopole de la pêche du corail, stipulait une redevance de 60,000 fr.; trois ans après elle fut arbitrairement portée à 200,000 fr., et pour prévenir la perte totale de nos établissements nous fûmes obligés d'en passer par ce que voulut le Gouvernement d'Alger.

En 1818, un brick français fut pillé par les habitants de Bone, et nous ne pûmes obtenir aucune espèce de réparation.

En 1825, la maison de l'agent consulaire de France à Bone fut violée par les autorités algériennes, sous prétexte de contrebande ; quoique le résultat de la visite eût prouvé la fausseté de l'accusation, le Dey ne donna aucune satisfaction de cette offense.

Des bâtiments romains, portant pavillon français en vertu de la protection accordée au Saint-Siège par la France, furent capturés, et des marchandises françaises furent saisis à bord de bâtiments espagnols, malgré la teneur des traités existant avec la Régence, qui établissaient que le pavillon français couvrait la marchandise, et que la marchandise française était inviolable sous quelque pavillon qu'elle fût.

Enfin, 1827, une insulte grossière faite à M. Deval, notre consul à Alger, par le dey Hussein pacha, vint mettre le comble aux outrages que nous avions reçus du Gouvernement algérien : voici comment elle fut amenée.

Deux riches négociants juifs d'Alger, les sieurs Busnack et Bacri, avaient fourni à la France, lorsqu'elle était constituée en république, une quantité considérable de blé, et devinrent créanciers de l'État pour une assez forte somme. Les embarras financiers dans lesquels se trouva longtemps la France, firent ajourner la liquidation de cette créance. En 1816 seulement, une commission fut nommée pour cet objet : la somme due, y compris les intérêts, fut reconnue s'élever à 14 millions; mais, par suite d'une transaction qui eut lieu le 28 octobre 1819, elle fut réduite à 7 millions, et il fut stipulé que les créanciers que Bacri pouvait avoir en France seraient appelés à la discuter. En vertu de cette convention, plusieurs paiements furent faits en France aux créanciers français de Bacri. Mais ce Juif en avait d'autres en Afrique, dont le principal était le Gouvernement algérien lui-même, qui lui avait vendu des laines et autres objets. Le Dey, qui s'était habitué à considérer la créance de Bacri sur la France comme le meilleur gage de celle de son Gouvernement sur ce négociant, fut contrarié de voir ce gage diminuer chaque jour par les paiements opérés au profit des créanciers français. Il crut, ou affecta de croire, que tous n'avaient pas eu lieu de bonne foi. Cette opinion a été partagée par d'autres personnes en France comme en Afrique. Il était donc possible que les nombreuses réclamations, que le Dey éleva contre le mode de liquidation de la créance Bacri, ne fussent pas sans fondement. Comme ce prince voyait que bien des intrigues particulières étaient mêlées à cette affaire, il crut devoir en écrire directement au Roi de France, pensant que de cette manière il pourrait la ramener sur un autre terrain. Sa lettre resta sans réponse. Sur ces entrefaites le consul de France s'étant présenté chez lui, selon l'usage, à l'occasion de la fête du Beiram, le Dey lui demanda quelle était la cause de ce silence. M. Deval répondit par une phrase dont le sens était qu'il n'était pas de la dignité d'un roi de

France d'entrer en correspondance avec un dey d'Alger sur une pareille matière. Il y avait mille manière de dire la chose; mais il paraît que M. Deval choisit la plus offensante pour le Dey. Ce prince, quoique circonspect et poli, ne put maîtriser un mouvement de colère, et il frappa M. Deval d'un chasse-mouches en plumes de paon qu'il avait à la main. Pour son malheur, il accompagna cette action de propos injurieux pour le Roi de France, et qui étaient de nature à ne pouvoir être tolérés, quand même notre Gouvernement aurait été disposé à passer sous silence l'insulte faite au consul, en considération de la provocation déplacée de cet agent.

M. de Villèle était alors à la tête des affaires de notre pays. Ses ennemis, qui étaient nombreux, lui reprochaient avec raison une politique corruptrice dans l'intérieur, et sans dignité au dehors. Il crut voir dans l'outrage que venait de nous faire le Dey d'Alger un moyen de déployer de la fermeté diplomatique sans danger, et de s'attirer sous ce rapport un peu de considération. En conséquence, il fit sonner bien haut les torts du Dey d'Alger, et il annonça que le Roi saurait en tirer une éclatante vengeance. Il s'était persuadé qu'il suffirait de quelques menaces pour intimider Hussein pacha; ses espérances furent déçues; alors, au lieu de se déterminer à frapper fort, il ne prit qu'une demi-mesure: le blocus du port fut ordonné; le Dey se moqua du blocus comme il s'était moqué des menaces. Aussi cette affaire, dont M. de Villèle comptait profiter pour ramener à lui l'opinion publique, ne servit qu'à la lui aliéner encore davantage. On crut y voir l'influence de l'Angleterre, et la haine et le mépris qu'il inspirait s'en accrurent. Il tomba; une administration sage, mais trop faible pour les graves circonstances dans lesquelles se trouvait la France, prit sa place. Ce nouveau ministère, qui, à l'intérieur, déplut à la cour, sans satisfaire pleinement l'opinion publique, se conduisit dans sa politique extérieure avec peu d'habileté. Le blocus d'Alger fut continué, et l'on remit à un autre temps l'emploi des seuls moyens qui pouvaient amener la soumission entière des barbares.

Il était réservé au ministère présidé par le prince de Polignac de prendre un parti décisif dans cette affaire. On a dit qu'il y fut surtout poussé par la pensée de donner un certain éclat guerrier à la couronne dans un moment où celle-ci songeait à accroître ses prérogatives en s'appuyant plus sur la force que sur le droit; mais les Algériens, en tirant sur un bâtiment parlementaire, avaient tellement augmenté les motifs avouables que l'on avait de porter les choses à l'extrême contre eux, qu'il n'est peut-être pas nécessaire de chercher des causes secrètes à une conduite qui s'explique d'elle-même. D'ailleurs, ce ne fut pas de prime-abord que le Gouvernement royal se décida à envoyer une expédition à Alger : il avait un instant pensé à faire occuper les trois régences d'Alger, de Tunis et Tripoli, par le pacha d'Egypte, dont le Gouvernement aurait offert à l'Europe plus de garantie que celui des puissances barbaresques. Méhémet-Ali, à qui de forts subsides étaient offerts, prêta d'abord l'oreille aux propositions de la France; mais, intimidé par les menaces de l'Angleterre, qui se jeta à travers cette négociation, il finit par refuser. Ce fut alors que le cabinet français se détermina à agir lui-même. Dès que sa résolution fut connue, elle excita dans celui de Londres un de ces accès de fureur diplomatique, où la jalousie en délire et la crudité de l'égoïsme breton poussent jusqu'à l'absurde l'énormité des exigences : on voulait arracher à la France la promesse qu'elle ne formerait point d'établissement à Alger, et l'on n'épargna pas pour l'obtenir les insinuations menaçantes. M. de Polignac repoussa ces insolentes prétentions, et poursuivit son entreprise sans s'embarrasser des menaces. Son attitude vis-à-vis de l'Angleterre fut en tout noble et convenable. Cette puissance affectait surtout de vouloir défendre l'intégrité de l'Empire turc, dont Alger faisait nominalement partie; mais la Porte prit la chose bien moins à cœur, et déclara à notre ambassadeur que, sans approuver ouvertement l'entreprise, elle n'entendait y mettre aucun obstacle, soit diplomatique, soit réel. Il ne restait plus à l'Angleterre, battue sur le terrain des négociations, qu'à tirer le canon, mais elle ne le tira pas.

A peine la résolution prise par le Gouvernement fut-elle connue du public, que les journaux, qui jusqu'alors s'étaient plaints de la mollesse avec laquelle cette affaire avait été conduite, commencèrent à déclamer contre l'expédition qui se préparait. Ils en exagéraient les dangers à l'envi l'un de l'autre, et en niaient la nécessité. Cette insigne mauvaise foi fait peu d'honneur aux publicistes de cette époque.

La saine partie du public vit les choses sous leur véritable point de vue. Comme l'expédition en elle-même était commandée par l'honneur national, qu'elle pouvait être utile pour le commerce et glorieuse pour nos armes, les hommes impartiaux y applaudirent généralement, tout en se préparant à combattre à outrance l'administration qui la dirigeait, si les droits de la France venaient à être attaqués. Le choix que l'on fit du comte de Bourmont pour commander cette expédition était fâcheux. Des souvenirs peu honorables s'attachaient au nom de ce général. Néanmoins les vœux de la France l'accompagnèrent; car la nation comprit que son plus puissant intérêt est que l'étendard de la France, déployé contre l'étranger, sorte victorieux de la lutte, quelle qu'en soit la couleur, quelle que soit la main qui le porte.

M. de Bourmont, qui faisait de cette guerre une affaire tout à fait personnelle, ne négligea rien pour s'assurer du succès. Une commission, présidée par le général Loverdo, fut chargée de réunir tous les documents existants sur Alger. Le commandement du génie et celui de l'artillerie furent confiés à des hommes habiles. Le premier échut au général Valazé, dont les talents étaient incontestables, et dont la brillante valeur fut la moindre qualité; le second fut donné au général Lahitte, officier du plus haut mérite sous tous les rapports.

Le choix des officiers généraux d'infanterie fut également bon en général. Cependant quelques-uns furent imposés à M. de Bourmont par des intrigues et des exigences de cour.

L'infanterie se composa de trois divisions, de trois brigades chacune. Chaque brigade était composée de deux régiments, et chaque régiment de deux bataillons.

La première division était commandée par le lieutenant général Berthezène. La première brigade de cette division, commandée par le maréchal de camp Poret de Morvan, était composée du premier régiment de marche, formé des 2ᵉ et 4ᵉ léger, et du 5ᵉ de ligne; la deuxième brigade, commandée par le maréchal de camp Achard, était composée du 14ᵉ et du 37ᵉ de ligne; la troisième brigade, composée des 20ᵉ et 28ᵉ de ligne, était sous les ordres du maréchal de camp Clouet.

La deuxième division avait pour chef le lieutenant général Loverdo. La première brigade de cette division, composée du 6ᵉ et du 49ᵉ de ligne, était commandée par le maréchal de camp Denis de Damrémont ; la deuxième brigade, formée du 15ᵉ et du 40ᵉ de ligne, était sous les ordres du maréchal de camp Munck d'Uzer ; la troisième brigade, formée du 21ᵉ et du 29ᵉ de ligne, était commandée par le maréchal de camp Colomb d'Arcine.

La troisième division avait à sa tête le duc d'Escars. La première brigade de cette division, composée du 2ᵉ régiment de marche, formé lui-même du 1ᵉʳ et du 9ᵉ léger, et du 35ᵉ de ligne, avait pour général le maréchal de camp Berthier de Sauvigny ; la deuxième brigade était commandée par le maréchal de camp Hurel, et composée du 17ᵉ et du 30ᵉ de ligne ; la troisième brigade, composée du 23ᵉ et du 24ᵉ de ligne, était sous les ordres du maréchal de camp Montlivault.

Les deux régiments de marche n'avaient chacun qu'un bataillon de chacun des régiments qui avaient concouru à leur formation.

Les bataillons étaient à huit compagnies de 94 hommes, non compris les officiers ; les compagnies d'élite avaient été portées à 120 hommes ; ainsi, la force de chaque division était de 10,000 hommes environ.

Deux escadrons du 17ᵉ de chasseurs et un du 13ᵉ régiment de la même arme composaient toute la cavalerie. Ces trois escadrons, réunis sous la dénomination de chasseurs d'Afrique, présentaient un effectif de 500 chevaux, commandés par le colonel Bontemps du Barry.

Les troupes de l'artillerie se composaient de quatre batteries montées, dix batteries non montées, une batterie de montagne, une compagnie d'ouvriers, une de pontonniers, quatre du train des parcs. La force totale de l'artillerie était de 2,268 hommes (non compris les officiers), et 1,380 chevaux.

Les troupes du génie consistaient en deux compagnies de mineurs, six de sapeurs, et une demi-compagnie du train, et présentait une force totale de 1,260 hommes et 118 chevaux.

L'état-major se composait d'un lieutenant général chef d'état-major général, d'un maréchal de camp sous-chef d'état-major, de trois colonels chefs des états-majors divisionnaires, de trente-quatre aides de camp de tout grade, de vingt-huit officiers employés à l'état-major général et aux états-majors divisionnaires, un commandant du quartier général, un vaguemestre général et trois ingénieurs géographes.

L'état-major de l'artillerie se composait ainsi qu'il suit : un maréchal de camp commandant l'artillerie, un colonel chef d'état-major, un directeur du parc, deux aides de camp, sept chefs de bataillon, six capitaines, quatorze gardes.

L'état-major du génie comprenait : un maréchal de camp commandant le génie, un lieutenant-colonel chef d'état-major, un chef de bataillon directeur du parc, un aide de camp, deux chefs de bataillon, quinze capitaines, trois lieutenants, sept gardes.

Le nombre des combattants s'élevait en tout à 34,184 hommes (officiers compris).

Le personnel non combattant se composait ainsi qu'il suit : un intendant en chef, dix-huit sous-intendants ou adjoints ; un payeur général, quatre payeurs particuliers (un au quartier général et un dans chaque division) ; un médecin en chef et un médecin principal, un chirurgien en chef et un chirurgien principal, un pharmacien en chef et un pharmacien principal, douze médecins de différents grades, cent cinquante chirurgiens, quatre-vingt-treize pharmaciens: en tout, deux cent soixante-onze officiers de santé, non compris ceux des régiments; quatre-vingt-trois employés aux vivres et fourrages, vingt-trois aux hôpitaux, dix-huit au campement; un commandant des équipages, deux brigades de mulets de bât de 594 hommes et 656 mulets; une compagnie du train d'administration conduisant 128 caissons à deux roues, forte de 195 hommes et de 515 chevaux; une autre compagnie forte de 208 hommes et de 548 chevaux, conduisant 129 caissons à quatre roues; une demi-compagnie, provisoire du train d'administration, forte de 28 hommes et de 54 chevaux; un bataillon d'ouvriers d'administration, fort de 780 hommes; quarante guides et interprètes; enfin un grand-prévôt et 125 gendarmes tant à pied qu'à cheval: en tout, 3,389 individus non combattants.

Le nombre des chevaux et mulets s'élevait à 3,425, non compris ceux des officiers.

L'armée traînait à sa suite un immense matériel. Celui de l'artillerie était composé ainsi qu'il suit:

	Pièces de 24.	30
ARTILLERIE	Pièces de 16.	20
de	Pièces de 12.	12
SIÉGE.	Mortiers de 10 pouces. . .	8
	Obusiers de 8 pouces. . .	12
	TOTAL.	82 bouches à feu.

Les canons étaient approvisionnés à mille coups, les mortiers à trois cents, et les obusiers à huit cents.

| Artillerie de CAMPAGNE. | Pièces de 8. 16
Obusiers de 24. 8
Obusiers de montagne. . . 6 |
|---|---|

TOTAL. . . . . 30 bouches à feu.

Les canons et obusiers de campagne étaient approvisionnés à cinq cents coups; les obusiers de montagne l'étaient à deux cents coups. Quarante-six mulets suffisaient pour porter les six pièces de montagne, leurs affûts et leur approvisionnement.

On avait, de plus, cent cinquante fusils de rempart, approvisionnés à trois cents coups, deux mille fusils de rechange pour l'infanterie, et un grand nombre de fusées incendiaires. L'approvisionnement en cartouches était de 5,000,000.

Il y avait en tout 556 voitures d'artillerie, affûts, caissons, forges, etc., etc.

Le matériel du génie comprenait 6 blockhaus à deux étages, 600 lances pour former des chevaux de frise portatifs, 120,000 piquets, 5,000 palissades, plusieurs milliers de fagots pour gabions et saucissons, 506,000 sacs à terre (tout cela pour les travaux du siége dans un pays où l'on craignait de manquer de bois); 27,000 outils de pionniers; enfin, du fer et de l'acier non travaillés pour les besoins imprévus : 26 caissons étaient destinés au transport des outils et des objets les plus indispensables.

Les approvisionnements en vivres et fourrages avaient été largement calculés et disposés de manière à présenter le moins de volume possible, et à pouvoir être à l'abri de toute détérioration. Le biscuit fut mis dans des caisses recouvertes d'une forte toile goudronnée; le foin fut pressé par des machines destinées à cet usage, et connues depuis peu en France, quoiqu'elles le soient depuis longtemps en Angleterre.

Des fours en tôle furent mis à la suite de l'armée, afin de remplacer, le plus tôt possible, le biscuit par le pain. On embarqua plus de mille bœufs, et du vin en grande quantité. Enfin, rien ne fut négligé pour assurer le bien-être du soldat dans un pays que l'on présumait ne devoir offrir aucune ressource.

Les divers corps qui devaient composer l'armée se réunirent, pendant le mois d'avril, dans les départements de Vaucluse, des Bouches-du-Rhône et du Var. La flotte, qui devait la transporter en Afrique, se rassemblait en même temps dans les ports de Marseille et de Toulon. M. de Bourmont arriva dans cette dernière ville le 27 avril, et y établit son quartier général ; celui de la division Berthezène s'y trouvait également ; le quartier général de la deuxième division fut établi à Marseille ; et celui de la troisième à Aix.

Pendant le temps qui s'écoula depuis la réunion de l'armée jusqu'à son départ, les troupes furent exercées aux grandes manœuvres, et surtout à la formation des carrés. La première division fut exercée, en outre, aux opérations du débarquement ; des chalands ou bateaux plats étaient destinés à cet usage. Il y en avait pour toutes les armes. Ceux qui étaient destinés à l'artillerie de siége pouvaient porter des pièces démontées. Les canons étaient placés transversalement sur de grosses poutres fixées dans le sens de la longueur, à un pied au-dessus du fond du chaland. Ceux qui étaient destinés à l'artillerie de campagne pouvaient contenir deux pièces sur leurs affûts, avec les canonniers nécessaires. Chaque pièce portait sur trois coulisses, une pour la queue du flasque, et les deux autres pour les roues. Ces coulisses étaient légèrement inclinées pour atténuer l'effet du recul; de cette manière, les pièces pouvaient tirer du chaland même, et protéger le débarquement des troupes. Les chalands destinés aux troupes pouvaient contenir chacun 16 chevaux ou 150 hommes. Les plats-bords de l'avant et de l'arrière de tous ces bateaux s'abaissaient à la manière des ponts-levis, soit pour passer d'un bateau à l'autre, soit pour débarquer.

On fit plusieurs essais de débarquement à Toulon, et tous eurent les plus heureux résultats. Le 2 mai, quatre chalands, remorqués par des canots, se dirigèrent du côté de la grosse tour, à l'entrée de la rade ; lorsque les canots manquèrent d'eau, les marins se jetèrent à la mer et remorquèrent eux-mêmes les chalands jusqu'à ce qu'ils touchassent. Le premier chaland était chargé de pièces de siége, le deuxième de deux pièces de campagne et d'un obusier de montagne, le troisième portait des sapeurs armés de ces sortes de lances dont nous avons parlé plus haut, le quatrième était chargé de soldats d'infanterie. En moins de cinq minutes, depuis le moment où les chalands eurent touché, l'artillerie de campagne et l'infanterie furent à terre. En moins d'un quart d'heure, les pièces de siége furent roulées sur la plage, un espace d'environ cinq cents mètres de pourtour fut entouré des lances des sapeurs, et l'infanterie, placée derrière ce retranchement mobile, eut commencé son feu.

Ce retranchement consistait en une ligne de faisceaux de trois lances, semblables à ceux que forment les troupes avec leurs fusils ; les trois lances de chaque faisceau étaient liées par une courroie ; un long cable passant dans des anneaux unissait tout le système.

A tous ces préparatifs belliqueux que nous venons de décrire, on crut devoir joindre les secours de la diplomatie. Des négociations furent entamées avec Tunis et avec Maroc. M. de Lesseps, notre consul à Tunis, fut chargé de sonder les dispositions du bey de Constantine, et de lui faire entendre que, loin de soutenir le dey d'Alger dans sa guerre contre la France, il devait profiter de la circonstance pour se rendre indépendant.

MM. Girardin et d'Aubignosc, qui avaient déjà rempli des missions au Sénégal et dans le Levant, furent envoyés à Tunis vers la fin de mars ; ils en revinrent le 2 mai, et firent connaître que le chef de cette Régence était dans des dispositions favorables, mais qu'il désirait ne point choquer les préjugés religieux de ses sujets en se déclarant trop ouvertement pour nous. On apprit en même temps que le bey de Constantine devait partir pour Alger le 20 ou le 25 mai. On pensa que si l'on ne pouvait empêcher ce voyage, il fallait du moins tâcher de le prévenir, et cette circonstance fit hâter le départ, quoique tous les navires de l'expédition ne fussent pas encore réunis. On en attendait quelques-uns qui devaient venir des ports de l'Océan. On se décida à partir sans eux, et même à laisser à Toulon les troupes qu'ils devaient porter ; mais ils arrivèrent avant que l'embarquement fût terminé.

M. Girardin repartit pour Tunis le 11 mai. Il était porteur d'une lettre qu'il devait faire tenir au bey de Constantine, dans le cas où celui-ci ne serait point encore en route pour Alger. Un commis du munitionnaire général partit avec M. Girardin pour aller faire des achats de bestiaux à Tabarka.

L'embarquement du matériel s'était opéré dans le courant du mois d'avril, et dans les premiers jours du mois de mai ; celui des troupes commença le 11 mai, et ne fut terminé que le 18, le mauvais temps l'ayant souvent interrompu.

La flotte se composait de 11 vaisseaux, 24 frégates, 14 corvettes, 23 bricks, 9 gabares, 8 bombardes, 4 goëlettes, 7 bateaux à vapeur, en tout 100 bâtiments de guerre ; 357 transports nolisés, dont 119 français et 238 étrangers ; une flottille composée de gros bateaux, destinés à servir d'intermédiaires entre les navires et les chalands au moment du débarquement ; 12 chalands pour l'artillerie de siége, 11 pour l'artillerie de campagne et 50 pour les troupes. Ces embarcations, qui n'étaient pas de nature à tenir la mer, furent hissées à bord des gros navires pendant la traversée ; au débarquement, elles devaient être remorquées par les canots. On avait construit, en outre, plus de 50 radeaux de tonneaux, recouverts de poutres et de madriers, qui pouvaient se monter et se démonter en moins de six heures, et porter 70 hommes chacun.

Le vice-amiral Duperré était à la tête de cet armement, le plus considérable qu'eût fait la France depuis longues années. Cet officier général jouissait d'une belle réputation parmi les marins ; les journaux exaltaient son mérite aux dépens de celui de M. de Bourmont, circonstance qui ne contribua pas peu, sans doute, à cette froideur qui exista constamment entre les deux généraux.

L'armée navale fut partagée en trois escadres : la première prit le nom d'escadre de combat, et fut destinée à l'attaque des forts et des batteries, pendant que la seconde, dite escadre de débarquement, mettrait les troupes à terre. La troisième fut celle de réserve.

La première escadre portait la seconde division de l'armée de terre et 450 artilleurs.

La seconde portait la première division, 500 artilleurs et 500 hommes du génie.

La troisième portait six bataillons de la troisième division, beaucoup de matériel, et une partie du personnel de l'artillerie et du génie.

Le convoi était divisé en trois escadrilles; il portait le reste des troupes et du matériel, et tous les chevaux.

Après avoir attendu plus de huit jours un vent favorable, la flotte mit à la voile le 25 mai et sortit majestueusement de la rade de Toulon. Les collines voisines étaient couvertes d'une foule de curieux, accourus de tous les points de la France, pour jouir de ce magnifique spectacle. En voyant cet immense déploiement de la puissance d'un grand peuple, on se sentait heureux d'être Français; mais en reportant les regards sur notre situation intérieure, on ne pouvait se défendre d'un sentiment de tristesse, bien justifié par les événements qui se préparaient, et dont il n'était donné à personne de prévoir exactement l'issue.

LIVRE II.

Incidents de la traversée.—Débarquement à Sidi-Féruch et combat du 14 juin. — Dispositions défensives des Turcs. — Bataille de Staoueli.—Combat de Sidi-Kalef.—Combat de Sidi-Abderrahman-Bou-Nega.—Investissement d'Alger.— Siége du fort l'Empereur —Prise du fort l'Empereur. — Reddition d'Alger.

Lorsque la flotte fut au large, elle se forma en trois corps, éloignés de quatre milles l'un de l'autre. Celui du centre se composait de l'escadre de bataille et de celle de débarquement, formant chacune une colonne. Le corps de droite était formé par l'escadre de réserve marchant sur deux colonnes. Le convoi formait le corps de gauche ; il n'était point tout réuni ; une partie considérable ne quitta Toulon que le 26 et le 27.

Le 26, l'armée rencontra une frégate turque revenant d'Alger, escortée par une frégate française du blocus. Elle portait un agent diplomatique d'un rang élevé que la Porte Ottomane envoyait à Hussein pacha, pour l'engager à faire des soumissions à la France ; les règles du blocus n'ayant pas permis à cet agent de pénétrer à Alger, il se rendait en France. Il eut une entrevue assez longue avec nos généraux, et il poursuivit ensuite sa route sur Toulon.

Le 28, à quatre heures du soir, on aperçut l'île Minorque; dans la nuit, le vent devint très-faible, et le lendemain on fut, jusqu'au soir, en vue de l'île Majorque et de la ville de Palma, capitale des îles Baléares.

Le 30, dans la soirée, l'armée n'était plus qu'à 15

lieues des côtes de Barbarie; les ordres furent donnés pour le débarquement, que l'on présumait pouvoir opérer le lendemain; mais, dans la nuit, la brise fraîchit assez fortement pour que M. Duperré crût que la prudence lui faisait un devoir de virer de bord, et de se tenir au large.

Le 1er juin, le vent étant très-fort et la mer assez grosse, l'ordre fut donné de mettre le cap sur Palma. Dans la soirée du même jour, une partie de la flotte alla mouiller dans la rade de cette ville; les deux premières escadres continuèrent à tenir la mer, mais toujours en vue de Palma.

La partie du convoi qui n'avait pris la mer que le 27, avait été dispersée par un coup de vent. Les navires qui la composaient se rendirent isolément à Palma, et, s'y étant ralliés, ils en sortirent le jour même où l'armée y arriva. La flottille des bateaux de débarquement que l'on désignait sous la dénomination vulgaire des bateaux-bœufs, s'était aussi réunie à Palma et en était sortie pour rejoindre l'armée; elle en passa à peu de distance dans la nuit du 31 mai au 1er juin, mais elle ne l'aperçut pas. Ainsi, tandis que l'armée se dirigeait sur Palma, la flottille en sortait pour se porter sur les côtes d'Afrique, trouvant sans doute que le temps n'était pas assez mauvais pour l'en empêcher; en effet, le vent n'était point contraire, mais il était assez fort pour que l'on pût craindre qu'il ne gênât le débarquement.

La flotte resta mouillée à Palma jusqu'au 10 juin, les deux premières escadres croisant toujours devant la rade. Pendant ce temps, les navires du convoi rallièrent l'armée. La frégate la Pallas, envoyée à la recherche des bateaux-bœufs, en rencontra la plus grande partie à peu de distance de Sidi-Féruch, qui avait été désigné comme point de débarquement; plusieurs de ces bateaux s'étaient même approchés fort près des côtes, ce qui fit penser que ces parages n'étaient point aussi dangereux qu'on le croyait généralement parmi nos marins.

La flotte quitta Palma le 10 juin au matin, et se mit en marche dans le même ordre qu'au départ de Toulon. Le 12, à quatre heures du matin, elle fut en vue des côtes d'Afrique; mais bientôt la force du vent obligea de mettre le cap au nord. M. Duperré, sur qui pesait une immense responsabilité, ne voulait rien donner au hasard; le même vent, qui était favorable pour arriver en vue des côtes, était dangereux pour le débarquement, pour peu qu'il soufflât avec violence. On venait d'apprendre que deux bricks du blocus avaient échoué dans les environs d'Alger, dans la journée du 4 mai; les équipages de ces bâtiments avaient été massacrés en partie par les Arabes; le reste était dans les bagnes d'Alger. Ce funeste événement semblait justifier l'hésitation de la marine à aborder franchement les côtes d'Afrique; néanmoins l'armée de terre, fatiguée d'une longue navigation, l'accusait de lenteur.

Le 12, dans la matinée, le vent s'apaisant par intervalles, on mit, à une heure et demie, le cap au sud; à quatre heures, on revint vers le nord; enfin, à neuf heures du soir, on mit définitivement le cap sur Alger.

Le 13, on aperçut la terre à quatre heures du matin; le vent soufflait avec violence, mais on sentait qu'il diminuait à mesure qu'on approchait des côtes. Le temps, du reste, était fort beau; on ne tarda pas à distinguer les maisons blanches d'Alger, et les collines verdoyantes qui entourent cette ville. L'armée semblait vouloir fondre sur elle comme un oiseau de proie; mais, tournant brusquement à droite, elle doubla le cap Caxine, et se dirigea vers Sidi-Féruch.

Sidi-Féruch est un promontoire situé à cinq lieues à l'ouest d'Alger, à la pointe duquel se trouvent une petite tour, une zaouia ou chapelle, et quelques autres constructions; c'est cette petite tour qui fait souvent désigner ce point sous la dénomination espagnole de Torre-Chica; le nom de Sidi-Féruch lui vient d'un marabout qui y est enterré, et dont la mémoire est en vénération dans le pays. Tout le monde sait que le mot Sid, en arabe, équivaut à notre qualification de seigneur ou sieur; en y ajoutant le pronom possessif affixe de la première personne, on a Sidi, c'est-à-dire monsieur ou monseigneur : Féruch est le nom propre du marabout. On rencontre dans tout le nord de l'Afrique un grand nombre de points désignés par les noms des marabouts qui y sont ensevelis. C'est ainsi qu'en Europe beaucoup de villages et même de villes portent des noms de saints et de saintes.

Le promontoire de Sidi-Féruch et les sinuosités de la côte forment, à l'est et à l'ouest, deux rades peu profondes et peu abritées; celle de l'ouest fut choisie pour y effectuer le débarquement. La plage en est unie et fort propre à une opération de ce genre. Le pays, jusqu'à deux lieues plus loin, n'offre que des ondulations de terrain qui méritent à peine le nom de collines; il est couvert d'épaisses bruyères, et traversé par quelques cours d'eau dont les bords sont ombragés par des lentisques et des lauriers-roses.

La flotte commença à arriver au mouillage vers le milieu de la journée. Avant le départ de Toulon, des instructions fort détaillées avaient indiqué la place que devait occuper chaque navire, et l'ordre dans lequel le débarquement devait s'opérer. On comptait alors sur une fort grande résistance de la part de l'ennemi ; mais on ne vit sur le rivage que quelques centaines d'Arabes qui paraissaient observer nos mouvements avec inquiétude. Une batterie en pierre, construite au bord de la mer, à peu de de distance de Torre-Chica, était entièrement désarmée. L'existence d'une autre batterie, située un peu plus loin, et masquée par les broussailles, nous fut signalée par quatre bombes qu'on nous lança ; un de ces projectiles, en éclatant, blessa un matelot à bord du Breslaw. Ce fut tout le mal que nous fit l'ennemi, dans cette journée qui tirait vers sa fin, et qui fut consacrée à l'embossage des navires. Cette opération se fit avec quelque désordre, les instructions données à Toulon ayant été révoquées ; sur la droite, les bâtiments de guerre furent masqués par les transports, et n'auraient pu combattre, s'ils avaient été appelés à faire usage de leur feu. Heureusement, tout annonçait que le débarquement, renvoyé au lendemain, s'effectuerait presque sans obstacle. Il n'y eut de notre côté, dans cette journée, que quelques coups de canon tirés par le bateau à vapeur le Nageur.

La nuit se passa fort tranquillement. Le 14, au point du jour, le débarquement, commença par les troupes de la première division. L'ennemi, qui s'était retiré à une certaine distance, les laissa arriver à terre sans les inquiéter ; il s'était posté à une demi-lieue au sud de Torre-Chica, sur le sommet d'une de ces ondulations dont nous avons parlé. Le sol entre ce point et celui du débarquement était très-uni ; on voyait çà et là quelques traces de culture qui disparaissaient à mesure qu'on s'éloignait de Sidi-Féruch.

La première division, aussitôt qu'elle fut à terre, forma ses colonnes et marcha à l'ennemi ; la première brigade à droite, la seconde à gauche et ensuite au centre, lorsque la troisième, qui était débarquée la dernière, fut venue prendre son rang. L'ennemi avait couvert sa position par trois batteries, d'où il commença à tirer dès qu'il vit nos colonnes s'ébranler pour marcher à lui. Deux bateaux à vapeur, qui s'approchèrent des côtes, firent bientôt taire la batterie de gauche, que les Barbares abandonnèrent un instant ; mais, ces bateaux s'étant retirés, ils y rentrèrent et recommencèrent leur feu. Dans ce moment, M. de Bourmont s'étant porté en avant pour diriger le mouvement, manqua être tué : deux boulets vinrent tomber à ses pieds et le couvrirent de sable.

L'ennemi, voyant que son feu n'arrêtait pas la marche de nos colonnes, abandonna ses batteries qu'il n'espérait pas pouvoir défendre contre nos baïonnettes ; il se retira en tiraillant à quelque distance de sa première position, que la première division vint alors occuper ; un ravin peu profond nous sépara des Barbares qui perdirent toute leur artillerie.

Pendant que la première division se portait en avant, la seconde opérait son débarquement, et chaque brigade allait successivement se placer en seconde ligne pour soutenir la division engagée. Le feu des tirailleurs dura toute la journée, devant le front de la première division ; avant la nuit, les troupes de cette division et celles de la seconde furent définitivement en position sur deux lignes, et établirent leurs bivouacs. Nos ennemis durent contempler, avec admiration, ces longues lignes semblables à des murs hérissés de pointes de fer. De leur côté, rien de pareil : chacun y paraissait abandonné à son impulsion individuelle. Pendant que tout ceci se passait, la troisième division débarquait avec la plus grande tranquillité, et comme si elle fût arrivée sur une terre amie; elle établit ses bivouacs sur le promontoire même, et fut destinée à construire un camp retranché, dont les travaux furent commencés sur-le-champ, et continués pendant huit jours avec une admirable activité. Une coupure bastionnée, qui séparait le promontoire du continent, formait le camp, dont l'enceinte offrait une vaste place d'armes, où nos magasins et nos hôpitaux devaient être parfaitement à couvert. La première brigade de la troisième division s'établit en dehors des retranchements que l'on construisait, et les deux autres restèrent en dedans.

Dès que les troupes furent à terre, on s'occupa du débarquement du matériel. Chaque soldat avait emporté avec lui pour cinq jours de vivres; mais ce n'était là que de faibles ressources; il fallait se hâter d'en mettre de plus considérables à la disposition de l'armée, de crainte que quelque coup de vent n'obligeât subitement la flotte de prendre le large. Aussi ne perdit-on pas de temps : la marine déploya, dans cette circonstance, une activité et un zèle au-dessus de tout éloge; malheureusement, tous les transports n'étaient point encore arrivés. Ceux qui portaient l'artillerie de siége se firent longtemps attendre, et nous verrons plus loin que ce retard eut des suites assez fâcheuses.

La journée du 14 juin nous coûta peu de monde. L'ardeur que nos jeunes soldats y déployèrent fut une garantie de ce qu'ils sauraient faire dans des combats plus meurtriers ; dès cet instant, le succès de l'entreprise parut assuré.

Dans la nuit du 14 au 15, il y eut quelques fausses

alertes dans les deux premières divisions. Nos soldats tirèrent les uns sur les autres, et l'on eut quelques accidents fâcheux à déplorer. Ces sortes de méprises se renouvelèrent plusieurs fois dans le cours de la campagne; elles ne doivent point étonner de la part de jeunes soldats qui se trouvaient pour la première fois en présence de l'ennemi.

Mais il est temps de dire quels étaient les moyens de de défense qu'avait réunis le Dey contre une attaque qui menaçait son existence politique. Il avait alors pour agha son gendre Ibrahim, homme tout à fait incapable. Depuis deux mois il pouvait être instruit, par les journaux qui arrivaient jusqu'à lui, que Sidi-Féruch avait été choisi pour point de débarquement; mais, ne comprenant pas bien que le droit de tout dire pût aller en France jusqu'à découvrir aux ennemis les projets du Gouvernement, il était peut-être moins inquiet pour ce point que pour tout autre : il ne voyait qu'une ruse de guerre dans cette publicité. Aussi ce fut à l'est d'Alger, à Bordj-el-Arach (la Maison-Carrée), que l'agha établit son quartier général; aucune disposition ne fut prise pour la défense de Sidi-Féruch. Il paraît, au reste, que le projet du Dey était, en quelque endroit que dût s'opérer le débarquement, de ne pas s'y opposer. Il pensait qu'il aurait meilleur marché de l'armée française dans l'intérieur des terres que sous le feu de notre marine.

Le 13 juin, l'agha n'avait encore réuni que peu de monde; le contingent de la province de Constantine, que nous croyions devoir être très-considérable, n'était que de 500 cavaliers et de 400 fantassins. Le bey de Titteri, guerrier intrépide, mais chef sans habileté, ne conduisit que 1,000 cavaliers, au lieu de 20,000 qu'il avait promis.

Celui d'Oran n'envoya aussi que fort peu de monde, sous la conduite de son lieutenant; le gros de l'armée de l'agha ne fut donc formé que des Arabes de la Métidja, et de quelques hordes de Kbaïles de la province d'Alger. Ibrahim n'ayant préparé ni vivres ni fourrages pour ses troupes, les tribus se voyaient dans la nécessité de retourner chez elles lorsqu'elles avaient consommé les leurs. Lorsque les uns arrivaient, les autres partaient; de sorte que cette cohue se renouvelait sans cesse, sans devenir plus nombreuse.

L'espoir de faire du butin et la crainte qu'inspiraient les Turcs firent seuls prendre les armes aux Arabes; car du reste ils s'embarrassaient fort peu de l'issue de la lutte à laquelle ils étaient appelés à prendre part. Ils étaient armés d'un long fusil sans baïonnette et d'un yatagan ou coutelas; ils étaient presque tous à cheval; mais on ne peut dire cependant qu'ils formassent un véritable corps de cavalerie, car ils ne tentèrent jamais une charge, et ils ne se servaient de l'arme blanche que pour égorger les prisonniers qui tombaient entre leurs mains. C'étaient des tirailleurs faisant, à cheval, la guerre que notre infanterie légère fait à pied. Il paraît que M. de Bourmont n'avait que de bien faux renseignements sur la manière de combattre de ces peuples; car il s'attendait à avoir sur les bras une cavalerie semblable à celle des Mameluks. Il en prévint l'armée par un ordre du jour, en quittant la rade de Palma; il lui annonça aussi que l'ennemi, comptant nous intimider par l'aspect d'un grand nombre de dromadaires, couvrirait son front par des milliers de ces animaux. Je ne sais qui avait pu faire connaître à M. de Bourmont ces prétendus préparatifs d'Hussein-Pacha; mais le fait est que nous ne vîmes d'autres dromadaires que ceux qui servaient à porter les bagages, et que la cavalerie arabe ne nous approcha jamais à plus de cinquante pas. Chaque cavalier s'avançait au galop devant les tirailleurs qui couvraient nos lignes, lâchait son coup de fusil, faisait un demi-tour, et rejoignait précipitamment les siens ; aussitôt que nous nous ébranlions pour nous porter en avant, tout disparaissait.

Les deux premières divisions conservèrent jusqu'au 19, les positions qu'elles avaient prises le 14. La première était en avant ayant la brigade de gauche formée en carré. La seconde division avait ses deux premières brigades à droite, et un peu en arrière de la première division, bordant un ruisseau qui se jette dans la mer à une demi-lieue de Sidi-Féruch ; la troisième brigade était en seconde ligne derrière la gauche de la division Berthezène. Un bataillon du 29° de ligne était sur la plage à l'extrême gauche. Pendant les quatre jours que les deux premières divisions occupèrent ces positions, elles eurent à soutenir des combats continuels de tirailleurs. Les ennemis, dont les armes avaient plus de portée que les nôtres, avaient, par cela même, de l'avantage sur nous dans ce genre de combat ; mais ils craignaient beaucoup le feu de notre artillerie, nos obus surtout ; on se servit aussi, avec succès, des fusils de rempart, qui, dans des mains exercées, leur firent beaucoup de mal. Les fusées à la Congrève ne produisirent aucun effet.

Les combats de tirailleurs avaient principalement lieu sur les bords des ruisseaux, dont les deux partis avaient un égal intérêt à rester maîtres. De notre côté, tout homme qui allait isolément à l'eau, trouvait une mort certaine : entouré d'une foule d'Arabes, il avait la tête tranchée avant qu'on eût le temps de venir à son secours. Le dey d'Alger avait établi, dans le faubourg Bab-Azoun, un bureau où les têtes des Français étaient payées comptant.

Cependant le débarquement du matériel se continuait avec activité. Il fut interrompu, le 16, par un orage qui, pendant quelques instants, inspira les plus vives craintes; la mer était affreuse; plusieurs navires furent en danger d'être jetés à la côte; quelques embarcations périrent. Si le mauvais temps eût continué, le succès de l'expédition pouvait être gravement compromis ; heureusement il ne fut point de longue durée : au bout de quelques heures, le ciel reprit sa sérénité, et les inquiétudes s'évanouirent.

Le camp de Sidi-Féruch prenait l'aspect d'une ville. Chaque corps, chaque service administratif avait son quartier distinct. Des tentes et des cabanes de feuillages étaient les édifices de cette cité improvisée, coupée en tous sens par de larges rues, où l'on voyait circuler l'artillerie et les nombreuses voitures de l'administration. Des magasins immenses s'élevaient de tous côtés pour les besoins de l'armée; et les marchands qui l'avaient suivie lui offraient même le superflu. Des fours furent promptement établis; l'armée commença à recevoir du pain frais, trois jours après le débarquement. On avait craint de manquer d'eau, mais on fut bientôt rassuré à cet égard : outre la ressource des ruisseaux et des puits qui étaient en assez grand nombre, il suffisait, presque partout, de s'enfoncer de quelques pieds pour trouver une eau abondante et salubre. L'état sanitaire de l'armée était satisfaisant, et la chaleur supportable. Les nuits étaient même trop froides : on y éprouvait le besoin de se chauffer. Le bois ne manquait pas pour les feux de bivouac, la terre jusqu'à plusieurs lieues de Sidi-Féruch étant couverte de broussailles et de taillis.

L'intention du général en chef était de ne se porter en avant que lorsque le camp retranché et le débarquement du matériel seraient terminés. Il fallait aussi construire une route : elle avait déjà été poussée jusqu'à la position occupée par les généraux Berthezène et Loverdo, et l'on devait la continuer à mesure que l'armée s'avancerait vers Alger.

L'ennemi, ne pouvant s'expliquer les motifs de notre inaction apparente, l'attribua à la crainte qu'il croyait nous inspirer. Il avait reçu quelques renforts, surtout en infanterie, et l'on s'aperçut qu'il construisait des batteries au centre de sa position ; une partie de la milice turque était arrivée d'Alger conduite par l'agha, généralissime de l'armée musulmane, dont il était assez difficile d'évaluer la force, même approximativement, à cause du désordre qui régnait dans cette masse. Cependant, s'il fallait absolument fixer un chiffre, je n'élèverais pas à plus de 20,000 hommes le nombre des ennemis que nous eûmes à combattre dans la bataille que je vais décrire.

L'agha était d'une ignorance si puérile, qu'après avoir fait distribuer dix cartouches à chaque soldat, il dit à quelqu'un qui lui faisait observer que c'était bien peu, qu'il y en avait assez pour anéantir l'armée française, en comptant un homme tué ou blessé par coup de fusil.

Le 18, dans la soirée, quelques Arabes se rendirent secrètement auprès du général Berthezène, et l'avertirent qu'il serait attaqué le lendemain ; l'un d'eux était Ahmed-ben-Chanaan, de la tribu des Beni-Djéad. Il dit que sa tribu était fort bien disposée pour les Français ; il ajouta qu'il allait aviser au moyen de mettre ses femmes et ses enfants en sûreté, et qu'il passerait ensuite de notre côté avec tout son monde. Cette promesse fut sans effet; mais l'avis de l'attaque fut justifié par l'événement.

Le 19, au point du jour, toute notre ligne fut attaquée. Les efforts de l'ennemi se dirigèrent principalement sur la gauche, au point occupé par le 37ᵉ de ligne. Ce fut là que combattirent les Turcs ; s'avançant avec audace et impétuosité, ils pénétrèrent jusque dans les petits retranchements que les troupes avaient élevés à la hâte pour se mettre un peu à l'abri du feu de l'ennemi ; mais ils en furent chassés presque aussitôt, et ils perdirent beaucoup de monde. Un d'eux, que son intrépidité avait fait remarquer de nos soldats, se trouvant blessé et hors d'état de suivre ses compagnons dans leur mouvement rétrograde, se poignarda pour ne pas tomber vivant entre nos mains.

Le combat fut également très-vif à la position que défendait la brigade Clouet. Le 28ᵉ de ligne fut un instant compromis ; le colonel Mounier, qui le commandait, fut blessé. La brigade Colomb d'Arcine vint au secours de la brigade Clouet, et les deux brigades réunies repoussèrent les Africains un peu au delà de leurs anciennes positions, qu'elles occupèrent ; deux bricks, qui vinrent s'embosser à peu de distance de la côte, firent beaucoup de mal à l'ennemi.

Au centre, l'attaque fut moins impétueuse ; il en fut de même à l'aile droite : la brigade Munck d'Uzer et la brigade Damrémont repoussèrent facilement l'ennemi dans le ruisseau qui coulait devant leur front, et qu'il avait franchi pour venir à elles. Cette dernière s'établit même sur la rive gauche du ruisseau.

L'ennemi, repoussé sur tous les points, se porta un peu

en arrière de sa première position, et un feu de tirailleurs, soutenu par celui de quelques pièces de campagne, commença sur toute la ligne; il dura sans interruption pendant plusieurs heures. Nos généraux n'avaient point d'ordre pour se porter en avant. M. de Bourmont, ainsi que nous l'avons dit, aurait désiré ne point faire de mouvement avant d'être en mesure de se présenter à Alger avec tout son matériel de siége, qui n'était point entièrement débarqué; les chevaux du train n'étaient pas même encore arrivés. On était sans nouvelle du convoi qui les portait, lequel n'avait dû quitter Palma qu'après l'armée; il était donc inutile de faire en avant une pointe qui ne devait avoir d'autre résultat que de nous éloigner de nos magasins, l'investissement de la place ne pouvant être tenté dans les circonstances où nous nous trouvions. Mais tous ces calculs de la prudence durent céder à un besoin plus pressant : le feu de l'ennemi bien dirigé, incommodait beaucoup nos troupes; les Africains, voyant qu'après avoir repoussé leur attaque, nous étions rentrés dans notre inertie apparente, avaient repris courage et ne cessaient de nous harceler, en faisant relever par des troupes fraîches celles qui étaient fatiguées du combat; nos soldats commençaient à murmurer de l'inaction à laquelle on condamnait leur valeur; comme les positions sur lesquelles on les tenait enchaînés devenaient à chaque instant plus meurtrières, il était à craindre que le découragement ne vînt enfin succéder à ce sentiment d'indignation du courage retenu par la discipline. C'est ce que comprirent nos généraux; en conséquence, ils envoyèrent prier le général en chef de se rendre sur le champ de bataille, afin de juger par lui-même du véritable état des choses.

M. de Bourmont était à Torre-Chica, où il avait établi son quartier général, et d'où il pouvait suivre des yeux tous les mouvements de l'armée. Le feu qu'il entendait depuis le matin, quoique beaucoup plus nourri qu'à l'ornaire, ne l'étonna point ; il l'attribua à ces combats de tirailleurs que l'on livrait journellement aux avant-postes. Dès qu'il eut reçu l'avis que lui faisaient passer les généraux des deux premières divisions, il monta à cheval et se rendit auprès d'eux ; il vit alors que la chose était bien plus sérieuse qu'il ne l'avait supposé, et, après un moment d'hésitation, il donna l'ordre de marcher à l'ennemi en échelons formés chacun d'un régiment en colonne serrée. Le mouvement devait commencer par la droite ; mais M. de Loverdo ayant mis du retard dans l'exécution des ordres qui lui furent donnés, ce fut la brigade Poret de Morvan qui s'ébranla la première : elle occupait la droite de la première division. Ainsi les brigades Damrémont et Munck d'Uzer, de la division Loverdo, qui, comme nous l'avons dit, étaient à sa droite, restèrent un peu en arrière du rang qu'elles auraient dû occuper dans ce mouvement offensif ; il en résulta que les échelons, au lieu d'être formés par la droite, le furent par le centre.

L'ennemi ne soutint pas un instant notre attaque : il fut enfoncé dans un clin d'œil ; ainsi que dans la journée du 14, il abandonna ses batteries où nous entrâmes sans éprouver de résistance. Comme on avait attaqué par le centre, contrairement aux intentions de M. de Bourmont, les Africains se dispersèrent dans tous les sens. Si M. de Loverdo eût exécuté avec plus de promptitude le mouvement qui lui avait été ordonné, la gauche de l'ennemi aurait été refoulée sur le centre qui, attaqué lui-même par les échelons suivants, aurait été rejeté sur la droite ;

cette manœuvre aurait pu acculer l'armée musulmane à la mer, et, dans cette position, nous en aurions fait un très-grand carnage.

Nous poursuivîmes les fuyards jusqu'à Staoueli, où ils avaient établi leur camp que nous trouvâmes abandonné. Les tentes des chefs étaient d'une magnificence remarquable, surtout celle de l'agha : elle avait plus de soixante pieds de long, et elle était divisée en plusieurs appartements dont l'intérieur était orné de belles tentures et de superbes tapis. L'ennemi n'avait eu le temps de rien enlever ; on trouva même une somme d'argent assez considérable dans la tente de l'officier chargé de payer la solde à la milice turque.

Les résultats de la bataille de Staoueli furent trois à quatre mille Africains tués ou blessés, cinq pièces de canon et quatre mortiers enlevés, plus beaucoup de bétail et soixante-dix ou quatre-vingts dromadaires qui furent partagés entre les régiments pour porter les bagages. On fit très-peu de prisonniers, presque tous blessés. De notre côté, on n'eut que six cents hommes mis hors de combat, tant tués que blessés.

Les deux divisions victorieuses s'établirent à Staoueli, dans le camp même d'où elles venaient de chasser l'ennemi, à une lieue de leur ancienne position ; les débris de l'armée de l'agha rentrèrent dans Alger, qu'ils remplirent de consternation. Des transfuges, qui nous arrivèrent le lendemain, nous assurèrent que si nous nous étions mis aux trousses des fuyards, l'effroi était tel, que nous serions entrés dans la ville sans éprouver de résistance. Il est possible que les choses se fussent passées ainsi ; mais, dans le doute, il était plus raisonnable de ne point s'écarter de la marche que l'on avait adoptée dès le principe, et de ne pas livrer aux chances d'un heureux hasard un succès qui paraissait assuré.

Ibrahim-Agha, après la défaite de son armée, perdit entièrement la tête, et ne fit rien pour lutter contre la mauvaise fortune. N'osant pas se présenter devant son beau-père, il courut se cacher dans une de ses maisons de campagne, comme un enfant timide qui craint une réprimande méritée; pendant plusieurs jours on ne sut pas ce qu'il était devenu. Le Dey, que personne n'osait instruire de l'état des choses, fit appeler Hamdan-ben-Othman-Khodja, en qui il avait toute confiance. Celui-ci lui fit connaître la vérité, et ne lui dissimula pas la conduite honteuse de son gendre. Hussein, qui dans son intérieur était doux et bienveillant, ne voulut pas accabler ce malheureux. Il chargea Hamdan d'aller l'encourager à reprendre le commandement de l'armée; mais ce fut avec beaucoup de peine que ce Maure parvint à l'arracher à l'état de stupeur dans lequel il était plongé, et à lui faire réunir quelques soldats aussi démoralisés que lui.

Le premier soin de M. de Bourmont, après la victoire de Staoueli, fut de faire continuer jusqu'au nouveau camp la route déjà commencée. Ce travail fut promptement terminé. Les retranchements du grand camp de Sidi-Féruch le furent le 24 juin. Nous avons dit qu'ils consistaient en une ligne bastionnée qui allait d'une rade à l'autre, séparant le promontoire du continent. Vingt-quatre pièces de canon montées sur des affûts marins composèrent l'armement de cette place d'armes, assez formidable pour braver au besoin toutes les forces de la Régence. Des redoutes armées avec les pièces enlevées à l'ennemi furent construites sur la route, de distance à distance, pour assurer les communications.

La troisième division ne prit aucune part à l'affaire de Staoueli ; seulement la première brigade de cette division, qui campait en dehors des retranchements, se porta en réserve derrière les ailes des divisions engagées, le 2ᵉ régiment de marche à droite, et le 35ᵉ de ligne à gauche. Ces deux régiments occupèrent, après le combat, les positions que nos troupes venaient d'abandonner, par suite de leur mouvement offensif. Le 2ᵉ régiment de marche fut principalement chargé d'observer le débouché de la vallée du Mazafran ; on craignait de voir arriver par là des troupes que l'on supposait être envoyées par le bey d'Oran, et que les vigies de la marine croyaient avoir aperçues au loin.

Les deux premières divisions restèrent à Staoueli jusqu'au 24 juin. Ce point n'était ni une ville ni un village : c'était seulement un emplacement qui servait de campement aux Arabes. Il y avait de l'ombrage et quelques fontaines qui donnaient une eau assez médiocre ; le terrain dans les environs était uni et cultivé.

Les Arabes, étourdis des événements de la journée du 19, semblèrent pendant quelques jours avoir abandonné la partie. Le sieur Ayas, un de nos interprètes, parvint même à entrer en pourparler avec eux. Il se rendit dans un de leurs douars, et en revint, non-seulement sans avoir reçu de mal, mais encore avec des promesses de soumission qui furent loin, il est vrai, de se réaliser. Un commis du munitionnaire général accompagna le sieur Ayas dans ce voyage, qui n'était point sans danger. Ces deux agents achetèrent quelques bœufs aux Arabes, à qui ils s'adressèrent ; il fut convenu qu'on prendrait des mesures pour des fournitures plus considérables. Les Arabes assuraient qu'ils étaient las de la guerre et très-disposés à venir approvisionner nos marchés, pourvu qu'on leur promît justice et protection. On doit bien penser que le sieur Ayas et son compagnon ne négligèrent rien pour leur faire comprendre qu'ils trouveraient l'une et l'autre chez les Français.

M. de Bourmont, satisfait de la tournure qu'avait prise cette petite négociation, se hâta d'annoncer à l'armée, par la voie de l'ordre du jour, que nous n'avions plus, sur le sol de la Régence, d'autres ennemis que les Turcs. Il prescrivit aux soldats d'user des plus grands égards, et surtout de la plus scrupuleuse probité, dans leurs relations avec les indigènes qui allaient accourir auprès de nous, comme auprès de leurs libérateurs. Une attaque générale vint donner, le 24 au matin, un démenti formel à l'ordre du jour de M. de Bourmont.

Nos deux premières divisions étaient, comme nous l'avons dit, campées à Staoueli. Quelques troupes furent échelonnées sur la route nouvellement construite, entre ce point et notre première position occupée par une brigade de la troisième division. Les deux autres brigades de la division d'Escars étaient restées à Sidi-Féruch.

L'agha Ibrahim, après avoir repris le commandement de l'armée musulmane, était parvenu, plus par ses alentours que par lui-même, à réunir encore quelques Arabes, et, le 24 au matin, il attaqua nos lignes. Le général en chef de l'armée française, qui avait toujours son quartier général à Sidi-Féruch, se rendit de bonne heure à Staoueli et fit aussitôt prendre l'offensive. La première division et la brigade Damremont, de la deuxième, s'ébranlèrent, ainsi que deux escadrons des chasseurs d'Afrique. L'ennemi ne tint pas un instant; il traversa en fuyant la partie de la plaine qui se trouve en avant de

Staoueli, et ne s'arrêta que sur des hauteurs qui s'élèvent à une lieue de là, et qui se lient au mont Bouzaréa et aux collines d'Alger. Encore débusqué de cette position, que couronne un assez vaste plateau, il alla s'établir sur les pentes du Bouzaréa, à une lieue d'Alger. On cessa alors de le poursuivre. Nos troupes victorieuses s'arrêtèrent à l'extrémité du plateau ; un vallon peu large, au fond duquel coulait un faible ruisseau, séparait cette position de celle de l'ennemi, qui la dominait entièrement.

Au moment où nos troupes se portèrent en avant, un gros d'Arabes qui était posté au loin, sur quelques mamelons, à l'extrême gauche de la ligne ennemie, descendant dans la plaine se dirigea sur notre camp qu'il croyait abandonné. Il s'arrêta à la vue des brigades de la deuxième division qui y étaient restées ; et, rebroussant chemin, il se jeta sur les derrières de la première division, où il massacra quelques hommes isolés.

Le combat du 24 prit le nom de Sidi-Kalef, qui est celui d'un hameau situé sur le plateau dont nous venons de parler. Nous y perdîmes peu de monde ; l'ennemi n'avait point d'artillerie, et nous n'eûmes nous-mêmes que quatre pièces en ligne. Un des fils de M. de Bourmont fut blessé dans cette affaire. Ce jeune homme se faisait remarquer par sa valeur et par ses excellentes qualités. Toute l'armée applaudit à la manière noble et touchante dont M. de Bourmont, dans le rapport officiel, rendit compte de cet événement et de la mort de son fils, qui succomba aux suites de sa blessure quelques jours après.

La position dans laquelle s'arrêtèrent les troupes qui avaient combattu à Sidi-Kalef, était fort désavantageuse : elle était dominée par celle qu'avait prise l'ennemi. Les mêmes raisons qui nous avaient arrêtés après nos succès du 19 existant toujours, il fallut cependant se résoudre à l'occuper encore quelques jours, car, en nous avançant plus loin, nous nous serions trouvés sans grosse artillerie sous le canon d'Alger, ou du moins, sous celui des ouvrages que les Turcs pouvaient avoir élevés en avant de cette ville. Heureusement que, le jour même du combat de Sidi-Kalef, on aperçut de Sidi-Féruch le convoi que l'on attendait depuis longtemps. Le lendemain 25, il mouilla dans la rade, et le débarquement commença sur-le-champ.

La route que construisait le génie fut prolongée de Staoueli à la nouvelle position, que nous appelâmes *Fontaine-Chapelle*, à cause de la fontaine et du marabout de Sidi-Abderrhaman-bou-Néga. La troisième division, qui n'avait point encore combattu, reçut ordre de se porter en première ligne. Il était juste de donner au duc d'Escars, qui la commandait et qui n'avait jamais fait la guerre (1), l'occasion de gagner ses éperons. Le 25, avant le jour, la brigade Berthier de Sauvigny se mit en mouvement et se trouva en position sur les huit heures du matin; la brigade Hurel n'y arriva qu'à onze heures du soir; la brigade Montlivault s'échelonna sur la route entre Staoueli et la nouvelle position : elle fut remplacée cée à Sidi-Féruch par la brigade Munck d'Uzer, de la deuxième division. La brigade Damremont retourna à Staoueli; elle fut attaquée, dans ce mouvement, par un parti de cavalerie arabe qu'elle repoussa facilement. On

---

(1) C'était, du reste, un homme honorable, studieux et éclairé, qui cherchait à justifier, par des qualités personnelles ce que la naissance et la faveur avaient fait pour lui.

4.

construisit de nouvelles redoutes sur notre ligne de communication ; il y en eut huit en tout, depuis Sidi-Féruch jusqu'à Alger. Un blockhaus fut établi entre la première et la seconde, un peu trop éloignées l'une de l'autre. Celle que l'on construisit à Staoueli se liait à un camp retranché auquel elle servait de citadelle.

Les mouvements que nous venons de mentionner se firent avec quelque désordre ; deux régiments qui se rencontrèrent dans l'obscurité tirèrent l'un sur l'autre et se tuèrent du monde.

Par suite de tous ces mouvements, la troisième division se trouva à la gauche de la première, au sommet de la berge droite du vallon de Sidi-Abderrahman-bou-Néga. Les dispositions que l'on prit pour conserver cette position jusqu'à l'arrivée du matériel de siége, furent très-vicieuses, surtout à gauche. Pour tenir les Barbares à distance, on envoya des tirailleurs qui traversèrent le vallon et s'établirent sur le versant opposé, et par conséquent au-dessous d'eux. Il aurait été plus convenable d'établir ces tirailleurs sur le sommet du versant que nous occupions, et de placer le gros des troupes vers le milieu du plateau, hors de portée du canon de l'ennemi ; de cette manière, celui-ci aurait été obligé de découvrir ses tirailleurs, et les nôtres se seraient trouvés dans une position plus convenable.

Après le mauvais succès du combat de Sidi-Kalef, le Dey, convaincu enfin de la nullité de son gendre, le destitua, et mit à sa place Mustapha-bou-Mezrag, bey le Titteri. Ce nouveau général était plus résolu qu'Ibrahim-Agha, mais il n'était guère plus habile. Le Dey chercha aussi à réveiller le fanatisme de son peuple ; il fit venir le cheikh-el-Islam, lui remit un sabre, et le chargea d'appeler tous les Croyants à la défense de la religion ; mais ce vénérable muphty, très-embarrassé de l'arme qu'on lui avait mise entre les mains, se contenta, pour la forme, d'inviter quelques notables à se rendre chez lui pour aviser aux moyens de défense, et presque personne ne répondit à sa voix.

La première et la troisième divisions restèrent dans la position de Sidi-Abderrahman-bou-Néga, les 25, 26, 27 et 28 juin. Ces quatre journées ne furent qu'un combat continuel de tirailleurs, qui commençait au lever du soleil, et qui ne finissait qu'à son coucher ; les compagnies que l'on dispersait en tirailleurs, étaient relevées toutes les trois ou quatre heures. Comme elles appartenaient aux divers régiments de la division, et dans le même régiment à divers bataillons, il n'y eut point toujours dans leurs mouvements l'unité d'action convenable, les officiers supérieurs se reposant trop les uns sur les autres d'un soin qui n'appartenait à aucun d'eux en particulier. Ce ne fut que le dernier jour, que l'on mit un peu d'ordre dans le service de ces officiers.

Le bivouac de la brigade Berthier de Sauvigny était labouré par les boulets ennemis. Les Africains s'étant embusqués dans le petit bois de Sidi-Abderrahman-bou-Néga, situé devant son front, commençaient même à l'inquiéter par le feu de leur mousqueterie, lorsque le lieutenant-colonel Baraguay d'Hilliers, du 2ᵉ de marche, les chassa de ce poste et fit couvrir le bois par un redan que nos troupes occupèrent.

Les Africains, dans tous les combats de tirailleurs, étaient favorisés par une position dominante et par un terrain bien fourré ; cependant on leur tua beaucoup de monde. Les Turcs avaient pour coutume de planter un drapeau devant le front de la ligne que leurs tirailleurs devaient occuper. Ce drapeau fut la cause de la mort de plusieurs braves qui tentèrent de l'enlever; de celle, entre autres, d'un jeune officier du 9ᵉ léger, nommé Léonide de Morogues, qui s'était déjà fait remarquer par son intrépidité.

Le 27, M. Borne, chef d'escadrons, aide de camp du duc d'Escars, eut l'épaule emportée par un boulet et mourut peu d'heures après. Le 28, deux compagnies d'élite du 35ᵉ de ligne, emportées par leur ardeur, gravirent, presque jusqu'au sommet, des hauteurs occupées par l'ennemi, en tuant ou en dispersant tout ce qui se présentait devant elles; mais elles perdirent beaucoup de monde en revenant, et ne purent enlever leurs blessés, qui furent aussitôt décollés par les Africains. Le même jour, une colonne ennemie tomba à l'improviste sur le bataillon du 4ᵉ léger, faisant partie du 1ᵉʳ de marche, et lui sabra 150 hommes. Ce bataillon, par la coupable imprudence de son chef, était occupé en entier à nettoyer ses armes, de sorte qu'ayant tous ses fusils démontés, il ne put opposer aucune résistance; les troupes qui étaient dans le voisinage vinrent à son secours et repoussèrent facilement l'ennemi.

M. de Bourmont établit, le 24 juin, son quartier général à Staoueli. Le 25, il alla visiter la première ligne et rencontra, chemin faisant, plusieurs cadavres sans tête qui attestaient et l'imprudence de nos soldats et la férocité de leurs ennemis. M. de Bourmont donna des ordres pour hâter la construction des redoutes, et régla le service des compagnies qui devaient en former la garnison, de manière à ce qu'elles fussent relevées tous les six jours. Il prit aussi des mesures pour assurer l'arrivage des convois de vivres et de munitions qui, chaque jour, devaient partir de Sidi-Féruch pour Staoueli, et, de ce dernier point, pour la position que défendaient la 1re et la 3e divisions. Il écrivit, le 26, au général commandant la 8e division militaire à Marseille, de faire embarquer le plus tôt possible 950 hommes appartenant aux divers régiments de l'armée d'Afrique, et qui se trouvaient réunis au dépôt général à Toulon. Il fut aussi question de faire embarquer la première brigade de la division de réserve qui s'était réunie dans le Midi ; mais cette disposition n'eut pas de suite. Le général en chef se concerta avec l'amiral Duperré pour le débarquement de 1400 marins qui, conjointement avec un bataillon du 48e de ligne, furent destinés à occuper Sidi-Féruch, dont le commandement fut confié à M. le colonel Léridan. Cette mesure rendit disponibles trois bataillons de la brigade Munck d'Uzer. Enfin, le débarquement du matériel étant terminé, et rien ne s'opposant plus à l'investissement de la place, dont nous n'étions plus qu'à cinq quarts de lieue, l'attaque des positions ennemies fut fixée, le 28 juin, au lendemain 29.

Ces positions se rattachaient au mont Bouzaréa, situé au nord-ouest d'Alger, et dont l'élévation au-dessus de la mer est de 400 mètres. Les pentes du Bouzaréa sont raides, surtout au nord ; des ravins très-profonds et très-escarpés le séparent de la ville ; à l'origine de ces ravins, il se lie aux collines d'Alger qui s'étendent à l'est jusqu'à l'Arach, petite rivière qui se jette dans la mer, à deux lieues de la ville. Ces collines sont séparées de la mer par une plaine de 600 mètres de largeur moyenne : elles sont coupées par de grands ravins. Sur le plateau qui les couronne et au partage des eaux, serpentait une ancienne voie romaine très-praticable dans les environs d'Alger, et qui se perdait dans la plaine de Staoueli. Ce chemin passait auprès du fort de l'Empereur, bâti au sud de la ville, sur les crêtes des hauteurs ; ce fort domine Alger et a vue sur toute la baie ; mais il est lui-même dominé par le prolongement des pentes du mont Bouzaréa.

Tout le terrain que nous venons de décrire est couvert de jardins, de vergers et d'une prodigieuse quantité de maisons de campagne, dont quelques-unes sont de fort beaux édifices ; il est coupé par des haies épaisses, ce qui, joint aux difficultés naturelles du sol, en rend l'accès très-difficile : il est, du reste, d'une admirable beauté et d'une fertilité remarquable.

Le 28 au soir, toute l'armée française fut réunie à la position de Sidi-Adherrahman-bou-Néga, à l'exception des brigades Montlivault et Munck d'Uzer chargées de la garde des camps et de celle des postes intermédiaires ; on laissa aussi à Sidi-Féruch et à Staoueli trois compagnies du génie : on avait transporté dans ce dernier camp une partie des parcs d'artillerie et de celui du génie.

Le 29, à la pointe du jour, l'armée s'ébranla en colonnes serrées. Chaque colonne était formée d'un régiment ; les divisions étaient à leur rang de bataille, c'est-à-dire la 2ᵉ au centre, la 1ʳᵉ à droite, et la 3ᵉ à gauche ; l'artillerie marchait dans les intervalles ; une compagnie du génie fut attachée à chaque division, pour ouvrir le chemin là où il serait nécessaire.

L'armée traversa en silence le vallon qui nous séparait de l'ennemi, gravit les hauteurs opposées et tomba sur les Barbares qui, surpris par cette brusque attaque, sans avoir le temps de se reconnaître, lâchèrent pied tout aussitôt. Cependant, revenus de leur terreur, ils s'arrêtèrent un peu plus loin où ils commencèrent sur les masses de la 3e division une fusillade assez vive, que cependant le feu de notre artillerie fit bientôt taire. Les Turcs perdirent la leur, selon l'usage, et se retirèrent sous le canon de la place. La 3e division occupa alors les pentes du mont Bouzaréa qui font face à la ville, après avoir traversé plusieurs ravins que les plus mauvaises troupes européennes auraient défendus avec avantage contre les meilleures. A droite, la division Berthezène n'eut à lutter que contre les difficultés naturelles du sol ; mais elles furent telles, que cette division appuyant toujours à gauche, passa par derrière la 2e, et arriva sur les pentes du Bouzaréa, à la suite de la 3e. M. de Bourmont s'était transporté de sa personne sur le sommet de cette montagne, au poste de la Vigie : il fit occuper ce point par le 14e de ligne de la division Berthezène, qui se trouva, par suite du mouvement qu'elle venait de faire, derrière la division d'Escars.

La division Loverdo avait à parcourir le terrain le plus facile. Elle suivait la voie romaine, qui se trouve, comme nous l'avons dit, au partage des eaux de cette multitude de ravins dans lesquels les autres divisions étaient engagées ; cependant, elle avança lentement. Les Turcs qu'elle avait en face débordèrent, par suite de cette lenteur, l'aile droite de la 3e division, qui était à la gauche de la 2e. M. d'Escars fut obligé d'envoyer contre eux des tirailleurs de sa propre division, et de couvrir ainsi celle de son collègue. Peu de temps après, ces tirailleurs furent rappelés, parce que la brigade Berthier, à laquelle ils appartenaient, fit un mouvement sur la gauche pour se rapprocher de la brigade Hurel, dont les accidents de terrain l'avaient séparée. Le général Loverdo fit alors un mouvement de retraite que personne ne put s'expliquer dans le moment, mais que l'on a dit depuis avoir été le résultat d'une méprise qui lui fit croire qu'il n'était pas dans la bonne direction. Le général en chef, ne concevant rien à ce mouvement rétrograde, envoya à M. de Loverdo l'ordre de reprendre l'offensive ; mais on eut beaucoup de peine à le retrouver dans les ravins où il avait enseveli en quelque sorte sa division, après avoir quitté la voie romaine.

Cependant, le général en chef, jugeant qu'il était inutile d'avoir deux divisions sur le même point, ordonna à la 1re de rester sur les pentes du Bouzaréa, et à la 3e d'aller s'établir à la droite de la voie romaine. La 3e division reprit donc le chemin que venait de suivre la brigade Berthier, et même, pour couper court, elle s'enfonça dans les ravins les plus profonds et les plus inextricables, et parvint, après de grandes fatigues, à la position qui lui avait été assignée ; elle s'établit aux Consulats de Hollande et d'Espagne. Cette division fut complétement désorganisée pendant quelques instants ; les compagnies, les bataillons, les régiments, étaient confondus ; il fallut plusieurs heures pour débrouiller ce chaos.

La 2e division, dans laquelle le désordre avait aussi pénétré, avait enfin été retrouvée ; elle vint s'établir à gauche de la voie romaine, entre la 1re et la 3e.

Les Turcs, après avoir tiraillé une partie de la journée, rentrèrent dans la place ou sous son canon ; les Arabes descendirent dans la plaine du bord de la mer. L'investissement d'Alger était loin d'être complet : nous occupions les hauteurs, mais les bords de la mer restaient libres, et les Turcs communiquaient facilement avec la plaine de Métidja.

La confusion qui régna dans tous les mouvements de

l'armée française, dans la journée du 29, aurait pu avoir des conséquences funestes, si nous nous étions trouvés en face d'un ennemi habile et entreprenant. M. de Bourmont fut hésitant et indécis dans ses opérations ; on dit même qu'il montra beaucoup de faiblesse envers un de ses lieutenants généraux, coupable de désobéissance formelle à ses ordres.

La brigade Poret de Morvan était restée à l'ancienne position pour garder le parc et l'ambulance ; elle fut attaquée par les Arabes, mais sans succès de leur part. Dans cet engagement, un soldat du 5ᵉ de ligne, nommé Sovadot, arracha aux Arabes, après des prodiges de valeur, son capitaine, M. Gallois, grièvement blessé. Je n'ai pu savoir si ce brave avait obtenu la récompense de sa noble conduite. De toutes les actions de guerre, celle qui a pour résultat de sauver un des siens est certainement la plus méritoire, et c'est à juste titre que les Romains mettaient la couronne civique au-dessus de toutes les autres.

Nous ne perdîmes que fort peu de monde dans la journée du 29. Cinq pièces de canon tombèrent en notre pouvoir, ainsi que quelques prisonniers. Les maisons de campagne que nous trouvâmes abandonnées, furent en général pillées et dévastées ; celles de quelques consuls européens, dont les soldats ne connurent pas les pavillons, souffrirent comme les autres. Quelques habitants, trouvés cachés dans les maisons et dans les haies, furent massacrés ; deux ou trois femmes furent même tuées par accident, d'autres furent violées ; mais ce sont là les tristes accompagnements de toute guerre, même de la plus juste.

Le jour même de notre arrivée devant Alger, le général en chef et le général Valazé reconnurent les approches du château de l'Empereur, qu'il fallait enlever avant de songer à attaquer le corps de la place. Ce château, dont nous avons fait connaître la position, doit son nom à l'empereur Charles-Quint, qui, lors de son expédition contre Alger, avait établi son quartier général sur le lieu où il a été bâti. Ce fut même le choix que fit Charles-Quint de cette position qui fit ouvrir les yeux aux Turcs sur son importance. Ce point était alors connu sous le nom de Sidi-Yacoub : les Turcs l'appellent maintenant Sltan-Calassi.

Le fort de l'Empereur était éloigné de 800 mètres de la ville; c'était un carré un peu allongé, en maçonnerie, comme toutes les fortifications d'Alger. Les murs en étaient flanqués de petites saillies en forme de bastions. La face du sud avait une double enceinte; du reste, point de dehors : dans l'intérieur, une grosse tour ronde servant de réduit, voilà quel était le fort de l'Empereur.

Alger, bâtie en amphithéâtre sur le penchant d'une colline assez élevée, forme un triangle dont un des côtés est appuyé à la mer. La ville était entourée d'un mur à l'antique, avec tours et créneaux, d'une construction assez irrégulière, haut de 25 pieds, terme moyen, et large de 7 à 8. Ce mur était précédé d'un fossé. Au sommet du triangle s'élevait la citadelle, ou casbah, qui formait aussi un triangle, dont deux côtés étaient les prolongements du mur d'enceinte; le troisième séparait la casb h de la ville. Alger avait trois portes conduisant dans la campagne : au sud, la porte Neuve, dans le haut de la ville, et la porte Bab-Azoun, dans le bas; au nord, la porte Bab-el-Oued, également dans le bas. De la porte Neuve à la porte Bab-Azoun, le rempart était précédé d'un petit mur ou fausse braie; il en était de même aux environs de la porte Bab-el-Oued. Le côté de l'enceinte appuyé à la mer était percé de deux portes, dites de la Marine et de la Pêcherie.

Au bord de la mer, à 900 mètres de la porte Bab-Azoun, s'élevait le fort du même nom. Le fort Neuf couvrait la porte Bab-el-Oued. A 2 et 500 mètres de celui-ci, était le fort des Vingt-quatre-heures, et, à 1500 mètres plus loin, le fort des Anglais. Tous ces forts étaient hérissés de canons : les Barbares croient une position inexpugnable, lorsqu'ils y ont entassé des bouches à feu sans choix et sans discernement (1).

Le côté le plus fort d'Alger était celui de la mer. Les principaux ouvrages qui défendaient l'entrée et les approches du port étaient construits sur ce rocher dont nous avons parlé dans le livre premier, et que Khair-Eddin réunit au continent par une jetée qui est un fort bel ouvrage. Les fortifications de la marine se sont toujours perfectionnées depuis cette époque ; elles sont en pierre, d'une très-grande solidité, et assez compliquées dans leurs détails ; en certains endroits, il y a jusqu'à quatre rangs de batteries les unes au-dessus des autres. Mais reprenons le fil de notre narration.

Une batterie de siége de six canons de 16 avait suivi l'armée dans son attaque du 29, pour combattre les batteries de position que l'ennemi pouvait avoir construites sur les bords des ravins ; mais nous avons vu que sa prévoyance ne s'était pas étendue jusque-là. Le reste de

---

(1) Depuis qu'Alger est entre nos mains, il a été fortifié à la moderne et l'enceinte s'en est beaucoup accrue. Il ne s'agit ici que du vieil Alger.

notre artillerie de siége arriva successivement; l'emplacement du parc fut désigné en arrière du Consulat de Hollande.

Le résultat de la reconnaissance faite, dès le 29, par le général Valazé, fut que l'on pouvait commencer immédiatement les travaux de tranchée devant le fort de l'Empereur, ce qui eut lieu le lendemain 30, à trois heures du matin. Le feu très-vif de la place et l'extrême fatigue des troupes obligèrent bientôt de les interrompre; on ne put les reprendre que la nuit suivante. M. Chambaut, chef de bataillon du génie, fut blessé à mort dans ces premières opérations.

Il avait été décidé qu'on ne construirait qu'une seule parallèle pour lier les batteries dont le général Lahitte avait déterminé l'emplacement, de telle sorte qu'elles fussent en même temps batteries d'enfilade et batteries de brèche; le fort de l'Empereur ne méritait pas une attaque plus savante, et nous le dominions de tous côtés.

On résolut d'attaquer à la fois la face du sud et celle de l'ouest, et surtout cette dernière qui paraissait d'un abord plus facile; en conséquence, une seule batterie fut établie contre la face du sud; elle était de six canons, et fut construite sur le prolongement de la face ouest. Celle-ci fut battue par deux batteries de canons et une d'obusiers; la première, de quatre pièces de 24, fut établie à gauche de la voie romaine; la seconde, de six pièces de même calibre, à droite. La batterie d'obusiers, contenant deux pièces, fut construite entre cette dernière et la voie romaine. Une batterie de quatre mortiers de 10 pouces fut construite sur la capitale de l'angle sud-ouest du fort, entre les deux premières batteries dont nous venons de parler. Toutes ces batteries eurent les noms suivants : la 1re fut appelée batterie de Saint-Louis ; la 2e, batterie du Dauphin ; la 3e, du Roi ; la 4e, du Duc de Bordeaux ; la 5e, enfin, batterie Duquesne. Elles étaient masquées par des haies qui en cachaient la construction à l'ennemi.

Le 1er juillet dans la journée, les Turcs tentèrent une sortie ; ils furent repoussés avec perte. Ils s'embusquèrent alors dans les jardins et dans les haies, en avant de nos ouvrages, et se mirent à tirailler avec quelque avantage. Nous leur opposâmes les meilleurs tireurs de tous les régiments, que l'on arma avec des fusils de rempart. Le travail de la tranchée fut réglé de manière à être relevé le soir à six heures, et le matin à quatre heures et demie. Le nombre des travailleurs fut fixé à 1600 ; mais il y eut beaucoup de désordre dans leur répartition, et quelquefois dans l'heure de leur arrivée, ce qui fit souvent perdre un temps précieux. On a de la peine à comprendre comment on peut pécher dans des détails aussi simples et d'une exécution aussi facile ; c'est cependant ce qui n'est pas rare à la guerre.

Le général Lahitte fit commencer, le 1er juillet, la construction d'une nouvelle batterie de quatre obusiers, dans le jardin du Consulat de Suède, à droite de la tranchée. Le même jour la brigade Montlivault, qui était restée en arrière, entra en ligne, ainsi que trois bataillons de la brigade Munck d'Uzer ; la brigade Poret de Morvan se porta sur les communications de Sidi-Féruch à Alger.

Le 2 juillet, les travaux furent poussés avec activité, mais l'ouvrage n'avançait pas également partout, le sol n'étant pas sur tous les points également facile à remuer. Les tirailleurs soutinrent un feu très-vif, ce jour-là et le suivant, sur toute la ligne. La batterie Saint-Louis fut attaquée par les Turcs, qui s'avancèrent jusque sur l'épaulement. Il y eut un moment d'hésitation de la part de nos soldats; mais, entraînés bientôt par l'exemple du capitaine d'artillerie Mocquart, ils fondirent sur l'ennemi et le repoussèrent.

Sur la droite, quelques Arabes de l'extérieur vinrent nous inquiéter. Ils furent repoussés au loin par une compagnie du 9ᵉ léger. Il se passa là une action qui mérite d'être rapportée : un Arabe est blessé d'un coup de feu au moment où les Français s'ébranlaient pour se porter en avant ; un de ses camarades vient à son secours et se dispose à l'emporter ; mais, au même instant, ce dernier est aussi blessé et tombe avec son fardeau. Il se relève bientôt ; mais, au lieu de profiter du peu de force qui lui reste pour se sauver seul, il s'obstine généreusement à ne point abandonner son compagnon plus blessé que lui. Cependant les Français ne sont plus qu'à deux pas; n'importe, il mourra avec son ami; un officier, qui arriva près d'eux presque en même temps que les premiers tirailleurs, aurait voulu les sauver l'un et l'autre, mais il éleva la voix trop tard : nos soldats n'accordaient plus de quartier à un ennemi qui leur avait donné l'exemple de ne point en faire.

Le 5, l'amiral Duperré parut devant Alger avec une partie de ses forces, et pendant plusieurs heures canonna la ville et les forts, mais à une telle distance, qu'à peine quelques boulets arrivèrent à terre ; la même chose avait eu lieu le 1ᵉʳ. L'état de la mer fut sans doute ce qui empêcha M. Duperré de raser de plus près les fortifications qu'il paraissait vouloir combattre, et le força de tenir notre brave marine fort éloignée de la position qu'avait prise lord Exmouth, en 1816. Cette démonstration eut cependant pour résultat de partager un peu l'attention de l'ennemi, et d'encourager nos soldats, qui durent croire que ce grand bruit était suivi de quelque effet.

Dans la soirée, les batteries du Roi et du Dauphin furent armées. Les autres l'avaient été dès le matin ; les ouvrages étaient partout en bon état et bien défilés ; on avait établi de fortes traverses là où elles étaient nécessaires ; les magasins à poudre étaient construits et approvisionnés ; enfin tout était prêt pour l'attaque, qui fut fixée au lendemain.

Dans la nuit, les Turcs de la garnison du fort, ne se doutant pas de la terrible canonnade qu'ils allaient essuyer dans quelques heures, et satisfaits de nous avoir tué quelques hommes dans la journée, se livrèrent aux transports d'une joie absurde et bruyante. Ils nous crièrent que, puisque nous ne tirions pas, c'était que nous n'avions pas de canon ; que si nous en voulions, ils étaient prêts à nous en envoyer, accompagnant cette ironie de beaucoup d'injures contre les Chrétiens, selon l'usage. De notre côté, personne ne criait, mais chacun prenait son poste. On attachait à chaque batterie une compagnie d'infanterie pour la soutenir ; on établissait, à la queue de la tranchée, deux compagnies d'artillerie en réserve, pour le remplacement des canonniers tués ou blessés ; le maître artificier s'assurait du chargement des bombes et des obus ; enfin on ne négligeait rien de ce qui pouvait assurer un succès prompt et décisif.

Le 4, à quatre heures moins un quart du matin, toutes nos batteries commencèrent leur feu à la fois. L'armée, qui attendait ce moment avec impatience, fut aussitôt sur pied, pleine d'espérance et de joie, et avide de suivre les progrès de l'attaque. Nos boulets, dès les premières salves, portèrent en plein dans les embrasures du fort et dans les merlons intermédiaires, qui commencèrent bientôt à se dégrader. Le tir des bombes et des obus ne fut pas d'abord aussi juste, mais après quelques tâtonnements il se rectifia et aucun projectile ne manqua plus le but. Les Turcs ripostèrent avec vigueur, non-seulement du fort de l'Empereur, mais encore du fort Bab-Azoun et de la Casbah. Pendant quatre heures, la défense fut aussi vive que l'attaque ; mais à huit heures, elle commença à se ralentir. Une batterie de quatre bouches à feu de campagne, placée sous un mamelon en arrière de la batterie Saint-Louis, fit beaucoup de mal à l'ennemi : elle portait dans l'intérieur du fort, et sur ses communications avec la Casbah.

A dix heures, le feu du château était éteint ; les merlons, entièrement détruits, n'offraient plus aucun abri aux canonniers turcs; les pièces étaient presque toutes démontées et l'intérieur du fort bouleversé par nos bombes et par nos obus. Le général Lahitte venait d'ordonner de battre en brèche ; de nombreux éboulements annonçaient déjà que la place serait bientôt ouverte, lorsqu'une épouvantable explosion, accompagnée d'un épais nuage de fumée et de poussière, et suivie d'une horrible pluie de cendres, de pierres, de débris, de membres humains, nous annonça qu'elle n'existait plus. Les Turcs, désespérant de la défendre plus longtemps, l'avaient abandonnée, s'étaient retirés dans la Casbah et avaient mis le feu aux poudres. La tour intérieure fut entièrement renversée, ainsi que la presque totalité de la face ouest; le reste, plus ou moins endommagé, n'offrait plus qu'un amas de ruines. Des pièces de canon d'un fort calibre avaient été projetées au loin. L'air fut obscurci, pendant longtemps, par des flocons de laine, provenant de la dispersion des ballots dont les Turcs avaient couvert le sol de leur batterie et les voûtes de leur magasins.

Pendant l'obscurité produite par la poussière et par la fumée, nos batteries continuèrent à tirer; mais lorsqu'elle fut dissipée et que l'on s'aperçut que le fort ne pouvait plus contenir un seul être vivant, le feu cessa : quelques compagnies escaladèrent les ruines et en prirent possession. Le général Lahitte s'y étant rendu aussi de sa personne, fit placer sur les débris deux pièces de campagne qui tirèrent aussitôt sur le fort Bab-Azoun. Il fit diriger sur le même point le feu de trois pièces turques, que l'explosion avait épargnées. Ces cinq bouches à feu suffirent pour faire taire le fort Bab-Azoun, dans l'intérieur duquel elles plongeaient entièrement. Le général Lahitte choisit, à gauche de la voie romaine, un emplacement pour y construire deux batteries, une de canons et l'autre de mortiers, destinées l'une et l'autre à l'attaque de la Casbah. Elles devaient être placées sur une crête qui domine la ville et qui n'en est éloignée que de 150 mètres. C'était là qu'était autrefois le fort de l'Etoile ou des Tagarins. Le génie se mit aussitôt à l'ouvrage, pour établir et abriter les communications entre ce point et le fort de l'Empereur; pendant ce temps-là, les Arabes de l'intérieur, sans s'embarrasser de ce qui se passait au siége, voulurent attaquer nos lignes; ils se présentèrent devant le camp de la brigade Berthier. Quelques compagnies de voltigeurs et deux pièces de canon suffirent pour les balayer.

Cependant la ville était pleine de trouble et de confusion; le peuple, craignant une prise d'assaut, demandait à grands cris une capitulation. Hussein pacha, croyant

5.

sortir par une humiliation passagère de la fâcheuse position où l'avaient mis son ignorance et son orgueil, envoya Mustapha, son Makatadji, vers M. de Bourmont, pour lui offrir le remboursement des frais de la guerre et des excuses qui n'étaient plus admissibles. Le général en chef répondit à l'envoyé du Dey que la base de toute négociation devait être l'occupation immédiate de la ville par les Français ; qu'ainsi il ne pouvait accéder aux propositions de son maitre. Le Makatadji partit avec cette réponse, qui annonçait à Hussein pacha que son règne était fini. Il était alors onze heures et demie. A une heure, arrivèrent deux Maures, les sieurs Ahmed-Bouderbah et Hassan-ben-Othman-Khodja, qui demandèrent à parler au général en chef. Tous deux s'exprimaient très-bien en français. Ils furent bientôt suivis du Makatadji, qui revint accompagné du consul d'Angleterre. Mustapha, qui voulait élever au trône le Khaznadji, dont il était la créature, offrit à M. de Bourmont de faire périr le Dey Hussein, disant qu'on pourrait ensuite traiter, avec le nouveau Dey, à des conditions très-avantageuses ; mais le général français, qui avait mission de détruire la domination turque à Alger, repoussa des offres que d'ailleurs l'honneur ne permettait pas d'accepter.

Après deux heures de discussion, une capitulation fut rédigée et portée au Dey, par un de nos interprètes. Une suspension d'armes fut accordée jusqu'au lendemain sept heures, pour attendre la réponse de ce prince, qui ne tarda pas à être connue. Il consentit à tout : voici cette capitulation :

Convention entre le Général en chef de l'armée française et S. A. le Dey d'Alger.

« 1° Le fort de la Casbah, tous les autres forts qui dé-
« pendent d'Alger, et les portes de la ville, seront remis
« aux troupes françaises, ce matin à dix heures.

« 2° Le général de l'armée française s'engage, envers
« S. A. le Dey d'Alger, à lui laisser la libre possession
« de toutes ses richesses personnelles.

« 3° Le Dey sera libre de se retirer, avec sa famille et
« ses richesses, dans le lieu qu'il fixera, et tant qu'il res-
« tera à Alger, il sera, lui et toute sa famille, sous la
« protection du général en chef de l'armée française ;
« une garde garantira la sûreté de sa personne et celle
« de sa famille.

« 4° Le général en chef assure à tous les membres
« de la milice les mêmes avantages et la même protec-
« tion.

« 5° L'exercice de la religion mahométane restera
« libre ; la liberté de toutes les classes d'habitants, leur
« religion, leurs propriétés, leur commerce et leur indus-
« trie, ne recevront aucune atteinte ; leurs femmes seront
« respectées ; le général en chef en prend l'engagement
« sur l'honneur.

« 6° L'échange de cette convention sera fait avant dix
« heures du matin, et les troupes françaises entreront
« aussitôt après dans la Casbah, et s'établiront dans les
« forts de la ville et de la marine. »

On a souvent répété que le général en chef de l'armée française aurait dû n'accorder aucune espèce de capitulation à un ennemi qui était à notre merci, et qu'il fallait seulement lui garantir la vie sauve. Je pense, pour mon compte, qu'avec cette seule condition, les portes de la ville nous auraient été également ouvertes, et que nous nous serions évité bien des embarras : car, dans ce cas, les Maures nous auraient su gré de tout le mal que nous ne leur aurions pas fait, au lieu de discuter avec nous, comme ils l'ont fait longtemps, sur les termes d'une capitulation qui, il faut bien le dire, n'a pas toujours été respectée.

LIVRE III.

Entrée des Français à Alger.—Confiance de la population.—Trésor de la Casbah. — Désarmement des indigènes.—Digression sur le gouvernement intérieur d'Alger sous la domination des Turcs. — Désordre administratif après l'occupation. — Commission centrale du gouvernement présidée par M. Dennièe. —Conseil municipal. — Police française. — Corporation juive. — Octroi. — Douanes, etc., etc. — Description de la province d'Alger.

Alger, lorsque les Français y entrèrent le 5 juillet 1830, ne présentait pas l'aspect triste et désolé d'une ville où la victoire vient d'introduire l'ennemi. Les boutiques étaient fermées, mais les marchands, assis tranquillement devant leurs portes, semblaient attendre le moment de les ouvrir. On rencontrait çà et là quelques groupes de Turcs et de Maures, dont les regards distraits annonçaient plus d'indifférence que de crainte. Quelques Musulmanes voilées se laissaient entrevoir à travers les étroites lucarnes de leurs habitations ; les Juives, plus hardies, garnissaient les terrasses de leurs demeures, sans paraître surprises du spectacle nouveau qui s'offrait à leurs yeux. Nos soldats, moins impassibles, jetaient partout des regards avides et curieux, et tout faisait naître leur étonnement, dans une ville où leur présence semblait n'étonner personne.

La résignation aux décrets de la Providence, si profondément gravée dans l'esprit des Musulmans, le sentiment de la puissance de la France, qui devait faire croire en sa générosité, étaient autant de causes qui ap-

pelaient la confiance: aussi ne tarda-t-elle pas à s'établir.
Elle fut d'abord justifiée par la conduite des vainqueurs,
car les premiers jours de la conquête furent signalés par
le respect le plus absolu des conventions. Les personnes,
les propriétés privées, les mosquées, furent religieusement respectées; une seule maison fut abandonnée au
pillage, et, il faut bien le dire, ce fut celle qu'occupait
le général en chef, la fameuse Casbah. Mais hâtons-nous
d'ajouter que ce pillage, qui du reste a été beaucoup exagéré, fut plutôt l'effet de la négligence qu'un calcul de
la cupidité. Par l'imprévoyance du commandant du quartier général, chacun put entrer dans la Casbah et en
emporter ce que bon lui semblait. Beaucoup se conten-
taient du moindre chiffon, comme objet de curiosité;
d'autres furent moins réservés; et parmi eux, on doit
compter plusieurs personnes de la suite de M. de Bourmont, et même des généraux. Tout cela est fort répré-
hensible sans doute; mais tous ceux qui ont jeté la
pierre à l'armée d'Afrique avaient-ils donc les mains si
pures?

Une affaire bien autrement grave que le vol de quelques bijoux à la Casbah serait la dilapidation du trésor
de la Régence, si elle avait eu lieu. Je ne crois pas que
les soupçons qui ont pesé sur quelques personnes à cet
égard fussent fondés; dans mon opinion, ce trésor est
venu grossir en entier celui de la France, quoique les
usages de tous les peuples en accordassent une partie à
l'armée qui l'avait conquis. Il était placé dans des caves
dont l'entrée, exposée aux regards du public, fut mise
sous la garde de douze gendarmes qui étaient relevés à
courts intervalles, et il n'en sortait rien que pour être
transporté sur-le-champ à bord des bâtiments de l'Etat,

sous la conduite d'officiers pris au tour de service et sans choix. J'ai moi-même fait transporter un million de cette manière, et je ne savais pas, en allant à la Casbah, à quel genre de service j'étais appelé. Ce trésor fut inventorié par une commission de trois membres, qui étaient : le général Tholozé, M. Denniée et le payeur général, M. Firino; on y trouva 48,700,000 francs.

La ville d'Alger n'ayant que peu de casernes, on n'y établit que quelques bataillons, et le reste de l'armée bivouaqua au dehors, ou fut logé dans les nombreuses maisons de campagne des environs. Le général Tholozé, sous-chef d'état-major, fut nommé commandant de la place.

Dans l'ignorance où était le général en chef des intentions du Gouvernement au sujet d'Alger, il se tint prêt pour tout événement. Ainsi, d'un côté, il se fit présenter un travail sur les moyens de détruire les fortifications de la marine et de combler le port, et, de l'autre, il se livra à quelques actes administratifs qui, s'ils n'annonçaient pas une grande prévoyance, du moins semblaient indiquer le désir de conserver le pays.

Le premier de ces actes fut la création d'une commission centrale du Gouvernement, chargée de proposer les modifications administratives que les circonstances rendaient nécessaires; la présidence en fut dévolue à M. Denniée, intendant en chef de l'armée. Ce fonctionnaire s'étant trouvé ainsi en quelque sorte le chef civil de la Régence, sous l'administration de M. de Bourmont, doit supporter la responsabilité morale de tout ce qui fut fait, ou plutôt de tout ce qui ne fut pas fait à cette époque : car c'est par l'incurie, plus encore que par de fausses mesures, que nous avons commencé cette longue série de fautes qui rendent l'histoire administrative de notre conquête si déplorable dans les premières années, que, pour savoir ce qu'on aurait dû faire, il faut prendre presque toujours le contraire de ce qu'on a fait.

S'il est un principe dicté par la raison et reconnu par le plus vulgaire bon sens, c'est celui qui veut que, lorsqu'on est appelé à administrer un pays conquis, on respecte d'abord l'organisation administrative existante, afin d'éviter le désordre et de conserver la tradition et la suite des affaires. On peut, plus tard, introduire avec réserve et ménagement les changements reconnus utiles; mais, dans les premiers instants de la conquête, un vainqueur sage et avisé n'a qu'à se mettre aux lieu et place du vaincu. C'est ainsi qu'on se réserve des ressources et qu'on prévient tous ces froissements qui sont bien plus sensibles au peuple conquis que l'humiliation passagère de la défaite. Quelque peu contestable que soit ce principe, il fut méconnu par l'autorité française. Je ne sais si elle s'imagina que la population algérienne ne formait qu'une agglomération d'individus sans lien commun et sans organisation sociale; mais elle agit exactement comme si elle en avait la conviction. Aucune disposition ne fut prise pour régler la nature des relations des diverses branches du service public avec le nouveau pouvoir. Aucun ordre ne fut donné aux fonctionnaires indigènes : on ne leur annonça ni leur conservation, ni leur destitution. On agit comme s'ils n'existaient pas : aussi, ne sachant à qui s'adresser, ils abandonnèrent le service sans en faire la remise, emportant ou faisant disparaître presque tous les registres et les documents les plus précieux. Dans la Casbah même, sous les yeux de M. Denniée, j'ai vu des soldats allumer leurs pipes avec les papiers du Gouvernement dispersés çà et là sur le sol.

Jamais, peut-être, une occupation ne s'est faite avec autant de désordre administratif que celle d'Alger, même dans les siècles les plus barbares. Les hordes du Nord, qui s'arrachèrent les débris de l'empire romain, se conduisirent avec plus de sagesse et de raison. Les Francs dans les Gaules, les Goths en Espagne et en Italie, eurent le bon esprit de conserver ce qui existait, tant dans leur intérêt que dans celui des nations soumises. Lorsque les Arabes remplacèrent ces derniers en Espagne, ils ne se hâtèrent pas non plus de tout détruire ; il nous était réservé de donner l'exemple d'une telle extravagance.

Nous avons fait connaître, dans le premier livre de cet ouvrage, les principaux ressorts du gouvernement turc de la Régence ; avant d'entrer dans les détails des actes administratifs de l'autorité française, nous allons expliquer, en peu de mots, quel était le gouvernement intérieur d'Alger.

Ce gouvernement qui, sous bien des rapports, mérite le nom de municipal, était basé sur les droits et les devoirs qu'une communauté plus ou moins intime d'intérêts établit entre les diverses catégories de citoyens. C'est à ce principe que durent le jour les communes du moyen âge et les grandes assemblées représentatives des nations de l'Europe. Plus tard, la révolution française a prouvé que, chez un peuple avancé, les intérêts devaient être encore plus généralisés ; mais, chez les nations qui ne sont encore qu'au second degré de la civilisation, et qui se trouvent en face d'un pouvoir violent et brutal, comme l'étaient celui du Dey à Alger et celui des seigneurs dans l'Europe au moyen âge, le système des catégories d'intérêts est celui qui offre le plus de garanties aux libertés individuelles. C'est ce système qui s'introduisit à Alger sous la domination des Arabes, et que les Turcs y respectèrent.

Chaque métier formait une corporation qui avait à sa tête un syndic, appelé amin, chargé de sa police et de ses affaires : tous les amins étaient placés sous les ordres d'un magistrat appelé cheik-el-belad (chef de la ville).

La surveillance des marchés était confiée à un magistrat appelé moktab, qui avait le droit de taxer les denrées.

Deux magistrats étaient chargés de la police générale : le premier, appelé kaïa (lieutenant), exerçait pendant le jour; il était chef de la milice urbaine et pouvait être pris parmi les Koulouglis ; le second, qui ne pouvait être choisi que parmi les Turcs, exerçait pendant la nuit; on le nommait agha-el-koul. Un fonctionnaire particulier, nommé mezouar, avait la police des maisons de bains et des lieux de prostitution ; il était, en outre, chargé de faire exécuter les jugements criminels.

Un employé supérieur, appelé amin-el-aïoun, veillait à l'entretien des fontaines, au moyen des revenus affectés à ces sortes d'établissements de première nécessité.

Tous ces magistrats étaient sous les ordres immédiats du khaznadji, qui, ainsi que nous l'avons dit plus haut, était le ministre des finances et de l'intérieur.

Tel était le gouvernement de la ville d'Alger, que nous nous hâtâmes de détruire, ou plutôt de laisser périr.

On créa, pour le remplacer, un conseil municipal, composé de Maures et de Juifs. On y vit figurer tous les indigènes qui s'étaient les premiers jetés à notre tête, c'est-à-dire les intrigants et quelques notabilités maures, dont on faisait grand cas alors, mais dont le temps nous a démontré l'insignifiance : Ahmed-Bouderbah en eut la présidence. C'était un homme d'esprit, fin et rusé, mais sans le moindre principe de moralité, et plus tracassier qu'habile ; il avait longtemps habité Marseille, d'où une banqueroute frauduleuse le força de s'éloigner. Nous en parlerons plus d'une fois dans la suite de cet ouvrage.

Le service de la police fut confié à M. d'Aubignosc, dont il a déjà été question ; il reçut le titre de lieutenant général de police. Son action dut s'étendre sur la ville et sur le territoire d'Alger. On plaça sous ses ordres un inspecteur, deux commissaires de police et une brigade de sûreté maure, composée de vingt agents et commandée par le mezouar. Malgré tous ces moyens et le concours de l'autorité militaire, la police française fut presque toujours au-dessous de sa mission, ce qui était d'autant plus choquant que, sous le gouvernement turc, la ville d'Alger était peut-être le point du globe où la police était le mieux faite. Les vols, naguère presque inconnus, se multiplièrent dans des proportions effrayantes, et les indigènes en furent encore plus souvent les victimes que les auteurs.

Un désarmement général de tous les habitants d'Alger fut ordonné. Les Algériens, qui s'y attendaient, s'y soumirent sans murmure ; mais cette mesure fournit une pâture à la cupidité de quelques personnes. Des armes précieuses, enlevées à leurs propriétaires, au lieu d'être déposées dans les magasins de l'État, devinrent la proie de tous ceux qui furent à portée de s'en emparer, tant on mit peu d'ordre dans cette opération, qui en demandait beaucoup.

De tout temps, les Juifs d'Alger avaient formé une vaste corporation, ayant à sa tête un chef à qui, par dérision, on donnait souvent le nom de roi des Juifs. Cette organisation fut conservée, grâce à l'influence du fameux Bacri.

Sous la domination des Turcs, les Juifs, même les plus riches, étaient traités de la manière la plus ignominieuse, et souvent la plus cruelle. En 1806, le dey Mustapha pacha ne trouva d'autre moyen d'apaiser une révolte de la milice que de lui livrer à discrétion les biens et les personnes de ces malheureux. En peu d'heures, trois cents d'entre eux furent massacrés ; on leur enleva des valeurs immenses, que quelques personnes portent à trente millions de francs ; mais patients comme la fourmi et comme elle économes, ils eurent bientôt relevé l'édifice de leur fortune.

M. de Bourmont eut le tort, que quelques-uns de ses successeurs ont partagé, de se livrer trop à cette classe d'hommes. Les Juifs, déjà portés à l'insolence par le seul fait de la chute de leurs anciens tyrans, ne tardèrent pas à affecter des airs de supériorité à l'égard des Musulmans, qui en éprouvèrent une vive indignation. De tous les revers de fortune, ce fut pour eux le plus sensible et celui qu'ils nous pardonnèrent le moins. La population israélite doit être traitée comme les autres, avec justice et douceur; mais il ne faut en tenir aucun compte dans les calculs de notre politique envers les indigènes. Elle nous est acquise, et ne pourrait, dans aucun cas, nous faire ni bien ni mal. Sans racine dans le pays, sans puissance d'action, elle doit être pour nous comme si elle n'existait pas : il fallait donc bien nous garder de nous aliéner, pour elle, les populations musulmanes, qui ont une bien autre valeur intrinsèque. C'est ce que tout le monde n'a pas compris ; et la faute que nous avons commise pour les Juifs à l'égard des Musulmans en général, nous l'avons commise pour les Maures à l'égard des Arabes, comme nous le verrons dans le livre suivant.

Une décision du 14 juillet conserva aussi la corporation des Biskeris et celle des Mozabites. Les Biskeris sont des habitants de Biskara, qui viennent à Alger pour y exercer la profession de portefaix et de commissionnaire, comme le font les Savoyards pour la France et l'Italie. Les Mozabites, ou plutôt les Beni-Mezab, appartiennent à une tribu du Sahara à qui le monopole des bains et des moulins d'Alger fut concédé dans le XVIe siècle, en récompense des services qu'elle rendit à l'époque de l'expédition de Charles-Quint. Ces deux corporations ont leurs syndics nommés par l'autorité française ; il en est de même pour les nègres libres, dont le syndic a le titre de kaïd.

La capitulation ne disait en aucune manière que la population d'Alger serait affranchie des anciens impôts, et, certainement, il n'entrait pas dans la pensée de ses nouveaux dominateurs de l'exempter de toutes les charges publiques. Néanmoins, les perceptions s'arrêtèrent par suite de la désorganisation de tous les services. Il faut en excepter celle des droits d'entrée aux portes de la ville, ce que nous appelons chez nous l'octroi. Un arrêté du 9 août en affecta les produits aux dépenses urbaines, et la gestion au conseil municipal ; mais on oublia bientôt l'existence de cette branche de revenu que les membres maures de la municipalité, auprès de laquelle il y avait cependant un Français pour commissaire du roi, se partagèrent tranquillement : ce fait peut paraître incroyable, il est cependant de la plus complète vérité. Ce ne fut que plusieurs mois après, sous l'administration du général Clauzel, que le hasard fit découvrir qu'il existait un octroi. On le réduisit alors aux provenances de mer, en le retirant à la municipalité, ainsi que le débit du sel qui lui avait été aussi affecté.

L'histoire de la douane française à Alger offre quelque chose d'aussi bizarre que celle de l'octroi : la douane turque s'étant dispersée, fut remplacée par quelques individus qui avaient suivi l'armée, je ne sais à quel titre, et qui perçurent, sans tarif et sans reddition de comptes, pendant quinze jours.

Il ne fut fait aucune remise des biens domaniaux, tant meubles qu'immeubles : aussi le plus affreux chaos exista, dès cette époque, dans cette branche de l'administration, laquelle fut longtemps sans titres et sans registres. Les objets existant dans l'arsenal de la marine et dans le port furent abandonnés pendant plusieurs jours à qui voulut s'en emparer ; les bâtiments de commerce qui avaient été nolisés pour l'expédition vinrent s'y pourvoir de chaînes, de câbles, d'ancres et d'agrès de toute espèce. Les portes de l'hôtel des monnaies, qu'on ne songea à occuper qu'au bout de deux ou trois jours, se trouvèrent enfoncées ; toutes les valeurs avaient été enlevées. Enfin, on fut loin de prendre toutes les mesures convenables pour assurer au nouveau pouvoir l'héritage intact du pouvoir déchu. M. de Bourmont peut, jusqu'à un certain point, trouver son excuse dans la douleur dont la mort de son fils avait pénétré son âme ; mais M. Desprez, son chef d'état-major, mais M. Denniée, son intendant en chef, avaient-ils aussi perdu un fils ?

La prise d'Alger n'était que le premier acte de cette conquête qui devait nous rendre maîtres du beau territoire que la chute de la capitale enlevait aux Turcs, mais qu'elle ne nous donnait pas. Avant de commencer le long récit des événements qui la suivirent, je dois faire connaitre avec quelques détails la province d'Alger, théâtre de nos premières opérations (1). Cette province s'étend de l'est à l'ouest, depuis les frontières des Kbaïles indépendants jusqu'au territoire de la petite ville de Tenez. Alger occupe à peu près le milieu de son littoral. Elle comptait cinq villes et onze districts ou outhans.

Les villes sont : Alger, Blidah, Coléah, Dellis et Cherchel.

Les outhans sont : Beni-Khelil, Beni-Mouça, Isser, Sebaou, Beni-Djéad, Beni-Khalifa, Hamza, El-Sebt, Arib, Beni-Menasser, El-Fhas ou banlieue d'Alger.

Le Fhas, dont nous devons d'abord nous occuper, est un pays délicieux où la nature s'est plu à déployer ses plus riants caprices ; il est déchiré par de larges et profonds ravins, tapissés d'une végétation abondante et vigoureuse ; l'œil s'y promène avec ravissement sur une foule de sites plus pittoresques les uns que les autres, tellement mobiles et changeants, qu'il faut les avoir

---

(1) La géographie algérienne est encore si peu familière aux lecteurs de la métropole, que j'ai cru qu'il serait utile de décrire successivement les localités à mesure que la marche des événements nous y conduira. Du reste, je l'ai fait de manière à ce qu'on puisse, si on le veut, sauter par-dessus ces digressions, sans que la clarté du récit en souffre.

examinés de plusieurs points de vue pour les reconnaître. Aussi la monotonie, cette lassitude de l'admiration, n'existe point pour cette belle contrée, qui, semblable à l'ingénieux kaléidoscope, présente sans cesse aux regards surpris de nouvelles et inépuisables combinaisons.

Le Fhas se divisait en sept cantons, qui étaient : Bouzaréa, Beni-Messous, Zouaoua, Aïn-Zeboudja, Bir-Kadem, Kouba et Hamma.

Le canton de Bouzaréa prenait son nom de la montagne de Bouzaréa, qui y est située. Il s'étendait depuis Alger jusqu'au cap Caxine. Ce terrain est le plus accidenté et le plus pittoresque du Fhas; il est couvert d'une grande quantité de maisons de campagne; sur la partie la plus élevée existent deux villages, le grand et le petit Bouzaréa, habités par des Maures d'origine andalouse. Non loin de là est l'ancien poste de la vigie, d'où l'œil embrasse un horizon immense : c'est peut-être la vue la plus étendue qui soit dans le monde.

A l'ouest de Bouzaréa sont les deux cantons de Beni-Messous et de Zouaoua, avec des villages de même nom. Au sud du dernier s'étend le canton d'Aïn-Zeboudja, où se trouve le beau quartier de Kaddous, et où existait le village arabe de Beni-Rebia.

A l'est d'Aïn-Zeboudja, on trouve le canton de Bir-Kadem, le plus peuplé du Fhas. Il prend son nom de celui qui a été donné à un beau café maure et à une magnifique fontaine qui en occupent le centre. On voit dans le Fhas un grand nombre de cafés qui servent de points de réunion aux habitants, mais il n'en est pas de plus beau ni de mieux situé que celui de Bir-Kadem. On trouve dans ce canton les jolies vallées de Tixeraïn, de

Bir-Madreis et d'Haïdra, ainsi que le riche plateau d'El-Biar, où étaient situées les maisons de campagne des consuls d'Espagne, de Hollande et de Suède, dont il a été question dans le livre précédent. Il y existait un village arabe appelé Saoula.

Kouba, à l'est de Bir-Kadem, était le plus oriental des cantons du Fhas. Entre ce canton et Alger, en suivant le littoral, était celui d'Hamma, le moins étendu de tous. Il commençait au fort Bab-Azoun, au delà duquel règne une jolie plaine entre la mer et les collines de Mustapha-Pacha, ainsi nommées d'un palais que le dey de ce nom y fit construire ; ces collines, les premiers points de la contrée qui se présentent aux regards du voyageur mouillé dans le port, sont de nature à lui donner la plus gracieuse idée de l'Algérie (1).

A l'ouest et au sud du Fhas s'étend l'outhan de Beni-Khelil, borné à l'est par l'Arach, à l'ouest par la Chiffa et le Mazafran, et au sud par la province de Titteri. Il comprend trois grandes divisions, qui sont : le Sahel, la plaine ou quartier de Bouffarick, et la montagne.

Le Sahel est la partie de l'outhan de Beni-Khelil la plus rapprochée d'Alger, et par conséquent de la mer. Nous avons dit, en parlant de la configuration générale de l'Algérie, ce que l'on doit entendre par ce mot. Le Sahel d'Alger appartient au même massif montueux que le Fhas, qui, physiquement, n'en est qu'une partie. Il se

---

(1) A l'ancienne division du Fhas, telle que nous venons de l'exposer, l'administration française a substitué une division par communes, dont nous aurons à nous occuper dans un autre livre.

6.

divisait en quatre cantons, savoir : Oulad-Fayed, Maelma, Douéra et Ben-Chaoua.

Oulad-Fayed s'appuie à la mer vers Sidi-Feruch. La plaine de Staoueli est au centre de ce canton, qui est le moins montueux du Sahel. Les principaux centres de population en étaien:Aïn-Kala, Cheraga, Oulad-Fayed, Haouch-Dechioua.

Le canton de Maelma, au sud du précédent, s'étendait jusqu'au Mazafran. Les principaux centres de population en étaient : Maelma, Haouch-ben-Kandoura, Haouch-ben-Omar, Dekhekna, Essadia, Bederna, Ben-Chabane, Haouch-Touta, Haouch-Beri. Le chemin d'Alger à Coléah traverse ce canton de l'est à l'ouest. Les communications entre les deux rives du Mazafran avaient lieu par deux gués situés à peu de distance l'un de l'autre, et appelés Mokta-Khéra et Mokta-Ensara. Le terrain, au-dessus et au-dessous de ces gués, est occupé par un bois où l'on trouve plusieurs essences d'Europe.

Le canton de Douéra, à l'est de celui de Maelma, avait pour principaux centres de population Haouch-Baba-Hassen, Douera, Xaria et Oulad-Mendil.

Le canton de Ben-Chaoua, à l'est du précédent, s'étendait en partie sur les collines, et en partie dans la plaine. Ses centres de population étaient : Ben-Chaoua, Oulad-Si-Soliman et Oulad-bel-Hadji. La partie qui est dans la plaine est occupée par le bois de Bir-Touta, que traverse le chemin d'Alger à Blida.

Le Fhas et le Sahel sont traversés par plusieurs petits cours d'eau, dont le plus considérable est l'Oued-Kerma (la rivière des figues), qui se jette dans l'Arach, au bois de Bir-Touta.

Le quartier de Bouffarick, situé dans la vaste plaine

de la Metidja, se subdivisait en trois cantons : l'Otta ou plaine proprement dite, le Merdjia ou marais, et l'Hamada.

L'Otta est compris entre la route d'Alger à Blida et l'Arach. Il est peu fertile dans les environs de cette route, mais il change d'aspect sur les bords de la rivière. Ses principaux centres de population étaient alors : Oulad-Chebel, Haouch-Goreit, Souk-Ali, Haouch-Baba-Ali.

Le Merdjia, à l'ouest de l'Otta, est très-marécageux, comme l'indique son nom ; il s'étend jusqu'à la Chiffa, qui le sépare de l'outhan d'El-Sebt. Il avait pour principaux centres de population Haouch-ben-Thaïb, Haouch-ben-Bernou, Haouch-Roumily, Haouch-ben-Khelil, Mered, Haouch-Chaouch et Bouagueb. C'était entre ces deux dernières rivières qu'était l'emplacement, vide alors, appelé Bouffarick, c'est-à dire le père de la séparation, parce que plusieurs chemins s'y bifurquent.

L'Hamada est la plus belle partie de l'outhan de Beni-Khelil. Ce canton se déroule au pied des montagnes ; le sol en est beaucoup plus élevé que l'Otta et le Merdjia, disposition qu'indique en arabe le nom qu'il porte. Ses principaux centres de population étaient, Guerouaou, Halouïa, la Zaouïa de Sidi-el-Habchi. C'est aussi dans ce canton qu'est la ville de Blida, qui n'en faisait du reste partie que géographiquement, car elle avait son administration tout à fait distincte de celle de l'outhan de Beni-Khelil.

Les montagnes de cet outhan sont habitées, de l'est au sud-ouest, par les tribus kebaïles des Beni-Misra, Beni-Salah et Beni-Messaoud.

L'outhan de Beni-Moussa est le moins étendu, mais le plus beau et le plus fertile de la province d'Alger. Il est borné au nord par le Fhas, au sud par les Beni-Khalifa, à l'ouest par l'Arach, qui le sépare de celui de Beni-Khelil, et à l'est par celui de Khachna. Il est arrosé par l'Arach et par l'Oued-Djemaa, qui s'y jette par la rive droite. L'Arach sort des montagnes par une coupure pratiquée entre deux rochers perpendiculaires, sur l'un desquels est pittoresquement placé le village de Melouan, au milieu d'un verdoyant plateau, véritable jardin suspendu entre le ciel et la terre. Au bas est une belle source d'eau thermale. Ce site est un des plus ravissants que l'on puisse rencontrer.

L'outhan de Beni-Moussa est un pays délicieux. On y compte cent et une fermes, toutes bien boisées et bien arrosées. Vers le sud, il y existe quelques prairies marécageuses, peuplées, à notre arrivée dans le pays, de chevaux libres plutôt que sauvages. La plaine des Beni-Moussa, qui fait partie de celle de la Métidja, est divisée en sept cantons, qui sont : Cheraba, El-Hamiret, Oulad-Slama, El-Meraba-el-Cheraga, El-Meraba-el-Gharaba, Oulad-Ahmed et Beni-Hourli.

La montagne, qui est aussi fort belle et fort bien complantée, se divise également en sept cantons, savoir : Beni-Azoun, Beni-Mohammed, Beni-Kechmit, Beni-Zerguin, Beni-Attia, Beni-Djellid et Beni-Ghmed.

L'outhan de Khachna est borné au nord par la mer, au sud par les Beni-Djaad, à l'ouest par celui de Beni-Moussa, et à l'est par celui d'Isser. Il est arrosé par le Hamise, l'Oued-Rhégaïa, l'Oued-Khadera ou Oued-Boudouaou, et le Corso. Il touche au Sahel d'Alger vers l'embouchure de l'Arach, au-dessous de la maison carrée. On traverse la rivière, en cet endroit, sur un fort beau pont en pierre.

La plaine de Khachna, y compris les collines qui servent en quelque sorte de marchepied à l'Atlas dans cette direction, est divisée en huit cantons, savoir : Zerouala, Djouab, Meridja, Oulad-Adadje, Oulad-Bessam, Oulad-Saad, Chaër-ben-Djenan, Araouah.

La montagne de Khachna comprend, au centre, la tribu kebaïle d'Ammal, à l'ouest celle des Zouatna, colonie de Koulougli qui habite les bords de l'Oued-Zithoun, un des affluents de l'Isser; à l'est celle des Beni-Aïcha. Ces trois tribus sont riches en oliviers et font avec Alger un commerce d'huile considérable. La plaine de Khachna est assez fertile en céréales; elle possède de beaux et féconds pâturages, surtout sur les bords du Hamise. Entre l'Oued-Regaïa et le Boudouaou, règne un bois de chênes verts assez considérable. Cette dernière rivière est la limite orientale de la Métidja.

L'extrémité occidentale de cette plaine est comprise dans l'outhan d'El-Sebt, borné au nord par la mer et le territoire de Coléah, à l'est par l'outhan de Beni-Khelil, au sud par une partie de la province de Titteri et le territoire de Miliana, à l'ouest par les Beni-Menasser. Les montagnes de cet outhan comprennent les territoires de Mouzaïa, Soumatha, Beni-Menad et Bou-Halouan.

Mouzaïa, à l'ouest des Beni-Salah, est une puissante tribu kebaïle qui pouvait mettre sous les armes près de 1,000 fantassins, à l'époque de la prise d'Alger. A l'ouest des Mouzaïa sont les Soumatha, autre tribu kbaïle non moins forte; viennent ensuite les Beni-Menad, qui ne le cèdent en rien à leurs voisins. Au sud de ceux-ci est le canton de Bou-Halouan, habité par des Zemoul.

Dans la plaine, l'outhan d'El-Sebt comprend les Hadjoutes et les trois petites peuplades des Oulad-Hamidan, des Beni-Ellal et des Zanakra, qui sont originaires du Sahara. Les Hadjoutes, avec qui ces trois petites tribus sont unies et même confondues, formaient la population la plus belliqueuse de la province d'Alger et la plus brave peut-être de toute l'Algérie. Nous les verrons souvent en scène dans le cours de cet ouvrage.

L'outhan d'El-Sebt est arrosé par la Chiffa, le Bou-Roumi et l'Oued-Djer, dont la réunion forme le Mazafran. Coléah, dont le territoire fait géographiquement partie de cet outhan, avait, comme Blida, une administration particulière, tant pour elle que pour les villages voisins de Douaouda et de Chaïba.

L'outhan de Cherchel comprenait la petite ville de ce nom et les tribus kbaïles de Beni-Menasser et de Chenoua.

L'outhan de Beni-Khalifa, au sud de celui de Beni-Moussa, et situé sur les plateaux, est habité par les Beni-Khalifa, les Beni-Soliman et les Beni-Selim. Il est très-beau et très-fertile.

L'outhan de Beni-Djaad, à l'est du précédent, est dans les mêmes conditions topographiques que celui-ci. Il est habité par la tribu arabe des Beni-Djaad et par la tribu kebaïle de Kastoula.

A l'est des Beni-Djaad est l'outhan de Hamza, qui, après avoir appartenu longtemps à la province de Constantine, puis à celle de Titteri, fut uni à celle d'Alger quelques années avant la prise de cette ville. Le kaïd de cet outhan habitait ordinairement le petit fort de Hamza, où il y avait toujours une garnison turque. Son action s'étendait sur la tribu arabe des Oulad-Bellil, et sur les tribus kebaïles des Oulad-Aziz, des Beni-Allah et des Oulad-Meddour.

Les Arib, tribu du Sahara, qu'une suite d'événements avait conduits sur les plateaux de Hamza, habitaient entre le fort de ce nom et les ruines de Sour-el-Guslan, et avaient leur kaïd particulier.

L'outhan d'Isser, au nord de Hamza et à l'est de Khachna, est une contrée d'une remarquable fertilité. L'Oued-Nessa, ou Oued-Bouberak, le sépare de celui de Sebaou ; il est traversé par l'Isser, rivière assez considérable qui descend du plateau de Hamza.

Le kaïd de Sebaou était fort puissant sous le gouvernement turc ; il avait droit de vie et de mort. Comme il était entouré de tribus indépendantes, on avait dû lui donner une grande force. Il habitait le fort de Sebaou, sur la rivière de même nom. A deux lieues de ce fort, il en existait un autre appelé Tisiousou. C'est dans les environs de ces deux forts qu'habitent les Amaraoua, puissante tribu qui s'étend sur la plaine et sur la montagne. Au nord et à quelques heures de marche du fort Sebaou est la petite ville de Dellis. Les environs de cette ville sont habités par les Flissa-el-Bhar, qui reconnaissaient l'autorité du kaïd de Sebaou, laquelle s'étendait aussi sur les tribus montagnardes des Beni-Ouganoun, Beni-Senad, Beni-Selim, Beni-Thor, Nezlioua, Beni-Khalfoun.

Après ces tribus viennent les Kbaïles indépendants, parmi lesquels on peut compter, malgré quelques intermittences de soumission, les Flissa de la montagne, tribu brave et puissante divisée en 19 cantons, dont le moindre peut mettre 400 hommes sous les armes, et le plus considérable 2,000, à ce que disent ces montagnards. Les Flissa fabriquent de la poudre et des armes, surtout des sabres qui ont de la réputation en Algérie.

Les Arabes de la province d'Alger ont des habitations fixes ; la tente est peu en usage parmi eux. Les centres de population sont des fermes ou haouchs, et des villages ou djémas ; Dechera est le nom du village dans la montagne. Pour bien comprendre la terminologie géographique de l'Algérie, il est nécessaire que le lecteur se familiarise avec ces expressions, ainsi qu'avec les suivantes : *djebel*, montagne, *kef*, rocher, *oued*, rivière, *mokta*, gué, *teniat*, défilé, *aïn*, source, *douar*, village de tentes. Les mots *Beni* et *Oulad*, qui entrent dans la composition des noms de presque toutes les tribus, signifient fils et enfants ; ainsi Beni-Moussa, par exemple, se traduirait par *les fils de Moussa*, Oulad-Bellil par *les enfants de Bellil*. Les tribus arabes sont, en effet, le plus souvent composées des descendants d'une souche commune : aussi les individus d'une même tribu se traitent entre eux de frères et de cousins.

Dans la province d'Alger, la division par outhans n'était point basée sur la diversité des races : elle était purement administrative. Il semble que les Turcs avaient pris à tâche de réunir des Arabes et des Kbaïles dans la même circonscription, conduits peut-être à cela par une pensée politique analogue à celle qui a présidé à la division de la France en départements.

Chaque outhan était administré par un kaïd turc ; chaque canton ou chaque tribu avait à sa tête un mecheikh ou grand cheikh, et chaque subdivision un cheikh. Quelquefois il existait dans les grandes fractions un magistrat intermédiaire entre les grands cheikhs et le kaïd ; il portait le titre de cheikh des cheikhs. Tous les kaïds de la province relevaient de l'agha.

Outre les spahis, l'agha avait à sa disposition une sorte

de milice que l'on appelait zemala (1), d'où on appelait zemoul les individus qui en faisaient partie. C'étaient, dans l'origine des aventuriers à qui le Gouvernement avait concédé des terres, à la charge du service militaire. On leur donnait par an un habillement et quelques boudjous. Ils formaient, comme on le voit, de véritables colonies militaires. Nous avons dit qu'il y avait de ces zemoul à Bou-Halouan, dans l'outhan d'El-Sebt; il y en avait aussi dans celui de Sebaou, près du fort de ce nom.

L'agha, un des principaux personnages de la Régence, commandait, en campagne, la milice turque, que le khaznadji administrait à l'intérieur; mais son pouvoir se faisait principalement sentir aux Arabes, sur lesquels il exerçait une juridiction prevôtale prompte et terrible.

Les Turcs avaient su, pour soutenir son autorité au dehors, lui créer une force qui ne leur coûtait presque rien, et qui était prise dans le sein du peuple conquis. Tout Arabe qui se sentait propre au métier de la guerre, et qui avait le moyen de s'acheter des armes et un cheval, pouvait s'exempter de toutes contributions en se faisant inscrire au nombre des cavaliers de l'agha. Il est vrai que cette inscription ne dépendait pas tout à fait de la volonté du postulant, et que l'agha n'admettait dans ses cavaliers, ou spahis, que des hommes dont les qualités militaires étaient bien reconnues; il exigeait, en

---

(1) Ce mot désigne proprement la réunion des familles plus particulièrement attachées au service et à la personne d'un chef arabe. Le mot deira a la même signification; c'est de celui-ci que vient douair, qui sert à désigner des cavaliers de même origine que les Zemoul.

outre, un présent qui s'élevait ordinairement à 40 sultanis (200 fr.).

Un très-petit nombre de ces cavaliers, cinquante environ, étaient en service permanent. On les appelait *mekalià* (fusiliers); ils étaient casernés à Alger et accompagnaient l'agha dans toutes ses sorties. Les autres restaient dans leurs foyers et ne prenaient les armes que lorsqu'ils en recevaient l'ordre pour aller châtier quelque tribu rebelle. Le butin qu'ils rapportaient presque toujours de ces sortes d'expéditions était un appât qui les empêchait de manquer au rendez-vous. Les fonctions de spahis étaient héréditaires et constituaient une espèce de noblesse d'épée, dont les Arabes sont très fiers.

Il existait encore, parmi les Arabes, une classe d'hommes qui était exempte d'impôts, c'étaient les *serradja* (écuyers) et les *azara* (palefreniers); ils étaient chargés, sous les ordres de Khodja-el-Khil, du soin des troupeaux, des haras et des bêtes de somme du Gouvernement; quand l'armée se mettait en mouvement, c'étaient eux qui réunissaient les moyens de transport et qui conduisaient les bagages.

Outre les kaïds administrateurs des outhans, il y avait dans ces circonscriptions territoriales des kaïds-el-achour, chargés de la perception de l'achour ou dime. Les kaïds avaient à leur disposition une force publique composée de cavaliers appelés *Mrazni*. On désignait en général, sous le nom collectif de Marzen, d'où vient Mrazni, tous les cavaliers employés au service du Gouvernement. L'étymologie de ce mot est exactement analogue à celle de notre mot maréchaussée, dont on se servait, sous l'ancien régime, pour désigner ce que nous appelons actuellement gendarmerie.

Outre la dîme, qui se percevait en nature, les outhans étaient soumis à certaines contributions en argent, mais généralement très-faibles. Les kaïds percevaient de plus, pour leur compte, des sommes plus ou moins fortes et des droits fixes sur les objets vendus sur les marchés. Chaque outhan avait au moins un marché par semaine. Le plus fréquenté était celui de Bouffarick, qui se tenait tous les lundis. Celui de Khachna a lieu le jeudi, celui des Beni-Moussa le mardi, et celui des Hadjoutes le samedi; tous trois dans des localités qui ont pris les noms des jours de la semaine où ils se tiennent. Celui des Hadjoutes a même donné le sien à tout l'outhan, car le mot sebt signifie samedi. Ainsi, l'expression Outhan-el-Sebt se traduit littéralement par *district du samedi*.

Il y avait dans chaque outhan un cadi pour la justice civile. La justice criminelle était administrée par l'agha et par les kaïds. L'agha seul avait le droit d'infliger la peine de mort; cependant, par exception, ce droit avait été aussi déféré au kaïd de Sebaou, ainsi que nous l'avons vu. Celui d'El-Sebt l'a également exercé plusieurs fois.

L'administration des villes était modelée sur celle d'Alger. Le premier magistrat, celui qui y représentait l'autorité centrale, portait le titre d'hakem ou gouverneur.

J'estime qu'à l'époque de la conquête la population de la province d'Alger s'élevait à près de 250,000 âmes.

LIVRE IV.

Marche sur le cap Matifou. — Evacuation de Sidi-Féruch et des redoutes.—Concentration de l'armée autour d'Alger. — Dévastations qui en sont la suite. — Départ d'Hussein-pacha.—M. de Bourmont est nommé maréchal de France. — Relations avec les Arabes. — Hamdan-ben-Amin-el-Secca est nommé agha des Arabes.—Ben-Zamoun. — Expédition de Blida. — Expédition de Bône. — Expédition d'Oran. — Massacre de Mourad à Bougie. — Révolte du bey de Titteri. — Révolution de 1830. — Départ de M. de Bourmont.

Nous avons vu, dans le livre précédent, qu'à l'exception de quelques bataillons logés dans la ville, les troupes qui avaient pris part au siége s'établirent à l'extérieur de la place. Elles occupèrent tout le territoire qui s'étend depuis le Bouzaréa jusqu'à la plaine de Mustapha-Pacha, en avant du fort Bab-Azoun.

Le lendemain de la prise d'Alger, la brigade Montlivault reçut ordre de se porter sur la Maison carrée et sur la Rassauta, pour s'emparer des haras et des troupeaux du Gouvernement qui s'y trouvaient. Mais le bey de Constantine, qui avait repris, avec son contingent, la route de sa province, avait tout enlevé. Cette brigade poussa jusqu'au cap Matifou, qui ferme à l'est la rade d'Alger. Elle reconnut sur la côte plusieurs batteries armées de 120 pièces de canon, qu'elle n'avait ni les moyens ni la mission d'enlever. Quelque temps après, des canots furent envoyés pour désarmer les batteries du cap Matifou ; mais la vue de quelques Arabes armés les empêcha de le faire. Les batteries situées depuis le fort Bab-Azoun jusqu'à l'Arach ne furent désarmées que le 22 août. Celles qui se trouvaient au delà conservèrent longtemps leur artillerie, quoique nos troupes ne les occupassent pas.

Dès le 7 juillet, des ordres furent donnés pour le désarmement et l'abandon de Sidi-Féruch, dont l'occupation ne parut plus nécessaire. Le 2ᵉ bataillon du 48ᵉ de ligne fut envoyé à ce camp pour s'y réunir au 1ᵉʳ bataillon du même régiment, et y rester jusqu'à ce que la marine eût enlevé tout le matériel. Le 10, la garnison des redoutes construites sur la route de Sidi-Féruch fut réduite à une compagnie par redoute. Le 23, la brigade Poret de Morvan abandonna Staoueli et vint s'établir dans les environs d'Alger. Elle laissa cependant une compagnie dans la redoute qui servait de réduit à ce camp. Le 29, Sidi-Féruch étant désarmé, le 48ᵉ rentra à Alger, et toutes les redoutes furent abandonnées.

Par suite de ce mouvement, toute l'armée se trouva réunie autour d'Alger. La coupable négligence des chefs de corps laissa dévaster les belles et fraîches maisons de campagne qui entourent cette ville. Au lieu d'employer des moyens réguliers pour avoir du bois, on coupait les haies et les arbres fruitiers, on brûlait les portes, les fenêtres et même les poutres des maisons : le soldat détruisait aussi pour le plaisir de détruire. Les marbres, les bassins, les ornements de sculpture, tout était brisé, sans but et sans profit pour qui que ce fût. Les aqueducs ayant été rompus en plusieurs endroits, presque toutes les fontaines tarirent, et l'armée fut sur le point de manquer d'eau. Dès le mois d'août, les environs d'Alger offrirent l'aspect de la plus complète désolation. Cependant, un ordre du jour, antérieur au débarquement, avait prescrit aux chefs de corps de se mettre en garde contre ces désordres. Les recommandations furent plusieurs fois renouvelées, mais ces officiers n'en tinrent aucun compte, et le général en chef, qui ne sortait pas de son palais, ne sut pas se faire obéir. C'était un triste spectacle de voir ainsi le peuple le plus civilisé de la terre donner aux Algériens l'exemple du vandalisme.

Hussein pacha, quelques jours après la prise d'Alger, alla faire une visite à M. de Bourmont, et en fut reçu avec de grands honneurs. Ce prince, ayant choisi Naples pour retraite, partit, le 10 juillet, pour cette ville, avec une suite nombreuse. Il envoya un mouchoir rempli de sequins à l'officier qui avait été chargé de présider à son embarquement, et parut surpris du refus que fit celui-ci de le recevoir.

Les membres non mariés de la milice turque furent embarqués en même temps pour l'Asie-Mineure. En quittant une ville qui était devenue leur patrie, ils ne firent pas entendre une seule plainte. On leur donna à chacun un secours de deux mois de solde; ils le reçurent comme un bienfait auquel ils croyaient n'avoir aucun droit. Cette froide résignation aux arrêts de la fortune a quelque chose de noble et de touchant.

On s'est repenti plus d'une fois, depuis 1830, d'avoir expulsé tous les Turcs, et l'on a reconnu, mais trop tard, que ces hommes auraient pu nous rendre de très-grands services militaires. Ils désiraient presque tous se mettre à notre solde. Je tiens de plusieurs indigènes, qu'après l'explosion du château de l'Empereur, ils disaient publiquement que sans doute le roi de France avait un trésorier, comme le dey d'Alger, et que son argent en valait bien un autre.

La nouvelle de la prise d'Alger fut accueillie avec transport de l'Europe entière. En France, quelques hommes, égarés par l'esprit de parti ou épouvantés de l'audace que ce triomphe allait donner à la faction Polignac, en parurent désagréablement affectés; mais, même parmi les libéraux, ceux qui désiraient plus qu'ils ne craignaient une lutte avec le gouvernement de la Restauration ne considérèrent que la gloire de nos armes. Charles X éleva M. de Bourmont à la dignité de maréchal de France. Cette distinction lui était due : je ne le considère ici que comme général en chef de l'armée d'Afrique. Quelques fautes lui ont été reprochées, mais, en masse, ses opérations furent bien conçues, et, ce qui est tout à la guerre, le succès les couronna. Après la victoire, il se hâta de demander au Gouvernement les récompenses que l'armée avait si bien méritées ; il demanda aussi qu'une partie du trésor algérien lui fût partagée ; mais, chose étrange de la part d'un Gouvernement qui voulait appuyer sur la force des armes des projets insensés et coupables ! ses propositions furent repoussées. Avec moins de circonspection, ou, pour mieux dire, de timidité, M. de Bourmont aurait fait lui-même pour l'armée ce dont elle lui paraissait digne.

Le commandant de l'armée navale, M. Duperré, fut nommé pair de France. Cet officier général qui, comme nous l'avons dit, jouissait d'une assez belle réputation chez les marins, croyait ou voulait faire croire qu'il avait fait beaucoup de mal aux fortifications algériennes, et contribué puissamment à la reddition de la ville, de sorte qu'il ne se regarda pas comme suffisamment récompensé. On sait aujourd'hui que le dégât causé aux fortifications d'Alger par la marine a été évalué à 7 fr. 50 c. Les prétentions de M. Duperré n'étaient donc qu'une faiblesse affligeante dans un aussi éminent personnage.

Maître d'Alger, le maréchal de Bourmont se trouva subitement remplacer le Dey aux yeux des tribus arabes. Ce qu'il allait faire dans cette nouvelle position devait avoir du retentissement, car il était appelé à régler nos premiers rapports avec ces populations intelligentes, qui ne laissent échapper aucune conséquence d'une fausse démarche. Partant du principe peu contestable qu'il faut se servir des indigènes pour avoir action sur les indigènes, il crut faire merveille en choisissant un Maure pour agha des Arabes, et ne considéra pas que ces mêmes Arabes professent le plus grand mépris pour les citadins. A cette première faute, il ajouta celle de prendre cet agha dans la classe des négociants, que les Arabes dédaignent au-dessus de toute expression : car il n'y a pas de peuple chez qui les antipathies aristocratiques soient mieux prononcées. Le général en chef se laissa conduire, dans cette circonstance, par les conseils d'Ahmed-Bouderbah. Une de nos erreurs a longtemps été de croire que nous pouvions tirer parti des Maures pour étendre notre influence dans un pays où ils n'ont eux-mêmes ni influence ni considération. Un Arabe se soumettra à un Français, parce qu'il reconnaîtra au moins en lui le droit du plus fort ; mais vouloir qu'il obéisse à un citadin, à un marchand, c'est lui imposer une humiliation qu'il repoussera de toute la force de son âme.

Le nouvel agha, Hamdan-ben-Amin-el-Secca, n'avait rien qui pût faire oublier aux Arabes la double tache de son origine et de sa profession. Il était d'une avidité révoltante, d'une bravoure plus que suspecte et d'une improbité non équivoque. Ensuite, il ne connaissait pas le pays : car les Maures d'Alger sortent rarement de la banlieue de cette ville.

Le lendemain de la prise d'Alger, le bey de Titteri envoya son fils à M. de Bourmont, pour faire sa soumission et demander un sauf-conduit afin de pouvoir se rendre lui-même à Alger. Ce sauf-conduit ayant été accordé avec empressement, le bey se présenta en personne. Il prêta serment de fidélité à la France et fut maintenu dans son gouvernement. La cérémonie dans laquelle on le reconnut pour bey de Titteri eut lieu le 15 juillet. Il est d'usage, dans ces circonstances, que le récipiendaire reçoive, pour marque de sa dignité, un sabre d'honneur. Celui que l'on destinait à Mustapha fut volé dans la Casbah même, peu de temps avant la cérémonie, et l'on ne trouva pas à le remplacer, quoique les nouveaux hôtes de ce palais se fussent emparés de plusieurs armes précieuses. Mustapha ne reçut donc point de sabre ; il en conserva un profond ressentiment. Cependant il partit pour Médéah, capitale de la province de Titteri, en protestant de son dévouement à la France.

Peu de jours après l'élévation d'Hamdan à la charge d'agha, Ben-Zamoun, homme habile et influent de la tribu de Flissa, se mit en relation avec le général en chef. Sa correspondance prouve qu'il avait formé le projet, assez largement conçu, de se créer une position politique élevée, en se constituant intermédiaire entre nous et ses compatriotes. Les offres qu'il nous fit étaient de nature à être mieux accueillies qu'elles ne le furent ; il venait de convoquer une grande assemblée où il devait proposer aux Arabes de reconnaître l'autorité de la France, moyennant certaines conditions, qui devaient assurer leur bien-être et leur liberté, lorsqu'il apprit que M. de Bourmont se disposait à marcher sur Blidah; il lui écrivit sur-le-champ pour l'en dissuader et l'engager à s'abstenir de s'avancer dans le pays, jusqu'à ce qu'un traité en bonne forme eût réglé la nature de nos relations avec les Arabes.

M. de Bourmont ne se rendit pas à ses remontrances ; il partit pour Blidah, le 25 juillet, avec 1,000 à 1,200 hommes d'infanterie, une centaine de chevaux et deux pièces de canon. Cette excursion n'avait d'autre motif qu'un sentiment de curiosité : car aucune pensée politique ne s'y rattachait. La petite colonne passa par le pont d'Oued-el-Kerma, fit une longue halte à Bouffarick, et arriva sur le soir à Blidah, où elle fut très-bien reçue par les habitants. Le lendemain on ne tarda pas à s'apercevoir que les Arabes et les Kbaïles se préparaient à nous combattre. Dans la matinée, quelques coups de fusil furent tirés sur une reconnaissance qui avait été envoyée sur la route de Médéah. Si l'ennemi avait mieux caché ses desseins, il aurait pu égorger toute la colonne, car c'était à peine si elle se gardait. Campés aux portes d'une ville qui devait exciter leur curiosité, les officiers et les soldats avaient, presque tous, abandonné leur poste, pour aller la visiter, tant la confiance était grande. Mais, avertis par des démonstrations hostiles partielles, ils coururent à leurs faisceaux. Vers le milieu du jour, un chef d'escadron d'état-major fut tué d'un coup de feu, derrière une haie, où un besoin naturel l'avait conduit. A une heure, l'ordre de départ fut donné. A peine la colonne fut-elle en marche, qu'elle fut assaillie par une nuée d'Arabes et de Kbaïles, dont le feu bien nourri nous mit beaucoup de monde hors de combat. Heureusement, le général Hurel, qui la dirigeait, se rappela que le chemin, suivi la veille, était creux et encaissé dans une assez grande distance : il en prit un autre qui nous jeta, sur-le-champ, dans la plaine. Sans cette heureuse inspiration, nous aurions été compromis. En plaine, les Kbaïles, n'étant couverts par rien, n'osèrent pas trop s'aventurer. Cependant nous fûmes poursuivis jusqu'à Sidi-Haïd, à une lieue en deçà de Bouffarick. Notre cavalerie fournit quelques charges heureuses: l'ordre le plus parfait ne cessa d'exister dans la colonne. Néanmoins, comme on ne fit pas une seule halte depuis Blidah jusqu'à Sidi-Haïd, la rapidité de notre marche donna à notre retraite l'apparence d'une fuite.

La colonne coucha à Bir-Touta ; ce fut là que M. de Bourmont reçut son bâton et son brevet de maréchal de France, qu'un officier d'état-major lui apporta, et qui étaient arrivés à Alger pendant son absence. Sa nomination était connue depuis plusieurs jours. La joie du triomphe, après la prise d'Alger, avait été empoisonnée pour lui par la mort d'un de ses fils. Ici, la mort de M. de Trélan, ce chef d'escadron dont nous avons parlé plus haut, et qu'il aimait à l'égal d'un fils, vint couvrir de deuil les insignes de sa dignité : ainsi ce malheureux général n'a pu éprouver un seul instant de satisfaction pure dans tous le cours d'une campagne si glorieuse pour lui.

M. de Bourmont dut, en outre, être assez péniblement affecté du désagrément qu'il avait éprouvé à Blidah. Son amour-propre blessé lui en fit naturellement chercher les causes ailleurs que dans son imprudence. Les Maures de la municipalité d'Alger lui firent entendre que les Turcs qui étaient restés dans cette ville pouvaient bien y avoir contribué par leurs intrigues. Il paraît même que, pour le tromper plus facilement, on mit sous ses yeux des lettres supposées, par lesquelles les Turcs auraient engagé les Arabes à prendre les armes. Le général en chef, à qui il fallait des coupables, prit ceux qu'on lui offrit, et il prononça l'expulsion de tous les Turcs, avec une brutalité qui n'était pas dans son caractère : il ne fit d'exception qu'en faveur des vieillards et des aveugles. Il voulut d'abord frapper les proscrits d'une contribution de 2,000,000 de francs, mais il y renonça bientôt, craignant d'être obligé, pour la faire rentrer, d'employer des moyens qui lui répugnaient. Les Turcs, malgré ce retour à la modération n'en furent pas moins pressurés par des hommes avides qui exploitèrent leurs malheurs. Plusieurs Maures de la municipalité algérienne leur arrachèrent des sommes considérables pour prix de services qu'ils ne leur avaient pas rendus, et comme rançon d'une existence qui n'était pas menacée. Le nom du général en chef fut plus d'une fois compromis dans ces sortes de négociations par des hommes sans pudeur, qu'il avait eu le tort d'appeler aux affaires, mais dont il était bien loin de connaître et encore moins de sanctionner les actes.

Les Turcs exilés furent encore soumis à des extorsions d'une autre nature ; le peu de temps qu'on leur laissait pour mettre ordre à leurs affaires leur rendait excessivement précieuse l'acquisition de lettres de change sur le Levant ou sur l'Italie. Ils ne purent en obtenir qu'à des taux exorbitants. Quelques agents consulaires étrangers souillèrent leur caractère dans ces marchés usuraires.

Avant l'expédition de Blidah, M. de Bourmont s'était occupé d'étendre nos relations jusqu'aux provinces de

Constantine et d'Oran. Il avait reçu une communication du Gouvernement, qui lui faisait connaître que le projet de céder à la Porte-Ottomane Alger et l'intérieur de la Régence, et de garder seulement le littoral depuis l'Arach jusqu'à Tabarka, était celui auquel le cabinet paraissait devoir s'arrêter. Comme l'occupation de Bône entrait dans l'exécution de ce projet, elle fut résolue. D'un autre côté, le bey d'Oran ayant fait des offres de soumission, qui ne pouvaient être repoussées, quelles que fussent les vues ultérieures du Gouvernement sur cette province, on résolut de lui envoyer un capitaine d'état-major pour recevoir son serment. Cette mission fut confiée au capitaine de Bourmont, fils du maréchal.

Le corps d'expédition de Bône, composé de la 1re brigade de la 2me division, d'une batterie de campagne et d'une compagnie de sapeurs, s'embarqua, le 25 juillet, sur une escadre formée d'un vaisseau, de deux frégates et d'un brick; ce bâtiment, après avoir déposé les troupes à Bône, devait se rendre à Tripoli, pour exiger du pacha de cette régence la réparation de quelques griefs. Ce corps était commandé par le général Damrémont, qui dans le cours de la campagne avait donné des preuves de talent et de bravoure. L'escadre était sous les ordres du contre-amiral Rosamel. Contrariée par le temps, elle n'arriva que le 2 août devant le port de Bône. Elle avait été devancée par un bâtiment qui portait M. de Rimbert, ancien agent des concessions françaises en Afrique. Celui-ci, qui avait conservé des intelligences dans la ville, persuada, sans beaucoup de peine, aux habitants, d'y recevoir les Français. Le débarquement s'opéra donc sans obstacle.

Ce serait peut-être ici le lieu de faire connaître avec

quelques détails la province de Constantine, comme je l'ai fait pour celle d'Alger. Mais, comme cette première occupation de Bône ne fut que de courte durée, et que nous restâmes ensuite pendant un an sans relations avec cette partie de l'Algérie, j'ai pensé qu'il est mieux d'en renvoyer la description à un autre livre. J'en agirai de même pour Oran.

Le général Damrémont, aussitôt après son débarquement, s'occupa de se mettre en défense contre les Arabes, dont les dispositions étaient loin d'être aussi pacifiques que celles des habitants de la ville. Les négociations qu'il voulut entamer avec les tribus voisines furent sans résultat, soit que ces tribus craignissent, en traitant avec les Français, de s'attirer le ressentiment du bey de Constantine, soit que leur haine contre les chrétiens l'emportât sur toute autre considération.

A 400 mètres de l'enceinte de Bône s'élève une citadelle qui, comme à Alger, est appelée Casbah. Un bataillon y fut établi; le reste des troupes occupa la ville, et deux redoutes qui furent construites à droite et à gauche de la route de Constantine. L'ennemi ne tarda pas à venir harceler nos avant-postes par un feu de tirailleurs importun. Le 6 août, M. de Damrémont, voulant lui apprendre à qui il avait affaire, ordonna un mouvement offensif; les Arabes ne soutinrent pas notre choc, et se dispersèrent. Le lendemain, le cheikh de la Calle leur ayant amené du renfort, ils reprirent courage, et dans la nuit du 7 au 8 août les lignes françaises furent attaquées. Les Arabes s'avancèrent jusqu'au bord des fossés des redoutes qu'un feu bien nourri les empêcha de franchir. Le 10, dans la matinée, une nouvelle attaque eut lieu, mais elle fut languissante.

Le 11, le général de Damrémont s'aperçut, au grand mouvement qui régnait parmi les Arabes, dont le nombre était beaucoup plus considérable qu'à l'ordinaire, qu'une attaque sérieuse se préparait. Il se porta de sa personne dans la redoute qui, par sa position, paraissait la plus menacée, et se disposa à une vigoureuse défense. L'attaque prévue eut lieu à onze heures du soir. Les Arabes se précipitèrent sur nos ouvrages avec une admirable intrépidité : nos soldats étaient tout joyeux d'avoir rencontré des ennemis dignes de leur valeur. Repoussés, non sans peine, ils revinrent à la charge à une heure du matin. Plusieurs d'entre eux franchirent les fossés, escaladèrent les parapets et combattirent à l'arme blanche dans l'intérieur des redoutes, où ils périrent glorieusement. Après un combat acharné, le courage aidé de la discipline triompha du courage seul. Les Arabes furent encore repoussés : 85 cadavres, qu'ils laissèrent dans les fossés et sur les parapets des redoutes, dénotent avec quelle fureur ils combattirent. J'ai entendu dire à bien des officiers que, sans aucun doute, nos succès eussent été beaucoup moins prompts dans les plaines de Staoueli, et surtout beaucoup plus meurtriers, si nous y avions trouvé des ennemis aussi acharnés qu'à Bône.

Cette chaude attaque fut la dernière que tentèrent les Arabes : convaincus de l'inutilité de leurs efforts, ils retournèrent pour la plupart dans leurs tribus. Quelques rares tirailleurs continuèrent cependant à se présenter devant nos postes. La brigade de Damrémont était sur le point de jouir paisiblement de sa conquête, lorsqu'elle reçut subitement l'ordre de retourner à Alger. Nous verrons bientôt quelle fut la cause de ce rappel précipité.

Pendant que ces braves troupes combattaient à Bône, le contre-amiral Rosamel obtenait, à Tripoli, la satisfaction qu'il était allé demander. A son retour il prit la brigade Damrémont, qui rentra à Alger le 25 août, après une absence d'un mois. Cette courte expédition fit le plus grand honneur au général Damrémont : ses dispositions militaires répondirent à la bonne opinion qu'il avait déjà donnée de lui, et sa conduite envers les habitants de Bône le fit connaître sous d'autres rapports non moins avantageux. Son premier soin fut de confirmer dans leurs fonctions le kaïd et le cadi; il constitua ensuite un conseil de notables pour servir d'intermédiaire entre les indigènes et l'autorité française. Lorsqu'il avait à prendre quelque mesure qui pouvait contrarier les habitudes de la population, il faisait d'abord entendre raison aux notables ; ceux-ci expliquaient ensuite aux habitants les intentions du général. Il traita de cette manière du loyer des maisons nécessaires au casernement, et dans peu de jours sa troupe se trouva passablement logée. Son exactitude à remplir ses promesses, ses manières douces et bienveillantes, ne tardèrent pas à lui acquérir l'estime d'une population reconnaissante qui, jusqu'au dernier moment, lui prodigua les preuves les moins équivoques d'affection. Sa réputation de justice et de modération allait se répandre au dehors, et lui attirer la soumission des tribus qui connaissaient déjà sa valeur, lorsque l'ordre d'évacuer Bône fit avorter une entreprise si heureusement commencée. En partant, il laissa des munitions aux habitants de Bône, que leur conduite loyale envers nous exposait à la vengeance du bey de Constantine ; il leur fit espérer qu'ils ne seraient pas toujours privés de l'appui de la France.

Nous avons vu, plus haut, que le capitaine de Bourmont avait été envoyé à Oran pour recevoir la soumission du bey. Ce fonctionnaire, nommé Hassan, était un homme fort âgé et dégoûté du pouvoir; il ne cherchait plus qu'à vivre tranquille au sein des richesses qu'il avait acquises. Les Arabes de sa province, voulant profiter de la chute du gouvernement algérien pour reconquérir leur indépendance, le bloquaient dans sa capitale, lorsque le capitaine de Bourmont y arriva. Quoique ses Turcs lui fussent restés fidèles, il manifesta de vives craintes sur sa position, et demanda avec instance qu'on envoyât des troupes françaises à Oran, promettant de leur livrer la ville et les forts. Pour ce qui le concernait personnellement, il exprima le désir de se démettre de ses fonctions et d'aller finir ses jours en Asie.

Pendant qu'il était en pourparler avec le capitaine de Bourmont, le capitaine Le Blanc, qui commandait le brick le Dragon, et accidentellement deux autres bâtiments stationnés en rade d'Oran, prit sur lui de mettre à terre une centaine de marins; ceux-ci s'emparèrent du fort de Mers-el-Kbir, sans que les Turcs, qui en formaient la garnison, leur opposassent la moindre résistance. Cette manière un peu brusque de procéder ne changea rien aux dispositions du bey. Le capitaine de Bourmont retourna à Alger sur le brick le Dragon, pour les faire connaître à son père, et les marins restèrent dans le fort de Mers-el-Kbir, soutenus par la présence en rade des deux autres bâtiments.

Le maréchal de Bourmont, sur le rapport de son fils, fit partir pour Oran le 21ᵉ de ligne, commandé par le colonel Goutfrey, à qui on donna 50 sapeurs du génie et deux obusiers de montagne. L'expédition mit à la voile

16 août; mais à peine était-elle mouillée en rade d'Oran qu'elle fut rappelée comme celle de Bône. Quelques compagnies étaient déjà à terre ; on les rembarqua sur-le-champ, et l'on abandonna le fort de Mers-el-Kbir en faisant sauter le front du côté de la mer. On offrit au bey de le conduire en Asie, ainsi qu'il en avait manifesté le désir, mais il répondit qu'il espérait pouvoir s'arranger avec les Arabes et se maintenir à Oran ; que, du reste, il se regardait toujours comme vassal du roi de France.

Pendant que ces événements se passaient, une tentative avait eu lieu pour faire reconnaître la domination française à Bougie. Le 5 août, un individu de cette ville se présenta à M. de Bourmont ; il se nommait Mourad, et dit être envoyé par ses compatriotes qui désiraient se soumettre à la France. Il demandait pour lui-même l'emploi de kaïd, assurant qu'il suffirait de la présence d'un bâtiment de guerre pour que l'on reconnût son autorité à Bougie, et pour qu'on y arborât le pavillon français. Le maréchal lui accorda, sans trop d'examen, ce qu'il demandait. Il fut donc nommé kaïd, et reçut un diplôme, des présents et un cachet ; un brick de l'État reçut ordre de le conduire à Bougie ; on fit partir avec lui un officier d'état-major pour reconnaître le pays, et un agent civil pour y nouer, s'il était possible, des relations commerciales. En arrivant en rade de Bougie, Mourad et un autre Maure qui devait être capitaine du port se dirigèrent à terre sur une embarcation qui leur appartenait, et qui avait suivi le brick, mais à peine furent-ils débarqués, que les habitants se jetèrent sur eux et les massacrèrent. Le brick, sur lequel quelques coups de canon furent tirés, rentra à Alger après cette sanglante scène.

Il paraît que ce malheureux Mourad, qui était jeune et présomptueux, avait cependant un parti dans la ville, mais que, pendant sa courte absence, la chance avait tourné contre lui. Quoi qu'il en soit, ce massacre, sous nos yeux, d'un homme que nous avions revêtu, un peu légèrement, il est vrai, de fonctions éminentes, et l'évacuation de Bône et d'Oran, dont les Arabes ne pouvaient se rendre compte, portèrent un coup funeste à notre considération déjà affaiblie par la retraite de Blidah. Presque tout l'effet moral produit sur l'esprit des Arabes par la prise d'Alger fut perdu; leur insolence fut surtout augmentée par l'inaction à laquelle se réduisit M. de Bourmont à Alger même, lorsqu'il eut connu les événements de Juillet.

Ce fut le 11 août, qu'un bâtiment marchand, venu de Marseille, apporta à Alger la nouvelle de la chute de Charles X. Tant que l'on put conserver quelque doute, M. de Bourmont parut accessible à des projets qui avaient pour but de conserver l'Afrique à la légitimité; mais lorsque des communications officielles eurent donné aux événements dont la France avait été le théâtre le caractère d'un fait accompli, il se résigna à suivre la fortune, et, après quelques jours d'une hésitation bien concevable dans sa position, il fit arborer le pavillon aux trois couleurs.

M. de Bourmont ne pouvait et ne devait communiquer à ses troupes que les avis officiels qu'il recevait du Gouvernement. Celui-ci, ayant jugé à propos de réduire la révolution de Juillet aux dimensions d'une abdication de roi, le maréchal mit à l'ordre cette abdication et l'élévation de M. le duc d'Orléans à la lieutenance générale du royaume. Les communications du Gouvernement s'étant arrêtées là, M. de Bourmont ne put pas faire connaître à l'armée que ce prince avait été appelé au trône. Elle n'en fut instruite que par les journaux et par la proclamation d'arrivée du général Clauzel, successeur de M. de Bourmont, qui lui apprit, de plus, que le nouveau roi avait eu pour lui la *légitimité du droit, celle du choix, et celle enfin de la nécessité.* L'armée, convaincue alors qu'on avait tout fait pour le mieux en France, ne s'occupa plus de cette affaire.

Aussitôt que M. de Bourmont eut appris les événements de Juillet, il sentit la nécessité de réunir toutes ses forces pour être prêt à tout au besoin. Il se hâta donc de rappeler à Alger la brigade Damrémont et le régiment du colonel Goutfrey, ce qui amena l'évacuation de Bône et l'abandon d'Oran, que nous venons de raconter. Cette mesure, justifiée par l'imminence d'une guerre européenne, avait peut-être encore un autre motif, mais il est inutile de le rechercher.

M. de Bourmont, qui, selon toute apparence, espérait que le service qu'il venait de rendre à toute la chrétienté lui vaudrait au moins la conservation de sa position, dut être vivement affecté quand il vit que le nouveau Gouvernement rompait toute communication politique avec lui : il tomba dans un découragement dont les affaires se ressentirent. Le bey de Titteri, prenant pour prétexte l'expulsion des Turcs, lui déclara la guerre, et fit plusieurs bravades qu'aucun effet ne suivit; mais l'armée tout entière, resserrée autour d'Alger, était bloquée dans ses lignes par les Arabes de la Métidja : tout ce qui s'aventurait au delà était égorgé. Le colonel du premier régiment de marche et un de ses officiers furent massacrés en avant de la plaine de Mustapha-Pacha, à moins d'une demi-lieue du fort Bab-Azoun. Ainsi, les vainqueurs d'Alger, ayant à peine de la place pour se mouvoir, étaient assiégés par quelques pâtres mal armés, tandis que leur général, rongé d'inquiétudes, attendait que le Gouvernement eût prononcé sur son sort.

Enfin, le 2 septembre, le vaisseau qui portait le général Clauzel, successeur de M. de Bourmont, parut en rade d'Alger. Le même jour, le général fit son entrée dans la capitale de la Régence. M. de Bourmont, qui, jusque-là, avait manifesté l'intention de se rendre en France, changea brusquement de résolution, sans qu'on ait bien pu connaître à quelle nature d'influence il céda. Il se détermina, après quelques tergiversations, à se retirer provisoirement à Mahon; il demanda qu'un bâtiment de l'État l'y conduisît, mais il fut durement refusé; il se rendit alors sur le port avec quelques personnes de sa suite, et là il chercha longtemps un navire marchand qui voulût le recevoir. Il ne put trouver qu'un petit brick autrichien, sur lequel il s'embarqua le lendemain avec deux de ses fils. L'aîné était allé porter en France les drapeaux pris sur l'ennemi; le quatrième avait péri dans la campagne.

Ainsi, ce fut en proscrit que M. de Bourmont quitta Alger. De tous ceux qui l'avaient adulé au temps de sa puissance, nul ne lui donna le salut d'adieu; cependant, au moment de son départ, une batterie de la marine lui jeta, comme une aumône, une salve de quelques coups de canon.

LIVRE V.

Arrivée du général Clauzel. — Commission d'enquête. — Nouvelle organisation de l'armée. — Formation des zouaves. — Comité du Gouvernement. — Organisation des divers services publics. — Justice. — Domaine. — Douane. — Mesures spoliatrices à l'égard des Turcs et des corporations. — Ferme-modèle. — Analyse de divers actes administratifs.

M. le général Clauzel, que le nouveau gouvernement venait de mettre à la tête de l'armée d'Afrique, occupait un rang distingué dans les fastes de la gloire française ; on l'attendait avec impatience et l'on était disposé à le recevoir avec transport. Mais nous sommes forcé de dire que ses premiers rapports avec l'armée furent de nature à refroidir un peu cet enthousiasme. Il fit d'abord paraître une proclamation où il se bornait à annoncer aux troupes l'avénement du roi Louis-Philippe et la mission dont il était lui-même chargé, sans qu'un seul mot indiquât que la patrie fût contente de son armée d'Afrique, ni qu'elle adoptât la gloire dont elle venait de se couvrir.

Le lendemain parut un ordre du jour où une courte phrase laudative servait d'introduction à l'annonce de la formation d'une commission d'enquête chargée de constater la vérité au sujet des soustractions coupables que la rumeur publique reprochait à l'armée d'Afrique. Cet ordre du jour, dont la rédaction était plus hostile que bienveillante, produisit en général une impression pénible. Certes, les bruits fâcheux répandus par les journaux au sujet des dilapidations commises à Alger, avaient pris assez de consistance pour qu'il fût du devoir du général Clauzel d'examiner s'ils étaient fondés; mais il aurait été à désirer qu'il ménageât, un peu plus qu'il ne le fit, l'armée qu'il venait commander, et qu'il ne mît pas, en quelque sorte, 36,000 hommes en état de suspicion pour des délits de nature à n'avoir pu être commis que par un petit nombre d'entre eux.

Le choix des membres de la commission d'enquête ne pouvait adoucir ce que la mesure avait d'humiliant : on y voyait figurer peu de ces hommes que l'on aime à prendre pour juges dans des causes où l'honneur est intéressé. Ces messieurs commencèrent leur tâche avec une aigreur qui aurait pu faire croire qu'ils étaient plus jaloux des spoliateurs qu'indignés des vols; mais ils se radoucirent peu à peu, et enfin, le 21 octobre, l'armée fut instruite officiellement qu'elle n'avait rien perdu dans l'estime de MM. Delort, Fougeroux, Cadet-de-Vaux, Pilaud-de-Bit et Flandin; que quelques désordres particuliers avaient eu lieu, mais que les auteurs en étaient abandonnés aux remords qui *les poursuivent et les poursuivront sans cesse.*

Pendant que ceci se passait à Alger, les officiers de l'armée d'Afrique qui rentraient en France, étaient soumis, à Marseille et à Toulon, aux recherches les plus désobligeantes. Un misérable employé de la douane eut même l'infamie de fouiller le cadavre du brave Amédée de Bourmont que l'on transportait dans la sépulture de ses pères.

Par un retour assez ordinaire des choses d'ici-bas, M. le général Clauzel essuya plus tard à son tour les attaques de la malveillance. On lui reprocha avec amertume quelques acquisitions d'immeubles faites par lui pendant son commandement ; on alla même plus loin, ce qui dut lui prouver que la calomnie n'épargne personne, pas même ceux qui jouissent de la réputation la plus brillante et la mieux méritée. Au reste, quand bien même le général Clauzel aurait cherché à améliorer sa fortune en Afrique, il aurait toujours eu la ressource de dire, comme le maréchal de Villars, qu'en faisant ses affaires il n'avait pas du moins négligé celles de la France. Il joignait à des vues larges un esprit vigoureux et possédait surtout une qualité bien précieuse, celle de savoir beaucoup prendre sur soi. Il était malheureusement un peu trop facile, et accordait souvent sa confiance à des gens qui en étaient peu dignes.

Retirés de l'armée depuis quinze ans, M. le général Clauzel et son chef d'état-major, M. le général Delort, ne pouvaient être parfaitement au courant de l'état de la législation militaire, qui est malheureusement si variable. Quelques affaires s'en ressentirent dans le commencement de leur administration ; mais bientôt ces sortes de détails furent confiés au capitaine d'état-major Chapelié. Cet officier, très-capable et bon travailleur, parvint à imprimer à cette partie du service une marche à peu près régulière; mais il ne put empêcher qu'on ne formât quatre divisions des trois qui jusque-là avaient composé l'armée d'Afrique. Cette mesure n'avait d'autre but que de donner de l'emploi au général Cassan, vieux compagnon d'armes de M. Clauzel, exhumé par la révolution de juillet, quoique moralement et physiquement incapable de rendre aucune espèce de service.

Il était d'autant moins raisonnable d'augmenter le nombre des divisions, que plusieurs régiments avaien reçu l'ordre de rentrer en France : ces régiments étaient les deux de marche et le 5ᵉ de ligne. Pour remplir le vide que leur départ allait laisser dans l'armée, un arrêté du 1ᵉʳ octobre ordonna la formation de bataillons d'indigènes, sous le nom de bataillons de zouaves. M. de Bourmont avait conçu le projet de cette organisation ; mais il n'avait pas cru devoir le mettre à exécution dans la position précaire où il se trouvait. Les Zouaves, ou plutôt les Zouaouas, sont des Kbaïles indépendants de la province de Constantine, qui vendent leurs services aux puissances barbaresques, comme le font les Suisses en Europe. On forma d'abord un de ces bataillons, dont on donna le commandement à M. Maumet, capitaine d'état-major ; on essaya ensuite d'en former un second, qui resta toujours beaucoup au-dessous du complet ; le commandement en fut donné à M. Duvivier, capitaine du génie. De belles promesses avaient attiré un grand nombre d'indigènes dans les rangs du premier, mais leur non-exécution en fit déserter plusieurs ; ces bataillons ne durent même la conservation de leur existence qu'à la prodigieuse activité de leurs chefs, qui eurent à lutter contre des difficultés de toute nature, dont la plupart leur étaient suscitées par des rivalités de positions.

Plusieurs généraux et officiers supérieurs avaient quitté leur poste par suite de la révolution de juillet. M. d'Escars était parti un des premiers : il fut remplacé, dans le commandement de la 5ᵉ division, par le général Boyer, qui avait servi pendant quelque temps le réformateur de l'Egypte.

Le général Clauzel, ayant ainsi réglé les affaires intérieures de l'armée et pourvu aux emplois vacants, songea à étendre un peu le rayon de l'occupation. Il n'existait alors que deux routes praticables à une armée pour se rendre d'Alger à la Métidja : l'une par le bord de la mer, l'autre à travers les collines du massif d'Alger. Des postes furent établis sur ces routes, et le plus fort occupa Haouch-Hassan-Pacha, qui reçut depuis le nom de Ferme-Modèle ; cette ferme, dont les bâtiments présentent une enceinte d'une défense facile, est située à trois lieues d'Alger, au pied des collines et à l'entrée de la Métidja.

Cependant le général en chef ne perdait pas de vue qu'il devait être à la fois guerrier et administrateur. Nous avons vu que, par l'incurie de M. de Bourmont, tous les services publics avaient été désorganisés ; il devenait d'autant plus urgent de rétablir l'ordre que la population civile européenne s'accroissait chaque jour.

Le 8 septembre, l'administration des douanes et celle des domaines furent constituées. Cette dernière fut chargée, non-seulement de la gestion des biens domaniaux, mais encore de la perception de tous les droits autres que ceux de la douane ; la direction en fut confiée à M. Girardin. M. Descalonne fut mis à la tête du service des douanes.

Le 16 octobre, un comité du Gouvernement fut créé pour donner l'impulsion administrative et décider les questions contentieuses : il se composa de l'intendant de l'armée, qui en eut la présidence, et de trois autres membres, le premier pour la justice, le second pour l'intérieur, et le troisième pour les finances. Les membres de cette commission furent : M. Velland, intendant en chef, qui avait remplacée M. Denniée; M. Deval, consul de France, chargé de la justice ; M. Cadet de Vaux, de l'intérieur; M. Fougeroux, des finances ; M. Caze fut nommé secrétaire de ce comité.

La municipalité instituée par M. de Bourmont fut conservée. Elle eut pour commissaire du roi M. Cadet de Vaux, en remplacement de M. Bruguière.

M. d'Aubignose fut remplacé, dans ses fonctions de lieutenant général de police, par M. Roland de Bussy. Celui-ci n'eut que le titre de commissaire général; il fut nommé par le ministre de l'intérieur, qui lui prescrivit de correspondre directement avec son ministère. Je ne sais jusqu'à quel point M. Roland de Bussy se conforma à cette disposition qui, certainement, ne devait pas plaire à M. le général Clauzel.

L'acte le plus important de l'administration du général Clauzel fut l'organisation des tribunaux. Le 9 septembre, un tribunal mixte, composé d'Européens et d'indigènes, fut constitué; mais il n'exista que peu de temps, et un arrêté du 22 octobre organisa l'administration de la justice sur les bases suivantes :

Une Cour de justice, composée de trois membres, dut connaître de toutes les causes civiles ou commerciales dans lesquelles un Français était intéressé, ainsi que des causes de même nature entre étrangers de diverses nations, et de celles de ces derniers avec les indigènes. Elle fut autorisée à appliquer les lois françaises ou celles de la Régence d'Alger selon le cas. Elle devait juger, en dernier ressort, jusqu'à la somme de 12,000 fr., indépendamment de tous dommages et intérêts.

Les affaires criminelles entre Français devaient être instruites à Alger par la Cour de justice, et renvoyées en France pour le jugement. Les affaires criminelles entre Français et étrangers étaient instruites de la même manière, et il en était rendu compte au général en chef pour qu'il statuât ce qu'il appartiendrait.

Un tribunal de police correctionnelle fut créé : il réunissait à ses attributions celles des justices de paix, et jugeait comme les tribunaux de simple police.

Les indigènes conservèrent leurs juges et leurs lois. Toutes les causes entre Musulmans durent être portées devant le cadi maleki, jugeant sans appel, tant au civil qu'au criminel. Toutes les causes entre Israélites, tant au civil qu'au criminel, furent dévolues à un tribunal de trois rabbins, jugeant également sans appel. Enfin, le cadi maleki devait prononcer dans toutes les causes entre Musulmans et Israélites, sauf appel à la Cour de justice.

Un arrêté du 15 octobre mettait sous la juridiction des conseils de guerre les indigènes accusés de crimes ou de délits commis contre les personnes ou les propriétés des Européens. Il ne fut rien changé à cette disposition.

L'arrêté du 22 octobre ne toucha point aux justices consulaires. Les agents des diverses puissances continuèrent à connaître des causes entre gens de leur nation. Le général en chef, en donnant au cadi et aux rabbins une juridiction sans appel, se réserva le droit de statuer sur les plaintes en prévarication ou en déni de justice qui pourraient être portées contre eux.

L'acte législatif que nous venons d'analyser a mérité les éloges de M. Pichon lui-même, ce critique sévère de tout ce qui, à Alger, n'a pas été fait par lui. Il sut pourvoir au besoin du moment sans rien préjuger pour l'avenir, et en tournant les difficultés avec habileté.

M. le général Clauzel, après avoir organisé les grandes branches de l'administration, créa quelques emplois subalternes d'une utilité plus ou moins contestable. C'est ainsi qu'il forma une commission de voirie, laquelle devait prendre nécessairement une partie des fonctions naturelles de la municipalité ; car il n'y avait certainement pas lieu d'établir à Alger, à cette époque surtout, une distinction quelconque entre la grande et la petite voirie. Le secrétaire de cette commission reçut pour mission de changer les noms de toutes les rues, ce dont il s'acquitta si bien que les habitants d'Alger ne se reconnaissaient plus dans leur propre ville. M. Clauzel aurait désiré placer avantageusement tous ceux qui l'approchaient. Cet exemple de bienveillance pour ses créatures fut suivi par son chef d'état-major, qui fit porter ses domestiques gascons sur le tableau des interprètes arabes.

Les rouages administratifs, constitués comme nous venons de le dire, commencèrent à fonctionner, ayant pour force motrice tantôt les arrêtés du général en chef, tantôt la législation de la métropole. Je vais faire connaître les plus importants de ces arrêtés, en commençant par ceux qui sont relatifs à l'administration des domaines.

Le 8 septembre, le général Clauzel, au mépris de la capitulation, signa un arrêté qui réunit au domaine les propriétés du Dey, des beys et des Turcs déportés, ainsi que celles de la Mecque et Médine. Cette violation de la foi jurée était fort condamnable. Elle passa cependant presque inaperçue à Paris ; mais, à Alger, elle excita de vives et justes réclamations, non de la part des Turcs, trop abattus pour oser même élever la voix, mais de la part des familles indigènes qui s'étaient alliées à eux. Ceux qui conseillèrent cette mesure au général Clauzel, en connaissaient si bien eux-mêmes l'illégalité, qu'elle ne fut pas rendue publique par la voie des affiches, seul moyen de publication qui existât alors à Alger : on ne la connut que par les applications qui en furent successivement faites, selon les circonstances, et peut-être aussi selon les convenances des personnes chargées de l'exécution. Nous verrons plus loin que, sous l'administration du général Berthezène, l'on convertit en séquestre d'une durée indéterminée la confiscation prononcée si légèrement contre les malheureux Turcs par M. le général Clauzel

Le 7 décembre, parut un arrêté qui donna à l'administration des domaines la gestion des biens de la Mecque et Médine, de ceux des mosquées, et généralement de tous ceux dont les revenus ont une destination spéciale se rapportant à des communautés. Il y a deux remarques importantes à faire sur cet arrêté : la première, c'est qu'il parle des biens de la Mecque et Médine comme appartenant encore à cet établissement, quoique celui du 8 septembre les eût réunis au domaine, ce qui semble indiquer que le législateur, qui est ici le général Clauzel, regardait le premier arrêté comme nul, ou qu'il en avait oublié l'existence ; la seconde remarque est que l'esprit qui dicta l'arrêté du 7 décembre a quelque chose de moins fiscal que celui qui présida à la rédaction de l'arrêté du 8 septembre. C'est tout simplement l'expression d'une monomanie administrative qui voulait détruire dans la Régence les affectations spéciales, parce que les règles de notre législation financière ne les admettent pas en France ; car il était bien entendu que le Trésor devait pourvoir aux dépenses que ces affectations étaient destinées à couvrir.

L'arrêté du 7 décembre fut appliqué sans difficulté aux biens des fontaines. Tout le monde sait que l'érection des fontaines est, chez les Musulmans, un acte de charité publique très-fréquent de la part des personnes riches, qui affectent à leur entretien des immeubles ou des rentes. Il existait à Alger plusieurs établissements de ce genre, que l'arrêté du 7 décembre dépouilla. Le soin de la conservation des fontaines passa de l'Amin-el-Aïoun, qui ne fut plus qu'un employé subalterne, à de savants ingénieurs français, et, depuis ce changement, la ville d'Alger fut, chaque année, menacée de manquer d'eau, quoique les dépenses pour cet objet dépassassent de beaucoup les revenus des biens des fontaines, qui ne sont que de 15,000 fr., somme qui suffisait à leur entretien sous l'administration simple et économique de l'Amin-el-Aïoun.

Je sais fort bien que l'on peut répondre à cela que, les soldats ayant, dans les premiers temps, dégradé ou détruit tous les aqueducs, et que la surcharge imposée aux conduits d'eau par nos lourdes voitures les ayant souvent écrasés, il n'est pas étonnant que les frais se soient accrus. Mais si les soldats ont détruit les aqueducs, à qui la faute en doit-elle être imputée? Quant à la surcharge imposée aux conduits, chacun sait qu'il n'existe à Alger que trois rues où les voitures peuvent circuler, et qu'au dehors, le génie était assez maître de son terrain pour ne pas faire passer les routes qu'il a construites précisément au-dessus de ces mêmes conduits, s'il s'était donné la peine d'en étudier la direction. Je citerai pour exemple la route de Birmadreis, où ce n'est qu'après avoir terminé les travaux de terrassement, que le génie s'est aperçu qu'il était au-dessus de l'aqueduc de ce nom.

La gestion par l'administration des domaines des biens des établissements religieux et charitables ouvrit la porte à de nombreuses plaintes : le Gouvernement en fut étourdi ; mais, selon son habitude de ne jamais résoudre entièrement aucune question, il n'abrogea pas les arrêtés des 8 septembre et 7 décembre, et se contenta d'en mitiger l'application. Il fut convenu que les biens de ces établissements continueraient d'être régis par des *oukils* ou procureurs musulmans, mais que l'excédant des revenus sur les affectations serait versé au Trésor.

La marche qui fut suivie dans cette affaire fut telle, que les intérêts du trésor et ceux des établissements religieux et charitables furent sacrifiés à des intérêts privés, c'est-à-dire à ceux des oukils. En effet, si l'arrêté du 7 décembre eût été appliqué complétement, le domaine, après s'être acquitté des charges des établissements, aurait profité du surplus; si, au contraire, cet arrêté eût été complétement abrogé, les revenus auraient suivi sans obstacle leur ancienne destination; mais, le Gouvernement ayant reculé devant l'application pleine et entière d'un arrêté qu'il laissait cependant subsister, il en résulta une espèce de chaos qui, d'un côté, affranchit de tout contrôle les oukils des établissements religieux, et qui, de l'autre, permit à ces mêmes oukils d'opposer les termes d'un acte législatif encore existant, aux demandes de ceux qui avaient des droits sur les revenus de ces établissements : « Nous n'avons rien à vous don-
« ner, pouvaient-ils leur dire, puisque les Français se
« sont emparés de nos revenus. » Cette réponse était d'autant plus admissible, qu'il y eut en effet des versements faits au domaine : d'abord, dans les premiers jours de la conquête, on enleva tout ce que les oukils avaient laissé dans les caisses; ensuite, des sommes plus ou moins considérables furent versées à diverses époques. Mustapha-Bouderbah, oukil de la Mecque et Médine, versa en quatre ans 34,551 fr. au trésor; il a dû distribuer

dans le même laps de temps environ 50,000 fr. aux pauvres, à qui il ne donnait guère plus de 250 fr. par semaine; or, les revenus qu'il a gérés étant, de l'aveu de tout le monde et du sien propre, de 80,000 francs par an au moins, il a dû percevoir dans ces quatre ans 560,000 fr., dont 275,469 sont nécessairement restés entre ses mains.

Parmi ces établissements religieux, celui de la Mecque et Médine est le plus riche de tous; viennent ensuite celui de la grande mosquée, ceux des autres mosquées, celui des Andalous ou descendants des Maures d'Espagne, celui des chérifs, ceux des zaouïas ou chapelles, et quelques autres; tous ont pour origine des donations et legs pieux, et tous doivent pourvoir, soit aux dépenses du culte, soit aux besoins des pauvres, ou d'une certaine classe de pauvres, selon le but de l'institution. Celui de la Mecque et Médine doit, de plus, envoyer de certaines sommes à ces deux villes, saintes aux yeux des Musulmans.

Depuis la prise de la ville d'Alger, beaucoup de maisons particulières étaient occupées militairement; d'autres avaient été démolies pour l'élargissement des rues et l'établissement de quelques places publiques. Par un arrêté du 26 octobre, le général Clauzel promit des indemnités aux propriétaires dépossédés, et y affecta les immeubles du domaine. Cette mesure juste et humaine ne fut pas mise à exécution : un odieux esprit de fiscalité prévalut sur les règles de la justice et de l'honneur. La capitulation fut foulée aux pieds. Une nation dont les revenus s'élevaient à 1,200 millions, fit banqueroute à de pauvres familles qu'elle avait dépouillées contre toutes les lois divines et humaines. Je dis banqueroute, car, qu'était-ce que des promesses dont l'exécution fut sans cesse ajournée? Rien de plus facile cependant que d'affecter à l'acquittement de cette dette sacrée les immeubles du domaine, dont les revenus étaient honteux pour le trésor, tant que les victimes de notre administration n'étaient pas indemnisées. Quoi! la famille que vous aviez dépouillée était sans asile, et, dans la rue même dont le pavé lui servait de lit, vous osiez spéculer sur une maison au lieu de la lui donner! Nous reviendrons plus tard sur ce triste sujet; mais nous avertissons le lecteur, dès à présent, que les démolitions qui ont fait d'Alger un vaste amas de ruines, pendant plusieurs années, ruines d'où sortit plus tard une ville européenne, aussi maussadement qu'illogiquement construite, que ces démolitions, dis-je, n'ont eu très-souvent d'autres causes que les idées systématiques de quelques ingénieurs routiniers, qui ont mis cette malheureuse cité sur le lit de Procuste, taillant et coupant sans être arrêtés par aucune considération. Mais reprenons la suite de nos analyses administratives.

Le 8 novembre, un arrêté interdit l'aliénation des biens du domaine, et n'en permit la location que pour trois ans. L'administration ne connaissait pas très-bien, à cette époque, ce qu'elle possédait, et ce n'est qu'avec beaucoup de peine qu'elle est parvenue à être un peu plus instruite aujourd'hui.

Le 7 décembre, un arrêté soumit à la patente les professions industrielles, divisées en quatre classes, et en une catégorie exceptionnelle composée de banquiers. Le 31 du même mois, les débitants de boissons furent assujettis au droit de vente.

Le 17 septembre, parut un arrêté sur les douanes, qui,

modifié par un autre du 17 octobre, établit le système sur les bases suivantes :

Le droit d'importation fut fixé à 4 p. %, pour les marchandises françaises, et à 8 p. %, pour les marchandises étrangères, sans distinction de pavillon. Les objets de petite consommation furent, en outre, assujettis à un prétendu droit d'octroi, qui ne fut en réalité qu'un supplément du droit de douane fixé à un dixième en sus.

Le droit d'exportation fut fixé à 1 p. %, pour les navires français et algériens, et à 1 1/2 p. %, pour les navires étrangers.

Les lingots, l'or et l'argent monnayés, excepté les monnaies de France, furent assujettis à un droit d'exportation de 5 francs par lingot pour l'or, et de 20 francs pour l'argent, mais seulement pour les quantités excédant 5 kilogrammes pour l'or, et 25 kilogrammes pour l'argent.

La valeur des marchandises d'après laquelle les droits seraient liquidés dut être réglée chaque mois par une mercuriale arrêtée par la chambre de commerce. Mais cette mercuriale devant nécessairement présenter des lacunes, les marchands furent souvent obligés d'estimer eux-mêmes la valeur des marchandises qu'ils introduisaient, et si cette estimation ne convenait pas aux employés de la douane, le droit de préemption était exercé dans toute sa rigueur.

Les droits de navigation furent réduits à un droit d'ancrage réglé ainsi qu'il suit, sans distinction de pavillon : 50 fr. pour tous les navires de 5 à 50 tonneaux ; 75 fr. pour ceux de 50 à 100 tonneaux ; 100 fr. pour les navires de plus de 100 tonneaux. Les barques de moins de

5 tonneaux, et les corailleurs étrangers, ne furent point assujettis à ce droit.

Un arrêté du 7 décembre, voulant favoriser l'introduction des vins français, porta à 15 p. %, le droit d'entrée sur les vins étrangers. Cette surtaxe fut appliquée aux liqueurs et aux eaux-de-vie étrangères par celui du 28 du même mois.

Par un arrêté du 17 septembre, autre que celui dont nous venons de parler, les droits d'octroi perçus, soit en nature soit en argent sur les denrées et les productions du pays, furent abolis, excepté pour les blés et les cuirs. Le droit d'octroi sur les marchandises importées par mer fut le seul qui continua à exister jusqu'à l'administration du général Berthezène ; mais le produit en fut versé au Trésor, et non à la caisse municipale, ainsi que l'avait réglé M. de Bourmont.

Un arrêté du 9 janvier 1831 établit que le conseil municipal, composé de sept Maures et de deux Israélites, serait renouvelé tous les ans. La présidence en fut dévolue au commissaire du Roi près la municipalité. L'emploi de consul de France ayant été supprimé enfin dans une ville qui, étant devenue française, n'en avait évidemment plus besoin, les actes de l'état civil furent mis, par arrêté du 7 décembre, dans les attributions de ce même fonctionnaire.

Le 16 novembre, un arrêté nomma Jacob Bacri chef de la nation juive ; il fut statué, par le même arrêté, que les plaintes contre le chef de la nation juive, pour prévarication ou abus d'autorité, seraient portées au général en chef, qui statuerait suivant la gravité du cas.

M. le général Clauzel, après avoir organisé les services et fixé les bases des diverses branches de l'administration, régla le mode de comptabilité. Il fut établi, par arrêté du 14 décembre, que chaque mois une répartition de fonds serait faite par l'intendant entre les trois départements de la justice, de l'intérieur et des finances. Les membres du comité du Gouvernement chargés de ces départements purent ordonnancer les mandats de moins de 500 fr., sauf régularisation à la fin du mois, par un mandat unique de l'intendant ; les mandats au-dessus de 500 fr. durent être ordonnancés directement par l'intendant.

Tel est l'ensemble des dispositions domaniales, fiscales et municipales prises par M. le général Clauzel. Il nous reste à parler des arrêtés relatifs au commerce, à l'agriculture et à la police.

Le 4 novembre, l'exportation des grains et des farines, pour toute autre destination que la France, fut interdite.

Le 7 décembre, un arrêté institua à Alger une chambre de commerce composée de cinq Français, d'un Maure et d'un Israélite. Les membres en furent nommés pour six mois par l'autorité, et il fut statué qu'après ce laps de temps, le commerce les élirait librement.

Un arrêté du 51 décembre accorda à la place d'Alger un entrepôt réel, en mettant en vigueur les principales dispositions de la loi du 17 mai 1826 sur cette matière; mais le manque de magasins ne permit pas de mettre cet arrêté à exécution.

Le 30 octobre, parut un arrêté remarquable en ce qu'il fut le premier pas vers la colonisation. Plusieurs personnes, plus aventureuses qu'habiles, avaient suivi M. le général Clauzel en Afrique. Elles conçurent l'idée d'établir une ferme expérimentale pour servir de régulateur à tous les établissements agricoles qui viendraient à se former. Une société anonyme s'organisa à cet effet, et l'arrêté dont il est ici question en approuva les statuts et lui loua la ferme dite Haouch-Hassan-Pacha, qui, depuis ce moment, a été connue du public européen sous le nom de *Ferme-Modèle*. La location comprit les bâtiments et 1,000 hectares de terrain. Elle fut faite au prix annuel d'un franc par hectare, et pour 9, 18 ou 27 ans, avec faculté de résiliation, mais en faveur des preneurs seulement. Les actions de la Ferme-Modèle, qui, comme on l'a dit plaisamment, ne fut pas le modèle des fermes, furent d'abord de 500 fr., mais elles ne firent que baisser depuis. Plusieurs causes contribuèrent à arrêter le développement de l'établissement; la plus agissante fut l'insalubrité de la position.

L'inauguration de la Ferme-Modèle se fit avec un certain éclat. On y établit un poste pour protéger les travailleurs. Quel qu'ait été le peu de succès de cette entreprise, le général Clauzel n'en fut pas moins très-louable d'avoir favorisé, autant qu'il dépendait de lui, un établissement dont le but était aussi évidemment utile.

La police attira aussi l'attention du général Clauzel : le grand nombre d'étrangers qui affluaient à Alger de toutes parts rendait une surveillance active bien nécessaire; d'un autre côté, les soins de la police générale et politique exigeaient des dispositions spéciales sur le droit de port d'armes et sur la vente des armes et de la poudre.

Nous avons vu qu'aussitôt après la conquête, la population d'Alger avait été désarmée sans difficulté; mais il ne pouvait en être de même des Arabes des campagnes. Ensuite, quand même leur désarmement eût été possible, comment exiger qu'ils voyageassent sans armes lorsque, pour venir à nos marchés, ils étaient obligés de suivre des routes que l'anarchie avait peuplées de brigands? Cependant la prudence semblait demander qu'on ne les laissât pas pénétrer armés dans nos lignes. En conséquence, il leur fut désigné des postes où ils devaient déposer leurs armes en arrivant sur le territoire occupé par l'armée française, et où ils les reprenaient en partant. Le général Clauzel, ne trouvant pas cette précaution suffisante, y ajouta, le 22 octobre, la peine de mort contre tout Arabe qui pénétrerait armé en dedans de la ligne de nos postes. Le même arrêté interdit, sous la même peine, le transport de la poudre et du plomb au delà des limites des camps. Toutes ces mesures furent prises à la suite d'un assassinat commis sur un officier du 55e régiment de ligne.

Un second arrêté, du 22 octobre, ordonna l'établissement à Alger de bureaux de débit de poudre et de plomb. Les munitions ne devaient être délivrées aux acheteurs que sur un permis du commandant de la place. Une commission de trois membres fut instituée pour surveiller ces bureaux, qui, du reste, n'existèrent que sur le papier, ainsi que l'entrepôt, dont l'établissement fut ordonné par un arrêté du 14 décembre. Ce même arrêté prononçait des peines sévères contre les débitants clandestins; mais comme, pendant quatre ans, il n'exista aucun débit légal et constitué par l'autorité, malgré l'arrêté du 22 octobre et une foule d'autres, rendus depuis sur cette matière; qu'il était cependant évident que la population ne pouvait se passer de poudre, le commerce interlope s'en fit au vu et au su de l'autorité, qui ferma administrativement les yeux.

Le 14 novembre, un arrêté prescrivit des dispositions tendant à restreindre le commerce des métaux propres à la confection des armes, mais elles furent abolies par un autre arrêté du 28 décembre. Le 14 du même mois, l'introduction des armes de guerre, soit étrangères, soit françaises, fut interdite ; il fut réglé que celle des armes de chasse et de luxe n'aurait lieu que sur un permis du commandant de la place d'Alger.

Je me suis peut-être arrêté trop longtemps sur des détails qui tous n'auront pas été d'un intérêt égal pour le lecteur ; mais je devais lui faire connaître l'ensemble de l'administration civile de M. le général Clauzel, qui mérite d'être étudiée.

LIVRE VI.

Relations avec les Arabes. — Expédition de Médéa. — Digression sur la province de Titteri. — Prise de Blida. — Combat de Ténia. — Occupation de Médéa. — Ben Omar est nommé bey de Titteri. — Combat et sac de Blida. — Réduction de l'armée. — Garde nationale algérienne. — Chasseurs algériens. — Destitution d'Hamdan. — Le colonel Mendiri, agha. — Traités avec Tunis au sujet de la province de Constantine et de celle d'Oran. — Evacuation de Médéa. — Départ du général Clauzel. — Etat de la colonie au départ du général Clauzel.

Le général Clauzel, en même temps qu'il pourvoyait aux besoins de l'administration civile, songeait à étendre son autorité au dehors. De fortes reconnaissances, poussées dans tous les sens, apprirent aux Arabes que nous allions sortir de notre engourdissement : aussi ne tardèrent-ils pas à revenir à quelques sentiments de soumission. Quelques rapports de commandement, d'un côté, et d'obéissance de l'autre, s'établirent entre notre agha et les kaïds. Mais Hamdan ne sut pas en profiter; la retraite de Blida, où il s'était trouvé, lui avait inspiré une si grande terreur des Arabes, qu'il n'osait point paraître dans la plaine sans être soutenu par nos troupes. Les kaïds des outhans qui avoisinent Alger étaient alors : à Beni-Khelil, Mohammed-ben-Chergui; à Beni-Moussa, Hamed-ben-Ouchefoun; à Khachna, Mohammed-ben-Ameri; au Sebt, Meçaoud-ben-Abdeloued.

La ville de Cherchel avait reconnu pour chef Mohammed-ben-Aïssa-el-Barkani, cheik de Beni-Menacer, personnage appartenant à une noble et puissante famille, dans laquelle l'autorité de cheik est héréditaire.

Tout le reste de la province était dans l'anarchie, à l'exception de la ville de Coléa, où les célèbres marabouts de la famille Moubarck avaient conservé une espèce d'ordre. À l'ouest, Ben-Zamoun devenait chaque jour plus puissant.

Cependant, Mustapha-Bou-Mezrag, bey de Titteri, croyant qu'on ne pourrait jamais l'atteindre, bravait la puissance française derrière ses montagnes. Le général en chef résolut d'en finir avec cet homme, qui était un centre de ralliement pour tous les mécontents. Un arrêté du 15 novembre prononça sa destitution, et, sur la proposition du conseil municipal d'Alger, nomma à sa place Mustapha-Ben-el-Hadji-Omar, parent d'Hamdan, et comme lui Maure et négociant. Mais cette mesure avait besoin d'être soutenue par les armes. En conséquence, un corps d'armée, conduit par le général en chef en personne, se dirigea le 17 novembre sur la province de Titteri.

Cette province, située entre celle de Constantine et celle d'Oran, et bornée au nord par celle d'Alger, s'étend au midi jusqu'au désert. La partie septentrionale, qui est très-montagneuse, n'a rien qui rappelle l'Afrique; le froid y est aussi vif que dans le midi de la France. C'est là qu'est située Médéa, capitale de la province, petite ville de quatre à cinq mille habitants. La province de Titteri était divisée en vingt-un outhans, dont sept entourent Médéa, en se déployant en éventail du centre à la circonférence. Ce sont, en commençant par le sud et en suivant la circonférence par l'est, Beni-Hassan, Hassan-ben-Ali, Beni-bou-Yacoub, Ouzra, Ouamri, Righa et

Haouara. Ces outhans, beaucoup moins considérables que ceux de la province d'Alger, n'étaient composés chacun que d'une seule tribu. Le territoire en est généralement beau, fertile et assez bien boisé.

Au sud-est de ces tribus, et sur un territoire à peu près de même nature, sont les Rebaïa, les Oulad-Allan, les Adaoura, les Oulad-si-Ahmed-ben-Youssef, et enfin l'outhan du Djebel-Dira, limitrophe à la province de Constantine.

Ce district, le plus considérable de Titteri, est divisé en vingt-quatre cantons, formés par diverses tribus, dont les plus importantes sont : les Djouab, les Oulad-Mariam, les Oulad-Sarah, les Oulad-bou-Arif, les Oulad-si-Amer, les Oulad-Abdallah, les Oulad-Berkat et les Oulad-Dris, principale fraction de l'outhan. Les Turcs avaient une petite garnison dans cette contrée. Elle occupait le fort de Sour-el-Gheslan bâti sur les ruines de l'antique cité d'Auzia, près de laquelle Tacfarinas fut vaincu et tué par Dolabella. Le Dira est très-élevé ; il y fait très-foid en hiver. C'est du reste un fort beau pays. Il avait ordinairement pour kaïd un des fils du bey.

Au sud des outhans dont nous avons parlé en premier lieu, on trouve d'abord les Abid et les Douairs, colonies militaires et tribus du Makhsen du bey de Titteri, qui présentaient une force de 1,200 cavaliers. Elles habitaient les environs de Berouakia, espèce de fort ou maison carrée, située à une journée de marche de Médéa. Plus au midi on trouve les Mefatah, les Deïmat, les Souari, les Oulad-Maref, les Oulad-Daïd et les Titteri, petite tribu qui a dû être jadis puissante, puisqu'elle a communiqué son nom à la province. Viennent ensuite les Zenakra, les Rahman, les Mouiadat et les Oulad-Moktar. Ces derniers forment la tribu la plus puissante de cette contrée. Leur chef était, après le bey, le premier personnage de la province. Il jouissait d'une indépendance presque absolue et se considérait moins comme sujet que comme allié du gouvernement turc. Les deys, de leur côté, étaient bien aises de laisser subsister une sorte de rivalité entre lui et le bey de Titteri ; ils y voyaient un moyen de maintenir dans la soumission ce haut fonctionnaire, que trop de puissance aurait pu rendre dangereux pour le prince régnant, vu sa proximité d'Alger. C'était par suite de ce même esprit de politique méfiante que plusieurs tribus du beylick de Titteri avaient été soustraites à l'autorité du bey et formaient des apanages attachés à diverses charges de la cour et du gouvernement central. La ville de Médéa, quoique le bey y résidât habituellement, était elle-même en dehors de sa juridiction ; le hakem de cette cité relevait de l'agha d'Alger. La vraie capitale administrative du bey était une maison de campagne située à un quart de lieue de la ville ; c'était là qu'il tenait ses assises.

Au sud des tribus dont il a été question jusqu'ici, règne le vaste plateau de Zarès, où errent les tribus nomades des Oulad-Chaïb et des Bou-Aïch qui s'y rencontrent souvent avec les Oulad-Moktar. La partie méridionale de ce plateau est occupée par deux grandes sebkah du même nom, au delà desquelles s'étend la chaîne atlantique du sud sous les noms de Djebel-Sahri et Djebel-Amour. Viennent ensuite les contrées sahariennes, dont nous aurons plus tard occasion de parler.

La partie de la province de Titteri comprise dans le Tell ou haute région est arrosée par le Chélif, qui la sépare de la province d'Oran, par l'Oued-Senag, l'Oued-Hakoum, l'Oued-el-Had, l'Oued-el-Harbin, tous affluents du Chélif, l'Oued-Djenan, qui va se perdre dans la sebkah de

Msila, l'Oued-Chaïr, l'Oued-Medala, l'Oued-el-Arba, affluents de l'Isser, et enfin l'Arach et la Chiffa, qui y prennent leurs sources.

Les tribus qui forment les premiers outhans sont sédentaires et d'origine kbaïle. Elles habitent des maisons ou plutôt des cabanes appelées *gourbis*, dont la forme rappelle assez ce que dit Salluste des *mapalia* des anciens Numides(1). Celles de l'est ont une existence mixte, et la tente y est à côté du gourbi. Quand à celles du sud, elles sont complétement nomades.

Le gouvernement du bey de Titteri était un reflet de celui du dey, et ses moyens d'action sur les Arabes étaient les mêmes. On a beaucoup exagéré la pauvreté de cette province. Shaler lui-même, dans son estimable ouvrage sur la régence d'Alger, ne porte qu'à 4,000 dollars (20,000 francs) la somme qu'en retirait annuellement le pouvoir central. Un état qui a été trouvé dans les papiers du bey élève cependant à 45,891 boudjous (85,357 francs 26 centimes) les contributions de Titteri. Les tribus sahariennes payaient en outre près de 100,000 francs, pour avoir le commerce libre avec Médéa et le Tell. Le Sahara, ne produisant pas de céréales, est, à cet égard, dans une dépendance forcée envers les maîtres du Tell. C'est pour ceux-ci un puissant moyen d'action dont je parlerai avec plus de détail, lorsque ma narration sera arrivée à l'époque où nous fûmes en position d'en faire usage.

---

(1) Cæterùm adhuc ædificia Numidarum agrestium, quæ mapalia illi vocant, oblonga, incurvis lateribus tecta, quasi navium carinæ sunt.—In Bello jug., c. 18.

Telle était la contrée où le général Clauzel allait porter ses armes.

Le corps d'armée destiné à marcher sur Médéa était composé de trois brigades, commandées par les maréchaux de camp Achard, Munck d'Uzer et Hurel. Ces brigades étaient formées chacune de quatre bataillons tirés de divers régiments : ceux de la 1re brigade avaient été fournis par les 14e, 37e, 20e et 28e de ligne; ceux de la 2e, par les 6e, 23e, 15e et 29e; ceux de la 3e, par les 17e, 30e, 34e et 35e. Les trois brigades formèrent une division sous le commandement du lieutenant général Boyer. Il y avait, de plus, une réserve composée d'un bataillon du 21e de ligne, du bataillon de zouaves et des chasseurs d'Afrique, une batterie de campagne, une batterie de montagne et une compagnie du génie.

Cette petite armée, présentant un effectif de 7,000 combattants, bivouaqua à Bouffarick le 17 novembre. Une pluie continuelle ayant empêché de faire la soupe depuis le moment de l'arrivée jusqu'au matin, on ne repartit de ce point que vers le milieu de la journée du 18, et l'on se dirigea sur Belida. A une lieue en avant de cette ville, l'armée rencontra une assez forte troupe de cavaliers arabes, dont les intentions paraissaient hostiles. Le général en chef envoya vers eux un jeune renégat italien, nommé Joseph, appelé à jouer plus tard un rôle remarquable, et fit arrêter la colonne. Ce jeune homme revint bientôt avec celui qui paraissait le chef de la troupe : c'était un Arabe de bonne mine, au regard assuré, au maintien fier et imposant. Le général en chef lui ayant fait connaître son intention d'aller coucher ce jour-là même à Belida, il lui répondit avec beaucoup de hauteur de n'en rien faire, parce qu'il avait, lui, celle de s'y opposer. A cette réponse, le général ordonna au parlementaire de se retirer, et mit sur-le-champ la colonne en marche.

Les Arabes commencèrent aussitôt un feu assez nourri. La brigade Achard, qui était en tête, les poussa facilement devant elle, et quelques obus eurent bientôt mis le désordre dans leurs rangs. Vers la chute du jour, le général Achard se présenta devant Belida, dont les portes étaient fermées: il se préparait à les abattre à coups de canon, lorsqu'elles furent ouvertes par un officier et quelques voltigeurs qui escaladèrent les murs. La ville était presque déserte, le plus grand nombre des habitants ayant fui dans les montagnes.

Pendant que la brigade Achard marchait sur Belida par la route, la brigade Munck d'Uzer se jetait à droite pour y arriver à travers champs, mais tout était fini lorsqu'elle y parvint. Quelques Kbaïles continuèrent cependant à tirailler des hauteurs où ils s'étaient réfugiés; on envoya contre eux quelques compagnies qui les en débusquèrent et qui s'y établirent.

La brigade Achard forma son bivouac en avant de Belida, où l'on ne laissa que des postes; la 2e et la 3e brigades bivouaquèrent en arrière, mais à peu de distance des portes. La brigade Hurel n'arriva que fort tard à sa position, ainsi que les bagages et le bataillon du 21e de ligne, qui marchait à la queue pour les couvrir. Deux marchands de la suite de l'armée, étant restés un peu en arrière, eurent la tête tranchée par les Arabes.

Nous n'eûmes, dans la journée du 18, que 50 hommes mis hors de combat.

L'armée s'arrêta à Belida toute la journée du 19. L'intention du général en chef était d'y laisser une garnison, pendant qu'il se porterait en avant, cette journée fut employée aux préparatifs nécessaires à son établissement; on répara aussi, à la hâte, les conduits d'eau que l'ennemi avait brisés en plusieurs endroits. Le même jour, les Arabes se présentèrent dans la plaine, devant le front de la brigade Achard ; les Kbaïles vinrent tirailler sur son flanc gauche, en restant sur les pentes du petit Atlas, dont le pied touche la ville. Une charge de cavalerie dispersa les premiers, sans qu'on pût en atteindre un seul ; les seconds furent chassés dans la montagne par les bataillons du 20e et du 57e de ligne. L'ordre fut donné de tout détruire et de tout incendier dans cette direction, où se trouvent les plus beaux jardins du pays. En ville on fusillait, presque sous les yeux du général en chef, tout ce qui était pris les armes à la main. Cette boucherie, présidée par le grand prevôt, dura si longtemps, qu'à la fin les soldats ne s'y prêtaient plus qu'avec une répugnance visible. Le général Clauzel crut, sans doute, intimider les Arabes par ces actes de rigueur qui n'étaient cependant pas dans ses habitudes, mais il se préparait de sanglantes représailles.

Plusieurs habitants de Belida, hommes, femmes et enfants, s'étaient retirés dans une des premières gorges de l'Atlas. On leur envoya un parlementaire pour les inviter à rentrer chez eux ; la plupart se rendirent, pour leur malheur, à cette invitation.

Le 21, l'armée se remit en marche, en longeant le pied de l'Atlas. On laissa à Belida le bataillon du 54e, celui du 55e et deux pièces de canon, sous le commandement du colonel Rullière, officier très-ferme et très-capable.

Vers le milieu de la journée, l'armée parvint à l'entrée

de la gorge où le chemin de Médéa coupe la montagne. Il y a sur ce point une belle ferme, appelée Haouch-Chaouch-el-Mouzaïa. Un marabout de Mouzaïa, nommé Sidi-Mohammed-ben-Fekir, vint s'y présenter au général en chef, avec cinq cheiks des tribus voisines, qui font partie de l'outhan d'El-Sebt. Il déclara que son intention était de vivre en bonne intelligence avec les Français, et que les gens de Mouzaïa ne songeaient nullement à inquiéter notre marche; il demanda, en conséquence, que leurs personnes et leurs propriétés fussent épargnées, ce qui fut accordé, comme on le pense bien.

L'armée bivouaqua auprès de Haouch-Mouzaïa ; la brigade Achard alla s'établir à trois quarts de lieue en avant, sur la route de Médéa. D'après les renseignements fournis par le marabout sur la difficulté des chemins (1), on se détermina à laisser à la ferme, sous la garde du bataillon du 21e de ligne, les pièces de campagne et toutes

---

(1) Le général en chef avait auprès de lui un autre marabout, appelé Ahmed-ben-Ahmed, de la célèbre famille des Beni-Youcef de Miliana, lequel s'était depuis quelque temps attaché à notre cause, et qui nous donna d'assez bons renseignements sur le pays. Les marabouts, dont il sera bien souvent question dans cet ouvrage, ne sont pas des prêtres, comme quelques personnes l'ont cru. Ils peuvent, sans doute, comme tout musulman, exercer des fonctions du culte, mais ces fonctions ne sont pas inhérentes à leurs titres de marabout. Cette expression veut dire *attaché*, *lié*. Les marabouts sont donc des hommes qui se lient à Dieu, à la religion, par une piété exemplaire. Ce sont des saints vivants. Leur influence sur les Arabes est immense. Le titre de marabout est héréditaire, mais l'influence se perd, si ceux à qui il est transmis ne s'en rendent pas dignes par une continuation de piété et de bonnes œuvres.

les voitures. L'artillerie de montagne et les mulets de bât durent suivre l'armée.

Une proclamation annonça aux troupes que le lendemain elles franchiraient la première chaîne de l'Atlas. Les soldats se mirent aussitôt à discourir, autour des feux de bivouac, sur l'entreprise dans laquelle ils se trouvaient engagés. Les plus instruits, faisant un appel à leurs souvenirs classiques, racontaient les guerres des Romains, et faisaient connaître à leurs camarades qu'aucune armée européenne n'avait paru dans ces contrées depuis ce peuple, auquel on aime tant à se comparer, parce qu'aucune nation n'a pu l'égaler dans les entreprises qui demandent de la persévérance et de la suite. Ces conversations de bivouac sont, en général, très-remarquables dans les armées françaises. C'est là que se formulent, en expressions vives et pittoresques, des pensées justes et profondes, qui ensuite ont cours dans les rangs et donnent au soldat de notre nation le sentiment et l'intelligence des opérations auxquelles on l'emploie. Une seule chose embarrassait un peu les commentateurs de la proclamation du général Clauzel : il y était question, comme dans celle du vainqueur des Pyramides, d'un certain nombre de siècles qui contemplaient l'armée française: le chiffre variant selon les copies, les uns l'appliquaient à l'Atlas lui-même, qui certainement porte sur ses cimes bien des siècles écoulés ; d'autres pensaient qu'il s'agissait d'un antique tumulus, connu dans le pays sous le nom de Koubar-el-Roumia (Tombeau de la Chrétienne), que l'on aperçoit de Mouzaïa, sur une colline au nord du pays des Hadjoutes ; enfin quelques plaisants prétendirent que les siècles qui nous contemplaient n'étaient autres que certains généraux que nous avait envoyés la Jeune-

France de Juillet, et qui, arrivés au terme d'une carrière fort honorable, sans doute, semblaient se survivre à eux-mêmes.

L'armée partit de Mouzaïa le 21, au point du jour. L'agha Hamdan, qui l'avait suivie jusque-là, fut laissé dans cette ferme pour observer les mouvements des Arabes dans la plaine de la Métidja ; mais, au lieu de faire quelques courses dans les environs, afin de découvrir leurs projets, il s'y tint prudemment enfermé, à l'abri de tout danger. Je pense que c'est du séjour de cet agha dans ce haouch que nous avons pris l'habitude de le désigner sous le nom de Ferme de l'Agha, qui n'est point celui qu'on lui donne dans le pays.

Ainsi que nous l'avait annoncé le marabout, que le général Clauzel garda près de lui, les gens de Mouzaïa ne cherchèrent point à s'opposer à notre marche, ou du moins, ceux d'entre eux qui voulaient guerroyer étaient allés se joindre aux troupes du bey de Titteri, lequel nous attendait au col dit Ténia. Nous gravîmes, sans beaucoup de peine, les premières pentes de l'Atlas, et nous parvînmes sur un plateau élevé, d'où les regards plongeaient sur toute la plaine de la Métidja. La mer se laissait entrevoir dans le lointain, et l'on découvrait, à l'ouest, le lac Aoula, à l'extrémité du territoire des Hadjoutes. L'armée fit halte en cet endroit, et l'artillerie de montagne salua le vénérable Atlas de 25 coups de canon.

La colonne s'étant remise en mouvement, marcha encore quelque temps sans rencontrer l'ennemi ; mais, à une heure, il se présenta devant la brigade Achard, qui formait tête de colonne, et commença le feu. Quelques compagnies du 14ᵉ et du 37ᵉ furent lancées en tirailleurs et l'eurent bientôt débusqué d'une position qu'il occupait à-gauche de la route. Il se retira, par les crêtes, sur les hauteurs du col.

L'armée continua à avancer et se trouva bientôt en face de ce col, qui est un passage étroit, ou plutôt une coupure de quelques pieds, dominée à droite et à gauche par des mamelons coniques et élevés. On n'y parvient que par un sentier raide et difficile, bordé, à droite, par un profond précipice, et à gauche par des hauteurs escarpées. En approchant du col, le chemin devient encore plus dangereux ; il est taillé dans un sol schisteux et glissant et court en zigzag, à branches rapprochées, sur un plan très-incliné. Le bey de Titteri avait mis deux mauvaises pièces de canon en batterie à droite et à gauche de la coupure, et ses troupes, dont il est assez difficile d'évaluer le nombre, garnissaient toutes les hauteurs.

Cette formidable position ne pouvait être attaquée que de front et par la gauche, le ravin de droite étant des plus difficiles. En conséquence, le général en chef ordonna au général Achard de faire gravir à sa brigade les hauteurs de gauche, pour gagner le col par les crêtes; la brigade Munck d'Uzer, qui marchait après elle, devait continuer à suivre la route. Le général Achard, pour exécuter à la lettre le mouvement, aurait été obligé de laisser la route dégarnie, jusqu'au moment de l'arrivée sur ce point de la brigade Munck d'Uzer ; pour éviter cet inconvénient, il n'envoya que trois bataillons sur la gauche, sous les ordres du colonel Marion, et resta sur la route avec un bataillon du 57e.

Le colonel Marion rencontra un terrain fortement accidenté, qui lui fut disputé par les Kbaïles, de sorte qu'il ne marcha que lentement. Le général d'Uzer, qui serrait sur le bataillon du 57e, crut même devoir envoyer le bataillon du 6e pour l'appuyer. Dans ce moment, les tambours des bataillons de gauche ayant battu la charge pour animer les soldats, lesquels avaient de la peine à gravir les pentes escarpées qui s'offraient sans cesse à eux, le général Achard crut qu'ils étaient arrivés sur les crêtes et qu'ils chargeaient l'ennemi à la baïonnette; il se lança alors en avant, avec le seul bataillon du 57e, dont une compagnie, envoyée en tirailleurs au delà du ravin de droite, avait déjà beaucoup souffert; elle était commandée par le capitaine de la Fare, qui fut tué en combattant vaillamment. Le bataillon du 57e, ayant à sa tête le général Achard et le commandant Ducros, attaqua donc la position de front et le fit avec la plus grande vigueur; on peut dire qu'il se précipita tête baissée au devant de la mort, car, selon toutes les prévisions, la moitié de cette brave troupe devait périr avant d'atteindre le but; elle perdit, en effet, beaucoup de monde, mais moins cependant qu'on ne devait le croire. Quelques officiers s'étaient jetés en avant pour indiquer la route. M. de Macmahon, aide de camp du général Achard, arriva le premier au col.

L'ennemi, épouvanté de la vigueur de cette attaque, abandonna la position sans essayer d'une lutte corps à corps. Les bataillons du colonel Marion arrivèrent dans ce moment au col et saluèrent de leurs acclamations le brave 57e de ligne.

Toute l'armée bivouaqua sur les hauteurs enlevées à l'ennemi; la brigade Achard se porta cependant un peu plus loin, ainsi que la cavalerie. La brigade Hurel et les bagages arrivèrent fort tard à la position; ils avaient été attaqués par quelques tirailleurs, pendant que la brigade

Achard était aux prises avec les défenseurs du Ténia. La cavalerie fournit une charge assez insignifiante sur un terrain désavantageux.

Notre petite armée eut, dans cette journée glorieuse, 220 hommes mis hors de combat. Le général Achard en eut l'honneur parmi les officiers généraux, le brave Ducros parmi les officiers supérieurs, et le jeune Macmahon parmi les officiers subalternes.

C'est du Ténia que le général Clauzel lança cette fameuse proclamation dont le style, un peu ossianique, a paru depuis ridicule à bien des gens ; mais elle parut alors fort convenable à des hommes que de grandes choses disposaient aux grandes idées, ou, si l'on veut, aux grandes expressions.

Le 22 novembre, dans la matinée, quelques compagnies allèrent incendier les habitations des gens de Soumata, qui avaient pris les armes contre nous. Le général en chef décida que la brigade Munck d'Uzer resterait au Ténia pour garder le passage, et le reste de l'armée prit, à onze heures, la route de Médéa. Le Ténia est le point culminant de l'Atlas dans cette direction, de sorte qu'après l'avoir franchi, il ne reste plus qu'à descendre. La route, en général, plus large que sur le versant septentrional, est pavée en plusieurs endroits ; le pays, à droite et à gauche, est couvert et très-boisé. Arrivée au pied de la montagne, la brigade Achard chassa devant elle une troupe d'Arabes avec qui elle échangea quelques coups de fusil. Le bataillon du 20ᵉ de ligne se porta à gauche de la route pour repousser d'autres Arabes qui paraissaient vouloir faire une attaque de flanc ; il y eut à un engagement assez vif, dans lequel nous perdîmes quelques hommes. Cinq blessés tombèrent entre les mains des ennemis, qui, en fuyant sur les rochers, nous présentèrent leurs têtes sanglantes.

La brigade Achard combattit jusqu'au delà d'un bois d'oliviers, après lequel le terrain est plus découvert. Le général en chef ordonna à la cavalerie de charger en arrivant sur ce point ; nos escadrons s'ébranlèrent, mais ils rencontrèrent bientôt un ravin qui les arrêta tout court : les Arabes n'en continuèrent pas moins leur retraite, car ils savaient, par expérience, que notre infanterie passe partout.

Depuis le bois d'oliviers jusqu'à Médéa, le terrain n'offre plus que quelques ondulations; il est un peu incliné sur la droite et se rattache, dans cette direction, au bassin de Chélif. De temps à autre, quelques cavaliers arabes s'arrêtaient pour lâcher leurs coups de fusil, mais le gros de leur troupe fuyait vers Médéa; nous vîmes plusieurs fois le marabout Ben-Fekir courir au devant d'eux pour les engager à cesser le combat.

A une lieue du bois d'oliviers, un Arabe à pied, très-pauvrement vêtu, sortit subitement d'un pli de terrain où il était caché, et se présenta à nous en nous montrant une lettre adressée au général en chef; elle était des autorités de Médéa et contenait la soumission de la ville ; elle avait été écrite la veille au soir, c'est-à-dire aussitôt que l'on avait eu à Médéa la nouvelle de la défaite du Bey.

En approchant de cette ville, l'armée entendit avec surprise une forte fusillade, accompagnée de quelques coups de canon : c'étaient les gens de Médéa qui, pour nous donner une preuve de la sincérité de leur soumission, tiraient sur les troupes du bey de Titteri; celui-ci s'enfuyait, avec son monde, par la route de Berouakia.

10.

Médéa s'élève sur un plateau incliné du nord-est au sud-ouest. Elle est entourée d'un mauvais mur qui, du reste, est une défense suffisante contre les Arabes ; auprès des deux entrées principales, sont deux petits châteaux armés alors de quelques pièces de canon de fabrique espagnole. La ville est plus régulièrement bâtie qu'Alger, et les rues en sont en général plus larges et moins tortueuses. Les maisons ont des toitures en tuiles comme celles du midi de la France. Le général en chef, au devant duquel les autorités de Médéa s'étaient rendues, fit son entrée dans cette ville à la chute du jour ; un bataillon y fut établi. Le brigade Achard se porta en avant dans les environs de la maison de campagne du Bey, et la brigade Hurel resta à un quart de lieue en arrière. Cette brigade eut, le lendemain 25, quelques coups de fusil à échanger contre un gros d'Arabes qui cherchait à se jeter sur ses communications avec la ville.

Le même jour, Mustapha-bou-Mezrag, ne sachant plus où donner de la tête et craignant de tomber entre les mains des Arabes du Sahara, aima mieux se remettre entre les nôtres. Il se rendit prisonnier au général Clauzel, qui le fit garder à vue, mais qui le traita néanmoins avec assez de douceur ; tous les Turcs de sa suite et ceux que l'on trouva dans Médéa furent traités de même. La reddition de Mustapha-bou-Mezrag parut avoir mis fin aux hostilités. Ben-Omar nommé, ainsi que nous l'avons dit, pour le remplacer, fut installé ; le général passa en revue, à cette occasion, les habitants armés de Médéa, qui formaient une espèce de garde nationale. Il fut décidé qu'on laisserait les zouaves et deux bataillons français à Médéa, dont le colonel Marion fut nommé commandant. Le général Clauzel avait aussi formé le projet d'envoyer le général Munck d'Uzer à Miliana, et d'établir le général Boyer et sa division à Blida. Mais ce plan, conçu dans la joie de la victoire, fut bientôt abandonné.

Il paraît qu'en partant d'Alger on n'avait point pensé aux frais que devait entraîner l'établissement d'un bey et d'une garnison à Médéa, ou qu'on espérait y trouver un trésor, car on s'était mis en route presque sans argent. On fut obligé de puiser dans la bourse des officiers, et même d'emprunter une somme de 8 à 10,000 francs à Mustapha-bou-Mezrag, qui n'en avait pas davantage.

Le 26, dans la matinée, le général en chef quitta Médéa, pour retourner à Alger, avec les brigades Achard et Hurel; il ne s'arrêta que quelques heures au Ténia, et l'armée alla coucher à Mouzaïa. Nous ne trouvâmes sur toute la route que des démonstrations pacifiques de la part des Kbaïles et des Arabes; mais, dans ce moment même, la ville de Blida était le théâtre de sanglants événements. Lorsque l'armée en approcha, le 27, elle eut à disperser quelques troupes ennemies qui paraissaient vouloir s'y introduire et renouveler un combat qui avait eu lieu la veille.

Le 26, Ben-Zamoun, à la tête d'une nuée de Kbaïles, était venu attaquer le colonel Rullière dans Blida. Il y pénétra par plusieurs points, et l'on se battit longtemps de rue en rue. La garnison, acculée peu à peu sous les voûtes de la porte d'Alger, ne présentait plus qu'une masse informe et découragée, lorsque ce colonel fit sortir par cette porte, dont il était heureusement maître, deux compagnies d'élite qui tournèrent la ville et y rentrèrent par celle de Médéa. Ces compagnies tombant à l'improviste sur les derrières des assaillants, ceux-ci crurent qu'ils avaient affaire au corps d'armée de Médéa; ils furent confirmés dans cette erreur par le mouezin de la mosquée principale, qui leur cria du haut d'un minaret que c'était en effet le général en chef qui arrivait. Aussitôt ils se dispersèrent et disparurent. Voilà l'ensemble de la chose, mais les détails sont encore couverts d'un nuage obscur et sanglant. Blida, lorsque le général en chef la traversa, le 27 novembre, était encombrée de cadavres, dont plusieurs étaient ceux de vieillards, de femmes, d'enfants et de Juifs, gens tout à fait inoffensifs. Très-peu paraissaient avoir appartenu à des gens qui eussent eu la volonté ou le pouvoir de se défendre. Après un si grand carnage, on ne trouva point ou presque point d'armes sur les vaincus. Cette dernière circonstance fit naître d'étranges soupçons dans l'âme du général Clauzel, qui, dans son indignation, adressa au chef de la garnison de fâcheux reproches. L'horreur qu'il éprouva à la vue des traces sanglantes du sac et du massacre de cette ville fut partagée par toute la partie de l'armée qui n'avait pas pris part à ce déplorable événement; mais la pitié pour les vaincus fit bientôt place à un sentiment contraire, lorsque l'on apprit le massacre de 50 canonniers, dirigés imprudemment de la Ferme Mouzaïa sur Alger, pour aller y chercher des munitions, d'après un ordre du général en chef, venu de Médéa. Ces malheureux avaient tous péri. On a su depuis qu'ils avaient été attaqués par les cavaliers du Merdjia et de l'Hamada, cantons de l'outhan de Beni-Khelil.

A ces scènes de carnage succéda un spectacle touchant: le général Clauzel, qui avait abandonné le projet d'occuper

Blida, quitta cette ville le 28 avec tout le corps d'armée. Les débris de la population, craignant de tomber entre les mains des Kbaïles, suivirent nos colonnes; des vieillards, des femmes, des enfants, haletants et souvent pieds nus, se trainaient derrière nos bataillons : c'était un spectacle déchirant. Nos soldats, touchés de compassion, se mirent à leur prodiguer les soins les plus empressés : les officiers mettaient pied à terre pour donner leurs chevaux à ces malheureux, écrasés de fatigue. Le soir on bivouaqua à Sidi-Haïd, qui est un lieu aride, et nos soldats donnèrent le peu d'eau qui restait dans leurs bidons à ces mêmes enfants que peut-être leurs baïonnettes avaient rendus orphelins.

Le 29 novembre, l'armée rentra dans ses cantonnements. Le général en chef, profondément affecté du massacre des canonniers, renonça, comme nous l'avons dit, à occuper Blida, qu'il regarda, sans doute, comme un point entouré d'une population trop hostile pour qu'on pût y aventurer une garnison. Celle de Médéa avait été laissée presque sans vivres et sans munitions : comme on comptait peu sur les ressources du pays, il fallut songer à lui en envoyer : en conséquence, le général Boyer repartit d'Alger le 7 décembre avec deux brigades et un fort convoi; il traversa l'Atlas et arriva à Médéa sans avoir tiré un coup de fusil. Cependant, si les Kbaïles avaient voulu, ils auraient pu nous faire beaucoup de mal : car, dans la dernière journée de marche, le plus grand désordre se mit dans une de nos brigades, qui erra à l'aventure, pendant toute une nuit, entre l'Atlas et Médéa, par un temps affreux.

La garnison de cette ville apprit avec une joie extrême l'arrivée des secours que le général Boyer lui amenait.

Cependant elle avait déjà reçu quelques ballots de cartouches qu'on lui avait fait parvenir par des Arabes. Elle avait eu, pendant trois jours, des attaques assez vives à repousser; ce fut le 27 qu'elles commencèrent. L'ennemi se porta en force à la ferme du Bey, où se trouvaient le bataillon du 28e de ligne et les zouaves, et commença le combat avec assez de résolution. Il voulut aussi couper les communications avec la ville, mais les habitants et le 20e de ligne firent une sortie qui le chassa des positions qu'il avait prises dans cette direction. Ce mouvement fut appuyé par une sortie faite par les troupes qui occupaient la ferme.

Le lendemain 28, les Arabes recommencèrent la même manœuvre; elle ne leur réussit pas mieux que la première fois; le combat fut beaucoup plus acharné que la veille autour de la ferme; les zouaves se conduisirent vaillamment; un de leurs capitaines fut tué. Les habitants de Médéa se battirent, comme le jour précédent, malgré les efforts de l'ennemi pour les attirer à lui.

Le 29, les attaques, toujours conduites de la même manière, furent beaucoup moins vives. Le nombre des assaillants avait beaucoup diminué. Le 30 au soir, l'ennemi avait entièrement disparu. Il laissa 500 morts sur le champ de bataille. Les Arabes et les Kbaïles qui prirent part à ces trois combats appartenaient aux outhans de Rhiga, Hassan-ben-Ali, Beni-Hassan, Houara, Ouzera. Il y avait aussi des Abid, des Douair, des Arib et des Beni-Soliman.

Le colonel Marion dut céder le commandement de Médéa au général Danlion, qui était venu avec le général Boyer pour le remplacer. La garnison en fut augmentée de deux bataillons, et le général Boyer, après être resté trois jours à Médéa, reprit, avec ce qui lui restait de troupes, la route d'Alger, où il arriva sans accident d'aucune espèce.

Cependant, d'après les ordres du Gouvernement, l'armée d'Afrique devait être réduite à quatre régiments. Il était fortement question, à cette époque, d'une guerre européenne, et chacun désirait quitter l'Afrique pour aller s'exercer sur un plus brillant théâtre. Le général Clauzel, qui, comme nous l'avons dit, avait déjà organisé les zouaves pour obvier, autant qu'il était en lui, à la première diminution de l'armée, ordonna cette fois la création d'une garde nationale composée d'Européens et d'indigènes ; mais cette mesure reçut à peine un commencement d'exécution. Ce ne fut que sous le duc de Rovigo que fut organisée la garde nationale algérienne, réduite à des dimensions beaucoup plus étroites que celles qu'avait conçues le général Clauzel. L'idée de faire concourir les indigènes à la défense commune était heureuse, et n'aurait pas dû être abandonnée.

Le général Clauzel avait aussi ordonné la formation d'un corps de zouaves à cheval ou de spahis, dont le commandement fut confié à M. Marey, capitaine d'artillerie, qu'un goût très-prononcé pour le costume et pour les mœurs de l'Orient semblait appeler à cet emploi ; mais cette troupe n'avait encore, à cette époque, qu'une existence purement nominale. La formation d'un autre corps de cavalerie indigène, sous la dénomination de Mamelucks, fut résolue. Le jeune Joseph, dont nous avons déjà parlé, fut chargé de l'organiser ; il parvint à y attirer beaucoup de jeunes Algériens appartenant à des familles honorables ; mais les promesses qu'on leur fit n'ayant pas toujours été remplies, ce corps n'eut guère plus de consistance que celui de M. Marey. En général, M. Clauzel concevait très-bien les choses; il ne péchait que dans les moyens d'exécution, dont il ne s'occupait pas assez.

Le général en chef ayant renoncé à l'occupation de Blida, voulut cependant que cette ville eût un gouverneur nommé par l'autorité française; il éleva à ce poste le marabout Ben-Yousouf, de Méliana, et lui donna, avec le titre de khalifa, non-seulement le gouvernement de la ville, mais encore celui des tribus des environs. Comme ces tribus n'étaient pas désignées nominativement, et que, d'ailleurs, d'après les habitudes administratives du pays, les habitants des campagnes sont peu disposés à reconnaître l'autorité des gouverneurs des villes, il dut en résulter, et il en résulta en effet des conflits entre le nouveau khalifa et les cheiks des tribus.

Les fugitifs de Blida, voyant qu'une espèce d'autorité y était rétablie, avaient peu à peu regagné leurs demeures; dès le mois de janvier, cette ville se trouva à peu près repeuplée; mais au mois de février, les habitants s'aperçurent que leur khalifa, qui se conduisait assez mal avec eux, les compromettait, en outre, avec les tribus voisines, par ses prétentions de commandement; ils le chassèrent et écrivirent au général en chef pour en demander un autre. M. Clauzel, qui, dans ce moment, n'était pas en position de rien entreprendre, ferma les yeux sur ce que la conduite des gens de Blida avait d'irrégulier, et il leur donna un autre gouverneur, qui fut Mohammed-ben-Cherguy.

La charge d'agha avait été supprimée dans les premiers jours de janvier. Après l'expédition de Médéa, Hamdan, voulant faire cesser les sarcasmes que lui attiraient de nombreuses preuves de faiblesse qu'il avait données dans la campagne, avait demandé et obtenu la permission d'aller courir le pays avec ses cavaliers. Dans cette excursion, il échangea, à ce qu'il dit, quelques coups de fusil avec les bandes d'insurgés qui se montraient dans la plaine, et il envoya de Blida, au général en chef, une tête, qu'il prétendit être celle d'un Arabe qui avait pris une part active au massacre des cinquante canonniers ; mais je puis assurer que c'était celle du mouezin de Blida, qui avait contribué, ainsi que nous l'avons vu plus haut, à la défaite des Kbaïles, dans l'attaque de Ben-Zamoun. Cet homme, en donnant le faux avis qui sauva peut-être la garnison française, n'avait sans doute d'autre but que d'éloigner de ses foyers le théâtre de la guerre; mais cette action dut le signaler à l'opinion publique comme ami des Français. Ce fut pour établir son autorité aux dépens de la nôtre qu'Hamdan le sacrifia. Il le fit avec tant d'habileté, que les Français crurent avoir la tête d'un de leurs ennemis les plus acharnés. Ce ne fut point cet acte de perfidie, longtemps ignoré, qui perdit l'agha : on lui reprocha quelques concussions commises dans le cours de son voyage, et qui, pour la plupart, se bornaient à des réquisitions de vivres autorisées par l'usage ; mais comme le général en chef en était las, il saisit cette occasion de s'en débarrasser. La place d'agha fut supprimée le 7 janvier. Le général en chef, craignant qu'Hamdan ne se livrât, après sa disgrâce, à quelques intrigues dangereuses, le força de s'éloigner d'Alger et de se rendre en France, où il passa quelques années et où il se maria.

Le général Clauzel exila aussi Mohammed-ben-Anabi, muphty hanephy d'Alger, qui lui était signalé comme un homme à craindre, et qui s'était imprudemment vanté d'exercer sur les Arabes une influence qu'il était peut-être bien loin d'avoir. Il conçut aussi le projet d'envoyer en France les fils des meilleures familles maures, dans le double but de leur procurer une éducation européenne et d'avoir des ôtages; mais ayant rencontré une répugnance très-marquée de la part des habitants, il y renonça. Les membres de la municipalité maure mirent encore cette circonstance à profit pour extorquer de l'argent à plusieurs familles, qu'ils promirent d'exempter d'une mesure qui ne reçut pas même un commencement d'exécution. Hamdan-ben-Otman-Khodja, qui a publié contre le général Clauzel un libelle diffamatoire, fut accusé par la rumeur publique d'avoir arraché de cette manière une somme considérable à la veuve du célèbre Yahia agha.

Cependant le général Clauzel roulait depuis longtemps dans sa tête un projet dont l'exécution devait nous permettre de concentrer tous nos efforts et tous nos sacrifices sur la province d'Alger, tout en établissant notre suzeraineté sur les autres parties de la Régence. Il consistait à céder à des princes de la famille régnante de Tunis les deux beylicks de Constantine et d'Oran, moyennant une reconnaissance de vasselage et un tribut annuel garanti par le bey de Tunis. Des ambassadeurs de ce prince étaient à Alger depuis quelque temps pour traiter cette affaire. Le 15 décembre, Hadji-Ahmed, bey de Constantine, fut officiellement destitué de ses fonctions, et le lendemain parut un arrêté qui nommait à sa place Sidi-Mustapha, frère du bey de Tunis. D'après une convention passée le 18 du même mois, le nouveau bey s'engagea, sous la caution de son frère, à payer à la France un million de francs par an, comme contribution de sa province; mais il n'était pas dit par quels moyens il se mettrait en possession de son gouvernement. Il paraît que ce devait être par ses seules forces; le général Clauzel envoya seulement à Tunis quelques officiers français pour organiser, à peu près à l'européenne, les troupes qui devaient marcher sur Constantine.

Une convention semblable fut passée dans les premiers jours de février pour le beylik d'Oran, qui fut cédé à Sidi-Ahmed, autre prince de la maison de Tunis, également pour une somme annuelle d'un million de francs. Ce dernier pouvait au moins entrer sur-le-champ en jouissance de sa capitale, car la ville d'Oran était en notre pouvoir.

L'empereur du Maroc, Abderraman, ayant cherché à s'emparer de Tlemcen, le général en chef, dans la crainte que toute la province ne tombât entre les mains de ce voisin puissant, avait résolu d'y envoyer quelques troupes à l'époque de la campagne de Médéa. Le général Damrémont fut chargé de cette expédition. Il partit d'Alger avec le 20⁰ de ligne, le 11 décembre, et arriva le 13 du même mois en rade d'Oran. Il fit occuper, le 14, le fort de Mers-el-Kbir, et, quelques jours après, le fort Saint-Grégoire. Il resta ensuite, pendant un mois, dans la plus complète inaction. On lui avait envoyé d'Alger un bataillon du 17ᵉ ligne, mais, ne pensant pas que ce renfort fût nécessaire, il le renvoya en France.

Quelques officiers ont eu de la peine à s'expliquer pourquoi le général Damrémont ne fit pas occuper Oran aussitôt après son arrivée : ils n'ont pas réfléchi, sans doute, que rien n'était encore décidé à cette époque sur le sort de cette ville; que le nouveau bey n'était pas encore nommé, et que les instructions données par le général en chef prescrivaient d'agir avec prudence et circonspection, afin de ne pas être forcé de préluder par des actes de rigueur à l'installation du nouveau gouvernement qu'on destinait à la province. Ensuite, on n'avait d'autre but, en paraissant dans ces parages avant que les négociations avec Tunis fussent arrivées à leur terme, que d'appuyer par la présence de nos troupes les sommations faites à l'empereur du Maroc pour l'évacuation de la province d'Oran. Voilà sans doute pourquoi le général Damrémont n'occupa que le 4 janvier la ville d'Oran ; il prit toutes les mesures nécessaires pour empêcher l'effusion du sang, cependant, entre le fort Saint-Grégoire et la ville, il rencontra quelques Arabes avec qui il eut un engagement de peu d'importance.

Le vieux bey d'Oran, débarrassé enfin d'une position qui lui pesait depuis longtemps, s'embarqua, peu de jours après l'occupation de la ville par les Français, sur un navire qui le conduisit à Alger. Il y resta jusqu'au départ du général Clauzel, après quoi il se retira à Alexandrie et de là à La Mecque, où il est mort.

Peu de jours après l'arrivée d'Hassan-Bey à Alger, on vit débarquer dans cette ville environ deux cents Tunisiens destinés à former la garde du nouveau bey d'Oran, qui ne fut officiellement nommé que le 5 février ; ils étaient commandés par le khalifa ou lieutenant de ce prince. Cet officier, après avoir terminé à Alger les affaires de son maître, se rembarqua avec sa petite troupe, et alla prendre possession d'Oran. Le général Damrémont, après avoir procédé à son installation, lui laissa le 21ᵉ de ligne, commandé par le colonel Lefol, et quitta la province où sa mission était terminée.

Pendant que ce général était à Oran, le colonel d'état-major Auvray fut envoyé vers l'empereur du Maroc, pour sommer ce prince de respecter le territoire algérien comme étant une dépendance de la France. M. Auvray ne dépassa pas Tanger, où il fut retenu par le gouverneur de la province ; cependant la cour de Maroc promit d'évacuer la province d'Oran et de ne plus se mêler des affaires de la Régence ; mais nous verrons plus tard que cet engagement ne fut pas respecté.

Le lieutenant du nouveau bey d'Oran ne trouva pas cette ville dans un état aussi satisfaisant qu'il l'avait espéré ; la plupart des habitants l'avaient abandonnée, et les Arabes de la province étaient loin d'être soumis. Il paraît que le général Clauzel avait dissimulé au Tunisien le véritable état des choses, car celui-ci se plaignit d'avoir été trompé. Il avait surtout compté sur des magasins bien pourvus, tandis que ceux qui lui furent livrés étaient vides. Les rapports qu'il envoya à Tunis n'étaient pas de nature à rendre le prince Ahmed très-désireux de faire connaissance avec sa province : aussi n'y parut-t-il jamais. Cependant un peu de calme s'y rétablit peu à peu. Quelques habitants d'Oran rentrèrent en ville, et quelques tribus arabes firent leur soumission. Il est à présumer que, si l'on avait pris les mesures convenables, on serait parvenu à faire reconnaître partout l'autorité du nouveau bey ; mais le Gouvernement français ne paraissant pas disposé à ratifier les traités de M. Clauzel avec Tunis, ce général ne s'occupa plus de cette affaire, qu'il désespérait de pouvoir mener à bien. Cependant ces traités forment la partie la moins attaquable de l'administration du général Clauzel : ils étaient même si avantageux sous le rapport financier, qu'il était douteux que les clauses pussent en être exactement observées dans les premières années ; mais, quand même la France aurait été obligée de faire des remises à ses deux beys, dans les premiers temps de leur administration, elle aurait encore gagné au marché tout ce qu'elle a perdu pour ces établissements de Bône, d'Oran, de Bougie, d'Arzew et de Mostaganem. Sous le rapport politique, les arrangements pris par le général Clauzel n'étaient pas moins sages. Ils nous permettaient d'opérer directement sur le sens de la Régence avec tous nos moyens d'action, d'y établir un foyer de puissance et de civilisation, qui devait nécessairement réagir sur les extrémités, qu'un état de vasselage allait disposer à celui de sujétion, ou, si l'on veut, de fusion avec la race conquérante.

La vanité blessée de M. Sébastiani fut la seule cause de la non-ratification des traités. Il était alors ministre des affaires étrangères, et il trouva très-mauvais que celle-ci eût été conclue sans sa participation. Il ne le cacha pas au général Clauzel, qui répondit avec raison qu'il ne s'agissait dans tout cela que de deux nominations de bey dans les provinces acquises en droit à la France, ce qui n'était pas du tout du ressort du ministre des affaires étrangères ; qu'il avait accepté pour l'exécution des clauses financières la caution du bey de Tunis, mais qu'en cela encore il n'était pas sorti de son rôle de général en chef de l'armée d'Afrique. Malgré l'évidence de ce raisonnement, le Gouvernement n'en persista pas moins à regarder comme non avenus les traités Clauzel. Cependant, comme ils étaient d'une utilité palpable il fut question pendant quelques temps de les reprendre en sous-œuvre, mais on finit par les abandonner tout à fait. C'est ainsi qu'une susceptibilité d'attributions rompit un plan habilement conçu, et qui eût produit d'heureux résultats, s'il eût été bien exécuté.

Pendant que les événements dont nous venons de rendre compte se succédaient à Oran, le général Clauzel se voyait forcé d'abandonner Médéa, par suite de la réduction de l'armée d'Afrique. La garnison de cette ville n'avait pu ou n'avait su s'y créer aucune ressource, et il devenait impossible de la ravitailler. Ben-Omar était un homme peu capable, surtout peu entreprenant, qui ne sut rien organiser. Le général Clauzel lui avait prescrit de ne rien changer à l'administration existante, d'agir dans les premiers moments comme un véritable bey turc, mais il laissa tout se désorganiser; il ne songea pas même à rallier à lui les Abid et les Douairs, qui auraient pu lui être d'un si grand secours, et que leur habitude de soutenir le pouvoir devait rendre accessibles à ses offres. Toute sa sollicitude administrative se réduisait à exercer dans l'intérieur de la ville quelques actes de basse juridiction, et à percevoir des amendes. Le général Danlion était hors d'état de le guider; c'était un homme très-capable de maintenir la discipline parmi ses troupes et de prendre quelques vulgaires mesures de conservation, mais il ne fallait rien lui demander de plus (1).

Comme le général Danlion n'était pas sûr de pouvoir traverser l'Atlas avec sa brigade, le général Clauzel en-

---

(1) Le fait suivant donnera une idée assez exacte du général Danlion. Une tribu arabe, après avoir reçu un cheik de la main de Ben-Omar, le chassa ignominieusement et se mit en état de rébellion contre le bey. Le général Danlion partit de Médéa avec une partie de son monde pour aller châtier cette tribu; mais s'étant aperçu qu'elle demeurait un peu loin, et qu'il serait fatigant d'aller jusqu'à elle, il se mit à brûler les cabanes et à enlever les troupeaux d'une tribu voisine, pensant que l'effet serait le même.

voya au devant de lui, jusqu'au Ténia, la brigade Achard, qui le ramena à Alger, où il rentra le 4 janvier. Ben-Omar, qui sentait son impuissance, avait d'abord voulu quitter Médéa avec lui; mais les habitants de cette ville, craignant de tomber dans l'anarchie, firent tant par leurs instances qu'ils le retinrent parmi eux.

Par suite de l'évacuation de Médéa, les affaires de la province d'Alger se trouvèrent ramenées à peu près au même point où le général Clauzel les avait prises : nous avions des postes avancés à la Ferme-Modèle et à la Maison-Carrée, au lieu d'être resserrés entre la Vigie et Mustapha-Pacha. Mais c'était toute l'amélioration obtenue : au delà de ces avant-postes, notre autorité était tout aussi méconnue que dans le temps de M. de Bourmont. Quelques hommes d'ordre et de paix se ralliaient seuls à nos caïds, par ces habitudes de soumission au pouvoir si naturelles aux gens paisibles; mais, comme ces mêmes hommes ne sont malheureusement pas les plus énergiques, l'autorité n'avait en eux qu'un bien faible appui. Les masses se livraient avec délice à la joie insensée d'être délivrées de tout frein, même de celui des lois conservatrices de toute société; mais bientôt leurs propres excès retombèrent sur elles-mêmes, et, par une juste et rationnelle réaction, elles éprouvèrent à leur tour le besoin d'être gouvernées. Peu de personnes ont voulu observer cette marche des idées parmi les Arabes : elle devait cependant rendre bien plus facile la tâche de ceux qui ont exercé le pouvoir à Alger.

Au moment où M. le général Clauzel avait le moins d'action sur les Arabes, il fit paraître un arrêté qui supprimait tous les droits que les beys et les caïds avaient coutume de percevoir pour leur compte dans certaines circonstances, et qui leur allouait en échange un traitement annuel. Cet arrêté, qui est du 18 février, conservait cependant ceux de ces droits qui, par leur périodicité, pouvaient être considérés comme des impôts; mais il réglait qu'ils seraient perçus pour le compte du Gouvernement.

Ce fut à peu près à la même époque que le général Clauzel rétablit la charge d'agha dans la personne de M. Mendiri, chef d'escadron de gendarmerie et grand prevôt de l'armée. On attacha à son service douze cavaliers indigènes, sous le nom de guides. Le grand prevôt Mendiri ne fut jamais agha que de nom.

Pendant que tout ceci se passait à Alger, le Gouvernement s'occupait de trouver un successeur à M. Clauzel, à qui il reprochait des manières d'agir trop indépendantes. On fit choix du général Berthezène. Ce nouveau général ne devait avoir que le titre modeste de commandant de la division d'occupation d'Afrique. Il arriva à Alger le 20 février; le général Clauzel en partit le lendemain, après avoir annoncé par la voie de l'ordre du jour que l'armée d'Afrique cessait d'exister sous cette dénomination, et qu'elle devait prendre celle de division d'occupation.

M. le général Clauzel, quels que soient les torts qu'on lui ait reprochés, laissa beaucoup de regrets en Algérie; il désirait le bien du pays et croyait en son avenir. L'armée, qu'il commença par calomnier, mais à qui il rendit justice ensuite, trouva en lui un zélé défenseur. Il prit l'initiative des récompenses qu'elle avait méritées, et, lorsque le ministre de la guerre voulut attaquer la validité de ses nominations, il soutint avec une noble fermeté les droits acquis par un des plus beaux faits d'armes de l'époque. La population européenne qui commençait à s'agglomérer à Alger eut en M. Clauzel un homme qui comprit en grande partie ses besoins et qui évita de l'humilier en pure perte, comme on l'a fait trop souvent depuis.

Cette population s'élevait, au moment du départ du général Clauzel, à 5,000 individus de tout sexe et de toutes nations, qui, poussés par le besoin d'augmenter leur bien-être ou d'échapper à de fâcheux souvenirs, s'étaient rués sur l'Afrique. Mais est-ce avec des hommes à position toute faite que l'on peut espérer de peupler une colonie? Parmi ces individus, beaucoup se livraient au commerce, très-peu à l'agriculture; la Ferme-Modèle et deux ou trois cultures particulières étaient alors à peu près les seuls établissements agricoles français. En revanche, il s'élevait de toutes parts des maisons de commerce et des magasins; on trouvait à Alger, dès le mois de janvier 1831, à satisfaire à peu près tous les besoins de la vie européenne.

LIVRE VII.

Administration du général Berthezène. — M. Bondurand intendant en chef. — Aperçu des actes de l'administration militaire. — Administration civile. — Acquisitions des Européens. — Essais de culture. — Analyse de divers actes administratifs.

Le corps d'occupation dont le général Berthezène vint prendre le commandement était formé des 15e, 20e, 21e, 28e et 30e régiments de ligne, des zouaves, des chasseurs algériens, de deux escadrons du 12e régiment de chasseurs, plus un certain nombre de batteries d'artillerie et de compagnies du génie. Il y avait, en outre, une masse assez informe de volontaires parisiens, qui s'accroissait chaque jour. Elle se composait d'hommes dont plusieurs avaient pris une part active à la révolution de juillet, et dont le nouveau Gouvernement s'était hâté de se débarrasser en les envoyant en Afrique aussitôt qu'ils n'en avaient plus eu besoin. On travaillait alors à les organiser plus régulièrement; ils formèrent plus tard le 67e de ligne. La plupart n'étaient liés au service par aucun engagement légal, et s'étaient laissés conduire à Alger, trompés par les promesses de ceux qui avaient intérêt à les éloigner de Paris. On s'est plu à dire beaucoup de mal de ces hommes, qui cependant, dans toutes circonstances, se conduisirent avec bravoure et dont plusieurs rendirent de vrais services au pays comme ouvriers d'art. En général, les officiers étaient ce qu'il y avait de pire dans cette foule : presque tous avaient usurpé ce titre; ou du moins pris des grades plus élevés que ceux qu'ils avaient réellement; mais on fit bientôt les épurations convenables.

Toutes ces troupes étaient divisées en trois brigades, commandées par les maréchaux de camp Buchet, Feuchère et Brossard; le général Danlion commandait la place d'Alger. Le général Berthezène avait pour chef d'état-major le colonel Leroy Duverger. M. Bondurand avait été nommé intendant du corps d'occupation, en remplacement de M. Vollant, qui était rentré en France.

Dès son début à Alger, le général Berthezène se montra homme d'intérieur et de calculs personnels. Il parut ne voir dans sa position qu'une occasion de faire des économies sur un traitement assez considérable, qu'il était du reste incapable d'augmenter par de coupables moyens.

M. Bondurand, le nouvel intendant, et, par son importance administrative, le second personnage du corps d'occupation et de l'Algérie, était un fonctionnaire recommandable à bien des égards, mais ce n'était point un homme d'une grande portée. L'administration militaire, qu'il dirigea pendant longtemps avec un certain ordre matériel, ne donna jamais sous lui, et, osons le dire, longtemps encore après lui (ce qui du reste l'excuse peut-être), que de tristes preuves de son impuissance.

L'armée recevait les vivres de campagne, c'est-à-dire le pain, la viande, les légumes, le sel et le vin. Les marchés pour toutes ces denrées se passaient en France, excepté pour la viande, et quelquefois pour les grains. L'administration de l'armée d'Afrique n'y était donc pour rien : elle recevait seulement les envois et en constatait la qualité. Mais les troupes eurent souvent à se plaindre de la facilité de ces réceptions : des denrées évidemment avariées et quelquefois malsaines furent mises en distribution, sans qu'il y eût urgence, c'est-à-dire impossibilité de faire autrement. La correspondance de l'état-major constate qu'à diverses époques, surtout à celles du renouvellement des généraux, des réclamations, je pourrais même dire des reproches très-graves, furent adressés à l'intendance à cet égard. Les soldats, accoutumés à juger trop légèrement peut-être ceux qui sont chargés de les nourrir, ont pu, d'après cela, accuser certains membres de l'administration d'une complaisance intéressée envers les fournisseurs.

Quant à la viande, le mode de fourniture a souvent varié : tantôt le service s'est fait par entreprise, et tantôt par régie ; enfin on s'arrêta à la fourniture faite par les comptables eux-mêmes, moyennant un abonnement réglé sur les mercuriales. Avec plus d'activité et de zèle pour la chose publique, on aurait pu avoir un troupeau qui, bien conduit et se multipliant tant par son croit que par des achats faits en temps opportun, aurait procuré à l'armée de bonne viande, moins coûteuse que celle qu'on lui a presque toujours distribuée. Au lieu de cela, chaque comptable eut auprès de lui quelques bêtes étiques, qu'il ne nourrissait pas et qu'il faisait abattre quelques heures avant le moment où elles devaient nécessairement mourir d'inanition. Mais ce n'était encore rien : nos boucheries militaires étaient si mal approvisionnées, même de mauvaise viande, par les moyens employés par l'administration, qu'à la moindre baisse dans les arrivages des Arabes on était obligé de diminuer la ration, et qu'il arriva même quelquefois que la viande manqua complétement.

Les comptables, qui avaient un intérêt personnel à acheter bon marché, ne se pourvoyaient que de mauvaises bêtes souvent malades, ou de bêtes volées, qu'ils avaient par cela même à bon compte; de sorte que notre administration militaire, non contente de mal nourrir nos soldats, donnait des primes d'encouragement pour le vol aux Arabes eux-mêmes. Le chef du bureau arabe, pour avoir soutenu avec chaleur les droits de propriétaires indigènes et européens, qui avaient reconnu du bétail à eux appartenant dans le troupeau d'un comptable, se vit, en 1835, accusé par l'administration de nuire à l'approvisionnement de l'armée, parce qu'il voulait que ce bétail fût rendu. Voilà donc une administration qui avouait que le recèlement était mis par elle au nombre des moyens employés pour nourrir l'armée dans un pays où nous avions la prétention d'introduire la civilisation et de faire cesser le brigandage !

Dans tout cela, l'administration militaire n'était pas seule coupable : les généraux en chef auraient dû sans doute s'occuper eux-mêmes des besoins de l'armée et des moyens de les satisfaire ; il est même évident que, sans leur participation, l'établissement d'un troupeau général, d'un véritable troupeau, avec croît et produit, comme en avait le gouvernement du Dey, était impossible ; mais, enfin, il était du devoir de l'intendant en chef de prendre l'initiative de la proposition, et je répugne à croire que les secours militaires eussent manqué à un établissement utile.

Parmi les actes de M. Bondurand, il en est un qui ne mérite que des éloges : ce fut l'établissement d'un hôpital d'instruction à Alger. Les cours en étaient faits par les officiers de santé de l'armée, parmi lesquels se trouvaient des hommes très-distingués. Je citerai, entre autres, l'habile opérateur Baudens, dont la réputation est devenue depuis européenne.

M. le général Berthezène était hors d'état de donner à l'administration militaire l'impulsion qu'elle ne pouvait recevoir de son chef direct. Il en fut de même dans l'administration civile, et ici la mollesse du général en chef, résultat naturel de son indifférence pour tout ce qui ne se rapportait pas exclusivement à lui, était augmentée de ce qu'une extrême méfiance de lui-même avait mis dans son âme de circonspection et d'incertitude. Quoique son esprit ne fût point complétement dépourvu de lumières acquises, il était peu en état de traiter des questions administratives d'un ordre élevé. Il devait donc être facilement réduit au silence par ceux que leur position avait familiarisés avec la phraséologie administrative, et prendre enfin l'habitude de leur céder sans discussion, mais non sans rancune, car l'homme élevé en dignité pardonne difficilement à ceux qui le mettent trop souvent dans la dure nécessité de s'avouer son impuissance.

Au reste, presque tous nos généraux de cette époque étaient, à cet égard, dans la même position que le général Berthezène. Quel que fût l'éclat de leur vie passée, quel que fût le mérite de leurs services, bien peu d'entre eux avaient la généralité de connaissances et l'amour du travail nécessaire pour donner à l'administration d'un pays quelconque une impulsion ferme et régulière. L'expérience a prouvé que de tels hommes sont disposés, ou à ne tenir aucun compte des observations et des avis de leurs chefs de service, et par conséquent à agir avec ignorance et brutalité, ou à les laisser opérer sans contrôle, chacun dans sa sphère, ce qui détruit l'harmonie des actes administratifs. Chaque chef de service ne voit et ne doit voir que sa spécialité : les considérations prises en dehors du cercle dans lequel il se meut n'en sont pas pour lui : de sorte que, s'il n'existe pas au sommet de la hiérarchie administrative un homme capable de tenir dans ses mains tous les fils sans les confondre, il n'y a ni direction ni but commun. L'administration des finances ne prend à tâche que d'augmenter les recettes, sans considérer si des mesures trop fiscales ne nuisent pas à la prospérité du pays; celle des travaux publics ne voit que les constructions qui peuvent flatter l'amour-propre de ses membres sous le rapport de l'art, et ne s'enquiert pas si des constructions moins coûteuses et plus faciles ne conviendraient pas mieux à l'actualité, et ainsi du reste.

Depuis 1831, l'état-major général s'est renouvelé; mais, à cette époque, la composition en était telle qu'un gouverneur de l'Algérie ne pouvait être pris que parmi des hommes dont les uns étaient usés par l'âge, et dont les autres appartenaient à une génération à laquelle les bienfaits de la haute instruction ont complétement manqué. Or, il est bien rare qu'un homme soit assez heureusement constitué pour que sa conduite dans les affaires publiques ne se ressente pas plus ou moins de ce qui manque à la culture de son esprit.

M. Berthezène était arrivé à Alger avec des préventions fâcheuses contre la plupart des fonctionnaires qu'avait employés son prédécesseur : c'est ce qui s'est vu à chaque changement de gouverneur. Le dernier venu s'est toujours imaginé que les fautes qui lui avaient été signalées ou qu'il avait découvertes lui-même tenaient exclusivement au personnel administratif, et qu'en changeant quelques employés, tout serait dit. Cependant, si un fonctionnaire s'égare, il vaut mieux le remettre dans la bonne voie que de le remplacer par un homme nouveau, qui, dans un pays d'étude et d'essai comme l'Algérie, aura son éducation de localité à faire, ce qui n'est pas peu de chose. Il est vrai que, pour mettre un homme sur la voie, il faudrait savoir soi-même où l'on veut aller.

Parmi ceux à qui le général Berthezène en voulait le plus était M. Fougeroux, inspecteur des finances, avec lequel il eut d'assez vives altercations. Ce fonctionnaire était un personnage trop pénétré de son importance, et qui mit plusieurs fois à l'épreuve la patience du général en chef. Celui-ci obtint son rappel. M. Williaume le remplaça comme inspecteur des finances et comme membre du comité de Gouvernement, qui prit le 1er juin la qualification de commission administrative; M. le sous-intendant militaire de Guirroie en était le secrétaire depuis quelques mois. Il avait remplacé M. Caze.

M. Girardin, directeur du domaine, étant rentré en France par congé, M. le contrôleur Bernadet prit le service par intérim.

M. Rolland de Bussy quitta les fonctions de commissaire général de police. Elles furent données au grand prévôt Mandiri, déjà agha des Arabes.

Tous ces arrangements terminés, chaque chef de service se mit à faire de l'administration pour son compte, sans trop s'embarrasser de l'ensemble. Les projets d'arrêtés étaient soumis pour la forme au général en chef, et la machine allait comme elle pouvait.

Le général Berthezène était arrivé au gouvernement de l'Algérie avec des dispositions d'esprit assez favorables aux indigènes; malheureusement, les effets de sa bienveillance pour eux se concentrèrent sur quelques Maures intrigants, tels que Bouderbah et sa coterie. Cet homme adroit et insinuant se fit adjuger, à lui ou aux siens, la ferme du marché au blé (la Racheba), celle de presque tous les autres marchés où se perçoivent des droits, et tous les fonduks. Il commença alors à jouer un rôle important parmi les Musulmans, qui jusqu'alors l'avaient méprisé, comme un homme sans moralité, dont le nom avait plus d'une fois retenti devant les tribunaux. Il paraîtrait que ce fut à cette époque que les notabilités maures d'Alger se mirent à rêver une restauration musulmane faite à leur profit. Il y a même lieu de croire que des communications semi-officielles, venues de très-haut, leur firent penser que la chose était possible, et que la France elle-même, fatiguée de sa conquête, y donnerait les mains.

Le 24 mai, M. le général Berthezène décréta qu'une première indemnité, équivalente à six mois de loyer, serait payée aux propriétaires dépossédés pour cause d'utilité publique. Ce fut tout ce que reçurent les malheureux indigènes dépouillés par l'administration française. Comme la masse s'en accroissait chaque jour, on put bientôt évaluer à 120,000 francs de rente les indemnités qui leur étaient dues. On conçoit tout ce qu'une pareille somme, enlevée annuellement à quelques centaines de familles, peu aisées pour la plupart, dut y laisser en échange de misère et de désespoir. Cependant personne ne voulut pénétrer dans le secret de tant de douleurs : de pauvres enfants tendaient la main au coin des rues aux humiliants secours de l'aumône; de malheureuses jeunes filles, destinées naguère à la chasteté du nœud conjugal, étaient livrées par la faim à la prostitution ; et nul ne s'enquérait de la cause de ces souffrances. Des commissaires que le Gouvernement envoya en Algérie en 1833 pour examiner la situation du pays s'aperçurent cependant qu'il y avait des injustices à réparer : l'un d'eux nomma à la tribune nationale une victime de notre administration. Mais quelle était cette victime ? Un Européen qui, après avoir acheté pour 800 francs de rente une vaste ferme (1) dans les environs d'Alger, se vit dépouiller des bâtiments de cette ferme que l'on fut forcé de lui prendre pour loger une partie de notre cavalerie, mais dont on lui paya 2,000 francs de loyer. Voilà l'horrible infortune qui émut la philanthropie de l'orateur en question ! Cependant, en allant dans les bals et les soirées où il puisait ses observations, cet orateur avait pu voir, à la porte des hôtels où il entrait, des douzaines d'enfants à qui notre civilisation n'avait donné, en échange de la boutique ou de l'atelier de leurs pères, que la sellette du décrotteur.

C'est au Gouvernement lui-même, à la France, représentée par ses Chambres, que doit s'adresser le reproche de dureté et de mauvaise foi envers les indigènes dépossédés. Nous avons vu que le général Clauzel avait décrété que les immeubles du domaine serviraient de gage à leurs créances ; mais quelques commis du ministre de la guerre trouvèrent que cette manière de procéder sortait des règles communes, ce qui était vrai, et qu'il n'y avait aucun rapport entre les propriétés du domaine et les créances sur l'État, ce qui, dans l'espèce, était faux. Car voici la

---

(1) Ben-Achnoun.

question réduite à sa plus simple expression : le Gouvernement français s'impatronise à Alger, mais il ne connaît encore que vaguement ce qui lui appartient comme propriétaire : or, dans cet état de choses, des motifs plus ou moins fondés d'utilité publique exigent la démolition d'une maison : cette maison se trouve appartenir au domaine ; c'est bien, voilà une maison de moins pour le domaine, et il n'en est plus question. Un peu plus loin existe une seconde maison dont la démolition est également rendue nécessaire ; mais celle-ci appartient à un particulier qui réclame, et vous dit : *Peu loin de ma maison, dans telle rue, le beylik en possède une de même valeur que la mienne : donnez-la-moi, et je vous tiens quitte.* M. Clauzel prévint cette demande, et y répondit d'avance par l'arrêté du 26 octobre dont le ministre de la guerre arrêta l'exécution. Ce ministre assuma donc la responsabilité des injustices commises envers les propriétaires dépossédés. Si l'on eût laissé faire l'autorité algérienne, les indemnités auraient été payées. Jusqu'à l'arrivée de M. Pichon, le budget des dépenses civiles fut réglé sur les recettes locales, et il est indubitable que l'indemnité aurait continué à y figurer. Lorsque le ministre voulut faire rentrer Alger dans le droit commun financier, il aurait dû ne pas avoir deux poids et deux mesures, et ne pas laisser les indigènes dans l'exception, lorsqu'elle leur était désavantageuse, en même temps qu'il les en faisait sortir en ce qu'elle avait de profitable pour eux. C'est cependant ce qui a eu lieu : car si, d'un côté, la législation financière ne permettait pas, en s'appliquant à la rigueur, de laisser subsister les dispositions de l'arrêté du 26 octobre 1830, de l'autre, notre loi fondamentale défendait de dépouiller un propriétaire sans une *juste* et *préalable* indemnité. Malgré cette violation des lois de l'équité et de la logique, il ne faut pas croire que l'on fût, dans les bureaux, ennemi systématique des Maures : bien au contraire; par une inexplicable contradiction, les mêmes hommes qui causaient la ruine de tant de familles musulmanes accueillaient avec empressement tous les intrigants qui leur arrivaient d'Alger. Ils les comblaient de faveurs, de décorations et de pensions; heureux quand ils ne s'en servaient pas pour créer des embarras à l'administration locale !

La question de l'indemnité touche de près à celle du séquestre. Nous avons dit que M. le général Clauzel avait ordonné la réunion au domaine de tous les biens des Turcs déportés. Cette confiscation fut convertie en séquestre par un arrêté du 10 juin 1831, rendu d'après une décision ministérielle du 27 mai. Les dispositions de cet arrêté ayant été souvent appliquées, soit par erreur, soit par fausse interprétation, à des Turcs non déportés, il y eut quelques levées de séquestre particielles. Elles furent d'abord prononcées par la commission administrative, mais le ministre se les réserva ensuite. Ainsi, des Turcs de la garnison de Mostaganem, qui étaient à notre service, ne purent rentrer dans leurs biens qu'en vertu d'une décision ministérielle, quoique le séquestre qui les avait atteints fût évidemment le résultat d'une erreur non susceptible de discussion. Cette obligation de recourir à Paris, pour des choses aussi simples, diminuait aux yeux des indigènes l'importance de celui qui commandait à Alger, ce qui était un grand mal; le pouvoir a besoin d'y être fort et d'y jouir d'une indépendance au moins apparente.

Cependant les Européens que l'espérance avait conduits en Afrique y faisaient chaque jour des acquisitions. Le 21 juin, un arrêté soumit à l'obligation de l'enregistrement tous les actes translatifs de propriété et de jouissance. Le 21 juillet suivant, le droit d'enregistrement fut fixé à 2 pour 100 pour les actes d'aliénation définitive ou de cession de jouissance pour cinquante ans et au-dessus. Il fut réduit d'un centième par chaque année pour les cessions de jouissance de moins de cinquante ans.

Il y a des choses fort curieuses à dire sur les acquisitions des Européens en Afrique, et cette matière mérite que nous nous y arrêtions quelques instants.

Plusieurs familles musulmanes chez lesquelles les préjugés religieux étaient fortement enracinés, ne voulant pas vivre sous la domination chrétienne, prirent le parti, dans les premiers mois qui suivirent la conquête, de s'éloigner d'Alger, et d'aller s'établir, soit dans le Levant, soit dans les villes de l'intérieur de la Régence. Elles cherchèrent, avant de partir, à réaliser leurs fortunes ; mais les Musulmans qui restaient à Alger n'étaient pas dans des circonstances à faire des achats d'immeubles, et les Européens qui étaient venus s'y établir avaient plus de désirs que de moyens de devenir propriétaires. La plupart ne pouvaient disposer que de faibles capitaux ; et ensuite, quand même ils en auraient eu de plus considérables, l'avenir du pays n'était pas assez assuré pour que des acquisitions pussent se faire par les moyens ordinaires, c'est-à-dire par l'échange d'un immeuble contre une somme quelconque d'écus, car nous pouvions, d'un moment à l'autre, évacuer Alger, et les nouveaux acquéreurs se seraient vus forcés d'abandonner leurs immeubles, sans la moindre lueur d'espérance de rentrer dans leurs capitaux. Cependant, comme, d'un côté, il y avait désir d'acheter et de l'autre besoin de vendre, on finit par s'entendre ; les aliénations furent faites au moyen de rentes perpétuelles. Ce mode de transaction garantissait à l'acheteur, qu'en cas d'évacuation, il ne perdrait jamais que quelques annuités, et laissait entrevoir au vendeur la possibilité de rentrer dans sa propriété.

Les rentes furent en général calculées au plus bas, relativement à la valeur que nous sommes habitués à donner aux propriétés foncières, de sorte que les Européens furent éblouis de la facilité avec laquelle on pouvait devenir propriétaire à Alger.

Une fois que cette manière assez commode d'acquérir fut établie, ce fut à qui deviendrait propriétaire. On avait commencé par acheter aux émigrants, mais bientôt on acheta de toutes mains. L'occupation militaire s'étendait sur un grand nombre de maisons dans l'intérieur de la ville ; à l'extérieur, les dévastations et les maraudes de nos soldats, tristes fruits d'une discipline extrêmement relâchée, rendaient presque impossible l'exploitation des propriétés rurales de la banlieue d'Alger. Les indigènes, voyant donc qu'ils ne pouvaient tirer aucun profit de leurs propriétés, soit rurales, soit urbaines, se mirent à les vendre aux Européens à des conditions qui se ressentaient du discrédit dans lequel elles étaient tombées ; ceux-ci les achetèrent, parce qu'elles étaient à vil prix, et qu'ils espéraient qu'une fois dans leurs mains ils parviendraient à les faire respecter. Mais il en fut presque toujours autrement : à l'exception de quelques sommités coloniales, qui obtinrent des indemnités pour le mal qu'on leur avait fait, et des garanties pour l'avenir, précisément parce qu'elles étaient plus en position que d'autres de supporter des pertes, à l'exception, dis-je, de ces sommités, les propriétaires européens ne furent pas mieux traités que les indigènes. On peut même dire que la dévastation et la maraude s'attachèrent plus particulièrement à leurs possessions; car, comme il était de notoriété qu'ils avaient fait valoir ces éventualités de pertes, pour acheter à bon compte et profiter des malheurs des indigènes, les soldats semblaient prendre à tâche de tourner la chance contre eux. Les chefs eux-mêmes mirent plus de négligence à faire respecter la propriété, lorsqu'ils surent que les pertes ne devaient plus tomber que sur des hommes qui les avaient fait entrer en ligne de compte dans leurs transactions avec les naturels. Les militaires disaient ouvertement qu'ils ne prétendaient pas avoir conquis le pays pour enrichir des spéculateurs. Ceux-ci, tout fiers de leur nouvelle qualité de propriétaires, poussaient souvent leurs prétentions jusqu'à l'injustice, et auraient voulu chasser l'armée de toutes les maisons qu'elle occupait. De là, des récriminations passionnées de part et d'autre, et les épithètes injurieuses de *banqueroutiers* et de *Vandales* qu'échangeaient deux classes d'hommes destinés à concourir au même but.

Mais il est bon de remarquer que plus d'un militaire se mit dans la catégorie de ce qu'on appelait les *banqueroutiers*, et plus d'un spéculateur dans celle des *Vandales*. En effet, plusieurs officiers achetèrent des maisons et des terres, et ne déployèrent pas dans leurs transactions plus de scrupules que les spéculateurs de profession; tandis qu'un grand nombre de ceux-ci se mirent à dévaster leurs propres possessions, coupant les arbres, enlevant les boiseries, les marbres et les ferrements des maisons, enfin tout ce qui était enlevable; après avoir réalisé, de cette manière, quelques milliers de francs, ils se laissaient exproprier par leurs vendeurs maures pour faute de paiement de la rente qu'ils avaient consentie.

A ces moyens peu délicats d'acquérir de l'argent et des immeubles, quelques Européens en ajoutèrent d'autres tout à fait criminels : des manœuvres frauduleuses eurent lieu, pour faire croire à des propriétaires indigènes qu'ils allaient être expropriés par l'administration, et qu'ils n'avaient d'autres moyens de ne pas tout perdre que de se hâter de vendre à quelque prix que ce fût.

Les indigènes, à qui nous donnions l'exemple de la déloyauté dans les transactions, ne tardèrent pas à nous imiter. Lorsque toutes les propriétés du Fhas eurent été à peu près vendues, les achats firent irruption dans la plaine : on commença d'abord par traiter avec des Maures, propriétaires de fermes dans la Métidja ; puis les Arabes se mirent aussi à vendre leurs terres, trouvant qu'il était très-avantageux de se faire payer une rente d'un immeuble dont rien n'empêchait l'ancien propriétaire de continuer à jouir paisiblement; car toutes ces acquisitions s'étendant bien au delà de nos lignes, les Européens ne pouvaient pour le moment songer à en prendre possession ; mais on travaillait pour l'avenir, et dans l'espérance de voir arriver le jour où l'on cesserait de n'être propriétaire que de nom. Une fois parvenues sur ce terrain, les ventes ne furent souvent plus que des fictions où la cupide crédulité de l'acheteur était la dupe de la friponnerie du vendeur. Les Européens étaient tellement possédés du désir d'acquérir une parcelle du sol africain qu'ils achetaient tout ce qu'on venait leur offrir, non-seulement sans voir l'immeuble, ce qui, du reste, était presque toujours impossible, mais en outre sur des titres faux ou altérés, et souvent sur un simple certificat de notoriété établi d'après la déclaration de sept témoins inconnus eux-mêmes.

C'est de cette manière que les mêmes propriétés ont été vendues en même temps à diverses personnes, que les Européens ont tellement été trompés sur les contenances, que si celles qui figurent dans leurs contrats de vente étaient exactes, ils se trouveraient avoir déjà acheté dix fois la superficie de la Métidja, et qu'enfin on a même acheté des terrains qui n'ont jamais existé. Les Arabes se sont fait un jeu de tromper la cupidité des Européens, et ceux-ci s'y sont prêtés avec la plus étrange crédulité. On a vu, à Alger, des hommes qui se sont imaginés avoir acheté, pour quelques centaines de francs de rente, deux à trois mille hectares d'excellente terre, bien complantée et bien arrosée, même des villages entiers. Mais, malgré de nombreuses déceptions, il est incontestable que beaucoup d'Européens acquirent dès les premiers temps de l'occupation, et à des titres sérieux, une partie notable du territoire de la province d'Alger. Cet accaparement de la propriété foncière fut un grand mal et une grande imprévoyance de la part du Gouvernement : car presque tous les Européens de ces premiers temps, n'achetant que pour spéculer, devaient rendre nécessairement la colonisation plus difficile en rendant le prix des terres plus élevé pour les vrais travailleurs et en créant une foule d'embarras à l'administration. On s'est repenti plus tard de cette énorme faute, que j'avais signalée dès 1836, lors de la première publication des *Annales algériennes*.

Il est juste de dire que, même dès le principe, quelques Européens achetèrent pour exploiter, et que, dès le printemps de 1831, ils se mirent à l'œuvre. Le docteur Chevrau, excellent homme, dont la colonie eut trop tôt à pleurer la perte, MM. Faugeroux frères, Roche et Colombon se livraient à des essais de culture que le succès paraissait devoir couronner. Ces derniers avaient même établi des travailleurs européens dans une ferme acquise par eux à Beni-Mouça, à une lieue et demie de la Ferme-Modèle. Ces exemples étaient imités dans les environs d'Alger; mais lorsque l'on vit qu'en dehors de nos lignes la guerre venait détruire ce que le travail tendait à créer, et qu'à l'intérieur les produits agricoles étaient souvent la proie de ceux qui devaient les défendre, les exploitations languirent, et on se livra, en attendant des temps meilleurs, au brocantage des terres, exemple fatal, bientôt suivi par une foule de gens qui en firent un métier, sans avoir jamais eu la moindre velléité de culture.

Le Gouvernement, cause première de cette déviation de l'activité coloniale, ne fit rien pour en arrêter les conséquences. Il établit un droit d'enregistrement, et s'applaudit sans doute d'avoir ainsi augmenté ses recettes de quelques milliers de francs. Cependant les achats des Européens avaient, sous le point de vue politique, des inconvénients pour le moins aussi graves que pour la colonisation : les Arabes qui nous vendaient des propriétés éloignées le faisaient presque toujours avec l'espérance, assez ouvertement avouée, que nous ne viendrions jamais les occuper, et qu'ils continueraient à en jouir; de sorte que chaque achat d'immeubles fait par les Européens, sur les points où nous n'avions pas encore d'établissements, créait à l'occupation future une famille d'ennemis de plus. Ainsi, de toute manière, il aurait été à désirer que tout achat d'immeubles eût été interdit aux Européens en dehors de nos lignes. Je crois même qu'il aurait été sage et prudent de rendre, dans le principe, cette prohibition absolue, et d'attendre de savoir ce qu'on ferait de l'Algérie pour permettre aux Européens d'y devenir propriétaires.

Cent quinze arrêtés furent signés par le général Berthezène, dont quarante-cinq formaient législation, cinquante sur des objets transitoires, et vingt portant nomination à des emplois. Dans ce nombre, les dispositions fiscales jouent un très-grand rôle.

Le 20 mars, un droit d'octroi, pour les objets de consommation apportés de l'intérieur, fut établi : le tarif réglé à cette époque fut modifié par arrêté du 30 juillet.

Le 21 mars, un droit de 80 boudjous par mois (148 fr. 80 cent.) fut mis sur la boucherie juive, pour tenir lieu du droit de patente.

Le 11 juillet, ainsi que nous l'avons vu plus haut, les actes translatifs de propriété ou de jouissance furent assujettis à un droit d'enregistrement. Le même jour, le commerce du sel fut déclaré libre ; mais les introductions, par terre et par mer, furent frappées d'un droit de 3 francs par quintal métrique pour les sels français, et de 4 francs pour les sels étrangers. Les sels ne furent point admis à l'entrepôt accordé pour d'autres marchandises par l'arrêté du 31 décembre 1830; mais le receveur des douanes fut autorisé à recevoir en paiement, sous sa responsabilité personnelle et moyennant caution, des traites à trois mois de date, pour une moitié, et à six mois pour l'autre moitié des droits acquis au trésor.

Le 28 juillet, un arrêté modifia quelques dispositions du tarif des douanes. Il fixa à 10 francs par tête le droit d'exportation des bœufs et vaches; à 12 francs par quintal métrique le droit sur la cire exportée sous pavillon étranger, et à 8 francs celui de la cire exportée sous pavillon français.

Il existe quelques autres dispositions financières de l'administration de M. Berthezène, mais elles ne sont que d'un intérêt secondaire.

Pour ce qui est des domaines, le général Berthezène introduisit dans cette administration un principe dont l'expérience a démontré l'opportunité : ce fut la séparation du domaine militaire d'avec le domaine civil. Par arrêté du 26 novembre 1831, tous les immeubles appartenant au domaine, et affectés soit au casernement des troupes et au logement des officiers, soit aux magasins de l'artillerie, à ceux du génie et à ceux de l'administration militaire, furent concédés au génie militaire qui fut chargé de leur réparation et de leur entretien. Cette mesure prévint la ruine totale des immeubles occupés par les troupes, qui étaient encore debout à l'époque où elle fut prise. Il est difficile de se faire une idée du désordre qui avait existé jusqu'alors dans l'occupation militaire. A l'extérieur, les troupes s'étaient établies dans les maisons de campagne qui étaient à leur convenance, sans remise régulière, sans état des lieux ; en un mot, sans aucune des formalités qui devaient en assurer la conservation. A l'intérieur de la ville, lorsqu'on devait y établir des troupes et des officiers, on s'adressait au commissaire du roi près de la municipalité, qui, sans étudier les localités, donnait mission à un de ses agents de livrer les maisons. Celui-ci parcourait la ville, frappait à la première maison venue, et si on ne lui répondait pas, parce que la maison était abandonnée, soit par suite des émigrations, soit par l'absence momentanée des propriétaires, il faisait enfoncer la porte, et livrait ce local à l'occupation militaire, sans autre formalité. On conçoit que cette manière de procéder devait conduire immanquablement à la perte de tous les immeubles affectés au casernement, puisque personne n'était responsable de leurs dégradations, ni chargé de leur entretien. L'arrêté du 26 novembre mit un terme à ces abus.

Le général Berthezène avait déjà diminué en partie les inconvénients de l'occupation militaire par la construction des casernes de Mustapha-Pacha, situées hors la ville, au delà du faubourg Bab-Azoun. Cet édifice, dont le plan avait été fait sous le maréchal Clauzel, est une agglomération de bâtiments en pisé, à un seul étage, à toiture à terrasse à la manière du pays, et disposés parallèlement comme les baraques d'un camp. Il peut contenir 2,000 hommes. Les travaux commencèrent au mois de mars et furent terminés au mois d'octobre. Cet édifice, peu brillant, mais extrêmement utile, fait honneur à l'administration du général Berthezène.

D'autres travaux non moins utiles furent exécutés à cette époque. La jetée qui joint le rocher de la Marine au continent et forme le port d'Alger, était tellement endommagée du côté de la darse de l'ouest, que l'existence des vastes magasins qui y sont situés était menacée. Elle fut réparée, avec autant d'habileté que de promptitude, par M. Noël, ingénieur, chargé spécialement de cette mission. Un abattoir fut construit hors de la porte Bab-Azoun, par entreprise et sous la direction de la municipalité. M. Melchior, maître maçon, qui en fut tout à la fois l'entrepreneur et l'architecte, y déploya des talents et surtout une louable probité, qui le recommandèrent à la confiance publique et lui valurent plus tard des avantages réels honorablement acquis.

Avant notre arrivée à Alger, il n'existait pas dans cette ville de place, de forum proprement dit. Les marchés se tenaient sous des portiques, ce qui certainement était beaucoup plus commode, vu la chaleur du climat. Cependant, comme nos habitudes exigent une place, et qu'ensuite on désirait avoir un lieu de ralliement pour la garnison, on commença, sous l'administration de M. de Bourmont, à agrandir, par la démolition des maisons voisines, le petit espace quadrangulaire qui se trouvait au centre de la ville, en face de l'entrée principale du vieux palais de la Djenina. Ce fut l'origine de la place du Gouvernement. M. le général Berthezène alloua au génie militaire (il n'était pas encore question à cette époque des ponts et chaussées) une somme de 20,000 fr. pour les premiers travaux de cette place; elle fut employée à la consolidation et aux réparations des beaux magasins voûtés qui sont en dessous.

Il nous reste, pour terminer ce que nous avions à dire de l'administration civile de M. Berthezène, à parler de ses actes relatifs à la municipalité, à l'agriculture, au commerce et à la police.

M. Cadet Devaux avait fait entrer dans ses prévisions la nécessité d'une forte réserve en grains. Il en acheta 10,000 mesures, qu'il laissa tellement avarier par faute de soins, qu'il fallut les jeter ou les vendre à vil prix. Cette réserve fut alors fixée à 4,000 mesures, et ce fut le fermier de la Racheba (1) qui dut la fournir; mais il ne l'eut jamais.

---

(1) C'est le fermier du marché aux grains : il avait le privilége

Le 21 juin, un arrêté fixa à un an la durée des fonctions du chef de la nation juive, et régla qu'il serait nommé par le général en chef, sur une liste de trois candidats presentés par les notables Hébreux. Ce même arrêté mit auprès du chef de la nation juive un conseil composé de trois membres également nommés par le général en chef, sur une liste triple de candidats.

Le 4 septembre, un arrêté, prenant en considération les dévastations qui se commettaient dans les environs d'Alger, et qui devaient détruire toute végétation, défendit la coupe des arbres et mit en vigueur les dispositions forestières des lois françaises.

Le 15 juillet, l'introduction des céréales fut affranchie de tout droit. Lorsque cet arrêté fut promulgué, nous étions bloqués dans nos lignes par les Arabes; c'était après la funeste retraite de Médéa, dont nous parlerons dans le livre suivant, et l'on ne recevait plus rien de l'intérieur.

Le 24 mars, le port d'armes fut interdit à tous les Arabes de l'arrondissement d'Alger, sous peine de mort, sauf à ceux qui auraient une autorisation des kaïds ou des cheiks. Les délinquants durent être traduits devant l'*autorité prévôtale*. Cet arrêté est un non-sens continuel, car M. Berthezène n'avait aucun moyen de le mettre à exécution. Ensuite, qu'était-ce que l'autorité prévôtale pour l'administration de la justice, après l'arrêté constitutif du 22 octobre qui n'en parlait pas?

---

d'interdire la vente des grains ailleurs que dans les marchés, et recevait un droit pour chaque mesure vendue. Il payait au Gouvernement une redevance de 25,000 fr. pour ce privilége.

Le 9 juin, parut un arrêté qui soumit à des formalités très-gênantes le commerce des métaux, et autres matières propres à la confection des armes, et prescrivit de nouvelles dispositions pour les débits de poudre qui, comme nous le savons déjà, n'existaient pas.

Le 1er août, un arrêté, rendu sous l'impression de la retraite de Médéa, prononça la peine de mort contre tout indigène qui ne ferait pas la déclaration des armes et des munitions qu'il aurait chez lui.

Le commerce des fers et aciers fut rendu à la liberté le 7 septembre.

M. le général Berthezène prit encore sur l'administration de la justice quelques dispositions que nous allons faire connaître.

L'arrêté du 22 octobre 1830 ne disait pas devant qui seraient portés les appels des jugements correctionnels. Il était évident que, dans l'esprit du législateur, ce devait être devant la cour de justice; mais enfin, il fallait l'exprimer, c'est ce que fit un arrêté du 9 juin.

Le 20 juin, une commission fut créée pour la révision des arrêtés rendus sur la justice, mais cette mesure n'eut aucun résultat.

M. le général Berthezène, dans le cours de son administration, rendit quelques arrêtés confirmatifs ou infirmatifs de jugements prononcés par le cadi, ce qui prouve qu'il était établi alors que le général en chef pouvait recevoir les appels en révision. Je signale ce fait, parce que, plus tard, une question de cette nature amena un conflit fâcheux entre les deux premières autorités de l'Algérie.

LIVRE VIII.

Relations avec les Arabes. — Assassinat du caïd de Khachna. — Excursion dans la plaine.—Reconnaissance de Coléa.—Travaux topographiques.— Expédition de Beni-Salah.—Expédition de Médéa. — Désordres de la retraite.—Combats auprès de la Ferme-Modèle. — El-Hadj-Mahiddin est nommé agha des Arabes. — Expédition malheureuse de Bône. — Mort du commandant Huder. — Le général Boyer à Oran. — Organisation des services publics à Oran.—Description de la province. — Rappel du général Berthezène.

Peu de jours après son arrivée à Alger, c'est-à-dire dans le commencement de mars, le général Berthezène fit, avec quelques troupes, une tournée dans la Métidja. Le pays lui parut être tranquille; mais, dans le courant d'avril, quelques assassinats furent commis dans l'intérieur de nos lignes ; des cavaliers de l'agha furent attaqués par les Beni-Salah et les Beni-Misra, qui en tuèrent un ; enfin le caïd de Khachna, Ben-el-Amri, fut assassiné dans sa tribu. Le général résolut d'aller châtier les tribus coupables. A cet effet, il partit d'Alger, le 7 mai, avec une colonne de 4,000 hommes, et se dirigea d'abord sur Khachna, où il fit arrêter quelques individus que l'on crut être les auteurs du meurtre de Ben-el-Amri; mais leur culpabilité n'ayant pas été établie, ils furent bientôt relâchés et il ne fut plus question de cette affaire. De Khachna, le général Berthezène se porta vers les Beni-Misra qu'il frappa d'une contribution de quelques bœufs.

De là, il alla chez les Beni-Salah, en passant entre la montagne et Blidah, qu'il laissa à sa droite; ils les somma de livrer les hommes qui avaient tué le cavalier de l'agha, et qu'on disait appartenir à cette tribu. Ceux-ci demandèrent du temps pour les trouver, mais ils profitèrent du répit qu'on leur accorda pour se retirer de l'autre côté de la montagne, avec tout ce qu'ils purent emporter. Après une nuit d'attente, le général, voyant qu'on se jouait de lui, fit tout saccager dans la tribu. Il pénétra jusqu'à Thiza, un des sommets de l'Atlas, sans rencontrer de résistance; seulement, parvenu sur ce point, il reçut quelques coups de fusil d'un gros de Kbaïles qui fuyait, et eut un homme tué. Il redescendit ensuite la montagne, sans être poursuivi, et vint camper autour de Blidah. Les habitants de cette ville, où nous n'entrâmes pas; envoyèrent des vivres à l'armée. Les troupes rentrèrent à Alger le 15.

Cette courte expédition, qui fut absolument sans résultat, puisqu'on ne put saisir les auteurs des divers crimes qu'on voulait punir, rendit cependant le général Berthezène très-satisfait de lui-même. Il fit un ordre du jour pompeux, quoiqu'il eût dit étant à Thiza : « Nous « voilà arrivés sur l'Atlas par un chemin bien plus diffi- « cile que celui de Téniah, et cependant nous ne ferons « point de bulletins comme le général Clauzel. »

Dans toute cette course, le général en chef ne songea nullement à établir dans les tribus des autorités qui dépendissent de lui, et avec lesquelles il pût s'entendre. Il ne remplaça pas même le malheureux Ben-el-Amri, dont la mort ne fut pas vengée; du reste, il montra de l'humanité, et ce ne fut que malgré lui, et pour prévenir le reproche de faiblesse, qu'il se mit à faire la guerre aux arbres et aux cabanes des Beni-Salah, ne pouvant trouver d'autres ennemis.

Cependant la position de Ben-Omar, notre bey de Titteri, qui était resté à Médéa, après que les troupes françaises eurent évacué cette ville, devenait chaque jour plus critique. La majorité des habitants s'était bien ralliée à lui; mais la famille de l'ancien bey comptait encore de nombreux partisans. Le général Clauzel, par une générosité mal entendue, n'avait pas déporté Oulid-bou-Mezrag, fils du bey Mustapha. Ce jeune homme s'était d'abord établi à Blidah, où il chercha à détourner l'attention, en affectant des habitudes paisibles et casanières. Il y réussit si bien qu'on finit par le regarder comme un personnage sans importance et nullement dangereux, de sorte qu'on le laissa retourner à Médéa. Il profita de cette condescendance pour travailler les esprits; lorsque le bey s'aperçut de ces menées, il était déjà assez fort pour braver son autorité. Il sortit de la ville sans que Ben-Omar pût ou osât l'arrêter, alla se mettre à la tête des tribus mécontentes, et vint bientôt s'établir avec quelques troupes à la maison de campagne du bey, d'où il bloquait Médéa ; ses partisans s'agitèrent à l'intérieur. Le bey effrayé, écrivit au général Berthezène, pour demander de prompts secours.

Le général Berthezène, décidé à ne pas l'abandonner, partit d'Alger, le 25 juin, avec deux brigades commandées par les généraux Buchet et Feuchères; le corps d'armée coucha, ce jour-là, en avant d'Oued-el-Kerma, le 26, en avant de Bouffarick, et le 27, à la ferme de Mouzaïa; on y laissa un bataillon du 50° de ligne. Le 28, on franchit le Téniah, où l'on établit un bataillon du 20°, et l'on vint coucher à Zéboudj-Azarha, bois d'oliviers dont nous avons déjà parlé. Jusque-là on n'avait point rencontré d'ennemis ; mais, en cet endroit, quelques coups de fusil furent tirés sur nos troupes.

Le 29, le général Berthezène arriva à Médéa. Quelques Arabes, qui faisaient mine de vouloir attaquer nos colonnes au moment où elles se présentaient devant cette ville, furent chargés par les escadrons du 12e de chasseurs. Ces escadrons éloignèrent l'ennemi ; mais dans le mouvement qu'ils firent pour rejoindre l'armée, ils furent attaqués à leur tour, et éprouvèrent quelques pertes.

A l'approche des troupes françaises, Oulid-bou-Mezrag avait abandonné la maison de campagne du bey, qui fut occupée par un bataillon du 50e de ligne et par notre cavalerie ; le reste du corps d'armée s'établit au nord de la ville, où un seul bataillon pénétra.

Aucun mouvement n'eut lieu dans la journée du 30 juin. Il paraît que le général ne savait pas exactement ce qu'il voulait faire ; le but de son voyage avait été de secourir le bey de Titteri ; mais, quoique sa présence eût éloigné un instant le danger, il était évident que son départ devait le ramener plus imminent et plus terrible. Dans cette conjoncture, le général en chef n'avait que trois partis à prendre : ou laisser une garnison française à Médéa pour soutenir Ben-Omar ; ou rester lui-même dans la province pendant quinze jours ou trois semaines, soumettre durant ce temps les outhans qui touchent à Médéa, et créer des troupes indigènes à Ben-Omar ; ou enfin, tâcher d'être assez heureux pour atteindre Oulid-bou-Mezrag, et lui faire éprouver assez de pertes pour lui ôter la possibilité de reprendre les armes.

Le premier parti était contraire aux instructions du général Berthezène, qui avait plutôt mission de se resserrer que de s'étendre dans ce pays; le second, qui était le plus sage, offrait de grandes difficultés à un homme qui ne savait en surmonter aucune; le troisième présentait peu de chances de réussite, mais il n'exigeait pas de grandes combinaisons : ce fut celui auquel s'arrêta le général Berthezène. En conséquence, il partit de Médéa le 1ᵉʳ juillet, au point du jour, et se dirigea sur la montagne d'Aouarah, dans l'outhan de ce nom. Comme on aurait dû le prévoir, les partis ennemis ne nous attendirent pas et s'éloignèrent à notre approche. On se mit alors à brûler les blés et à couper les arbres.

Cependant les tribus qui fuyaient devant nous avaient bien évidemment le dessein de prendre leur revanche, lorsqu'après avoir marché assez longtemps, nous serions obligés de revenir sur nos pas. Elles restaient unies, et aussitôt que nos colonnes s'arrêtaient, elles commençaient la fusillade avec l'avant-garde. Nous allâmes ainsi jusqu'au plateau d'Aouarah, d'où le général Berthezène ordonna la retraite sur Médéa; l'ennemi reprit alors ses avantages, et poursuivit nos colonnes jusqu'à Médéa, où elles arrivèrent dans la soirée.

Cette journée, dans laquelle la colère impuissante du général en chef avait été réduite à s'exercer sur des arbres et des champs de blé, fut toute à l'avantage des Arabes, qui eurent la satisfaction de voir les Français battre en retraite devant eux. Ils vinrent se poster auprès de Médéa et attendirent ce qu'allait faire le général Berthezène. Celui-ci était très-embarrassé de sa position : la consternation régnait dans la ville parmi les partisans de Ben-Omar; tout annonçait à l'extérieur une insurrection générale. La ville était mal approvisionnée en vivres, et ceux que l'armée avait apportés avec elle allaient bientôt être épuisés. Cette circonstance persuada au général français qu'il lui était impossible de rester plus longtemps dans le pays. Il paraît qu'il ne lui vint pas à l'esprit que, puisqu'il avait trouvé des blés à brûler, il en aurait trouvé à moissonner, et qu'il y avait des moulins à Médéa. Il n'était qu'à quelques lieues de Blida, qui lui aurait envoyé de la viande, car on obtient tout ce que l'on veut d'un peuple conquis, tant qu'on prend l'offensive, tandis qu'au moindre mouvement rétrograde, on a toutes les populations sur les bras.

Si M. Berthezène eût fait toutes ces réflexions, il n'aurait pas été réduit à abandonner la province de Titteri, sans avoir rien exécuté de ce qu'il paraissait avoir voulu y faire : car je ne pense pas qu'il n'eût d'autre dessein, en partant d'Alger, que de tirer Ben-Omar de Médéa. Quoi qu'il en soit, il annonça, le 2 juillet, aux habitants de cette ville, que les Français étaient dans la dure nécessité de les abandonner une seconde fois à eux-mêmes ; ils les engagea à se défendre comme ils le pourraient, et leur dit que, à cet effet, il leur laissait les canons et les munitions qu'ils avaient reçus du général Clauzel. A ce discours, le bey de Titteri et quelques personnes qui lui étaient plus particulièrement attachées déclarèrent qu'ils ne pouvaient rester à Médéa dans les circonstances présentes ; le général en chef se décida à les emmener à Alger.

Le même jour, à quatre heures du soir, l'armée commença son mouvement de retraite sur Alger ; tout aussitôt l'ennemi, qui était toujours en position en vue de Médéa, s'ébranla pour la suivre en tiraillant, suivant son habitude. On arriva ainsi jusqu'à Zeboudj-Azarah, où l'on s'établit comme pour passer la nuit ; mais, peu d'heures après, le général Berthezène, désirant profiter de l'obscurité pour gagner le col, fit remettre la colonne en marche ; elle arriva à Thénia à la pointe du jour, accompagnée de l'ennemi, qui, s'étant aperçu de son départ, s'était mis à sa poursuite. Après une halte de quelques instants, l'armée commença à descendre le versant septentrional de l'Atlas. Le bataillon du 20e, qui était resté au col, s'ébranla le dernier et forma l'arrière-garde.

Le nombre des ennemis avait un peu augmenté ; cependant il ne s'élevait pas à plus de douze à quinze cents hommes au moment où les Français quittèrent le col. Quelque faible qu'il fût, comme on était obligé de se retirer par un chemin difficile, on aurait dû, pour prévenir le désordre, ne négliger aucune de ces vulgaires précautions que l'étude seule des règlements militaires suffit pour enseigner, même à ceux qui n'ont pu y joindre encore les leçons de l'expérience ; c'est cependant à quoi on ne songea pas : aucune troupe ne fut envoyée sur les crêtes des hauteurs qui dominent la route, de sorte que l'ennemi s'en empara, et se mit à longer dans cette direction le flanc droit de la colonne, en l'incommodant par un feu vertical et meurtrier.

Bientôt le bataillon du 20e de ligne, qui était à l'arrière-garde, assailli par les Kbaïles, commença à mollir. Dans ce moment, un malheureux hasard voulut que son chef fût blessé. Cet officier se retira du champ de bataille, sans avoir remis le commandement à celui qui devait le prendre après lui. Comme la plus grande partie de cette troupe était dispersée en tirailleurs, personne ne s'aperçut à temps de l'absence du commandant, qui, par conséquent, ne fut pas remplacé ; il en résulta que toute direction manquant à ce bataillon, le désordre se mit dans ses rangs, et qu'il se replia avec précipitation sur le gros de la colonne, déjà ébranlée par l'attaque de flanc des Kbaïles.

Alors une terreur panique s'empara de toute l'armée : les rangs se rompirent ; les régiments, les bataillons, les compagnies se confondirent, et chacun, ne songeant qu'à son propre salut, se mit à fuir vers la ferme de Mouzaïa. Des blessés furent abandonnés à la fureur des ennemis. Des Kbaïles attaquèrent nos soldats corps à corps, et en précipitèrent plusieurs dans les ravins qui bordaient la route.

Dans ce moment critique, où quatre mille Français allaient peut-être être anéantis par une poignée d'Africains, le chef de bataillon Duvivier, commandant le 2ᵉ bataillon de zouaves et quelques Parisiens, se jeta en dehors du flanc droit de la colonne, et, faisant face à l'ennemi, il s'établit perpendiculairement à la route, sa gauche appuyée à la crête des hauteurs, et sa droite à la route même. Ce mouvement habile et hardi, qui réparait en partie la faute commise dès le principe, sauva l'armée. Les Parisiens et les zouaves, combattant à l'envi les uns des autres, arrêtèrent l'ennemi, pendant que le reste de nos troupes continuait à fuir. Mais, lorsqu'ils durent songer à leur propre retraite, la colonne était déjà loin, et ils ne trouvèrent personne pour les soutenir. Le commandant Duvivier était persuadé qu'on aurait disposé un bataillon de manière à ce que le sien pût venir se rallier derrière ; mais il n'en fut pas ainsi. Ce brave commandant fut abandonné. Son bataillon ayant été dispersé sur un grand espace très-accidenté, il ne put reformer les compagnies ; mais il se retira par groupes, toujours combattant, toujours faisant face à l'ennemi lorsqu'il était poussé de trop près. Il trouva sur le chemin une pièce de montagne renversée, et auprès le commandant d'artillerie Camin, qui n'avait pas voulu l'abandonner ; il la releva, continua sa retraite et parvint à la ferme de Mouzaïa, où l'armée se ralliait.

Les Kbaïles et les Arabes s'arrêtèrent au pied de la montagne, en face des troupes françaises, qui se reformaient silencieusement, honteuses du moment de faiblesse qu'elles avaient eu. Le général Berthezène paraissait indécis sur le parti qu'il devait prendre. Après quelques heures de repos et d'hésitation de part et d'autre, l'ennemi, auquel étaient venus se joindre les Hadjoutes et les cavaliers du Merdjia, s'ébranla par sa droite pour aller s'emparer du gué de la Chiffa, par lequel l'armée avait passé en venant. Le général, ayant deviné son intention, lui laissa le temps d'effectuer son mouvement, et se mit en marche vers le soir pour aller passer la rivière à deux lieues au-dessous dans la direction de Haouch-Hadj. L'ennemi ne s'aperçut que fort tard de cette contre-marche; il revint néanmoins sur ses pas, et ses cavaliers les mieux montés purent tirailler avec notre arrière-garde. Ce ne fut qu'à dix heures du soir que les Français arrivèrent à la Chiffa; comme depuis le matin ils souffraient de la soif, ils se précipitèrent pêle-mêle dans l'eau ; il y eut une confusion telle que, si les Arabes avaient vigoureusement attaqué dans le moment, les événements de la matinée auraient pu se renouveler. Enfin l'ordre se rétablit, et le 4 juillet, à quatre heures du matin, le corps d'armée atteignit Bouffarick. La route en cet endroit était bordée à droite et à gauche par des taillis épais, et franchissait plusieurs ruisseaux sur dix ponts étroits situés à peu de distance les uns des autres. Les Arabes de Beni-Khelil et de Beni-Mouça s'étaient emparés de ce passage qu'ils cherchèrent à défendre; mais ils en furent facilement débusqués. L'armée, après avoir traversé le défilé, prit quelques instants de repos, et se dirigea ensuite sur Oued-el-Kerma, où elle bivouaqua. Le lendemain 5 juillet, anniversaire de la prise d'Alger, les troupes rentrèrent dans leurs cantonnements.

Telle fut cette malheureuse expédition de Médéa, plus funeste par l'effet moral qu'elle produisit sur l'esprit des indigènes que par les pertes réelles que nous y éprouvâmes, car nous n'eûmes que 254 hommes mis hors de combat, savoir : 62 morts et 192 blessés. L'armée et son général eurent réciproquement de graves reproches à se faire; mais ce fut principalement sur ce dernier que porta le blâme public. On accusait ouvertement son incapacité et son incurie, et même on exagérait le mal pour donner libre carrière à la médisance. Les militaires français sont en général trop disposés à accabler un chef malheureux; et cependant ce n'est pas par des récriminations passionnées que l'on doit espérer de réparer un échec. Les fautes d'un général sont du domaine de l'histoire; mais, dans son armée même, les hommes qui sont en état de le juger devraient plutôt les dissimuler et les taire qu'affaiblir la confiance des troupes en les publiant. Pour nous, placé loin des événements, nous avons pu sans inconvénient user des droits de la critique, et laisser voir le général Berthezène tel que nous le présentent ses actes.

Cependant les Arabes, fiers des avantages incontestables qu'un malheureux concours de circonstances leur avait fait obtenir sur nous, se berçaient de la flatteuse espérance de nous chasser d'Alger. Oulid-Bou-Mezrag d'un côté, Ben-Zamoun de l'autre, excitaient les indigènes à prendre les armes. Sidi-Saadi, d'une famille de marabouts d'Alger, qu'un voyage récent à La Mecque recommandait à l'estime de ses coreligionnaires, et qui ne visait à rien moins qu'à succéder à Hussein-Pacha, contribuait puissamment par ses prédications à ameuter les tribus de l'est, chez lesquelles il s'était retiré. Bientôt deux camps d'insurgés se formèrent, l'un à Bouffarick, sous les ordres d'Oulid-Bou-Mezrag, et l'autre sur la rive droite de l'Arach auprès du marabout de Sidi-Arzine, sous ceux de Ben-Zamoun et de Sidi-Saadi. Ce dernier n'était qu'à peu de distance de la Ferme-Modèle. Des partis nombreux se répandirent dans le Fhas, attaquèrent des cultivateurs européens, en tuèrent quelques-uns, et forcèrent les autres à se réfugier dans la ville. La consternation fut alors générale dans la population civile européenne. La terreur grossissant le nombre des ennemis, peignait tout sous les plus noires couleurs : les colons abandonnèrent les campagnes qu'ils commençaient à cultiver ; dans la ville, plusieurs négociants fermaient leurs établissements et songeaient déjà à se rembarquer avec leurs marchandises les plus précieuses, tant il leur paraissait difficile de résister à une insurrection générale, avec une armée découragée et malade, et avec un chef déconsidéré ; enfin la colonie naissante semblait être arrivée à son dernier jour. Mais que peuvent dans une guerre défensive les efforts désordonnés de la barbarie contre la vigoureuse organisation militaire des nations civilisées ?

Le 17 juillet, les gens de Ben-Zamoun passèrent l'Arach, vinrent attaquer la Ferme-Modèle, et mirent le feu à la première récolte que des mains européennes eussent fait croître sur le sol algérien. Tous les postes extérieurs furent obligés de se replier sur la Ferme, excepté celui d'un blockhaus que les Kbaïles ne purent forcer. L'ennemi s'étant emparé des hauteurs qui dominaient ce poste du côté du nord, plongeait dans son intérieur et commençait à mettre la garnison dans une position assez critique, lorsque des secours arrivèrent, ce qui l'obligea de repasser la rivière et de se retirer dans son camp.

Le lendemain l'attaque recommença; mais, au premier coup de canon, le général Berthezène partit d'Alger avec six bataillons, toute la cavalerie et deux pièces de campagne, et se dirigea par Kouba et la route de Constantine entre la maison Carrée et la Ferme. Arrivé sur la crête des hauteurs en face de Sidi-Arzine, il dirigea le feu de son artillerie sur le camp des Kbaïles. En même temps, le colonel d'Arlanges, du 30e de ligne, qui commandait le poste de la Ferme, fit une sortie contre ceux qu'il avait en face, les rejeta de l'autre côté de la rivière, passa l'Arach après eux, et se dirigea sur le camp. Le général Berthezène s'y porta aussi avec toutes ses troupes, mais l'ennemi n'attendit pas un choc aussi formidable. Il leva le camp avec précipitation, et prit en toute hâte le chemin des montagnes. La cavalerie se mit à sa poursuite, mais elle ne put l'atteindre. Le général en chef rentra le même jour à Alger, croyant en avoir fini avec l'insurrection.

Malgré le succès de cette journée et la dispersion des troupes de Ben-Zamoun, les voitures de l'artillerie, qui rentraient le soir à Alger, sous l'escorte de deux compagnies, furent attaquées près de Birkadem par un parti arabe qui s'était mis en embuscade sur la route. Il y eut un moment de désordre dans l'escorte, mais l'ennemi finit par être repoussé.

Le 19, la Ferme fut de nouveau attaquée; cette fois, ce fut par les Arabes du rassemblement de Bouffarick. L'ennemi arriva par le pont d'Oued-el-Kerma, bloqua le blockhaus qui était sur la hauteur en face, et vint investir la Ferme qu'il ne put forcer. Le combat se prolongea jusque dans la nuit.

Le 20, le blockhaus d'Oued-el-Kerma, toujours entouré d'ennemis, continua à se défendre avec acharnement, quoique privé de toute communication avec la Ferme. L'officier qui le commandait, et dont le nom mérite d'être connu, s'appelait Rouillard ; il était lieutenant au 50° de ligne. Il ménagea ses cartouches en ne faisant tirer qu'à coups sûrs, et parvint ainsi à se maintenir dans ce poste dangereux. Les Arabes essayèrent de démolir le blockhaus en arrachant les planches ou en les coupant à coup de yatagan, mais ils n'eurent pas, fort heureusement, l'idée d'y mettre le feu. Le même jour un convoi fut attaqué près de Birkadem ; un demi-bataillon du 67° de ligne, qui l'escortait, fut mis en complète déroute, et ne dut son salut qu'à un bataillon du 50° qui vint à son secours ; la Ferme fut aussi attaquée, mais faiblement.

Le 21, les tirailleurs ennemis s'avancèrent jusqu'à Birkadem ; on combattit jusque dans la nuit aux environs de la Ferme et d'Oued-el-Kerma, sans succès bien prononcé de part ni d'autre. Le général Feuchères s'était porté sur ce point vers le soir avec quelques bataillons.

Enfin, le 22, le général en chef marcha à l'ennemi au point du jour avec des forces imposantes. Le combat se décida alors complétement en notre faveur. Les Arabes furent rejetés sur la route de Blida ; on les poursuivit jusqu'à Bir-Touta (le Puits des Mûriers), à cinq quarts de lieue au delà du pont d'Oued-el-Kerma. La cavalerie s'avança jusqu'en vue de Bouffarick, où se trouvaient encore quelques masses ennemies ; ne se sentant pas assez forte pour les attaquer, elle se replia sur le corps d'armée en incendiant et saccageant quelques habitations arabes.

Le général Berthezène rentra le même jour à Alger, comme il l'avait fait le 18, mais cette fois avec plus de raison, car le succès de cette journée avait été décisif. Les bandes qui composaient le rassemblement de Bouffarick se dispersèrent comme celles de Ben-Zamoun et de Sidi-Saadi, et il ne resta plus d'ennemis à combattre.

Les Arabes ne mirent ni ordre ni ensemble dans leurs attaques ; il avaient hâte d'en finir, parce qu'ils sentaient bien qu'ils ne pouvaient rester réunis bien longtemps. S'ils avaient pu prolonger leurs efforts, ils nous auraient mis dans une position critique. Les maladies qui régnaient dans nos troupes depuis plus d'un mois prenaient chaque jour plus d'intensité : les hôpitaux étaient encombrés, les cadres de plusieurs compagnies presque vides, de sorte qu'un mois ou trois semaines de fatigue et de combats, même heureux, auraient réduit l'armée presque à rien. Au reste, cette insurrection, quoiqu'elle n'eût pas atteint le but que s'en proposaient les auteurs, fit beaucoup de mal à la colonie : elle arrêta le travail et la marche des capitaux sur Alger, découragea les hommes timides qui sont toujours en grand nombre, fournit des arguments aux ennemis de la colonisation, et contribua puissamment à donner à ce qu'il resta d'activité coloniale la fausse et funeste direction que nous avons signalée dans le livre précédent.

Quoique les Arabes eussent été repoussés à l'attaque de nos lignes, cet échec ne détruisit pas la bonne opinion qu'ils avaient conçue d'eux-mêmes depuis la retraite de Médéa. Ils n'y virent qu'un avertissement de se borner à se considérer comme nos égaux en force et en puissance, tandis que pendant quelques jours ils s'étaient regardés comme nos supérieurs. Dès ce moment, ils commencèrent à faire une distinction entre la banlieue d'Alger, sur laquelle ils voulurent bien consentir à reconnaître nos droits, et le reste de la province, qui, d'après eux, devait être soustrait à notre autorité. *Restez chez vous, et nous resterons chez nous*, tel fut le langage de leur politique. La conduite du général Berthezène, pendant les quatre ou cinq mois qu'il resta encore en Afrique, prouva qu'il avait accepté cet ultimatum. Cependant ce général, tout en consentant à traiter de puissance à puissance avec les Arabes de la province d'Alger, désirait qu'ils eussent un chef unique qui pût lui répondre non de leur soumission, il n'en était plus question, mais de leur tranquillité. L'agha Mendiri n'avait jamais été qu'une fiction ; sur la recommandation des Maures d'Alger, on le remplaça par El-Hadj-Mahiddin-el-Seghir-ben-Sidi-Ali-ben-Moubarek, chef de l'antique et illustre famille des marabouts de Coléa. Celui-ci s'engagea, moyennant un traitement de 70,000 fr. par an, à retenir les Arabes chez eux, à condition que nous resterions chez nous. C'était un système de complète stagnation ; mais enfin c'était un système : nous nous bornions à occuper les quelques lieues carrées qui paraissaient pouvoir suffire à nos essais de colonisation.

Le nouvel agha, jusqu'au départ du général Berthezène, qui eut lieu dans le mois de janvier 1832, remplit ses engagements en homme consciencieux ; les Arabes ne se permirent aucun acte d'hostilité sur nos terres, mais il était imprudent à un Français de pénétrer sur les leurs. L'agha recommandait bien dans toutes ses lettres de ne laisser aller personne chez les indigènes, et de n'avoir de communications avec eux que par son intermédiaire. En effet, toutes les relations avec les Arabes se réduisirent à la correspondance de l'agha, qui ne vint que très-rarement à Alger dans le cours de son administration.

El-Hadj-Mahiddin exerçait une grande influence sur les indigènes, et par la sainteté de son origine, et par ses qualités personnelles, qui étaient très-remarquables. Homme d'ordre et d'autorité, il arrêta un moment l'anarchie parmi les Arabes. Il nomma pour kaïd à Khachna, en remplacement de Ben-el-Amri, dont nous avons raconté la fin tragique, El-Hadj-Mohammed-el-Mokhfi; Ahmed-ben-Ourchefoun fut laissé à Beni-Mouça, et Meçaoud-ben-Abdeloued au Sebt, malgré la part qu'ils avaient prise l'un et l'autre à l'insurrection. A Beni-Khelil, Mohammed-ben-Cherguy avait abandonné ses fonctions à la destitution de l'agha Hamdan. L'agha Mendiri ne songea pas à le remplacer ; mais l'outhan, las de cette anarchie, mit à sa tête El-Hadj-Boualouan. M. Mendiri refusa de reconnaître Boualouan, et fit nommer à sa place El-Arbi-ben-Brahim, cheik de Beni-Salah. L'agha Mahiddin, n'ayant pas confiance en cet homme, le destitua, et El-Arbi-ben-Mouça fut reconnu kaïd de Beni-Khelil. A Médéa, Oulid-Bou-Mezrag s'était emparé du pouvoir sans titre déterminé, après le départ de Ben-Omar ; mais ce jeune homme, s'étant ensuite abandonné à la débauche et à l'ivrognerie avec un scandale qui indigna toute la population, tomba dans le plus grand discrédit, et ne vit d'autre ressource que de se jeter dans le parti du bey de Constantine, ainsi que nous le verrons dans le second volume.

Comme nous touchons à l'époque où ce dernier commença à être en contact plus immédiat avec nous, il convient de faire connaître au lecteur dans quelle position il se trouvait alors.

Ahmed, bey de Constantine, après la prise d'Alger, se retira dans sa province avec le peu de troupes qu'il avait conduites au secours d'Hussein-Pacha. En approchant de sa capitale, il apprit que les Turcs qu'il y avait laissés s'étaient révoltés contre son autorité, et avaient élu pour bey son lieutenant Hamoud-ben-Chakar. Ne se trouvant pas assez fort pour les soumettre, il les fit prier de permettre à sa famille de venir le rejoindre, promettant de renoncer à tous ses droits et de se retirer dans le Sahara, pays de sa mère. Mais, pendant cette petite négociation, une prompte révolution s'opéra en sa faveur. Les habitants de Constantine, craignant les excès auxquels les révoltés pourraient se livrer, s'ils étaient complétement vainqueurs, envoyèrent un marabout à Ahmed bey, pour l'inviter à entrer en ville avec le peu de forces dont il pouvait disposer, s'engageant à le soutenir contre les Turcs. Ahmed, qui ne renonçait que malgré lui à la puissance, mit à profit ces bonnes dispositions, et pénétra dans Constantine. Les Turcs, voyant qu'ils avaient toute la population contre eux, sortirent de la ville, et allèrent camper à une certaine distance avec le bey qu'ils avaient élu. Le lendemain, Ahmed marcha contre eux avec des forces supérieures prises dans le sein de la population. Les révoltés, n'espérant pas pouvoir lui résister, massacrèrent Hamoud-ben-Chakar, et firent leur soumission. Le bey feignit de les recevoir en grâce, mais, plus tard, il les fit presque tous égorger en détail, sous différents prétextes.

Mustapha-bou-Mezrag, bey de Titteri, s'étant mis en

état de guerre contre la France, et ayant pris le titre de pacha, envoya, dans l'été de 1830, une députation à Ahmed pour le sommer de le reconnaître comme successeur d'Hussein. Cette ambassade n'arriva pas jusqu'à lui, car, à peine eut-il vent de la démarche de Mustapha, qu'il jura qu'il ne reconnaîtrait jamais son collègue pour son souverain, et prit pour lui-même le titre de pacha.

La chute de Mustapha ne rapprocha pas Ahmed des Français. Le général Clauzel ayant pris alors, comme nous l'avons dit, la résolution de le remplacer par un prince de la famille de Tunis, il ne songea plus qu'à se mettre en état de défense. Se méfiant de Farhat-ben-Saïd, qui remplissait alors les fonctions de cheik des Arabes du Sahara (1), il le destitua et nomma à cet emploi son oncle maternel Bou-Zeïd-ben-Gana. Cette mesure intempestive fut pour lui une source intarissable d'embarras de toute espèce, car Farhat n'était pas homme à céder facilement la place ; il avait pour lui l'affection de plusieurs tribus puissantes, et par leur moyen il repoussa Ben-Gana, qui s'était présenté avec des forces insuffisantes. Vaincu peu de temps après par Ahmed bey, qui marcha contre lui en personne, il ne perdit pas courage pour cela, et la plupart des tribus continuèrent à le reconnaître pour chef. Sans cesse occupé à susciter des ennemis au bey de Constantine, il étendait ses menées sur tous les points où il pouvait trouver le moindre germe de mécontentement à exploiter.

Cet état de choses menaçant pour Ahmed bey l'empê-

---

(1) Le cheik des Arabes de Sahara est l'agha des tribus de cette contrée, qui, chacune, ont leurs cheiks particuliers.

cha de s'occuper de Bône, après que le général Damrémont l'eut évacué en 1830. Cette ville, soustraite de fait à son autorité et abandonnée par la France, se gouverna elle-même. Les tribus voisines, qui en voulaient beaucoup aux habitants pour avoir reçu les Français dans leurs murs, l'attaquèrent plusieurs fois, mais elles en furent toujours repoussées. Une centaine de Turcs qui s'y trouvaient sous le commandement d'un Koulougli influent, nommé Ahmed, contribuèrent puissamment à sa défense. Cependant, comme les attaques se renouvelaient sans cesse, les Bônois s'adressèrent au général Berthezène dans l'été de 1831, et lui demandèrent des secours en hommes et en munitions. D'après les insinuations de Sidi-Ahmed, qui nécessairement jouissait d'un grand crédit chez eux à cause des services que sa petite troupe leur rendait depuis un an, ils insistèrent beaucoup pour qu'on ne leur envoyât que des troupes indigènes. Cet arrangement convenait à Sidi-Ahmed, qui avait, dit-on, conçu le projet de se créer une position indépendante, et au général Berthezène, qui n'aurait pas cru peut-être pouvoir prendre sur lui d'envoyer des troupes françaises à Bône sans l'autorisation du gouvernement français : en conséquence, on forma un petit détachement de 125 zouaves, tous Musulmans, à l'exception de quelques officiers et sous-officiers, dont on donna le commandement au capitaine Bigot. Le commandant Huder, officier d'ordonnance du général Guilleminot, alors ambassadeur à Constantinople, fut chargé de la direction supérieure de l'expédition ; mais, par une assez bizarre combinaison d'idées, il reçut le titre de consul de France à Bône. M. Huder était venu en Afrique sous le général Clauzel, pensant que la connaissance qu'il croyait avoir des mœurs de l'Orient pourrait y être utilisée. C'était un homme très-actif et très-zélé, mais d'un jugement peu sûr.

MM. Huder, Bigot et leurs 125 zouaves arrivèrent, à Bône sur la corvette la Créole, le 14 septembre. Ils furent fort bien reçus par les habitants ; mais Sidi-Ahmed, à la vue des officiers français, laissa percer son mécontentement. Ce n'était pas ce qu'il avait demandé : il aurait voulu des soldats musulmans, et rien de plus. Le commandant Huder, qui s'aperçut de ses dispositions, vit bien qu'il allait avoir un ennemi dans cet homme, et se mit tout aussitôt à travailler à l'éloigner des affaires. Sous prétexte de soulager les Turcs, il plaça quelques zouaves à la Casbah et en augmenta progressivement le nombre, de manière à pouvoir y envoyer un officier, ce qui ôta par le fait le commandement de cette citadelle à Sidi-Ahmed. Mais celui-ci resta cependant assez puissant pour faire beaucoup de mal, s'il le voulait, et il le voulut d'autant plus que M. Huder rompait évidemment avec lui. Il est des circonstances difficiles où il faut dissimuler avec un ennemi, lorsqu'on ne se sent pas la force de l'écraser entièrement.

Il y avait alors à Bône un ancien bey de Constantine, nommé Ibrahim, qu'une suite d'événements avait conduit dans cette ville. Ce personnage, qui cachait sous une bonhomie apparente un grand fond de perfidie, parvint à capter la confiance de M. Huder. Il épiait toutes les démarches de Sidi-Ahmed dont il rendait compte au commandant français. Son dessein était de les perdre l'un par l'autre et de s'emparer ensuite du pouvoir.

M. Huder, qui n'avait pas les habitudes très-militaires, s'était fort mal installé à Bône ; sa petite troupe se gardait mal ; les portes de la Casbah étaient toujours ouvertes, et l'officier qui y commandait venait tous les jours prendre ses repas en ville. Ibrahim, qui observait tout, résolut de profiter de cette négligence pour brusquer le dénouement qu'il préparait. Il avait obtenu du trop confiant Huder quelque argent pour prix des services qu'il était censé lui rendre. Il en employa une partie à soudoyer quelques hommes avec lesquels il se présenta à la Casbah au moment où l'officier en était absent. La garnison étonnée hésita un instant, mais bientôt, séduite par quelques largesses, elle se déclara pour lui, les Turcs d'abord et plusieurs zouaves ensuite. Ceux qui auraient désiré rester fidèles, se voyant ainsi abandonnés, furent contraints de poser les armes.

Ibrahim, maître de la citadelle, en fit fermer les portes et annonça son triomphe par une salve d'artillerie. A ce bruit, le commandant Huder et le capitaine Bigot réunirent à la hâte quelques soldats et marchèrent sur la Casbah, d'où ils furent repoussés par une vive fusillade. Ils rentrèrent alors dans la ville, dont les partisans de Sidi-Ahmed cherchaient déjà à fermer les portes.

Il y avait alors en rade de Bône deux bâtiments de l'Etat, la Créole et l'Adonis. M. Huder résolut de leur demander des hommes de débarquement et d'attaquer la Casbah avec eux et ses zouaves. Mais les habitants de la ville lui ayant promis de ramener les Turcs à leur devoir et de lui livrer Ibrahim, il renonça à son projet.

Deux jours se passèrent à attendre l'effet de ces promesses, qui ne devaient pas se réaliser. Les Arabes de la campagne étaient aux portes de la ville ; Ibrahim en avait reçu un grand nombre dans la citadelle, et tout annonçait une attaque prochaine. Le 29, quelques Bônois, disant agir au nom de leurs compatriotes, vinrent déclarer au commandant Huder qu'il ne pouvait plus rester à Bône. Forcé de céder à la nécessité, ce malheureux officier leur annonça qu'il allait partir et fit aussitôt demander des embarcations aux deux navires. Dès que cette nouvelle se fut répandue en ville et au dehors, les campagnards se précipitèrent sur les portes, forcèrent les gardes et envahirent toutes les rues. Beaucoup de zouaves furent pris ou se réunirent aux insurgés; le capitaine Bigot fut égorgé après s'être vaillamment défendu. Quarante ou cinquante personnes, Français ou zouaves, repoussées vers la porte de la Marine, se précipitèrent vers les embarcations que les deux navires leur envoyaient. Plusieurs périrent dans cette retraite; de ce nombre fut l'infortuné Huder, qui, déjà blessé de deux coups de feu, reçut une balle dans la tête en arrivant dans un canot.

Cette scène sanglante était à peine terminée que les habitants de Bône envoyèrent des parlementaires à bord de la Créole pour protester qu'ils n'étaient pour rien dans tout ce qui venait de se passer. Peu d'instants après, on vit arriver d'Alger deux bricks portant 250 hommes du 2ᵉ bataillons de zouaves, commandés par le commandant Duvivier, que le général Berthezène envoyait au secours de la faible garnison de Bône. Les gens de la ville rendirent alors les prisonniers, parmi lesquels se trouvait un officier. M. Duvivier désirait tenter un coup de main sur la Casbah avec ses hommes et une partie des équipages des navires; mais les commandants des bâtiments ne crurent pas devoir accéder à ce projet. Il fallut donc retourner à Alger, où les débris de l'expédition rentrèrent le 11 octobre.

Cette malheureuse affaire acheva de perdre le général

Berthezène, à qui on en reprocha l'issue avec d'autant plus d'amertume, que la pitié commandait le silence sur celui qui aurait pu en partager le blâme avec lui.

Dans la province d'Oran, notre position fut longtemps indécise sous l'administration du général Berthezène. Le Gouvernement resta plusieurs mois sans se prononcer sur l'adoption ou le rejet des arrangements pris par le général Clauzel au sujet de ce beylik; pendant tout ce temps les choses restèrent dans l'état où nous les avons laissées au 6e livre de cet ouvrage. Le khalifa du prince Ahmed était toujours censé gouverner le pays sous la protection du colonel Lefol et de son régiment; mais son autorité ne s'étendait guère au delà de la ville, réduite à une très-faible population. Il avait pris à son service les Turcs qui étaient à celui de l'ancien bey, ce qui éleva à près de 500 hommes le nombre des soldats immédiatement placés sous ses ordres, y compris ceux qu'il avait amenés de Tunis. Dans le mois de juin, il alla attaquer avec ce petit corps une tribu qui l'avait bravé, lui tua beaucoup de monde, et lui enleva un assez riche butin; il avait besoin de cette ressource, car il était presque sans argent et ses troupes étaient dans le plus affreux dénuement. Le 21e de ligne n'était pas dans une position plus brillante. Comme il était désigné depuis longtemps pour rentrer en France, il ne recevait plus rien de son dépôt, de sorte que les soldats étaient presque nus; les officiers eux-mêmes n'avaient que des habits en lambeaux. Le découragement s'était emparé de cette troupe, fatiguée de son isolement, et qui restait souvent un mois sans nouvelles d'Alger ni de France. Le colonel Lefol, qui la commandait, mourut d'une nostalgie dans le courant du mois d'août.

La nouvelle des succès obtenus par les Kbaïles à l'expédition de Médéa excita quelques mouvements dans les environs d'Oran : les Arabes qui habitaient auprès de cette place s'en éloignèrent avec l'intention avouée d'aller se joindre à leurs compatriotes de l'intérieur, et de revenir ensuite attaquer la garnison. Ces préparatifs hostiles rendirent un peu de vie aux soldats français, à qui l'inaction pèse plus que toute autre chose; mais ils n'amenèrent que quelques vaines démonstrations de la part des Arabes. Il n'y eut aucune attaque sérieuse; tout se borna à quelques insignifiants coups de fusil, tirés de loin sur les avant-postes.

Enfin, le Gouvernement s'étant déterminé à refuser sa ratification aux arrangements du général Clauzel, se décida à occuper Oran pour son propre compte. Le général Fodoas avait d'abord été désigné pour aller commander sur ce point, mais une nouvelle décision confia ce poste au général Boyer. Il arriva à Oran dans le milieu de septembre; le 21ᵉ de ligne rentra en France, et le 20ᵉ le remplaça. Mais l'envoi d'un lieutenant-général à Oran prouvait que l'intention du Gouvernement était d'augmenter les forces de cette partie de la Régence, ce qui eut en effet lieu un peu plus tard.

Le khalifa et ses Tunisiens furent reconduits dans leur pays à leur grande satisfaction, car ils étaient las depuis longtemps de leur position équivoque.

Peu de jours après l'arrivée du général Boyer, Muley-Ali, parent de l'empereur de Maroc et commandant des troupes que ce prince avait envoyées dans la province d'Oran, vint avec quelques centaines de cavaliers tournoyer autour de la place; après deux ou trois jours de vaines et puériles démonstrations, il disparut; mais les environs de la ville restèrent peu sûrs. Les Arabes venaient en enfants perdus tirer de loin sur les sentinelles, comme pour protester contre notre présence à Oran par ces actes d'hostilités sans résultats; cela n'empêchait pas d'autres Arabes de fréquenter notre marché. Il arriva plus d'une fois que les indigènes, après avoir vendu leurs denrées à Oran, s'amusaient, en s'en retournant, à décharger leurs fusils contre les remparts. Cet état équivoque, qui n'était ni la paix ni la guerre, dura, avec quelques légères variations, pendant toute l'année 1831.

Le général Boyer était arrivé dans son commandement précédé d'une grande réputation de sévérité, qui lui avait acquis en Espagne le surnom de *Cruel*, dont il était le seul à s'honorer. C'était, du reste, un homme d'esprit et de capacité, instruit et ami des arts, doux et affable dans son intérieur, et pourvu enfin d'une foule de qualités estimables, qui contrastaient singulièrement avec sa terrible réputation justifiée par ses actes. Il se montra à Oran impitoyable envers des Maures soupçonnés d'entretenir des intelligences avec l'empereur de Maroc. Plusieurs furent exécutés sans jugement, et quelques-uns clandestinement. Un marchand marocain, nommé Balenciano, fut un jour enlevé de chez lui par ses ordres, et cessa bientôt d'exister : toutes ses richesses furent confisquées ; il revint au trésor une somme de 20,000 fr., qui fut restituée aux héritiers en 1834. Rien ne justifiait des mesures aussi acerbes. La population d'Oran n'était pas assez considérable, ni assez hostile, pour qu'il fût nécessaire de la maintenir par de semblables moyens. S'il existait des coupables, c'était à la justice à les trouver et à les punir. Il faut que les circonstances soient bien graves pour qu'un seul homme s'arroge le droit de vie et de mort ; malheureusement la cruauté, comme moyen politique, était systématique chez le général Boyer ; c'était une affaire de conviction et de raisonnement plus encore qu'une émanation du caractère.

Lorsqu'il fut bien décidé qu'Oran ferait définitivement partie de l'occupation, on s'occupa d'y organiser les services administratifs. Comme toujours, la fiscalité fut mise en première ligne ; un arrêté du 7 septembre rendit applicables au port et à la ville d'Oran le tarif et le mode de perception des droits de douane et d'octroi en usage à Alger. Le même jour on fixa la composition du personnel du bureau des douanes. M. Baraclein fut nommé sous-intendant civil, et M. Pujal commissaire près de la municipalité qu'on se proposait de créer à l'instar de celle d'Alger. Nous allons donner maintenant une courte description de la province d'Oran, et faire connaître les tribus qui l'habitent.

La province ou beylik d'Oran avait une partie de son territoire sur la droite du Chélif. Cette rivière, qui est le cours d'eau le plus considérable de l'Algérie, commence au sud du mont Ouenseris, dans un lieu appelé Seboun-Aïn, à cause des soixante-dix fontaines dont la réunion en forme la source. Quoique cette source ne soit en ligne directe qu'à cent quarante kilomètres de son embouchure, le cours de la rivière en a plus de quatre cents, par suite des grands détours qu'elle fait. Elle court d'abord vers l'est l'espace d'une centaine de kilomètres, puis elle se dirige vers le nord jusqu'à la hauteur de Médéa, qu'elle laisse sur la droite ; de là elle court à l'ouest jusqu'à son embouchure, en suivant une ligne parallèle au littoral, dont elle n'est jamais plus éloignée que de quarante kilomètres. Dans cette dernière partie de son cours, l'espèce de presqu'île qu'elle forme ainsi avec la mer est très-montagneuse et d'un accès difficile, mais du reste riche et fort pittoresque ; c'est là que se trouve la petite ville maritime de Tenez, qui, avant la domination turque, était la capitale d'un petit royaume indépendant.

La contrée comprise entre Tenez et l'embouchure du Chélif porte le nom de Dahra. On l'appelait jadis, et on l'appelle encore quelquefois aujourd'hui Magraouah. Les principales tribus qui l'habitent sont : les Beni-Zeroual, les Beni-Zantès, les Oulad-Khelouf, les Mediouna, les Oulad-Kiah, les Oulad-Younès et les Beni-Madoun. Sur le versant sud des montagnes du Dahra est la ville, ou plutôt le village de Mazouna, à une dizaine de kilomètres du Chélif.

Il se faisait autrefois sur les côtes du Dahra, par les points appelé Khelat-el-Chema, Ras-el-Khamise et Rumi-nel-el-Abiad, un commerce de grains et de cire qui n'était pas sans importance. La population de ce canton est au moins de 25,000 âmes ; elle est presque toute de race kbaïle, laborieuse, brave, et a toujours joui d'une assez grande indépendance.

A l'est de Tenez, entre cette ville et les Beni-Menasser, on trouve de l'ouest à l'est les Beni-Hidja, les Haoua, la forte tribu de Zatima, qui compte neuf subdivisions, et les Beni-Ferah. Ces diverses tribus présentent une population de plus de 50,000 âmes.

Maintenant, si nous descendons le Chélif depuis sa source jusqu'à son embouchure, nous rencontrerons successivement les Beni-Lent, les Beni-Meida, les Oulad-Aïad, les Oulad-Aziz, les Oulad-Helal, les Matmata, les Beni-Ahmed, les Djendel, les Hachem du Chélif. C'est au nord de cette tribu que se trouve la ville de Miliana, sur les pentes du Djebel-Zaccar, dans une position ravissante. Non loin de cette ville, sur le territoire des Hachem, on traverse le Chélif, sur un fort beau pont en pierre, construit en 1816, avec les restes d'un ancien pont romain. Au-dessous de ce pont on trouve les Beni-Zoug-Zoug, les Ataf, les Braz, les Sendjès, les Oulad-Kosseir, les Beni-Rached, les Oulad-Fers, le village ou petite ville de Medjadja, la position d'El-Senam, ancienne ville romaine, les Sbiah, tribu en tout temps indocile et remuante, et les Oulad-Sidi-el-Aribi, réunion d'un grand nombre de petites tribus soumises héréditairement à la famille El-Aribi, une des plus nobles de la province. Viennent ensuite les Mahdjer et les Hachem-Daro, auprès desquels est la ville de Mostaganem. Cette ville est bâtie à 12 kilomètres de l'embouchure du Chélif et à 2 de la mer, sur une colline assez élevée. Elle est divisée en deux parties par un profond ravin, la ville proprement dite, et le quartier de Matmora qui la domine. Il y avait de plus autrefois deux faubourgs, Tisdid et Diar-el-Djedid, mais ils sont maintenant en ruines. Mostaganem est fermée d'un faible mur. Il existe hors de son enceinte un petit fort détaché qu'on appelle fort des Turcs ou de l'Est. Dans l'intérieur on voit un vieux château bâti par Yousouf-ben-Tachfin, au XIIe siècle de notre ère. Il y a eu jadis à Mostaganem une population de plus de 12,000 âmes et une grande quantité d'ateliers de broderie d'or.

Mazagran, petite ville située à 4 kilomètres de Mostaganem, a beaucoup souffert depuis 1830. La campagne autour de ces deux villes était couverte de maisons et de jardins.

La vallée du Chélif, qui est une des plus fertiles contrées de l'Algérie, a une population d'au moins 80,000 âmes. De nombreux vestiges de l'antiquité attestent que la colonisation romaine y fut très-florissante.

Les affluents du Chélif sont nombreux. Les principaux sont la Mina, l'Oued-Djediouia, l'Oued-Riou, l'Oued-Fodda, l'Oued-Rouina et l'Oued-Derder. Tous se jettent dans le Chélif par la gauche.

La Mina prend sa source au plateau de Sersou, non loin de celle du Chélif. Elle passe près des anciennes cités de Takdemt et de Tiaret, laissant à droite les Beni-Medjan et les Oulad-Messaoud, à gauche la grande tribu des Sdama, traverse le territoire de la puissante et difficile tribu des Flitta et se réunit au Chélif, à l'est du territoire des Mahdjer, après un cours de 140 kilomètres.

L'Oued-Djediouia prend sa source chez les Flitta, coule entre cette tribu et celle des Beni-Ouragh, et se jette dans le Chélif chez les Oulad-Sidi-el-Aribi.

L'Oued-Riou commence chez les Oulad-Messaoud, traverse les territoires des Oulad-Chérif, de Halouya, des Beni-Ouragh, des Oulad-Mohammed, et se perd dans le Chélif, un peu au-dessus de l'Oued-Djediouia.

L'Oued-Fodda descend du Djebel-Ouenseris, un des points les plus élevés de la première chaîne atlantique, traverse les territoires des Beni-Lassem, des Oulad-Bessam, des Beni-Indel, des Beni-Chaïb, des Beni-Bou-Kannous, des Beni-Bou-Attab, des Chouchaoua, et arrive au Chélif chez les Attaf.

L'Oued-Rouina a sa source chez les Oulad-Mariem à l'est de l'Ouenseris, et traverse le pays des Beni-Zoug-Zoug où il se perd dans le Chélif.

L'Oued-Derdeur descend de chez les Matmata, sépare les Beni-Zoug-Zoug des Beni-Ahmed et des Hachem, et se réunit au Chélif un peu au-dessus du pont dont nous avons parlé.

Oran, capitale de la province, est à 78 kilomètres de Mostaganem. Cette ville est bâtie au bord de la mer, dans une position fort pittoresque. Elle s'élève sur deux collines séparées par un ravin, dans lequel coule un ruisseau qui arrose de beaux jardins et fait tourner quelques moulins. Les deux principaux quartiers de la ville sont situés l'un à droite et l'autre à gauche de ce ravin, qui débouche sur la plage où se trouve un troisième quartier appelé la Marine, moins considérable que les deux premiers. L'enceinte d'Oran a été fortifiée avec beaucoup d'art et de soin par les Espagnols, qui l'ont longtemps occupé. Une montagne assez élevée domine la ville à l'ouest. Le sommet en est défendu par le fort Santa-Cruz; à mi-côte se trouve le fort Saint-Grégoire, et dans le bas, auprès de la mer, celui de la Mouna. Vers la partie sud du quartier qui est à droite du ravin, s'élèvent les forts Saint-André et Saint-Philippe, qui éclairent ce même ravin, défendu en outre par quelques tours. La partie nord de ce même quartier est défendue par la nouvelle Casbah, ou Château-Neuf, et par la pointe fortifiée de Sainte-Thérèse, qui commande la mer. Le quartier à gauche du ravin est dominé par la vieille Casbah, qui a été presque entièrement détruite par le tremblement de terre de 1790. Oran avait jadis deux faubourgs considérables, Ras-el-Aïn et Kairkenta; mais ils ont été sacrifiés aux besoins de la défense. Quoique cette ville offre un développement très-étendu, il ne paraît pas qu'elle ait jamais eu plus de 7 à 8,000 âmes de population sous les Turcs.

A 6 kilomètres au nord-ouest d'Oran, on trouve le port et le fort de Mers-el-Kebir, qui est une bonne position maritime: c'est là que vont mouiller les navires destinés pour Oran, dont le petit port ne peut recevoir que des barques.

En suivant le littoral depuis Mazagran jusqu'à Oran, on trouve d'abord les Abid-Cheraga, puis l'Oued-Habra, cours d'eau assez considérable, qui reçoit par sa gauche une autre petite rivière appelée le Sig, et qui au-dessous de cette jonction jusqu'à son embouchure, laquelle en est peu éloignée, porte le nom de Macta. Il existe à cette embouchure un petit mouillage qu'on appelle Mers-el-Djadje (le port aux Poules).

A l'ouest de la Macta commence une chaîne de collines qui se prolonge jusqu'à Oran. Elle est habitée par les Hamian. On y trouve la petite ville d'Arzew, qui était encore habitée lorsque nous nous établîmes à Oran. Les Français l'appellent le vieil Arzew, pour la distinguer de la position maritime à laquelle ils ont donné ce nom, et que les Arabes appellent la Marsa, qui est plus à l'ouest. Notre Arzew est un assez bon mouillage, couvert à l'ouest par le cap Carbon. Entre ce cap et Oran, on trouve le petit village maritime de Keristel.

Il existe auprès d'Arzew une sebkah qui forme de très-belles salines. Au sud de cette sebkah habitent les Garraba, partie sur les collines, partie dans la plaine du Sig. Les Bordjia sont à l'est des Garraba, dans la plaine de l'Habra, qu'on appelle aussi plaine de Ceirat. Les Bordjia se prolongent sur les montagnes qui bornent au sud cette plaine et qui font partie de la première chaîne atlantique. A l'ouest des Bordjia de la montagne sont les Sedjenara, les Beni-Chougran, et, un peu plus loin, les Beni-Amer, dont le vaste territoire, plus étendu que peuplé, arrive jusqu'auprès de Tlémecen. Les Beni-Amer, subdivisés en treize fractions, ne présentent pas une population de plus de 20,000 âmes. Au nord de la partie de leur territoire la plus rapprochée d'Oran règne une grande sebkah sur les bords de laquelle les beys d'Oran avaient une maison de plaisance appelée Miserghine. Entre cette sebkah et la mer sont les Ghomra et les Douaïr et Zemela, tribu du Makhzen, comme l'indiquent leurs noms.

Tlémecen est à 102 kilomètres au sud-ouest d'Oran, et à 50 à l'est des frontières du Maroc. Cette ville, capitale jadis d'un assez puissant royaume, ne comptait pas six mille âmes de population à la chute de la domination turque. Nous aurons occasion d'en parler avec plus de détails dans le cours de cet ouvrage.

Au sud de Tlémecen est la tribu des Ghocel, dont le territoire est traversé par l'Oued-Isser, qui se jette dans la Tafna, et va se perdre avec elle dans la mer en face de la petite île de Rachgoun, après avoir traversé le pays des Oulaça, situé entre celui des Ghocel et la mer.

Entre les Oulaça et les frontières du Maroc sont les Trara et les Soubalia. Toutes ces tribus sont Kbaïles et habitent une contrée très-montagneuse. Au nord du territoire des Souhalia est la petite ville de Nedrouma, et au sud, la position maritime de Djemma-Ghazouat. A l'ouest de Tlémecen sont quelques fractions de la grande tribu des Angad, et au nord, dans les montagnes, les Beni-Ournid, les Beni-Snous, et quelques autres petites tribus.

Au sud de la première chaîne atlantique, à peu près sous le méridien de Mostaganem, on trouve la ville de Mascara, où les beys de la province faisaient leur résidence pendant que les Espagnols occupaient Oran. Elle est dans une fort belle position, entourée de frais jardins et de cinq faubourgs. Elle est bâtie à l'entrée de la plaine d'Eghrès, qui fait partie du territoire des Hachem, que, par cette raison, on appelle Hachem-Eghrès. Cette tribu, forte de plus de 20,000 âmes, se partage en deux grandes divisions, les Hachem-Garraba et les Hachem-Cheraga. Au nord de ces derniers, on trouve la petite ville de Kala, renommée pour la fabrication des tapis.

Au sud des Hachem sont les Djafra et le pays d'Yacobia, habité par plusieurs tribus qu'il est inutile de nommer. Cette contrée est à l'ouest des Sedama, dont il a été parlé plus haut.

A l'ouest des Djafra, on retrouve encore les Beni-Amer, puis les Angad jusqu'au Maroc.

Au sud de l'Yacobia, des Djafra et des Angad, s'étendent, de l'est à l'ouest, deux longues sebkah ; la première s'appelle Chot-el-Chergui et la seconde Chot-el-Gharbi. Au sud de ces Chot erre la grande tribu des Hamian, et, à l'est, celle non moins considérable des Harar. Les petites villes de Frenda, de Taourzout et de Godjilah, sont au nord des Harar.

Au sud des Chot, on rencontre la chaîne atlantique méridionale, puis le Sahara, dont la partie que l'on peut considérer comme appartenant à la province d'Oran comprend la tribu des Ouled-Sidi-Chirk, la petite ville de Berizina, et quelques autres lieux habités de peu d'importance. La population totale de la province d'Oran a été évaluée à près de 500,000 âmes.

Cette province était, à l'époque où le général Boyer en prit le commandement, livrée à la plus horrible anarchie. Un vague désir d'indépendance nationale fermentait dans toutes les têtes, mais il y avait encore absence d'unité dans la volonté et le commandement. La ville de Mascara s'était révoltée contre les Turcs, qui avaient cru pouvoir s'y maintenir après la chute du dey, et, après les avoir chassés ou égorgés, s'était constituée de fait en république. Celle de Tlémecen était partagée entre les indépendants, qui occupaient la ville, et les Turcs et les Koulouglis, qui étaient maîtres de la citadelle. Mostaganem avait reconnu notre autorité, grâce à un officier turc fort habile, le kaïd Ibrahim, que nous avions pris à notre service, et que le colonel Lefol y avait envoyé à la tête de quelques centaines de soldats de sa nation. Arzew était également assez bien disposée pour nous, et le cadi, qui s'y était emparé de toute l'autorité, était en bonnes relations avec Oran. Tout le reste de la province nous était plus ou moins hostile, mais manquait de centre d'action. Les chefs les plus influents étaient : Ali-el-Galati, de Miliana, El-Bagdadi, kaïd d'Ataf, Mustapha et El-Mezary, chefs des Douaïr et de Zemela, Miloud-ben-Arach, de la tribu des Garraba, et, enfin, le marabout Mahiddin et son jeune fils Abd-el-Kader, appelé à jouer plus tard un si grand rôle.

M. le général Berthezène ne s'occupa jamais que fort indirectement de la province d'Oran. Il voulut cependant y envoyer Mustapha-ben-Omar, dont il ne savait que faire après l'avoir retiré de Médéa, mais le général Boyer refusa de l'employer. Peu de temps après, M. Berthezène fut remplacé par M. le duc de Rovigo.

LIVRE IX.

Séparation de l'autorité civile de l'autorité militaire à Alger. — Rappel du général Berthezène. — M. le duc de Rovigo est nommé commandant du corps d'occupation d'Afrique. — M. Pichon est nommé intendant civil.—Renouvellement des régiments de l'armée. — Formation des chasseurs d'Afrique et des bataillons d'infanterie légère.—Travaux des routes et établissement des camps. — Contribution des laines. — Actes de l'administration de M. Pichon. — Abandon du nouveau système, et rappel de M. Pichon.—M. Genty de Bussy, intendant civil. — Etablissement des villages de Kouba et de Deiy Ibrahim. — Actes de l'administration de M. Genty sous le duc de Rovigo.

Dès le mois de mai 1831, M. Casimir Périer, président du conseil des ministres, voulant se réserver une large part dans la direction des affaires d'Alger, avait fait prendre au Gouvernement la résolution d'y séparer l'autorité civile de l'autorité militaire, par la création d'un intendant civil, indépendant du général en chef. M. le général Berthezène fut instruit de ce projet par une lettre du ministre de la guerre, dans les premiers jours du mois de juin, époque où il n'était pas encore question de son rappel; mais l'ordonnance qui le mit à exécution ne fut signée que le 1ᵉʳ décembre; elle donnait à l'intendant civil la direction de tous les services civils, financiers et judiciaires. Cet intendant était placé sous les ordres immédiats du président du conseil des ministres, et respectivement sous ceux des ministres des affaires étrangères, de la guerre, de la marine, des finances, de la justice, du commerce et des cultes. Cette combinaison était vicieuse, car elle détruisait l'unité d'impulsion dans un pays qui, plus que tout autre, doit être considéré dans son ensemble, et où les détails de l'administration ont besoin d'être coordonnés vers un but commun. En France, où cette coordination est établie de longue main, et où des règles fixes l'indiquent aux intelligences les plus vulgaires, on conçoit que les préfets puissent, sans inconvénient, correspondre avec tous les ministres : mais il ne pouvait en être de même à Alger, qui, sous le rapport administratif, était un pays de nouvelle création. Il paraît que M. Casimir Périer avait d'abord senti la nécessité de l'unité d'impulsion, et que son premier projet avait été de centraliser lui-même tout le travail relatif à Alger, mais qu'il y renonça pour ne point choquer le ministre de la guerre.

L'ordonnance du 1er décembre constitua un conseil d'administration, composé du général commandant en chef, président, de l'intendant civil, du commandant de la station navale, de l'intendant militaire, du directeur des domaines, et de l'inspecteur des finances, secrétaire du conseil. Une ordonnance du 5 décembre régla les fonctions du général commandant en chef. Il fut chargé, outre ses attributions militaires inhérentes à sa position, des mesures politiques et de la haute police.

Le Gouvernement fit choix, pour l'application de ce nouveau système administratif, de M. le lieutenant général Savary, duc de Rovigo, dont les antécédents sont assez connus, et du conseiller d'Etat baron Pichon, qui avait exercé quelques emplois administratifs assez importants, et rempli des missions diplomatiques aux États-

Unis d'Amérique, à Saint-Domingue et dans quelques États de l'Europe.

L'armée que le duc de Rovigo venait commander fut renouvelée en grande partie, et se trouva composée du 10ᵉ léger, du 4ᵉ de ligne, du 67ᵉ de ligne, formé des volontaires parisiens, de la légion étrangère, des zouaves et des chasseurs d'Afrique. Les zouaves, qui étaient divisés en deux bataillons, furent réunis en un seul; les chasseurs d'Afrique formaient deux régiments de cavelerie à six escadrons. Les noyaux de ces escadrons étaient français, mais on mit à la suite de chacun d'eux un certain nombre d'indigènes, qui, pour le service actif, se réunissaient en escadron séparé. Les chasseurs algériens furent supprimés par suite de cette nouvelle organisation. Le 1ᵉʳ régiment de chasseurs d'Afrique se forma à Alger, et le 2ᵉ à Oran, où se trouvaient le 66ᵉ de ligne et une partie de la légion étrangère. Dans le cours de l'année 1832, une ordonnance du roi prescrivit la formation de deux bataillons d'infanterie légère d'Afrique, composés de tous les militaires qui, après avoir été condamnés à des peines non infamantes, rentraient dans les rangs de l'armée, par expiration ou par remise de la peine.

Le duc de Rovigo eut successivement pour commander ses brigades les maréchaux de camp Fodoas, Buchet, Brossart, Brô et Avisard; ce dernier prit le commandement de la place d'Alger au départ du général Danlion. Le lieutenant général d'Alton fut nommé inspecteur général permanent des troupes du corps d'occupation d'Afrique. Le général Trézel fut nommé chef d'état-major général; il eut pour sous-chef le colonel Leroy-Duverger.

Le nouveau général était arrivé à Alger avec la résolution bien arrêtée de ne laisser qu'une partie des troupes en ville, et de disséminer le reste sur les points principaux du Sahel et du Fhas. En conséquence, il fit choix de divers emplacements qu'il jugea propres à l'établissement de petits camps permanents, d'un bataillon chacun. Les troupes devaient s'y construire elles-mêmes des logements, au moyen de quelques faibles ressources qui leur seraient fournies par l'administration. On commença à travailler à ces camps dès le printemps; mais bientôt les maladies qui s'y déclarèrent firent connaître que les emplacements avaient été en général mal choisis, sous le rapport de la salubrité. Après plusieurs tâtonnements, on s'arrêta aux camps de Kouba, Birkadem, Tixeraïn et Dely-Ibrahim. Les deux derniers furent construits à peu près en entier dans l'année 1832, parce que l'on y arriva du premier coup sur des emplacements salubres; les autres, où l'on ne parvint qu'après plusieurs essais, ne furent édifiés que dans l'année 1833, et en grande partie sous l'administration du général Voirol. Les zouaves, à qui le camp de Dely-Ibrahim avait été destiné, furent les seuls qui remplirent exactement leur tâche; partout ailleurs il fallut que le génie vînt au secours des troupes au moyen d'un crédit de 25,000 francs par camp. Cette somme, ajoutée aux fournitures faites par l'administration, et aux gratifications accordées aux travailleurs, éleva les dépenses de chaque camp à 50,000 francs environ.

M. le duc de Rovigo avait conçu le projet de construire un camp plus considérable que les autres, sur un point d'où il pût menacer en même temps Blida et Coléa; mais ce projet ne fut mis à exécution que sous le général Voirol, par la construction du camp de Douéra.

Les environs d'Alger étaient sillonnés de nombreux chemins pour les gens à pied et les bêtes de somme; mais il n'y avait pas à vrai dire de routes carrossables. Le général en chef s'occupa d'en créer. Les camps furent unis entre eux par une route, dite de ceinture, faite à la hâte et par simple écrêtement, pour assurer le plus tôt possible les communications les plus nécessaires. On établit ensuite des plans pour des routes plus régulières, qui devaient être construites d'après tous les préceptes de l'art. Celle d'Alger à Dely-Ibrahim fut commencée sous le duc de Rovigo, et poussée depuis le faubourg Babazoun jusqu'au-dessus du château de l'Empereur. C'est un travail aussi admirable par la beauté de la construction que par la promptitude de l'exécution. Les troupes seules y furent employées. Nous reviendrons sur la construction des routes, lorsque nous parlerons de l'administration du général Voirol, qui s'en occupa avec un soin tout particulier.

Les travaux de la route du fort de l'Empereur, et ceux d'une esplanade construite en dehors de la porte Bab-el-Oued, amenèrent la destruction de deux cimetières musulmans. Il était impossible de les épargner, et l'on ne devait pas, par respect pour les morts, gêner la libre circulation des vivants; mais on aurait dû agir avec moins de brutalité qu'on ne le fit, et ne pas donner le scandale d'un peuple civilisé violant la religion des tombeaux. Il fallait procéder avec ordre et décence, et transporter les ossements dans un lieu convenable. Au lieu de cela, ces tristes débris furent dispersés au hasard. Dans les travaux de déblai, lorsque la ligne tracée impassiblement par l'ingénieur partageait une tombe, la pioche coupait en deux et la tombe et le squelette; la partie qui tombait allait servir de remblai à quelque autre point de la route, et celle qui restait demeurait exposée à tous les regards sur le revers du chemin. Ces sépulcres béants étaient comme autant de bouches accusatrices d'où les plaintes des morts semblaient sortir pour venir se joindre à celles des vivants, dont nous démolissions en même temps les demeures; ce qui a fait dire à un Algérien, avec autant d'éloquence que d'énergie, que les Français ne laissaient à ses compatriotes ni un lieu pour vivre, ni un lieu pour mourir.

Le duc de Rovigo, qui avait beaucoup de sollicitude pour les soldats, s'était aperçu, à son arrivée, qu'ils n'avaient pas même de lits pour reposer leurs membres, souvent affaiblis par la fatigue et la maladie, et il chercha un moyen de procurer un matelas à chaque homme. Comme il n'y avait pas de crédit ouvert pour cette dépense, et qu'on lui persuada que les habitants d'Alger étaient possesseurs de quantités considérables de laine, il frappa cette ville d'une contribution de 5,400 quintaux de laine payable en nature, ou en argent sur le pied de 80 francs le quintal. C'était donc 432,000 francs à prélever sur une population de 20,000 indigènes, ce qui ne faisait qu'une moyenne de 21 fr. par tête : mais, comme de raison, cette contribution ne devait pas être payée par tête, mais bien au *prorata* des fortunes; il fut même décidé que les riches paieraient seuls. La municipalité, qui fut chargée de la répartition, la fit d'une manière très-injuste et très-partiale, de sorte que les rentrées furent lentes et difficiles, et qu'il fallut plusieurs fois employer la rigueur. Les versements en nature se réduisirent presque à rien, ce qui donna la preuve qu'il n'y avait pas à Alger autant de laine qu'on l'avait cru d'abord. Il fallut, pour s'en procurer au moyen du produit en argent de la contribution, passer un marché avec le sieur Lacroutz, négociant d'Alger, qui en fit venir de Tunis.

Cependant les Maures avaient fait entendre leurs plaintes à Paris, où elles furent d'autant mieux accueillies, que la mesure prise par le duc de Rovigo accusait l'imprévoyance du ministre de la guerre, qui aurait dû avoir pourvu depuis longtemps au couchage des troupes de l'armée d'Afrique, par les ressources de son budget. Le ministre, qui s'en aperçut seulement alors, passa un marché pour cet objet avec la compagnie Vallée, et prit une décision par laquelle la mesure du duc de Rovigo fut annulée comme inutile. Le duc refusa d'obéir à cet ordre, s'étayant d'une délibération du conseil d'administration, qui fut d'avis que revenir sur la contribution serait une marque de faiblesse susceptible de produire un très-mauvais effet. Mais le ministre ayant réitéré ses ordres, il fallut bien s'y soumettre : la contribution, qui avait été versée dans la caisse du domaine, fut remboursée aux contribuables. Le sieur Lacroutz s'arrangea avec la compagnie Vallée, et lui remit les objets de couchage qu'il avait déjà fait confectionner. Voilà comment se termina cette affaire, qui donna beaucoup d'embarras au duc de Rovigo, mais dans laquelle il n'eut en vue que d'améliorer la position du soldat.

M. Pichon, qui n'arriva à Alger qu'un mois après le général en chef, trouva l'arrêté sur la contribution des laines tout formulé et signé par le duc de Rovigo. On lui proposa de le signer aussi. Il refusa, en disant que, puisqu'il avait été rendu avant son arrivée, le général en chef devait en prendre seul la responsabilité, mais que, du reste, il concourrait à son exécution : c'est en effet ce qu'il fit. Cependant, comme il était opposé à la mesure, sa coopération ne pouvait être franche. Les Maures s'en aperçurent, et ce fut pour eux un motif de plus de résister à l'arrêté. Lorsque l'ordre qui l'abrogeait arriva à Alger, M. Pichon fut le seul membre du conseil d'administration qui vota pour que cet ordre fût exécuté sans objection ; il exigea même que son avis motivé fût inséré dans le procès-verbal de la séance où cette affaire fut traitée. Tout cela indisposa le général en chef contre l'intendant civil, et fut la cause première de la mésintelligence qui exista continuellement entre ces deux fonctionnaires. Il ne pouvait pas, du reste, en être autrement : un système vicieux devait nécessairement porter ces fruits.

Quelques changements eurent lieu dans le personnel administratif sous le duc de Rovigo : M. Fougeroux revint à Alger avec lui comme inspecteur général des finances; M. Willaume, qui n'était qu'inspecteur, fut placé sous ses ordres. Au bout de quelque temps, ils furent remplacés l'un et l'autre par MM. de Maisonneuve et Blondel. M. Fougeroux avait pris une part très-active à l'affaire des laines, et il paraît que ce fut ce qui motiva son rappel. M. d'Escalonne, directeur des douanes, et M. Girardin, directeur des domaines, n'appartenaient pas, par leur position administrative, à ces deux administrations; on leur proposa d'y entrer, mais avec des grades inférieurs. Ils refusèrent, et furent remplacés, le premier dès la fin de 1831, par M. Verlingue, et le second en 1832, par M. d'Haumont. M. d'Escalonne fut envoyé par M. Pichon à Oran, pour remplacer provisoirement M. Barachin, sous-intendant civil de cette résidence.

M. Cadet de Vaux, commissaire du roi près de la municipalité d'Alger, étant mort dans le courant de l'année 1832, fut remplacé par M. Cotin, ancien notaire à Paris.

La courte administration de M. Pichon à Alger doit donner à tout homme impartial une idée assez favorable de ce fonctionnaire. Il s'y montra homme de bien et ennemi déclaré de l'injustice. Peut-être eut-il le tort de mettre un peu trop d'acrimonie dans la défense de ses opinions administratives ; mais il faut avouer qu'il eut à lutter contre un système qu'un cœur bien placé ne pouvait combattre de sangfroid : c'était celui de l'abus de la force pris pour base gouvernementale, et soutenu avec autant de déraison que d'entêtement par des hommes qui auraient été même incapables de l'appliquer.

M. Pichon nomma, le 5 février, un procureur du roi près la Cour de justice. Le 8 du même mois, il créa le *Moniteur algérien,* journal officiel, destiné en outre aux publications légales et judiciaires. Le 16 février, un arrêté, pris en commun par lui et le général en chef, régla que les recours à l'autorité supérieure, contre les décisions judiciaires, seraient portés au conseil d'administration. Le 29 février, l'intendant civil détermina la forme et l'instruction de ces recours. Le 28 mai, un arrêté régla la législation sur les hypothèques, dont il donna la conservation aux greffiers des tribunaux.

Le 16 février, tous les actes judiciaires furent soumis à la formalité de l'enregistrement. L'administration des domaines prit le titre d'administration des domaines et des droits réunis, le 17 mars ; il fut réglé que sa caisse recevrait les dépôts et consignations. Le travail de cette administration, ainsi que celui de l'administration des douanes, dut être centralisé à Alger pour tous les points de la Régence. Lorsque ces dispositions furent prises, Bône était depuis quelques jours rentrée sous notre domination.

Un arrêté du 20 avril organisa les services civils à Bône, en y instituant un sous-intendant civil, un commissaire de police et un juge royal, chargé de connaître de toutes contestations civiles entre chrétiens, et entre chrétiens, musulmans et israélites, sans appel jusqu'à concurrence de deux mille francs; au delà de cette somme, l'appel dut être porté à la Cour de justice d'Alger. En affaires correctionnelles, le juge royal dut connaître de celles qui ne pouvaient amener qu'une condamnation à dix jours d'emprisonnement au plus, outre les amendes. Celles qui pouvaient donner lieu à de plus fortes peines durent être renvoyées devant le tribunal correctionnel d'Alger. Dans les affaires criminelles, il fut réglé que le juge royal dresserait l'instruction et renverrait les prévenus devant la Cour de justice, pour être statué par elle ce qu'il appartiendrait. M. Pichon n'établit point de juge royal à Oran, quoique cette ville fût sous notre domination depuis plus longtemps que celle de Bône.

Les dispositions fiscales et de police relatives à la pêche du corail furent établies par un arrêté du 31 mars. La pêche fut divisée en deux saisons, comme dans les règlements de l'ancienne compagnie d'Afrique, et les anciennes prestations furent conservées, mais seulement pour les corailleurs étrangers.

Le service de la police sanitaire n'avait encore à Alger qu'une organisation provisoire. Il était d'autant plus nécessaire de lui en donner une régulière et définitive, que ce n'était qu'en imprimant une bonne direction à ce service qu'on pouvait offrir aux ports de l'Europe assez de garanties, pour obtenir en échange quelque diminution de quarantaine sur les provenances de la Régence. L'arrêté du 25 avril fut rédigé dans ce sens. Il institua trois commissions sanitaires pour Alger, Bône et Oran, et mit en vigueur les principales dispositions de la loi du 3 mars 1822 et de l'ordonnance du 14 août de la même année.

Tels sont les principaux arrêtés de l'administration de M. Pichon ; les autres sont ou transitoires ou d'un intérêt secondaire.

Cependant la mésintelligence qui s'était manifestée, dès le principe, entre le général en chef et l'intendant, prenait chaque jour un caractère d'aigreur de plus en plus marqué. Les choses en vinrent enfin au point où le Gouvernement se vit dans la nécessité de rappeler l'un ou l'autre. Ce fut l'intendant civil qui succomba, et avec lui l'indépendance légale de l'intendance civile. Une ordonnance du 12 mai abrogea celle du 1ᵉʳ décembre 1831, et M. Pichon quitta Alger à la grande satisfaction du duc de Rovigo. Il fut remplacé par M. Genty de Bussy, que l'ordonnance de nomination mit sous les ordres du général en chef. Ainsi fut rétablie dans la colonie l'unité gouvernementale.

M. Genty de Bussy était sous-intendant militaire et maître des requêtes au conseil d'Etat. Il était encore à Alger lorsque la commission d'Afrique y fut envoyée, et nous ne pouvons rien faire de mieux, pour le peindre en peu de mots, que d'emprunter au rapport de cette commission les termes dont elle se servit pour caractériser son administration :

« L'autorité civile est placée dans une mauvaise posi-
« tion : absence de haute direction, défaut d'intelligence
« de sa mission, activité peu féconde en résultats utiles,
« souvent imprudente et dommageable.

« La commission ne méconnaît pas que les circonstan-

« ces ont été souvent difficiles; l'autorité supérieure a
« fait tout ce qui devait les aggraver. » (Séance du 31 octobre 1833.)

M. Genty était du reste un homme d'esprit et de savoir-faire, qui sut bientôt se rendre de fait à peu près indépendant du général en chef. M. le duc de Rovigo, qui n'avait pu supporter les prétentions légitimes de M. Pichon, se soumit sans peine à l'ascendant de son successeur, et toléra ses nombreuses usurpations. L'on vit bientôt le nom de M. Genty figurer dans les arrêtés à côté de celui du général en chef, et sur le pied de l'égalité; ce qui prouve que, si les positions font les hommes, il y a aussi des hommes qui savent eux-mêmes faire leur position; mais il serait à désirer qu'ils n'usassent jamais de cette faculté que pour le bien général, ce qui a rarement lieu.

C'est à l'administration de M. Genty que se rattache la construction des deux villages européens de Kouba et de Dely-Ibrahim. Il convient d'entrer dans quelques détails à cet égard.

Dans le courant de l'année 1831, il était arrivé à Alger environ 500 émigrés allemands et suisses, qui étaient partis de chez eux avec l'intention de se rendre en Amérique, mais qui, parvenus au Havre, changèrent brusquement de résolution et se dirigèrent sur Alger. Ils y arrivèrent dans un état complet de dénûment pour la plupart; comme ils ne trouvèrent pas à s'employer, puisqu'on ne faisait absolument rien dans le pays, ils tombèrent à la charge de l'administration, qui fut obligée de leur faire des distributions de vivres et de les loger sous des tentes et dans les masures des environs d'Alger. Malgré ces secours, une centaine d'entre eux moururent de misère ou de nostalgie. Le duc de Rovigo, qui était autorisé par le ministre de la guerre à faire quelques essais de colonisation, voulut distribuer quelques terres à ceux qui restaient; il s'adressa à cet effet à M. Pichon, qui répondit que, le domaine ne possédant rien dans les environs d'Alger, il était impossible d'y placer les nouveaux colons, ainsi que le désirait le général en chef. Celui-ci, qui tenait beaucoup à l'exécution de son projet, insista, et dit que l'on pouvait toujours placer les colons sur les terres abandonnées, sauf aux propriétaires, s'ils se présentaient, à faire valoir leurs droits, que l'on pourrait réduire à une redevance annuelle, ou quelque chose de semblable. Cette manière de procéder, par expropriation préalable, ne devait pas être approuvée par un administrateur qui avait des idées méthodiques et régulières, et qui certainement ne pouvait comprendre qu'il y eût le moindre avantage à déposséder des Maures au profit de quelques Européens ; il est vrai que ces Maures avaient abandonné la culture de leurs terres, et que l'intérêt général exigeait que le sol ne restât pas improductif; mais nous connaissons déjà les causes qui avaient fait suspendre les travaux agricoles dans la banlieue d'Alger; nous savons que ce fâcheux état de choses était le résultat inévitable des dégâts commis par les troupes, et des mesures spoliatrices et violentes qui avaient remis en question les droits les mieux établis, toutes circonstances qu'il ne tenait qu'à l'autorité supérieure de faire cesser par un retour franc et loyal aux principes de la justice universelle et aux bases de la capitulation. Cette manière de rétablir la culture dans la banlieue d'Alger aurait certainement été beaucoup plus efficace que l'exécution du projet de colonisation du duc de Rovigo. Quant aux colons allemands, c'était un fardeau qu'il fallait supporter encore quelque temps ; et dans peu de mois d'un régime qui aurait ramené dans le Fhas la culture et la sécurité, ils auraient trouvé eux-mêmes à s'employer utilement, sans déposséder personne ; mais on voulait faire de l'effet, et annoncer pompeusement dans les journaux qu'on était parvenu à établir quelques centaines d'étrangers sur un sol d'où notre détestable administration avait éloigné les cultivateurs indigènes. Tout fut sacrifié à cette malencontreuse préoccupation, à laquelle M. Pichon, après une assez longue résistance, fut obligé de céder. C'est sous lui que furent choisies les deux localités de Kouba et de Dely-Ibrahim pour l'établissement de deux villages européens, qui furent construits sous son successeur. Les dépenses de ces constructions furent prises sur un crédit de 200,000 francs, ouvert à l'intendant civil par le ministère de l'intérieur, pour des essais de colonisation. M. Prus, nommé récemment ingénieur des ponts et chaussées à Alger, fut chargé de l'exécution des travaux. On débattit dans le conseil la question de savoir si les villages seraient fortifiés ; elle fut résolue affirmativement. Dès lors, ce fut au génie militaire à déterminer les emplacements dans les localités désignées par l'administration, ce qui explique le mauvais choix qui fut fait sous le rapport agricole, surtout pour celui de Dely-Ibrahim, tout ayant été sacrifié à des considérations militaires d'un ordre assez peu relevé et sentant tout à fait l'école. Le projet de fortifier les villages fut depuis abandonné, et le vice de l'emplacement resta seul.

Le noyau des terres distribuées aux colons fut, à Dely-Ibrahim, la ferme de ce nom appartenant à la corporation des janissaires, et à Kouba un haouch appartenant à une mosquée. Ces deux immeubles étaient sous le séquestre ; on empiéta aussi sur des propriétés privées. De nombreuses réclamations s'élevèrent contre cette mesure, et des droits abandonnés par les indigènes, qui désespéraient de les faire valoir utilement, furent achetés à vil prix par des Européens qui s'en servirent pour tracasser l'administration. Des employés publics mêmes se livrèrent à ce genre d'industrie, assez peu honorable.

Les colons établis à Kouba et à Dely-Ibrahim furent divisés en trois classes :

La première comprit ceux qui avaient assez de ressources pour construire eux-mêmes leurs maisons. On leur donna 10 hectares par tête.

La deuxième comprit les anciens militaires, à qui on donna 6 hectares par tête. Ces anciens militaires sortaient de l'armée française.

La troisième classe comprit tous ceux dont il fallut construire les maisons. On leur donna quatre hectares par tête.

Ce qu'il y eut de particulier dans toute cette affaire, c'est que l'on créa, pour la diriger, une agence de colonisation, dont les frais de personnel s'élevèrent à près de 20,000 fr. par an. C'était encore une idée du duc de Rovigo, qui avait quelques amis à placer. M. Pichon la combattit, mais ce fut en vain.

M. le duc de Rovigo aurait désiré dans le principe que toutes les contrées de l'Europe nous envoyassent l'excédant de leur population ; mais, quand il vit combien il avait eu de peine à colloquer 4 à 500 colons, ses idées se modifièrent, et un avis officiel prévint le public qu'aucun individu ne serait reçu à Alger comme colon, s'il n'y arrivait avec les moyens de pourvoir à sa subsistance pendant un an; mais les portes restèrent ouvertes aux brocanteurs, aux usuriers décorés du titre de capitalistes, aux avocats et aux filles de joie.

Ils serait fatigant pour l'auteur, autant que pour le lecteur, de rapporter ici, même succinctement, tous les arrêtés rendus sous M. Genty de Bussy : la quantité en est effrayante. Cet administrateur, doué d'une grande facilité d'écrire et d'une prédilection toute particulière pour le travail du bureau, ne voyait l'Afrique que dans ses cartons. Quant à l'action réelle, il ne fallait pas en parler. Plusieurs de ses arrêtés moururent en naissant, et ne reçurent pas même un commencement d'exécution. Parmi ceux qu'il fit signer au duc de Rovigo, et qui ont fait législation, nous citerons les suivants :

Un arrêté du 4 novembre 1830 avait défendu l'exportation des grains et farines pour toute autre destination que la France; il fut rapporté plus tard pour la province d'Oran. Le 10 juillet 1832, le duc de Rovigo signa un arrêté qui prohibait l'exportation pour quelque destination que ce fût.

Le 16 août, un arrêté organisa l'administration de la justice criminelle sur les bases ci-après : une Cour criminelle fut instituée pour juger les crimes commis par des Français et des étrangers. Cette Cour se composa des membres de la Cour de justice et du tribunal de police correctionnelle, réunis au nombre de sept membres. Il fut réglé que la procédure et l'instruction auraient lieu conformément aux règles établies par les lois françaises pour les tribunaux de police correctionnelle; que les condamnations ne pourraient être prononcées qu'à la majorité de cinq voix, et que les appels seraient portés devant le conseil d'administration jugeant au nombre d'au moins cinq membres.

Les indigènes continuèrent à être justiciables des conseils de guerre pour les crimes commis contre la personne et les propriétés des Européens. Le cadi maure continua à connaître des affaires criminelles et correctionnelles entre Musulmans, conformément aux dispositions de l'arrêté du 22 octobre 1830, et les rabbins des mêmes affaires entre les Israélites; mais il fut réglé qu'il y aurait appel des jugements des uns et des autres, au criminel, devant le conseil d'administration, et au correctionnel, devant la Cour de justice. Les affaires criminelles entre Musulmans et Israélites durent être jugées par la Cour criminelle, et les affaires correctionnelles par le tribunal de police correctionnelle.

On voit que l'arrêté du 16 août apporta de grands changements au régime judiciaire établi par le général Clauzel. D'après l'arrêté du 22 octobre, les Français non militaires, accusés de crimes, devaient être envoyés en France pour le jugement. M. Clauzel n'avait pas cru pouvoir aller plus loin. Il est certain qu'une affaire de cette importance ne pouvait être réglée définitivement que par une loi, ou du moins par une ordonnance royale. M. Genty en jugea autrement, et pensa que le général en chef, réuni à lui, pouvait donner des juges spéciaux à des Français. Cette usurpation de pouvoir fut sanctionnée par le ministre de la guerre.

Le 17 août, une garde nationale fut instituée à Alger. Un arrêté du 21 septembre en fixa l'organisation. Les Français y furent seuls admis.

Le 21 septembre, M. Genty signa seul, mais avec l'approbation exprimée du duc de Rovigo, un arrêté qui prescrivait à tous les propriétaires des environs de Kouba et de Dely-Ibrahim de présenter leurs titres à jour et à heures fixes, savoir, le 24 *septembre, à sept heures et demie du matin* pour ceux de Dely-Ibrahim, et le *lendemain*, à la même heure, pour ceux de Kouba ; faute par eux de se présenter, il devait leur être fait application de l'article 713 du Code civil, ainsi conçu :

« Les biens qui n'ont pas de maître appartiennent à l'Etat. »

Ce monstrueux arrêté prouve avec quelle légèreté M. Genty traitait les droits des indigènes. N'était-ce pas une amère dérision, une profanation condamnable, que de se servir d'un article isolé de nos lois, sans tenir compte de ceux qui conservent les droits des absents, de faire dépendre le droit de propriété de la présentation d'un titre à heure fixe, et enfin de mettre l'Etat en possession sans jugement, et par un simple acte administratif ?

Le 20 septembre, un arrêté institua un juge royal à Oran, comme il y en avait déjà un à Bône, et régla que les affaires criminelles qui, de ces deux villes, devaient être renvoyées devant la Cour de justice, en exécution de celui du 20 avril, le seraient devant la Cour criminelle.

Le 8 octobre, la garde nationale fut instituée à Bône et à Oran. Le même jour les appels au conseil d'administration des arrêts rendus par la Cour criminelle furent restreints aux cas de condamnation à la peine capitale. Les appels en affaires criminelles des jugements rendus par les juges indigènes durent être portés, non devant le conseil d'administration, comme l'avait réglé l'arrêté du 16 août, mais devant la Cour criminelle.

Le 21 janvier 1833, un arrêté mit en vigueur de nouvelles dispositions sur les appels devant le conseil d'administration des décisions judiciaires de la Cour de justice d'Alger, et abrogea tous ceux qui avaient été précédemment rendus sur cette matière.

M. Genty de Bussy fit en outre, avec des lambeaux de la législation administrative française, une foule d'arrêtés sur la profession de pharmacien, sur la police de la navigation, sur la propreté de la ville et l'entretien des maisons, sur la voirie, etc., etc. Tous ces actes écrits figuraient très-honorablement dans le *Moniteur algérien*, mais nul ne s'embarrassait beaucoup de leur exécution. La ville était sale et mal tenue, les maisons tombaient en ruines, et les fontaines tarissaient par la négligence de l'administration, car écrire n'est pas administrer. M. Genty se fit principalement remarquer par la fiscalité de ses principes, je devrais plutôt dire de ses actes, car dans un ouvrage qu'il a publié sur Alger, il se montre partisan éclairé de l'affranchissement de l'industrie. Il établit, sous le duc de Rovigo, un nouveau tarif des droits d'exportation, taxa les constructions sur la voie publique ; enfin un misérable carrossin ayant paru aux portes d'Alger, il fit sur-le-champ paraître un tarif des droits à percevoir sur les voitures publiques, ce qui suspendit tout aussitôt cette industrie, qui ne se releva que deux ans après.

Dans un pays nouveau, on devrait donner la plus grande liberté au commerce et à l'industrie, ne rien en exiger dans les commencements, afin de leur donner le temps de croître et de prospérer ; c'est ce qu'on ne fit pas à Alger : le désir de présenter des recettes un peu plus enflées égara presque tous nos administrateurs, qui sacrifièrent sans nécessité l'avenir au présent. Il est étrange que des hommes qui, pour la plupart, n'étaient pas sans lumières, aient refusé d'appliquer un principe d'une vérité aussi vulgaire, et qu'ils ne pouvaient faire autrement que d'admettre, au moins en théorie, car il est au nombre des plus simples éléments de l'économie politique.

Le 1ᵉʳ mars, M. Genty institua, avec l'autorisation du duc de Rovigo, une commission chargée de la vérification de tous les titres de propriété. Trois jours après l'avertissement donné par la commission, les propriétaires, détenteurs ou tenanciers, devaient présenter leurs titres, et, faute par eux de les produire, il devait leur être fait application de cet article 715, pour lequel M. Genty paraît avoir eu une grande prédilection. La commission chargée de ce travail colossal était composée de quatre membres dont un seul savait lire l'arabe, et dont deux seulement le parlaient. Il était matériellement impossible qu'elle remplit cette lourde tâche, les indigènes s'y seraient-ils prêtés, ce qui n'eut pas lieu : car je ne crois pas qu'il y ait eu plus d'une centaine de titres remis à la commission. Cette mesure, qui aurait été odieuse, si elle n'avait pas été ridicule, n'eut pas de suite. M. Genty de Bussy avait un grand désir de découvrir les biens domaniaux dont les titres avaient pour la plupart disparu par l'imprévoyance de l'administration de M. de Bourmont, et pour cela son idée favorite, dont l'arrêté du 1ᵉʳ mars ne fut qu'un pâle reflet, était de s'emparer de tous les immeubles de la Régence, sans distinction, sauf à ceux qui croiraient y avoir des droits à les faire valoir. M. Genty n'ayant pu faire adopter par le Gouvernement cette manière gigantesque d'opérer, il fallut avoir recours au moyen plus lent, mais plus juste, des recherches partielles qui, sous le général Voirol, conduisirent, comme nous le verrons, à de bons résultats.

Deux actes de l'administration du duc de Rovigo qui doivent être cités avec éloge sont l'établissement de l'hôpital du Dey et celui de l'église catholique. L'hôpital fut placé dans une ancienne maison de campagne du pacha, fort vaste et fort belle, située dans un endroit très-sain, à peu de distance de la ville, en dehors de la porte Bab-El-Oued. Elle avait été destinée aux généraux en chef, mais le duc de Rovigo en fit généreusement l'abandon. Quoique le local fût considérable, il fallut cependant y ajouter de nouvelles constructions.

L'église catholique fut établie dans une mosquée : cette mesure choqua beaucoup moins les Musulmans qu'on n'aurait pu le croire, car notre indifférence religieuse était ce qui les blessait le plus. Ils furent bien aises de voir que nous consentions enfin à prier Dieu. On s'empara aussi, sous le duc de Rovigo, de plusieurs autres mosquées pour divers services administratifs.

LIVRE X.

Politique du duc de Rovigo avec les Arabes. — Sa conduite envers l'agha. — Négociations avec Farhat-ben-Said. — Massacre d'El-Ouffia. — Massacre d'une reconnaissance française. — Démonstration du général Buchet sur l'Isser. — Agitation dans la province d'Alger. — Publication de la guerre sainte et insurrection générale. — Affaire de Bouffarik. — Conduite équivoque et fuite de l'agha. — Arrestation des marabouts de Coléa. — Expédition sur Blidah. — Arrestation et exécution de Meçaoud et d'El-Arbi. — Négociation avec Constantine. — Coup de main sur Bône. — Evénements d'Oran et rappel du général Boyer. — Départ du duc de Rovigo. — Digression sur la province de Constantine.

Le duc de Rovigo avait commencé son administration d'une manière très-convenable et très-méthodique : il s'était d'abord assuré, comme il a été dit, d'un terrain qui fût bien réellement à nous, par l'établissement de plusieurs petits camps permanents. Ce terrain fut limité par une ligne de blockhaus qui, partant du fort de la pointe Pescade que nous occupions, passait par le sommet de Bouzaréa, Dely-Ibrahim, Kaddous, Tixeraïn, Oued-el-Kerma, la Ferme-Modèle, le gué de l'Arach, dit de Constantine, la Maison-Carrée et l'embouchure de l'Arach. Ils comprenaient environ six lieues carrées, qui dès lors furent à l'abri de toute invasion, et où la culture aurait pu renaître, si d'autres causes ne s'y étaient opposées.

L'occupation régulière du massif d'Alger était une

mesure d'ordre et un point de départ qui satisfait l'esprit. Il aurait été à désirer, qu'assis sur cette base solide, le duc de Rovigo eût agi sur les Arabes par d'autres moyens que ceux qu'il employa. Il ne tarda pas d'être choqué du système qu'avait adopté le général Berthezène, depuis la création d'un agha indigène, système qui réduisait l'autorité française à un rôle tout passif; mais comme il n'avait pas peut-être de plan bien arrêté, et que sa politique ne consistait guère que dans l'application peu réfléchie de quelques brutalités du système turc, dont il ne connaissait que le mauvais côté, il se contenta de le contrarier sans le renverser entièrement. L'agha, traité souvent par lui avec peu de bienveillance, continua cependant ses fonctions. Il en résulta un froissement dont la fin, qui devait être une insurrection générale, fut amenée par un acte horrible de cruauté, ordonné de sang-froid; voici à quelle occasion:

Farhat-ben-Saïd, que nous avons déjà fait connaître, désespérant de renverser le bey de Constantine par le seul moyen des Arabes, résolut de s'adresser aux Français. A cet effet, il envoya des émissaires au duc de Rovigo pour l'engager à marcher sur Constantine, et lui offrir l'alliance et la coopération de toutes les tribus qui reconnaissaient son autorité. Cette députation, dont le duc fit grand bruit, ne reçut qu'une réponse évasive. Cependant les personnes qui la composaient furent très-bien traitées à Alger, et en partirent chargées de présents. Le jour même de leur départ, elles furent dépouillées par des brigands sur le territoire des Ouffia, petite peuplade nomade qui campait à peu de distance de la Maison-Carrée, et elles revinrent porter leurs plaintes à Alger. Aussitôt le duc de Rovigo prit une de ces déterminations violentes que rien ne saurait justifier : il fit partir pendant la nuit quelques troupes qui tombèrent au point du jour sur les Ouffia et les égorgèrent, sans que ces malheureux cherchassent même à se défendre. Tout ce qui vivait fut voué à la mort ; tout ce qui pouvait être pris fut enlevé ; on ne fit aucune distinction d'âge ni de sexe. Cependant l'humanité d'un petit nombre d'officiers sauva quelques femmes et quelques enfants. Le chef de cette malheureuse peuplade, El-Rabbia, avait été soustrait au carnage ; on le réservait aux honneurs d'un jugement. En effet, malgré les généreux efforts de M. Pichon, il fut traduit devant un conseil de guerre, jugé, condamné et exécuté, et cependant on avait déjà acquis la certitude que ce n'étaient pas les Ouffia qui avaient dépouillé les envoyés de Farhat : mais acquitter le chef, c'était déclarer la peuplade innocente et condamner moralement celui qui en avait ordonné le massacre ; pour éviter cette conclusion logique, on condamna donc Rabbia. Sa tête fut un cadeau offert aux convenances personnelles du duc de Rovigo. L'aveu en a été fait par l'un des juges... (1)

La sanglante exécution des Ouffia parut à quelques personnes une mesure gouvernementale très-convenable. *C'était ainsi qu'on faisait du temps des Turcs,* disaient-elles, argument sans réplique pour ces esprits prévenus. Il existe dans le monde une foule de gens qui n'aiment rien tant que des idées toutes faites. Celle que les Arabes ne peuvent être conduits que par la hache, et que les Turcs n'employaient pas d'autres moyens, est une de ces

---

(1) En ma présence et celle d'une foule d'autres officiers, qui en furent indignés comme moi.

idées que l'on adopte sans examen. Elle est tellement enracinée dans quelques esprits, qu'encore à présent on trouve à Alger des gens qui vous disent que l'expédition contre les Ouffia, injuste dans sa cause, produisit cependant le meilleur effet, et qu'elle nous assura plusieurs mois d'une tranquillité absolue ; ce qui est formellement démenti par les faits : car ce fut précisément à partir de cette époque que commencèrent les hostilités partielles des Arabes, qui devaient amener plus tard la grande réunion de Souk-Ali. Le massacre d'El-Ouffia eut lieu dans le mois d'avril, et, au mois de mai suivant, une reconnaissance de trente hommes de la légion étrangère fut massacrée à une lieue de la Maison-Carrée. Toutes les nuits, des Arabes qui venaient tirer quelques coups de fusils dans les environs de nos camps et de nos blockhaus faisaient prendre les armes à nos troupes, et les mettaient sur un *qui-vive* continuel. Le duc de Rovigo, lui-même, paraissait si peu sûr de la bonté du spécifique politique qu'il venait d'employer, qu'il était dans des appréhensions incessantes. Il avait conservé de ses souvenirs de police l'usage d'accueillir tous les rapports, mais il avait oublié que tous ne méritent pas une foi aveugle. Ses interprètes, qui connaissaient son faible et qui voulaient se rendre importants, venaient sans cesse l'entretenir, soit de l'arrivée immédiate d'Ahmed-Bey, soit de quelque prise d'armes générale dans la Métidja. Les attaques partielles des Arabes donnant quelque consistance à ces bruits exagérés, on prescrivit de telles mesures de surveillance que les troupes étaient écrasées de fatigues, même sans sortir de leurs camps ; et comme ces camps n'avaient pas d'abord été établis dans des endroits très-sains, cette circonstance, jointe à l'activité sans résultat et, par conséquent, sans distraction morale, que l'on exigeait du soldat, augmenta tellement le nombre des malades, que l'armée eut un instant plus de 4,000 hommes aux hôpitaux.

Nous venons de dire que, dans le mois de mai, une reconnaissance de trente hommes avait été massacrée à une lieue de la Maison-Carrée. Ces malheureux appartenaient à la légion étrangère ; ils tombèrent dans une embuscade qui leur fut dressée par un parti d'Amaraoua et d'Isser. Ils voulurent se retrancher dans l'enclos d'un marabout qui se trouvait sur leur chemin, mais, les cartouches leur ayant manqué, il périrent tous. Le duc de Rovigo, voulant les venger, résolut d'envoyer par mer une expédition à Isser. Elle se composa de douze à quinze cents hommes, et fut commandée par le général Buchet. Une frégate, un brick et un bateau à vapeur la transportèrent sur le point de débarquement. Elle devait débarquer dans la nuit, et surprendre l'ennemi au point du jour ; mais celui-ci se tenait sur ses gardes. On crut s'en apercevoir aux feux qui étaient allumés sur la côte de distance en distance, et l'on ne débarqua point. Lorsque le jour fut venu, on aperçut sur le rivage quelques cavaliers qui observaient les mouvements de l'escadre. On reprit alors la route d'Alger, au grand étonnement des Arabes, et non sans qu'un juste mécontentement se manifestât parmi les militaires de l'expédition. On doit croire que le général Buchet avait pour instruction de ne faire qu'une surprise, et de revenir, s'il voyait qu'il était découvert. Mais que durent penser les Arabes, chez qui le souvenir de l'événement d'El-Ouffia était encore palpitant ? Nécessairement, que nous ne savions plus que tuer des hommes endormis, des femmes et des enfants, et que nous n'osions attaquer des hommes armés et sur leurs gardes.

L'agha Mahiddin avait été indigné, comme tous les Arabes, du massacre d'El-Ouffia, mais, comme il tenait à sa position et surtout à ses appointements, il était loin de vouloir se joindre à nos ennemis. Cependant cette position n'était plus la même que sous le général Berthezène, le duc de Rovigo ayant détruit le système dont elle était le produit, et ayant mis l'agha en état permanent de suspicion. Il lui avait imposé pour intermédiaire à Alger Hamdam-ben-Othman-Khodja, et il persécutait ou faisait surveiller par la police tous ses amis. Sous le général Berthezène, tout se faisait par l'agha ; les Arabes avaient cessé leurs attaques *et nous étions chez nous et eux chez eux*. Sous le duc de Rovigo, au contraire, on voulut se remettre en relations directes avec les Arabes, et les hostilités avaient recommencé. Or, en adoptant un autre système que celui du général Berthezène, on aurait dû le rendre complet comme l'avait été le sien, c'est-à-dire, supprimer l'agha, si l'on voulait agir directement sur les tribus, ou ne rien faire que par lui, si l'on voulait le conserver. En toute chose, surtout dans l'art de gouverner les hommes, il faut être conséquent : on ne le fut point dans cette circonstance, de sorte que l'on eut les inconvénients des deux systèmes, sans avoir les avantages d'aucun. Nos relations directes avec les Arabes diminuèrent la considération et l'influence de l'agha, qui cessa d'être le centre de toutes les tribus ; et ce qui resta d'autorité à ce même agha nuisit à nos relations directes, qui ne furent qu'incomplètes et tronquées. Le pouvoir ne se trouvant donc en réalité nulle part, les hommes de circonstance purent exploiter tout à leur aise le mécontentement qu'avaient fait naître les actes du duc de Rovigo, et amener enfin les choses à un soulèvement général, qui eut lieu vers la fin de septembre.

L'homme qui y contribua le plus fut le marabout Sidi-Saadi, qui avait déjà figuré dans l'insurrection de 1831. Ce fut lui qui parcourut toutes les tribus pour y prêcher la djaad ou guerre sainte, mais, comme il était plus intrigant qu'homme de guerre, Ben-Zamoun fut le chef de la coalition. Les menées de Sidi-Saadi furent dénoncées par l'agha au général en chef, dès le 26 août. Le 18 septembre, il écrivit que Ben-Zamoun était sur le Hamise avec quelques troupes. On s'en inquiéta peu, et l'on eut raison, car, puisque les Arabes étaient en disposition de faire une levée de boucliers générale, le mieux était d'attendre, pour les attaquer, qu'ils eussent réuni toutes leurs forces, afin d'en finir d'un seul coup, l'avantage ne pouvant être un instant douteux dans un combat en règle. Cette politique perdit l'agha. Jusqu'à la fin de septembre, il lutta avec loyauté contre le torrent, mais notre inaction apparente l'ayant laissé arriver jusqu'à Coléa, résidence de Mahiddin, il fut entraîné. Les chefs de la coalition s'étant rendus dans cette ville pour y prêcher la guerre sainte, il n'eut pas la force de résister plus longtemps, et partit pour Souk-Ali, où se réunissaient les masses soulevées. Cependant il écrivit au général en chef pour le prévenir de la démarche que sa position et celle de sa famille l'obligeaient, selon lui, de faire, protestant qu'il allait travailler à dénouer le nœud ; ce furent ses propres expressions. Cette lettre fut portée par son lieutenant Hamida, qui fut obligé de venir à Alger par mer, la route de terre étant interceptée par les insurgés. Cette lettre avait-elle pour but de ménager à l'agha une porte de derrière dans le cas d'une défaite, qu'il était trop éclairé pour ne pas prévoir, ou avait-il réellement l'intention de chercher à rompre la coalition ? C'est ce qu'il est impossible de savoir, car avant qu'il n'eût le temps de l'essayer, le duc de Rovigo fit marcher ses troupes contre les Arabes.

Tous les kaïds s'étaient joints aux insurgés, et les hostilités commencèrent à prendre un caractère sérieux vers la fin de septembre. Les reconnaissances étaient journellement attaquées en avant de la Ferme-Modèle et de la Maison-Carrée. Dans un de ces petits combats, le kaïd de Beni-Mouça, Ben-Ouchefoun, fut tué par M. de Signy, lieutenant de chasseurs d'Afrique. Vers le 28 septembre, le général en chef établit son quartier général à Birkadem. De là, il dirigea sur Souk-Ali, le 2 octobre, une colonne commandée par le général Fodoas, et une autre commandée par le général Brossard, sur Coléa. Ces deux colonnes partirent dans la nuit.

Souk-Ali est une ferme située à l'est de Bouffarick. Les insurgés étaient sur leurs gardes et avaient envoyé une reconnaissance qui rencontra la colonne à la sortie du bois de Bir-Touta. Elle courut avertir les Arabes, qui vinrent se poster à Sidi-Haïd, en avant de Bouffarick relativement à eux. La colonne française avait en tête un escadron de chasseurs d'Afrique, précédant les zouaves. Arrivée à Sidi-Haïd par une nuit fort noire, elle donna en plein au milieu des Arabes, qui la reçurent par une décharge presque à bout portant. Cette brusque fusillade, à laquelle personne ne s'attendait, mit le desordre dans la cavalerie, qui se replia précipitamment sur les zouaves, lesquels furent ébranlés à leur tour. Si l'ennemi eût profité de ce moment de confusion, on ne peut dire ce qui serait arrivé, mais il n'osa se porter en avant. Cette faute, ou plutôt cette faiblesse, donna à la colonne le temps de se reconnaître. Le brave commandant Duvivier eut bientôt rallié les zouaves. Quant à la cavalerie, les officiers virent tous qu'il était impossible de la reformer régulièrement dans un moment aussi critique, et qu'il n'y avait d'autre ressource que de la porter en avant telle qu'elle était. En conséquence, ils se précipitèrent eux-mêmes sur l'ennemi, en appelant à eux leurs cavaliers, qui ne furent pas sourds à leur voix. Cet élan fut fort beau, et fut suivi d'un plein succès. L'ennemi recula. Dans ce moment, le jour commença à poindre : pouvant alors distinguer les objets, on mit plus d'ordre dans le combat. La cavalerie arabe, chargée par la nôtre, abandonna lâchement les fantassins, dont une centaine furent sabrés ou tués à coups de lance. Les fuyards se réfugièrent de l'autre côté du défilé. Le général Fodoas, ne voulant pas les poursuivre, s'arrêta à l'entrée du défilé. Il y rallia sa colonne, qui déjeuna sur le champ de bataille. Il reprit ensuite la route d'Alger, mais à peine ce mouvement de retraite se fut-il dessiné, que les Arabes repassèrent le défilé pour recommencer le combat. La colonne fit volte-face, la cavalerie chargea de nouveau, et la fortune se déclara encore contre les Arabes, qui abandonnèrent enfin la partie.

Pendant ce temps-là, le général Brossard était arrivé à Coléa sans rencontrer d'ennemis. Il avait mission d'enlever l'agha, qu'on y croyait encore, mais, ne l'ayant pas trouvé, il s'empara de ses deux cousins, Sidi-Allal et Sidi-Mohammed, marabouts très-vénérés dans le pays, surtout le dernier, homme de paix et de bien, dont je parlerai plus d'une fois dans le cours de ce volume. Ils restèrent détenus à Alger jusqu'à l'administration du général Voirol.

Après le combat de Bouffarick, ou plutôt de Sidi-Haïd, les Arabes rentrèrent chez eux tout honteux du mauvais succès de leur folle entreprise. Ben-Zamoun, peu satisfait de leur conduite dans cette circonstance, se retira dans son haouch à Flissa. Il ne voulut plus se mêler de rien, et resta longtemps étranger à toute intrigue politique.

L'agha, craignant d'être arrêté, s'il retournait à Coléa, se refugia chez les Beni-Menad, d'où il écrivit au duc de Rovigo pour expliquer de nouveau sa conduite ; mais le duc exigea qu'il se soumît aux chances d'une instruction judiciaire, à quoi, innocent ou coupable, il n'osa s'exposer. Son lieutenant Hamida avait été mis en prison à son arrivée à Alger ; on voulait le faire passer devant un conseil de guerre. Il fut tellement frappé de l'idée du jugement dont on le menaçait, qu'il mourut de terreur. L'agha continua longtemps à protester de son innocence : il écrivit même au roi pour l'assurer de sa fidélité ; mais sa conduite avait été trop équivoque dans les derniers moments pour qu'on pût ajouter foi à ses déclarations ; ensuite, le duc de Rovigo était depuis longtemps prévenu contre lui. Il voulut un instant le faire périr, et chargea un interprète de trouver quelqu'un qui fût disposé à vendre son bras pour l'exécution de cette mesure de police, comme il l'appelait. Je tiens ce fait de l'interprète lui-même, qui se débarrassa par des faux-fuyants de cette fâcheuse commission.

L'issue de l'insurrection des Arabes devait rendre plus facile la tâche du duc de Rovigo : cette fois, du moins, le sang avait coulé dans un combat. L'inutilité de la lutte étant démontrée aux Arabes, une ère nouvelle allait commencer pour l'administration du général en chef qui, en faisant succéder la douceur à la force, aurait pu faire disparaître, je crois, tout levain de discorde. Malheureusement, le duc avait d'autres idées à cet égard. Il commença cette ère, qui aurait dû être une époque de réconciliation, par frapper d'une contribution de 1,100,000 francs les villes de Blida et de Coléa, pour les punir de la part qu'elles avaient pu prendre à la révolte, quoiqu'il fût reconnu que cette part avait été fort indirecte, surtout du côté des gens de Coléa, qui n'avaient peut-être pas fourni quatre hommes à la coalition. Cette petite ville ne comptait pas, au reste, plus de 1,500 habitants. Il ne rentra de cette contribution que 10,000 francs, payés par la famille Moubarek, dont les deux principaux membres étaient en prison, ainsi que nous l'avons vu, et 1,400 fr. versés seulement sous le général Voirol par le hakem de Blida. Ce dernier versement fut plutôt un gage que ce hakem voulut donner de ses bonnes dispositions, qu'une suite de la contribution, dont il ne fut plus question aussitôt que le duc de Rovigo eut quitté Alger.

Parmi les Arabes qui étaient en relation avec le duc de Rovigo, se trouvait ce même Ahmed-ben-Chanaan de Beni-Djead, qui, en 1830, s'était mis en communication avec les Français, la veille de la bataille de Staoueli. Le général en chef, qui avait bonne opinion de lui, avait eu quelque envie de le nommer agha en remplacement de Mahiddin. Il était établi, à l'époque dont nous parlons, à Blida, dont il cherchait à se faire reconnaître hakem par les habitants. Mais ayant rencontré une assez forte opposition et même couru quelques dangers, il se réfugia à Alger vers la fin d'octobre. Le duc de Rovigo se détermina alors à faire marcher quelques troupes sur Blida, ce qui rentrait, du reste, dans l'exécution d'un projet qu'il nourrissait depuis longtemps. Cette nouvelle expédition, commandée par le général Fodoas, et où se trouva le général Trézel, chef d'état-major du corps d'occupation, se réunit à Oued-el-Kerma, le 20 novembre, et se présenta le lendemain au soir à Blida, dont presque tous les habitants s'étaient enfuis. Les troupes pillèrent la ville et y firent un dégât affreux. Le lendemain, une partie du corps d'expédition, commandée par le général Trézel, se porta sur Sidi-el-Kbir, fort beau village, situé dans une des gorges de l'Atlas, à une demi-lieue de Blida, et on l'abandonna également au pillage. Comme les gens de Blida y avaient transporté ce qu'ils possédaient de plus précieux, le butin qu'on y fit fut très-considérable. On y tua aussi quelques êtres inoffensifs, accompagnement obligé de ces sortes d'expéditions. Au retour, le détachement du général Trézel essuya quelques coups de fusil des Kbaïles embusqués dans les montagnes, mais il rentra à Blida sans avoir éprouvé de pertes considérables. Le jour d'après, les troupes reprirent la route d'Alger, plus chargées de butin que de gloire, et après avoir ouvert de larges brèches au mur d'enceinte de Blida.

Cette expédition eut cependant pour résultat avantageux de prolonger l'impression produite sur les Arabes par le combat de Bouffarick. Mais, enfin, c'était assez frapper, c'était assez détruire : on aurait dû songer à organiser et à gouverner. Le duc de Rovigo, débarrassé de l'agha, et agissant directement sur les tribus dans des circonstances extrêmement favorables, serait arrivé sans doute à d'heureux résultats, s'il avait pu se débarrasser aussi de ses préjugés sur la manière de conduire les Arabes. Il nomma kaïd de Beni-Mouça, Ben-Rebrah, et kaïd de Beni-Khelil, Hamoud de Guerouaou. El Mokfy, qui n'avait pris aucune part à l'insurrection, resta kaïd de Khachna. Mais, au moment où les affaire commençaient à prendre une assez bonne direction, le duc les compromit brutalement par un de ces actes de perfidie dont on ne trouve d'exemples que dans l'histoire dégradée du Bas-Empire. El Arbi-ben-Mouça, ancien kaïd de Beni-Khelil et Meçaoud-ben-Abdeloued, kaïd d'El-Sebt, lui étaient signalés depuis longtemps comme des ennemis acharnés des Français, toujours prêts à soulever les Arabes contre eux. Il voulut les faire venir à Alger, où ils avaient cessé de paraître depuis plusieurs mois, et, dans une lettre du 6 octobre, écrite aux gens de Blida, il prescrivit à ceux-ci de les adjoindre à une députation qui devait lui être envoyée. Ces deux Arabes, pressentant le sort qui leur était réservé, hésitèrent longtemps, et ne se déterminèrent à venir que sur un sauf-conduit qui fut adressé pour eux au kaïd de Khachna, leur ami. Ce dernier les conduisit lui-même à Alger, où ils furent arrêtés, sur le rapport d'un interprète ne portant que sur des faits antérieurs, et sur la dénonciation d'un autre interprète qui déclara qu'ils avaient conseillé à la députation de Blida de consentir à toutes les conditions imposées par le duc de Rovigo pour l'oubli des torts de cette ville, sauf à n'en tenir aucun compte plus tard. Lorsque les gendarmes s'emparèrent d'eux, le kaïd de Khachna, indigné, demanda à être aussi mis en cause, et tendit les mains aux chaînes qu'on leur préparait. Plusieurs tribus écrivirent en leur faveur, mais le duc de Rovigo fut inexorable. Il trouva des juges pour condamner ces misérables, qui furent exécutés dans le mois de février 1833. Les juges ne trouvant pas peut-être, dans la conduite politique de ces hommes, matière à condamnation, les jugèrent principalement pour des délits privés. Il était clair cependant que le sauf-conduit était général (1). Cette exécution fut le dernier acte de l'administration du duc de Rovigo, déjà attaqué de la cruelle maladie qui le conduisit au tombeau, et dans laquelle les Arabes virent un châtiment de Dieu. Ce général partit bientôt pour la France et resta sous le poids d'une perfidie. Cette action criminelle détruisit toute confiance chez les Arabes, et longtemps les noms de Meçaoud et d'El-Arbi ne purent être prononcés chez eux sans réveiller des souvenirs de trahison et de mauvaise foi bien funestes à notre domination.

Le duc de Rovigo n'avait pas pour les Maures plus de bienveillance que pour les Arabes. Il en chassa plusieurs d'Alger, entre autres, l'ancien agha Hamdan, qui y était revenu, et Ahmed Bouderbhah. On applaudit, en général, à l'expulsion de ces deux hommes, du dernier surtout, qui était un intrigant sinon dangereux, du moins incommode. Le duc était persuadé que les Maures d'Alger se flattaient de l'espoir que les Français seraient bientôt tellement dégoûtés de leur conquête, qu'ils l'abandonne-

---

(1) L'existence de ce sauf-conduit, ou lettre d'aman, a été niée par ceux qui avaient conseillé le duc de Rovigo dans cette malheureuse affaire. Mais M. Zaccar, interprète, qui l'écrivit, sait bien à quoi s'en tenir à cet égard. Il proteste qu'il fut conçu dans les termes les plus explicites, et de manière à ne laisser aucune excuse à la mauvaise foi.

raient après y avoir placé un gouvernement musulman pris dans leur sein. Il paraît que cette idée avait en effet germé dans quelques têtes françaises assez importantes, que les Maures en avaient eu vent, et que, voyant dans les agitations des Arabes un moyen de rapprocher le dénouement, ils cherchaient à les entretenir (1).

Parmi les Maures, il y en eut un qui trouva grâce devant le duc de Rovigo : c'était Hamdan-ben-Khodja, le plus fin et le plus dangereux de tous peut-être. Celui-ci travaillait pour le bey de Constantine. Dans les premiers mois du commandement du duc de Rovigo, un coup de main très-hardi nous avait rendus de nouveau maîtres de Bône ; nous en parlerons bientôt. Le bey, à qui cette occupation faisait craindre une expédition sur Constantine, et qui d'ailleurs n'ignorait pas les menées de Farhat-ben-Saïd, résolut d'entrer en négociations avec le général en chef, dans le seul but, à ce qu'il paraît, de sonder ses intentions. Toute cette affaire est du reste couverte d'un

---

(1) Quelques Algériens non déportés par le duc, mais craignant d'éprouver plus tard quelques vexations, se rendirent à Paris avec les expulsés. On y vit à la fois Ben-Omar, Ben-Mustapha-Pacha, Hamdan, Ahmed Bouderbhah, et quelques autres. Tous ces gens-là furent très-bien accueillis par les ministres d'un Gouvernement dont le représentant les persécutait à Alger. On crut voir dans ces natures dégradées qui n'ont rien de commun avec les Arabes, des échantillons de ces vigoureuses individualités africaines dont on ne se fait nulle idée à Paris ; ils devinrent objets de mode. Les deux premiers reçurent la décoration de la Légion d'honneur. On appelait Ben-Omar, M. le Bey, et Hamdan, M. l'Agha. On les invitait dans le grand monde, où l'on croyait posséder dans la personne de ces deux pacifiques marchands de poivre les plus grands des fils d'Ismaël. Ce fut une mystification véritable.

17.

voile que je n'ai pu entièrement percer. Dans le mois d'août 1832, Hamdan fit connaître au duc de Rovigo qu'il avait appris du marabout Ben-Aïssa, homme très-vénéré dans le pays, que le bey de Constantine désirait traiter avec lui. Il lui parla même de lettres qu'Ahmed lui aurait écrites, et qui auraient été interceptées. Le duc saisissant avec empressement cette occasion de rapprochement avec un homme qui l'inquiétait, lui envoya ce même Hamdan pour entendre ses propositions. On a dit depuis que ce Maure astucieux avait ourdi une fable pour avoir un prétexte de se rendre, avec l'agrément des Français, auprès du bey de Constantine, lui faire connaître l'état des choses et régler avec lui quelques affaires d'intérêt. Il a avoué depuis à la commission d'Afrique qu'il était son homme de confiance. Cela peut faire suspecter sa bonne foi, mais sans asseoir d'opinion à cet égard, nous allons tracer rapidement la marche de la négociation, telle qu'elle se trouve détaillée dans la correspondance du duc de Rovigo. Hamdan prit la route de terre pour se rendre à Constantine. Le comité maure, c'est-à-dire le parti qui rêvait une restauration musulmane, dirigé par un agent consulaire étranger, voulut le faire assassiner en chemin. Hamdan en fut prévenu à temps, et prit des mesures de précaution qui le sauvèrent. Arrivé à Constantine, il trouva le bey dans les plus heureuses dispositions. Il lui parut peu éloigné de reconnaître la souveraineté de la France, et même de lui payer tribut ; mais il voulait que dans ce cas on lui cédât les douanes de Bône. Hamdan, qui n'avait pas mission de conclure, revint à Alger pour prendre de nouvelles instructions. Il en partit dans les premiers jours de novembre, et se rendit à Bône par mer. Il reçut dans cette ville une lettre d'Ahmed qui lui annonçait que ses dispositions étaient bien changées. Cependant il continua sa route dans l'espoir de le faire revenir; mais le bey fut inflexible. Les propositions que lui fit Hamdan furent celles-ci :

Reconnaissance de la souveraineté de la France,

Tribut annuel,

Cession de Bône,

Interdiction du commerce avec Tunis au profit de Bône.

La France promettait en échange de pourvoir à l'entretien de ses troupes, et de l'aider à soutenir son autorité dans les parties de la province où elle viendrait à être méconnue.

Il répondit qu'il pouvait bien consentir à faire la paix, mais non une soumission, attendu qu'il était sujet de la Porte et non de la France; que jamais il ne céderait ses droits sur Bône, et qu'enfin jamais les Arabes ne paieraient tribut aux Chrétiens. Il ne cacha pas à Hamdan que des lettres d'Alger l'avaient prévenu que les Français ne cherchaient à négocier avec lui que pour le tromper, ce qui lui avait été confirmé par d'autres lettres venues de Bône. Hamdan sut, pendant qu'il était encore à Constantine, que les premières avaient été écrites par Mustapha-ben-Marabout, négociant, Maure d'Alger, et les secondes, par Joseph Mameluk, chef d'escadron au 3ᵉ régiment de chasseurs d'Afrique (1). Il ne douta pas que cette

---

(1) Que le lecteur ne perde pas de vue que je ne fais ici que répéter les assertions de Hamdan. Ce Maure a supposé que Joseph, nourrissant la pensée de se faire nommer lui-même bey de Constantine, avait intérêt à ce que la France ne traitât pas avec Ahmed, et qu'il cherchait à entraver la négociation.

correspondance n'eût été la cause du changement survenu dans les dispositions du bey, qui depuis cette époque n'eut plus de relations avec nous.

Pendant que l'on négociait sans résultat dans l'est, la France envoyait M. de Mornai à l'empereur de Maroc, pour le sommer de renoncer à ses prétentions sur la province d'Oran et surtout sur le district de Tlemcen qu'il convoitait plus particulièrement. Comme ce monarque se sentait vulnérable sur plusieurs points de la côte, et que le langage que lui parla M. de Mornai était de nature à le lui rappeler, quand bien même il l'aurait oublié, il consentit à tout ce qu'on exigeait de lui, et ses troupes évacuèrent le beylik d'Oran où elles faisaient des courses depuis plus d'un an. Cette négociation mit fin à un état de choses fort singulier qui existait depuis plusieurs mois à Médéa et à Miliana : deux envoyés de l'empereur de Maroc s'étaient présentés dans ces villes presque seuls, et s'y étaient installés en qualité de gouverneurs, sans rencontrer d'opposition. Celui qui était à Médéa s'appelait Chérif-el-Moati, et l'autre Mohammed-ben-Cherguy. Le duc de Rovigo fut principalement choqué des prétentions du premier, parce qu'il s'était établi, sans autre moyen que la persuasion, dans une ville où, malgré les bonnes dispositions des habitants et la surabondance de nos ressources, nous n'avions pu parvenir à asseoir notre autorité. Il chercha à se débarrasser de lui par la ressource des faibles, c'est-à-dire par la trahison. Plusieurs lettres furent écrites dans ce but. Il s'adressa même à Oulid-bou-Mzerag, qui promit de faire empoisonner le Chérif. Toutes ces menées, peu dignes d'un représentant de la noble nation française, furent connues de Moati, qui en écrivit au duc de Rovigo dans les termes les plus méprisants. Les

gens de Médéa lui écrivirent de leur côté que l'envoyé de
Maroc était un homme de bien qui cherchait à faire régner l'ordre et la paix dans la province de Titteri, tandis
que les Français, à qui ils avaient tendu les bras, n'avaient su protéger personne, ni établir la tranquillité
nulle part. Qu'on remarque bien, à ce sujet, ainsi que
nous l'avons déjà dit tant de fois, et que nous le répéterons encore bien souvent, que le titre le plus éclatant à
la reconnaissance des indigènes est de terrasser l'anarchie.

Mohammed-ben-Cherguy, dont le duc de Rovigo s'occupa moins, lui écrivit aussi pour l'engager à traiter
les Arabes avec plus de douceur qu'il ne le faisait,
et lui reprocher sa conduite à l'égard de la petite peuplade
d'El Ouffia. Le général en chef voyant que ces deux
hommes bravaient son autorité, qu'ils prenaient sur lui
l'avantage que l'on donne toujours à ses adversaires
lorsque l'on n'a pas la conscience nette, et qu'enfin ils
ne donnaient pas prise sur eux, avait déjà cherché à les
éloigner par des moyens diplomatiques avant la mission
de M. de Mornai; il avait écrit au consul de France
à Tanger pour l'engager à faire à ce sujet des remontrances à l'empereur de Maroc; mais cette négociation
secondaire vint bientôt se fondre dans celle que dirigea
M. de Mornai, et dont un des résultats fut l'abandon
de Médéa et Miliana par les deux agents de ce prince.

Forcé de renoncer à agir directement sur la Régence
d'Alger, l'empereur de Maroc voulut du moins exercer
une influence occulte dans les affaires de la province d'Oran, qu'il espérait réunir tôt ou tard à son empire. A cet
effet, il se mit en relations intimes avec le jeune Abd-
el-Kader, qui commençait déjà à briller d'un certain éclat

dans cette contrée, et qui, à raison de son âge, lui parut devoir se soumettre à son ascendant avec plus de docilité que les autres chefs. Outre cela, il existait entre eux une espèce de lien de parenté, l'un et l'autre se disant ou se croyant chérifs, c'est-à-dire descendants du Prophète. Abd-el-Kader, en homme habile, accepta le patronage qui lui était offert, se réservant de l'employer à son propre agrandissement.

Le père d'Abd-el-Kader, le marabout Mahiddin de la tribu des Hachem, était très-vénéré des Arabes. Les tribus qui avoisinent Mascara voulurent le reconnaître pour chef suprême, en 1832; mais prétextant son grand âge, il refusa cet honneur, et offrit à sa place son jeune fils Abd-el-Kader, qui fut agréé. Le vieux Mahiddin raconta à cette occasion qu'étant en pèlerinage à la Mecque, quelques années auparavant avec son fils aîné et Abd-el-Kader, il rencontra, un jour qu'il se promenait avec le premier, un vieux faquir qui lui donna trois pommes, en lui disant : « Celle-ci est pour toi; celle-là est pour ton fils « que voilà; quant à la troisième, elle est pour le *Sultan*. « — Et quel est ce sultan? demanda Mahiddin. — C'est « celui, reprit le faquir, que tu as laissé à la maison, lors-« que tu es venu te promener ici. » Cette petite anecdote, que les partisans d'Abd-el-Kader croyaient comme un article de foi, ne contribua pas peu à consolider son pouvoir.

Peu de temps après qu'il eut monté le premier degré de l'échelle de sa fortune, la ville de Mascara, qui depuis l'expulsion des Turcs était gouvernée en république, le reconnut pour émir; il eut dès lors un avantage marqué sur tous ses rivaux. On raconte que les habitants de cette ville prirent cette détermination sur la déclaration d'un vieux marabout qui leur jura que l'ange Gabriel lui avait apparu, et lui avait ordonné de leur annoncer que la volonté de Dieu était qu'Abd-el-Kader régnât sur les Arabes (1).

Dans le mois d'avril 1832, la garnison d'Oran, qui venait de recevoir de la cavalerie par la formation du 2e régiment de chasseurs d'Afrique, commença à faire quelques petites sorties, soit pour reconnaître les environs, soit pour protéger les arrivages; la guerre prit dès lors un caractère plus sérieux. Le 3 et le 4 mai, la place fut attaquée par quelques milliers d'Arabes, conduits par le vieux Mahiddin et par Abd-el-Kader. Plusieurs d'entre eux parvinrent à se loger dans les fossés du fort Saint-Philippe, et ne s'en retirèrent qu'à la nuit, après s'être convaincus qu'il leur était impossible d'escalader l'escarpe.

L'ennemi renouvela ses attaques le 7, et se retira après plusieurs heures d'efforts inutiles. Il tournoya autour de la ville le 8, et disparut entièrement le 9. Quoique ces attaques eussent été sans succès, Abd-el-Kader s'y fit remarquer des siens par son sang-froid et sa bravoure.

---

(1) Abd-el-Kader avait alors vingt-quatre ans. Il était né en 1808, à la Guetna de Sidi-Mahiddin, auprès de Mascara. Cette Guetna était une espèce de séminaire, où les marabouts, ses ancêtres, réunissaient les jeunes gens pour les instruire dans les lettres et la théologie. Il y fut aussi bien élevé qu'un Arabe peut l'être, par son père qui trouva à exploiter en lui une nature intelligente et vigoureuse. Doué d'une grande éloquence et d'une puissance d'attraction à laquelle il était difficile de résister, il n'eut qu'à paraître sur la scène pour dominer les volontés et subjuguer les cœurs. Abd-el-Kader, quelle que doive être sa fin, a acquis une gloire impérissable.

Les Arabes se laissaient encore, à cette époque, facilement intimider par le feu de l'artillerie. Pour les y habituer et leur apprendre à le mépriser, Abd-el-Kader lança plusieurs fois son cheval contre les boulets et les obus qu'il voyait ricocher, et il saluait de ses plaisanteries ceux qu'il entendait siffler à ses oreilles.

Il ne se passa rien d'important à Oran jusqu'au 31 août. Ce jour-là, 500 cavaliers de la tribu des Gharabas cherchèrent à enlever le troupeau de l'administration qui paissait sous le canon de la place ; mais ils furent repoussés par notre cavalerie, qui leur tua quelques hommes.

Le 25 octobre, 5 à 600 Arabes se présentèrent devant la place ; ils furent encore repoussés par notre cavalerie soutenue par un fort détachement d'infanterie. Ce petit combat fut glorieux pour le 2e régiment de chasseurs d'Afrique, dont plusieurs militaires, officiers, sous-officiers et soldats, se distinguèrent par des traits remarquables de bravoure individuelle. Ce corps était commandé par le colonel de l'Etang qui, dans toutes circonstances, donnait des preuves d'intrépidité. Le maréchal de camp Trobriant, issu d'une de ces vieilles souches bretonnes si fécondes en braves guerriers, commandant la première brigade (1) de la division d'Oran, brillait aussi aux premiers rangs dans tous ces petits engagements.

Depuis l'affaire du 25 octobre, Abd-el-Kader intercepta les communications entre Oran et l'intérieur du pays.

---

(1) La seconde brigade était commandée par le maréchal de camp Sauzet.

Le 10 novembre, il se présenta de nouveau devant la place ; il eut à lutter contre le général Boyer en personne, qui en sortit pour la première fois dans cette circonstance. Les Arabes furent repoussés, après avoir vaillamment combattu. Nos troupes se conduisirent aussi fort bien. Le 2e régiment de chasseurs fit des pertes assez sensibles.

Cette affaire fut le dernier acte du commandement du général Boyer, qui fut rappelé par suite de la mésintelligence existante entre lui et le duc de Rovigo. M. Boyer hésitait presque à reconnaître pour chef celui qui l'était cependant de tout le corps d'occupation. Ses prétentions d'indépendance étaient en quelque sorte justifiées par la correspondance directe que le ministre entretenait avec lui ; cependant, quoique M. le duc de Dalmatie fût la cause première de la conduite insubordonnée du général Boyer, il se vit forcé de l'abandonner, lorsque les choses en vinrent au point où il fallut prononcer entre lui et son chef. Le duc de Rovigo avait tellement à se plaindre de ce général que, pour se venger de lui, il signala, dans un ordre du jour, les exécutions clandestines qu'il se permettait à Oran. Certes, avec le moindre semblant de déférence de la part du commandant d'Oran, il eût été bien facile à ces deux hommes de s'entendre sur un pareil sujet, qui blessait bien moins l'humanité du duc de Rovigo que sa susceptibilité de chef.]

Le général Boyer fut remplacé à Oran par le général Desmichels, simple maréchal de camp.

Le cours de la narration nous a entraîné bien loin de la province de Constantine, où il faut que nous revenions pour faire connaître au lecteur les détails de la troisième occupation de Bône.

Après la catastrophe du commandant Huder, Ibrahim-Bey, maître de cette ville, se conduisit de manière à faire repentir les habitants de l'avoir accueilli. Il les accabla de contributions et de réquisitions de toute espèce ; cependant, la crainte de tomber entre les mains du bey de Constantine, qui avait fait marcher contre eux son lieutenant Ben-Aïssa, les empêchait de séparer leur cause de la sienne. Après un siége ou plutôt un blocus de six mois, les Bônois et leur chef Ibrahim, réduits à la dernière extrémité, se décidèrent à recourir une seconde fois à la France. Leurs envoyés furent bien accueillis par le duc de Rovigo, qui avait reçu du Gouvernement l'ordre de profiter de la première circonstance favorable pour s'emparer de Bône. Il fit partir avec eux, à leur retour, le capitaine Joseph(1), avec mission de s'assurer du véritable état des choses. Sur le rapport qu'il reçut de cet officier, il dirigea sur Bône la felouque *la Fortune*, chargée de vivres, et désigna le capitaine d'artillerie d'Armandy pour aller aider aux Bônois à prolonger la défense de la ville, jusqu'au moment où l'on serait en mesure d'envoyer des secours plus directs. C'était, d'après les chances les plus probables, préparer à cet officier le sort du malheureux

---

(1) Joseph, ou Yousouf, dont l'origine est assez incertaine et dont l'histoire est diversement racontée, paraît être Italien de naissance. On pourrait faire un fort joli roman avec tout ce qui a été débité sur son compte. Ce qu'il y a de positif dans son fait, c'est qu'il était en 1830 au service du bey de Tunis ; qu'une intrigue amoureuse, dont les suites pouvaient être fâcheuses pour lui, le força de fuir son pays d'adoption, et qu'il se jeta entre les bras des Français occupés alors au siége d'Alger. Il nous a servis avec fidélité, mais il en a été amplement récompensé.

commandant Huder ; mais M. d'Armandy était heureusement un de ces hommes de ressources et de résolution que le péril et les difficultés grandissent, et qui savent se tirer d'un mauvais pas avec autant de bonheur que de gloire.

Cet officier s'embarqua, le 12 février, sur la goëlette *la Béarnaise*, qui prit la felouque à la remorque. Elle la déposa à Bône le 29, et repartit le même jour pour Tunis, où elle conduisait le capitaine Joseph, chargé d'une mission relative à un achat de chevaux pour notre cavalerie. M. d'Armandy, en arrivant à Bône, distribua des secours en vivres aux habitants ; il les encouragea à prolonger la lutte contre Ben-Aïssa ; mais ils étaient tellement démoralisés que ses exhortations furent sans résultat. Dans la nuit du 5 au 6 mars, le chef constantinois pénétra dans la ville dont les portes lui furent ouvertes par ses partisans. Le capitaine d'Armandy eut le temps de se réfugier sur la felouque. Les personnes qui étaient avec lui le pressaient de prendre le large ; mais, ne voulant pas abandonner les soldats turcs de la citadelle, il se contenta d'aller mouiller un peu plus loin, hors de portée du feu des Constantinois. Bientôt il vit arriver des envoyés de Ben-Aïssa, qui l'engagèrent, au nom de ce chef, à se rendre auprès de lui pour conférer sur l'affaire qui les occupait l'un et l'autre ; il n'hésita pas à se rendre à cette invitation. Ben-Aïssa le reçut convenablement ; dans la conversation qu'ils eurent ensemble, il fut convenu que toute hostilité entre la citadelle et les Constantinois serait suspendue, afin d'avoir le temps de recevoir des ordres du général en chef, avec qui le bey de Constantine paraissait déjà disposé à traiter. Ce *statu quo* dura jusqu'à l'arrivée de la Béarnaise, qui revint de Tunis, le 26 mars, avec le capitaine Joseph. M. d'Armandy voyait bien qu'on ne pouvait le prolonger plus longtemps : car les assiégés, complétement démoralisés, ne songeaient qu'à en profiter pour s'enfuir, ce qui aurait remis sans coup férir la citadelle aux mains des Constantinois. Or, c'était ce qu'il fallait éviter à tout prix, car, une fois au pouvoir d'un ennemi puissant, elle n'aurait pu être reprise qu'avec de grands efforts. En conséquence, il se rendit à bord de la Béarnaise, et demanda au capitaine Fréart, qui la commandait, de lui confier 50 hommes de son équipage, se faisant fort, avec ce faible secours, de s'introduire dans la citadelle, et de la défendre contre Ben-Aïssa jusqu'à l'arrivée des nouvelles d'Alger. M. Fréart n'était pas un de ces officiers timides qui craignent sans cesse de compromettre leur responsabilité ; il adopta le projet du capitaine d'Armandy; mais, avant de l'exécuter, il le pria de voir encore Ben-Aïssa et les assiégés pour tâcher d'obtenir le maintien de la trève, s'engageant à partir sur-le-champ pour Alger, afin de faire connaître au duc de Rovigo l'état des affaires.

M. d'Armandy se présenta donc une seconde fois chez Ben-Aïssa, mais il ne put rien en obtenir. Ce chef, fatigué de ne pas voir arriver de nouvelles d'Alger, lui déclara que si la citadelle ne se rendait pas à lui le lendemain, il l'enlèverait de force le jour d'après. D'Armandy retourna à bord de la Béarnaise, et il fut décidé qu'il serait mis à sa disposition une trentaine de marins avec lesquels il s'introduirait dans la citadelle. Mais ce plan ne pouvait être exécuté sans le consentement des Turcs qui y étaient enfermés ; en conséquence, les capitaines d'Armandy et Joseph se rendirent auprès d'eux dans la nuit pour leur faire connaître ce qui avait été résolu.

Cette nouvelle ne fut pas très-bien accueillie. Ibrahim, qui avait à se reprocher la mort d'Huder, craignait de se mettre à la discrétion des Français, de sorte qu'il excita un tumulte dans lequel les deux capitaines coururent risque de perdre la vie. Ils parvinrent cependant à s'échapper. La lutte entre leurs partisans et ceux d'Ibrahim se prolongea après leur départ; enfin, ces derniers, forcés de céder la place, s'enfuirent avec leur chef et se refugièrent à Bizerte, où ils eurent le bonheur d'arriver sans être découverts par Ben-Aïssa. Des Turcs restés dans la citadelle envoyèrent un des leurs prévenir les deux capitaines de ce qui venait de s'y passer. Aussitôt ils s'y rendirent avec les marins mis à leur disposition. Comme les assiégeants observaient la porte, ils y pénétrèrent par le côté opposé au moyen d'une corde qu'on leur jeta. Le pavillon français fut aussitôt arboré sur la casbah. A cette vue, Ben-Aïssa fit mine de vouloir l'attaquer, mais quelques coups de canon bien dirigés l'obligèrent à se tenir à distance. On profita de son éloignement pour tirer de la Béarnaise les vivres dont on avait besoin.

Ben-Aïssa, n'ayant pas l'espoir d'enlever la citadelle aux Français, prit le parti d'abandonner la ville; mais il força tous les habitants à en sortir pour le suivre, après quoi il la livra au pillage, et finit par y mettre le feu, ne voulant laisser que des ruines aux Français, à quoi il ne réussit que trop. Le capitaine d'Armandy assistait du haut de la citadelle à cette scène de désolation, et se désespérait de ne pouvoir la faire cesser. A peine Ben-Aïssa se fut-il éloigné, traînant à sa suite les infortunés Bônois, que les Kbaïles et les Arabes des environs tombèrent sur ce cadavre de ville pour en enlever tout ce que les Constantinois et l'incendie avaient pu y laisser. Sur ces entrefaites, quelques Zouaves qui regrettaient Ibrahim voulurent exciter la garnison à la révolte. Le capitaine d'Armandy, averti à temps par le chef des Turcs, en fit arrêter trois qui furent conduits à bord de la Béarnaise; trois autres furent mis à mort et tout rentra dans l'ordre. Le capitaine Joseph crut devoir faire lui-même deux de ces exécutions, qui doivent être dépouillées des circonstances fabuleuses dont il a plu à certaines personnes de les entourer. Au reste, cette conspiration fut peu sérieuse. Les Turcs n'y prirent aucune part. Ils entrèrent dès ce moment à notre service, et nous furent toujours fidèles. Yousouf en eut le commandement. C'est ainsi que l'énergie et l'esprit d'à-propos de deux hommes assurèrent à la France la possession de Bône.

Le lendemain de l'événement que nous venons de rapporter, le sac de Bône continuant encore, vingt Turcs sortirent de la citadelle, et allèrent s'embusquer à une des portes de la ville, d'après les ordres du capitaine d'Armandy. A un signal convenu, quelques bombes furent lancées dans la ville, d'où les Arabes, qui la saccageaient, sortirent aussitôt; mais ils tombèrent dans l'embuscade que leur avaient tendue les Turcs, et perdirent beaucoup de monde. Ceux-ci, enhardis par ce succès, s'établirent dans la ville, le 8 avril. On reçut, peu de temps après, des nouvelles d'Alger. Le capitaine d'Armandy fut nommé provisoirement commandant supérieur de Bône. On lui annonça des renforts, qui arrivèrent successivement du 8 au 12 avril. Ils consistaient en un bataillon du 4ᵉ de ligne et quelques artilleurs et soldats du génie. Ce bataillon était commandé par le chef de bataillon Davois, dont le nom doit être cité avec éloge, à cause d'un exemple, malheureusement assez rare, de bon sens et d'absence de susceptibilité hiérarchique. Au moment de son départ, le général en chef lui fit connaître que les circonstances exigeaient que le capitaine d'Armandy conservât le commandement de Bône; que si cet arrangement le contrariait, il était libre de rester à Alger de sa personne. Davois répondit qu'il ne voyait dans tout cela que le bien du service; qu'il était loin de vouloir disputer le commandement à celui qui possédait la confiance du général en chef et qui la méritait si bien, et qu'il obtempérait sans discussion à tout ce que d'Armandy lui prescrirait pour la défense de notre nouvelle conquête.

Cependant les Senadja, tribu à laquelle appartenaient les Arabes qui avaient été défaits par les Turcs à la porte de Bône, avaient fait demander la paix et l'avaient obtenue. Eux et les Beni-Othman, autre tribu voisine de la place, y apportaient des vivres et y conduisaient du bétail.

L'abondance commençait à régner à Bône; l'administration put même y avoir un parc pour les besoins de la petite garnison; mais une partie de ce parc fut bientôt enlevée par les Kharésas. Ceux-ci ne tardèrent pas à recevoir le châtiment de cet acte d'hostilité; car, dans la nuit qui le suivit, le capitaine Yousouf se dirigea avec ses Turcs sur cette tribu, la surprit, lui tua quelques hommes, et lui prit quatre fois plus de bétail qu'elle n'en avait enlevé. Cet acte de vigueur fit cesser entièrement les hostilités des Arabes, et Bône était parfaitement tranquille, lorsque le maréchal de camp Monck d'Uzer vint en prendre le commandement le 15 mai. Le général Monck d'Uzer était déjà connu de l'armée d'Afrique, où il avait commandé une brigade en 1830. Il arriva à Bône avec un bataillon du 55e de ligne. Le 2e bataillon arriva dix jours après sur le vaisseau le Suffren ; le 5ᵉ bataillon n'arriva que sur la fin de l'année, pour remplacer le bataillon du 4ᵉ de ligne. Un bataillon de la légion étrangère, une batterie de siége, une batterie de campagne, et une batterie de montagne, furent mis également sous les ordres du général d'Uzer. Dans le mois de février 1833, on organisa à Bône le 3ᵉ régiment de chasseurs d'Afrique, qui eut pour noyau le 7ᵉ et le 8ᵉ escadron du premier régiment réduit à six escadrons.

Lorsque le général d'Uzer vint prendre possession de son commandement, quelques-uns des malheureux habitants que Ben-Aïssa avait obligés d'abandonner leurs demeures, commençaient à y rentrer. Il les traita avec bienveillance ; mais il donna sa confiance à un certain Mustapha-ben-Kerim qui, au dire de bien des gens, en était peu digne. Le service civil fut organisé à Bône comme à Oran, avant même qu'il y eût des administrés. D'après les ordres du duc de Rovigo, envers qui le général d'Uzer se montra toujours tel qu'il devait être, c'est-à-dire soumis et obéissant, quelques Maures suspects furent arrêtés, conduits à Alger, et de là à Marseille, où ils restèrent huit mois renfermés au fort Saint-Jean. Le Gouvernement les fit relâcher au bout de ce temps, et ils furent libres de retourner chez eux. Au nombre de ces Maures se trouvait Sid-Ahmed dont nous avons déjà parlé.

Le général d'Uzer adopta, dès le principe, à l'égard des Arabes, un système de douceur et de justice, et il groupa de cette manière autour de lui quelques fractions de tribus qui vinrent chercher sous son égide une protection contre la tyrannie d'Ahmed-Bey ; mais nous devons dire qu'il se rendit en quelque sorte leur tributaire, en en admettant presque tous les membres parmi les spahis irréguliers soldés à 60 centimes par jour, aux termes de l'ordonnance du 17 novembre 1831. Les dépenses pour cet objet s'élevèrent, à Bône, à 15,000 francs par mois, quoique la plupart de ces prétendus spahis ne fussent ni montés ni équipés convenablement, et qu'ils formassent plutôt un ramassis de pâtres qu'une troupe de guerriers.

Il ne se passa rien de fort important à Bône jusqu'au 8 septembre. Ce jour-là, Ibrahim-Bey, cet intrigant infatigable, se présenta devant la place avec une troupe de douze à quinze cents hommes ; mais pris entre deux colonnes qui sortirent en même temps de deux portes de Bône, il perdit beaucoup de monde et fut complétement battu. Le capitaine Joseph se conduisit fort bien dans cette affaire. La demande d'avancement qui avait été faite pour lui fut renouvelée dans cette circonstance, et fut accueillie. Joseph fut nommé chef d'escadron au 5ᵉ régiment de chasseurs d'Afrique. M. d'Armandy avait déjà reçu le même grade dans son arme.

Ibrahim-Bey, qui ne resta que peu de temps à Bizerte, d'où son esprit inquiet le chassa bientôt, s'était servi, pour ramener à lui quelques tribus, de l'influence d'un marabout nommé Ben-Bacri. Dès les premiers jours d'août, il était parvenu à réunir des forces considérables ; mais, au moment où elles allaient se mettre en marche, Ben-Bacri tomba de cheval et se cassa le bras. Les Arabes, voyant dans cet accident un présage funeste, se dispersèrent ; ce ne fut qu'un mois après que Ibrahim-Bey put renouer la partie, pour aller se faire battre, comme nous venons de le voir, sous les murs de

Bône. Après sa défaite, ayant perdu tout crédit sur les tribus vaincues, il chercha à agir sur celles qui n'avaient pas pris part à l'action; mais n'y ayant pas réussi, il prit la route de Médéah, où il arriva après mille traverses, et où Ahmed-Bey le fit assassiner en 1834. Il laissa deux fils qui entrèrent à notre service.

Dans le courant de septembre, quelques Beni-Ourdjin voulant se mettre tout à fait à l'abri des attaques d'Ahmed-Bey, vinrent s'établir à l'embouchure de la Seybouse, presque aux portes de Bône. Une partie des Karresas se rapprochèrent également de nous; ces deux tribus, et quelques autres situées auprès de Bône, fournirent des otages qui furent mis à la suite de l'escadron turc.

Dans les premiers jours de novembre, une épidémie cruelle, ayant quelques symptômes de la fièvre jaune, se manifesta dans la garnison de Bône. Elle régna longtemps et enleva un quart des troupes et de la population. Les secours ne s'étant pas trouvés en rapport avec l'intensité du mal, beaucoup de malades périrent faute de soins. De graves reproches ont été adressés à ce sujet à l'administration; mais il lui était difficile d'établir ses prévisions sur une base qui dépassait toutes les suppositions admissibles. Heureusement que le bey de Constantine ne chercha pas à attaquer Bône dans ces cruelles circonstances. Le général d'Uzer, qui craignait qu'il n'en eût l'idée, fit une sortie avec quelques troupes et tout ce qui put monter à cheval, dans le but de prouver aux Arabes qu'il lui restait encore des forces disponibles; il s'avança assez loin et ne rencontra personne à combattre.

Quoique les cruautés d'Ahmed-Bey augmentassent chaque jour le nombre de nos partisans, il parvint à ruer sur Bône, le 13 mars 1833, sept à huit cents cavaliers des tribus des Chourfa, Senadja, Beni-Mehenna et Radjeta. Ils avaient à leur tête Bel-el-Kahal, che des Zerdéza, qui, en 1830, s'était montré un des plus acharnés contre le général Damrémont. Ils furent repoussés sans beaucoup de peine par nos troupes qui ne perdirent pas un seul homme dans ce petit engagement. Depuis cette affaire, qui n'eut rien de bien sérieux, Bône ne fut plus attaquée par les Arabes. Cet état de choses fut dû principalement au système politique du général d'Uzer, qui sut s'attirer l'amitié des Arabes. Il ne faut pas croire, au reste, que ce général hésitât à employer la force lorsqu'elle lui paraissait nécessaire. Dans le mois d'avril 1833, ayant acquis la preuve que plusieurs actes de brigandage commis sur nos alliés et sur les Européens, étaient le fait de la tribu des Oulad-Attia qui habitent les rives d'un lac situé à quatre lieues de Bône dans la direction de Stora, il alla les attaquer, leur tua du monde, et leur enleva leurs troupeaux qui servirent à indemniser de leurs pertes nos alliés et l'administration, dont une partie du parc avait été enlevée par ces pillards. Dans cette petite affaire, le commandant Yousouf fut blessé, et le lieutenant-colonel de Chabannes, digne héritier d'un beau nom, commandant le 3ᵉ régiment de chasseurs d'Afrique, tua deux Arabes de sa main.

C'est ici le lieu de donner une description un peu détaillée de la province de Constantine, la plus remarquable, sous bien des rapports, des quatre qui composent l'ancienne régence d'Alger.

Cette province se partage, comme toute l'Algérie, en trois zones : celle des montagnes du littoral ou de la chaîne atlantique septentrionale, celle des plateaux, et la zone saharienne.

La chaîne atlantique septentrionale présente, au nord et à peu de distance de Constantine, une sorte de nœud formé par le Djebel-el-Ouahch. Ce nœud pousse trois contreforts principaux : le premier court vers le nord perpendiculairement à la mer et se termine au cap Boujarone (1); le second court vers l'est, sous le méridien du cap de Fer (2), il se bifurque; une de ses bifurcations suit le littoral et se termine à Bône; l'autre s'en éloigne et se termine au lit de la Seybouse à dix lieues de l'embouchure de cette rivière. Le troisième contrefort, plus étendu que les deux autres, enveloppe le second par le sud, et, se prolongeant vers l'est, va se rattacher aux montagnes du nord de la régence de Tunis.

Le massif montagneux que nous venons de décrire est séparé de celui des montagnes de Djidjelli et de Bougie par l'Oued-el-Kebir, qui se jette dans la mer à peu de distance et à l'est de la première de ces deux villes.

Entre le cap Boujarone, qui est lui-même à l'est de l'embouchure de l'Oued-Kebir, et le cap de Fer se trouve le golfe de Stora, le *sinus numidicus* des anciens. Au delà du cap de Fer, en allant vers l'est, on rencontre le cap de Garde (3) et plus loin le cap Rosa (4). Entre ces deux caps est le golfe de Bône. Après avoir doublé le cap Rosa, ou à peu de distance le petit port de la Calle, puis les frontières de Tunis.

---

(1) En arabe *Seba-el-Rous*, les sept têtes, parce qu'en effet il présente sept pointes.
(2) En arabe *Ras-el-Hadid*, qui a la même signification.
(3) En arabe *Ras-el-Hamar*.
(4) En arabe *Ras-bou-Fahal*.

Cette partie de la province de Constantine est arrosée par plusieurs cours d'eau. Les principaux sont, de l'ouest à l'est, l'Oued-el-Kebir, la Zhoure, l'Oued-Safsaf, la Boudjema, la Seybouse et la Mafrag.

La rivière, appelée à son embouchure la grande rivière, ce qui est la traduction d'Oued-el-Kebir, change souvent de nom, comme tous les cours d'eau en Algérie. Elle se forme de la réunion de plusieurs affluents, dont un coule sous les murs de Constantine, où il porte le nom d'Oued-Rummel (rivière du sable).

La Zhoure, dont le cours est peu considérable, coule parallèlement à l'Oued-el-Kebir, et se jette dans la mer entre l'embouchure de cette dernière rivière et le cap Boujarone.

L'Oued-Safsaf, qui se jette dans le golfe de Stora, coule dans un bassin qui est une des plus belles et des plus fertiles contrées de l'Algérie.

La Seybouse prend sa source à peu de distance et sous le parallèle de Constantine, coule longtemps, sous le nom d'Oued-Zenati, entre le deuxième et le troisième contrefort du Djebel-el-Ouahch, se redresse vers le nord sous le méridien de Bône, traverse la vaste et belle plaine qui est au sud de cette ville, et se jette dans la mer auprès de Bône.

La Mafrag a un cours moins étendu que celui de la Seybouse, et se jette dans la mer à quatre lieues à l'est de cette rivière.

La Boudjema est une petite rivière qui se jette dans la mer sous les murs mêmes de Bône, entre cette ville et la Seybouse.

Les populations qui habitent la contrée que nous venons de décrire se divisent naturellement en tribus de la plaine et tribus de la montagne. Les premières sont Arabes ; les autres sont généralement d'origine Kbaïle. En commençant par l'est, on trouve les Nehed, les Oulad-Dieb, la plus puissante tribu de ce canton, les Beni-Amar, les Oulad-Youb, les Oulad-Amar-Bou-Ali. A l'embouchure de la Mafrag sont, à droite, les Sebah, et, à gauche, les Beni-Ourdjine; au-dessus de ces deux tribus sont les Merdès; et au-dessus des Merdès dans les montagnes, entre la Seybouse et la Mafrag, sont les Beni-Salah.

En suivant les montagnes et en contournant vers l'ouest la plaine de la Seybouse, on rencontre, après les Beni-Salah et sur la gauche de la rivière, les Thala, les Oulad-Bou-Aziz, au sud de ceux-ci, les Oulad-Kaïd, et, à à l'ouest des Oulad-Kaïd, les Beni-Foukral. C'est entre ces deux tribus que la Boudjema prend sa source. Viennent ensuite, en allant vers le nord, les Elma, les Radjette, les Oulad-Attia, les Dride qui habitent les bords du lac Fetzara. Entre ce lac et la mer s'élève le Djebel-Edough dont les sommets et les pentes sont habités par les Beni-Mhamed, les Soada, les Arbaouen, les Tréate, les Karesas, les Senadja, les Ichaoua, les Djendel et quelques autres petites tribus.

Les tribus que nous avons nommées jusqu'ici formaient deux kaïdats ; celui de Bône et celui de l'Edough ; mais il est à remarquer que le kaïd de l'Edough était sous la dépendance de celui de Bône.

A l'ouest du Djebel-Edough, on trouve le Sahel de Stora ou Sahel de Skikda, dont le kaïd avait sous ses ordres les Beni-Mehenah, forte tribu formant le noyau de l'outhan, les Beni-Toufout, les Beni-Salah, les Beni-Ishac et quelques autres tribus de moindre importance. A l'ouest du Sahel de Stora est celui de Collo, et à l'ouest de celui-ci le Sahel de Djidjelli.

Les deux petites villes de Collo et de Djidjelli étaient administrées par de petits gouverneurs dont l'autorité n'en dépassait guère l'enceinte. Les tribus de l'extérieur faisaient partie de l'outhan de Ferdjiouah, mais plus de nom que de fait, car elles étaient à peu près indépendantes. Ces tribus étaient, de Collo à Djidjelli, les Acheche, les Oulad-Aïça, les Beni-Amran, les Beni-Ahmed et les Beni-Kaïd. Je ne nomme que les principales.

Le pays de Ferdjiouah, au nord de Djidjelli, forme le noyau de l'outhan de ce nom. Le chef de cet outhan n'avait que le titre de cheihk, héréditaire dans la famille des Beni-Achour, maison très-ancienne de ces montagnes. Je ferai remarquer à ce sujet que le titre de kaïd implique l'idée d'un magistrat imposé par l'autorité centrale, tandis que celui de cheikh convient plus particulièrement au chef dont l'autorité, au moins dans l'origine, avait quelque chose de populaire et de national dans la tribu. De là vient que les outhans le plus récemment soumis avaient des chefs qui, quoique aussi puissants et même plus puissants que des kaïds, ne portaient encore que le titre de cheikh qu'ils avaient à l'époque de leur indépendance (1). Le cheikh de Ferdjiouah était dans ce cas.

A l'est de Ferdjiouah est le Zouagah, autre district à cheikh héréditaire et presque toujours insoumis à l'au-

---

(1) On peut consulter à ce sujet une notice sur l'administration de la province de Constantine que j'ai fait paraître dans le *Tableau des établissements français en Algérie*, en 1838.

torité centrale. Au commencement de ce siècle, un bey de Constantine fut massacré avec ses troupes dans les montagnes de Zouagah.

A l'est de Zouagah et au sud du sahel de Stora était le kaïdat des Oulad-Braham, comprenant, outre cette tribu, les Beni-Ouelban, les Beni-Telilan, les Beni-Sebikh et les Oulad-el-Hadj.

A l'est des Oulad-Braham est le kaïdat des Zerdeza, tribu puissante divisée en un grand nombre de fractions ou kharouba, et à l'est des Zerdeza sont les Guerfa, dont le kaïd administrait également un grand nombre de petites tribus arabes et kbaïles, au centre du territoire desquelles est Ghelma. C'est dans cet outhan que se trouvent les eaux chaudes d'Hammam-Meskoutin, célèbres dans toute l'Algérie (1).

---

(1) Ces eaux, dont la température est très-élevée, sortent du sol en plusieurs sources jaillissantes. Comme elles sont très-chargées de carbonate de chaux et d'autres sels, elles laissent, sur les lèvres de l'orifice de chaque source, des dépôts, qui, s'élevant peu à peu, forment des cônes du sommet desquels les eaux s'épandent en nappes fumantes. Lorsqu'un cône est parvenu à une hauteur qui dépasse celle où la force d'impulsion de l'eau lui permet de monter, il se bouche, et l'eau s'ouvre une issue sur un autre point où par la suite des temps se forme un nouveau cône. Il existe un très-grand nombre de ces cônes qui ont l'apparence de fantômes gigantesques enveloppés de linceuls. Les superstitieux indigènes racontent à ce sujet, que dans les temps anciens, un prince du pays ayant voulu épouser sa sœur, Dieu, irrité, changea en statues, le jour même du mariage, les époux incestueux et tous ceux qui étaient venus assister à ces noces impies, et que ce sont encore eux que l'on voit à Hammam-Meskoutin, dont le nom signifie *Bains maudits*.

La contrée que nous venons de décrire est limitée au sud par la grande zone des plateaux du centre de l'Algérie. La partie de ces plateaux comprise dans la province de Constantine se divise naturellement en deux régions séparées, sous le méridien de Constantine, par un bourrelet montueux, dont les points les plus saillants sont le Nif-en-Nesser (Bec de l'aigle) et le Guerioun. Les plateaux situés à l'ouest de ce bourrelet sont séparés de ceux de la province de Tittery par un chaînon transversal, qui joint le Djebel-Djurdjura, la plus élevée de toutes les montagnes de la chaîne atlantique algérienne, au Djebel-Ouennougah, qui est plus au sud. C'est à travers ce chaînon qu'est le célèbre défilé des Biban, gorge étroite et profonde entre des rochers perpendiculaires, de même aspect, mais plus sauvage encore, que celles de Pancorvo en Espagne et d'Ollioulle dans le département du Var. Si ce n'est aux approches des Biban, les plateaux dont nous parlons sont nus et dépourvus d'arbres. Les pentes des montagnes qui les bornent au sud et au nord se prolongent considérablement en allant à la rencontre les uns des autres. La ligne d'intersection de leurs plans, qui forment la superficie des plateaux, est indiquée à l'est par le lit de l'Oued-Rummel qui, dans cette partie supérieure de son cours, change souvent de nom, et à l'ouest par le cours sinueux de l'Oued-Bousselam. Toute cette zone médiane est d'une grande fertilité ; mais les parties plus rapprochées des montagnes sont assez généralement pierreuses et stériles, si ce n'est dans les bassins des petits affluents des deux rivières dont il vient d'être question, où des soulèvements de roches, disposés comme des murs perpendiculaires à ces affluents, se sont prêtés admirablement à la formation de terrains modernes, couvrant les terrains secondaires et tertiaires mis à découvert sur les points plus élevés.

A l'ouest des Biban est la contrée de Medjanah, dont le centre est une espèce de fort ou bordj qu'on appelle indistinctement Bordj-Medjanah ou Bordj-bou-Ariridj. Cette contrée est habitée par les Hachem, les Souahma, les Sodrata, et quelques autres tribus. Le kaïd de la Medjanah était toujours choisi dans la famille des Oulad-Mokran, d'une noblesse ancienne et bien établie. Ce kaïd administrait encore, en dehors de la Medjanah, les Msita, les Dreat et les Oulad-el-Kherouf; son autorité, ou plutôt son influence héréditaire, s'étendait même sur les montagnes d'Ouennougah, dont la population est divisée en une quinzaine de tribus.

Au nord de la Medjanah est la petite ville de Zamora, dont le kaïd avait sous son commandement quelques villages voisins de la ville, et l'outhan des Oulad-Yahia-Hal-el-Chefa, district d'une médiocre étendue.

A l'est de la Medjanah est l'outhan des Amer-Gharaba, où se trouve Sétif, l'antique capitale de la Mauritanie Sétifienne, et, à l'est des Amer-Gharaba, l'outhan des Elma, que l'on appelle Elma de Bazer pour les distinguer des autres tribus du même nom. Bazer est celui d'une sebkah située sur le territoire de cet outhan.

Au sud des Amer-Gharaba sont les Righa, dont le kaïd commandait de plus les Oulad-Sidi-Ahmed, les Mouassa et autres petites tribus. Au nord de ces mêmes Amer est l'outhan de Babour, ainsi désigné de la montagne de ce nom qui y est située. On l'appelait aussi le sahel de Babour, et l'autorité de son kaïd, ou plutôt de ses kaïds, car il y en avait deux, était censée s'étendre jusqu'à la mer sur les tribus kbaïles de Bougie; mais en réalité elle n'était guère reconnue que par les Beni-Mendil, les Amoucha et les Oulad-Adjeb.

A l'est de la partie septentrionale de l'outhan des Amer était le petit district de l'Oued-Dcheb, dont le kaïd commandait quelques fractions de diverses tribus qui cultivaient, à titre de khamas ou colons au cinquième, des terres domaniales situées dans le bassin de la petite rivière de ce nom. Viennent ensuite, en tirant toujours vers l'est, les Beni-Merouan, sur le territoire desque on trouve les belles ruines de Djemilah, les Beni-Kecha, les Beni-Saber, les Beni-Kebab, les Kromerian, les Oulad-Bou-Hallouf, et la très-agréable petite ville de Milah, dont le kaïd commandait également à quelques petites tribus qui en sont voisines, entre lesquelles est celle des Mouiah.

Milah est à neuf lieues de Constantine ; le territoire situé entre ces deux villes, et tout celui qui entoure la seconde sous un rayon à peu près de neuf lieues aussi, sont habités par des petites peuplades qui y avaient été appelées par le Gouvernement pour cultiver, à divers titres, les terres domaniales (1) en très-grand nombre dans cette partie de la province.

---

(1) Ces terres sont appelées *azela*. La propriété rurale se divise en Algérie, comme partout, en immeubles de l'Etat, immeubles des tribus, qui sont l'analogue de nos biens communaux, et immeubles *melk* ou de propriété privée. Les biens des corporations et des établissements publics, soit religieux, soit civils, rentrent naturellement dans la seconde de ces trois grandes catégories. Tout cela est clair, simple et parfaitement conforme à ce qui se voit partout. Cependant il a été fait de grands efforts dans ces derniers temps pour prouver qu'en pays musulman le sol n'appartient, en droit, qu'au souverain. On a beaucoup écrit sur cette question, que nous traiterons avec

Au sud-ouest de ce district domanial sont les Telagmah, et, entre ceux-ci et les Elma de Bazer, le vaste territoire des Oulad-Abd-el-Nour, tribu nombreuse et puissante qui compte plus de trente fractions.

Les plateaux situés à l'est du Nif-en-Nesser sont moins élevés que ceux de l'ouest, et vont continuellement en s'affaissant de plus en plus jusqu'aux frontières de Tunis. Ils sont habités, de l'ouest à l'est, par les Baraniah, les Zemoul, les Segnia, les Sellaoua, les Amer-Cheraga, les Harakta, les Hanencha et les Oulad-Yahia-ben-Taleb. Ces trois dernières tribus forment des outhans considérables.

Le kaïd des Harakta avait le titre de kaïd-el-Aouassi. C'était un des plus importants personnages de la province, jouissant de très-grands priviléges. Les Harakta se divisent en quatre grandes fractions, qui sont les Oulad-Hamara, les Oulad-Kranfor, les Oulad-si-Houan et les Oulad-Saïd. Plusieurs petites tribus se rattachent aux Harakta sans en faire partie.

Les Hanencha, limitrophes à la régence de Tunis, forment une tribu très-nombreuse, dont le kaïd n'était pas un personnage de moindre importance que celui des Harakta. Cette tribu doit son existence à une famille guerrière, établie originairement au Djebel-Bel-Hanech, dans la régence de Tunis. Cette famille ayant pris sous sa protection un grand nombre d'aventuriers et de bandits, finit par se trouver assez puissante pour dominer toute la contrée;

---

quelque étendue dans un des derniers livres de cet ouvrage. En attendant, nous engageons le lecteur à s'en tenir à la courte explication que nous venons de donner.

elle s'établit vers les ruines de Tiffech, où elle jouit longtemps d'une complète indépendance.

Les Oulad-Sidi-Yahia-ben-Taleb, au sud des Hanencha et également sur les frontières de Tunis, forment un outhan qu'on appelle ordinairement El-Dir, nom pris d'une montagne qui y est située. Au sud de cet outhan est la ville de Tebassa, la Teveste des anciens.

Maintenant, si nous quittons les plateaux pour entrer dans les montagnes qui les bordent au sud, nous trouverons successivement, en partant des Oulad-Khelouf, les Ayad, une fraction des Righa, l'outhan de Bellezma et l'Aourès.

L'outhan de Bellezma contient plusieurs tribus, dont les principales sont les Oulad-Bou-Haoun et les Oulad-Sultan. Il y a aussi deux petites villes, Ngaousse et Kela.

Les montagnes de Bellezma appartiennent au même système que celles d'Ouennougah, c'est-à-dire au chaînon transversal des Biban, chaînon qui, par l'Ouennougah et le Bellezma, se rattache à l'Aourès, en coupant obliquement la zone des plateaux.

Au sud de Bellezma est la plaine de Hodna, dont le centre est occupé par une grande sebkah, dont les bords sont habités par les Oulad-Deradj, au-dessus desquels sont les Oulad-Haddad, et par les Oulad-Sanhoun, les Souama et les Oulad-Mahdi. Au nord de cette sebkah est la ville de Msilah, et au sud celle de Bou-Sada.

L'Aourès est un épais massif montagneux qui descend vers le sud, beaucoup au-dessous du parallèle de l'Hodna; c'est une contrée fort peuplée et fort curieuse, dont nous parlerons ailleurs avec plus de détail. Elle fait partie de la chaîne atlantique méridionale, et se rattache au Djebel-

Sahari, de la province de Titteri, par le Djebel-Meharka, au sud de l'Hodna.

Au sud de l'Aourès et du Djebel-Meharka se déroule la partie du Sahara appelée le Zab, ou plutôt les Ziban qui est le pluriel de cette appellation. La ville de Biskara peut en être considérée comme la capitale ; elle est la première d'une quarantaine de petites villes ou villages disséminés dans un archipel d'oasis, et dont les principaux sont Lichana, Tolga, Bouchagroun, Melily, Sidi-Okba, Sidi-Khelil, Oulad-Djelal. Entre ces oasis errent diverses tribus nomades, dont les principales sont les Oulad-Harkal, les Oulad-Saci, les Sahari, les Selmiah et les Mehaguen ; plus à l'est, entre l'Aourès et les frontières de Tunis, sont les Nemencha, et, beaucoup plus au sud, les oasis de Tugurth et de Souf. Mais il est inutile, pour le moment, de nous occuper de ces localités éloignées.

L'autorité du bey de Constantine était représentée, dans le Sahara, par le grand fonctionnaire qui portait le titre de cheikh-el-arab. Mais le pouvoir qu'il exerçait tenait plus à l'influence héréditaire des grandes familles où on avait toujours soin de le choisir, qu'à la force qu'il pouvait emprunter au Gouvernement. Dans le fait, le Sahara était à peu près indépendant ; Tugurth et Souf l'étaient complétement.

On trouve dans la population de la province de Constantine, qui s'élève au moins à 1,500,000 âmes, un élément qui n'existe pas dans les autres provinces de l'Algérie. Cet élément est fourni par les Chaouïa, descendants des anciens Berbers ; mais je crois qu'ils ne diffèrent pas assentiellement des Kbaïles, dont ils parlent la langue sans beaucoup de variations. Les habitants de l'Aourès, les Oulad-Abd-el-Nour, les Harakta, les Segnia et les Telaghma sont Chaouïas.

Le gouvernement des beys de Constantine était, sauf quelques différences de dénominations, constitué sur les mêmes bases que celui des autres beyliks, et ses moyens d'action sur les tribus étaient les mêmes. Il y avait des garnisons turques à Constantine, Zamorah, Msilah, Biskara et Tebessa. La cavalerie du Makhzen était fournie par la colonie militaire des Zemoul et par des douaïrs disséminés par groupes sur plusieurs points.

Plusieurs petites tribus, enclavées dans les grandes, formaient, comme dans les autres beyliks, des apanages attachés aux diverses charges de la Cour du bey.

LIVRE XI.

Intérim du général Avizard. — Création du bureau arabe. — M. de la Moricière, chef du bureau arabe. — Actes de l'administration civile sous le général Avizard. — Arrivée du général Voirol. — Expédition de Guerouaou. — Camp du Hamise. — Création des spahis d'El Fhas. — La garde des blockhaus est confiée aux indigènes. — Pacification du pays. — Travaux des ponts de Bouffarik. — Travaux des routes et de desséchement. — Camp de Douéra. — Expédition de Bougie. — Evénements de Bône.

Le duc de Rovigo quitta l'Afrique dans le mois de mars 1832, pour aller faire soigner sa santé en France, et avec l'espoir d'obtenir à son arrivée à Paris le bâton de maréchal qu'il n'eut point. Le général d'Alton, qui commandait les troupes sous le duc, en qualité d'inspecteur général permanent, étant parti d'Alger quelque temps auparavant, le commandement par intérim échut au général Avizard, le plus ancien des maréchaux de camp. Ce fut sous sa courte administration que le général Trézel, chef d'état-major du corps d'occupation, fit établir, par ses conseils, le bureau arabe, institution utile, qui devait donner à nos relations avec les tribus une régularité et une extension dont elles avaient manqué jusqu'alors. Ce bureau dut concentrer toutes les affaires arabes, réunir les documents, et mettre chaque jour sous les yeux du général en chef la situation du pays et la traduction des lettres les plus importantes. Les décisions du général en chef étaient transmises par le bureau, qui se composait d'un chef, d'un ou de deux officiers placés sous ses ordres, et de trois interprètes. Le premier chef du bureau arabe fut M. de la Moricière, capitaine au bataillon de zouaves. On ne pouvait faire un meilleur choix. Cet officier connaissait déjà assez bien l'arabe pour traiter directement avec les indigènes, et les fonctions auxquelles il était appelé devaient nécessairement lui faire faire de rapides progrès. Il était de plus homme de résolution, plein de ressources dans l'esprit, éclairé, travailleur, et animé de la généreuse ambition de se distinguer par quelque chose de grand et d'utile. En se rendant plusieurs fois seul au milieu des Arabes, il prouva, le premier, que l'on peut traiter avec eux autrement que la baïonnette au bout du fusil.

Le dernier acte de l'administration du duc de Rovigo, c'est-à-dire l'exécution de Meçaoud et d'El-Arbi, avait jeté une si grande méfiance parmi les Arabes, qu'aucun d'eux n'osait plus venir à Alger. Nos marchés étaient dégarnis, et la viande commençait à manquer à la troupe. Il fallut, pour en avoir, que M. de la Moricière allât parcourir plusieurs villages. Il fit tant par ses discours et par la franchise de ses manières qu'il ramena à Alger quelques Arabes du Sahel. La façon dont ils y furent reçus, le soin que prit M. de la Moricière d'afficher, dès les premiers jours de sa gestion, des principes opposés à ceux qui, avant lui, dirigeaient les affaires, et, plus que tout, la nouvelle du départ du duc de Rovigo, rassurèrent les hommes obscurs qui n'avaient pas de sujet personnel de crainte; mais tous ceux que leur position mettait un peu en évidence continuèrent à se tenir à l'écart, et ce ne fut que plusieurs mois après qu'ils reprirent un peu de confiance.

Plusieurs dispositions administratives furent prises pendant l'intérim du général Avizard. Le 2 avril, un arrêté rendu en commun par le général et l'intendant civil, modifia la législation forestière mise en vigueur dans le pays par celui du 4 novembre 1831. Ce dernier arrêté avait prohibé la coupe des arbres; mais comme il renvoyait, en plusieurs cas, à des lois et règlements peu applicables au pays, il fut abrogé par celui dont il est ici question, qui cependant en conserva le principe. L'arrêté du 2 avril défendit à tous propriétaires, colons et fermiers, d'abattre ou d'arracher, sans une autorisation du directeur des domaines, aucun arbre forestier ou fruitier, en plein vent ou en haie, sous peine d'amende et de confiscation des arbres coupés ou arrachés.

Plusieurs autres arrêtés furent rendus le même jour pour régler les professions de courtier, de boulanger et de boucher; pour l'institution, dans chacune des villes d'Alger, de Bône et d'Oran, d'un curateur aux successions vacantes parmi les Européens, et pour quelques autres objets.

La connaissance des contraventions rurales fut donnée aux commandants des quartiers de Kouba et de Dely-Ibrahim. Ces commandants de quartiers remplissaient, à plusieurs égards, les fonctions de maire dans ces deux villages.

Dans les derniers jours d'avril, le lieutenant-général, baron Voirol, arriva à Alger comme commandant et inspecteur des troupes. Il devait avoir le commandement en chef par intérim jusqu'au remplacement du duc de Rovigo, qui mourut à Paris dans les premiers jours de juin.

Son premier soin fut de faire travailler aux routes

dont le plan avait été arrêté sous le duc de Rovigo, et d'en faire ouvrir de nouvelles. Les travaux de cette nature qui furent entrepris et à peu près terminés sous son administration sont immenses, et peuvent se classer ainsi qu'il suit :

1° *Route de Blida par Dely-Ibrahim et Douéra.* Le duc de Rovigo, qui l'avait ouverte, la poussa jusqu'au-dessus du fort l'Empereur, dans un développement d'une lieue seulement, mais dans un terrain très-difficile. Le général Voirol la prolongea jusqu'au village arabe d'Oulad-Mendil, à l'entrée de la plaine de la Métidja, dans un développement de plus de six lieues;

2° *Route de Blida par Bir-Kadem et Oued-el-Kerma.* Elle fut poussée en entier par le général Voirol jusqu'au pont d'Oued-el-Kerma, et un peu au delà. Elle offrit à nos colons un prompt et facile débouché sur la plaine. Le développement en est de plus de trois lieues. Elle devait, à Bir-Kadem, pousser une ramification sur Ben-Chaoua; mais cette ramification, qui fut ouverte, ne fut pas continuée;

3° *Route des Tagarins.* Elle conduit de la porte Bab-el-Oued à la porte de la Casbah, non loin de laquelle elle se réunit à celle du fort l'Empereur. De sorte que les voitures purent faire le tour de la ville. Le développement n'en est guère que d'une demi-lieue;

4° *Route de Kouba.* Le développement de cette route, qui traverse la plaine de Mustapha-Pacha, est d'une lieue et demie environ;

5° *Route de la Maison-Carrée.* Elle se sépare de la précédente au-dessous de Mustapha; le développement en est de deux lieues environ;

6° *Route en avant de la Maison-Carrée.* Elle conduit

dans l'outhan de Khachna, et fut poussée jusqu'à près de deux lieues ;

7° *Chemin du fort de l'Eau à la Maison-Carrée.* C'est un chemin à une seule voie, mais fort bon.

Toutes ces routes furent construites par les troupes, sous la direction du génie militaire. Les travaux d'empierrement furent faits par le génie civil. Le général Voirol eut à lutter, pour l'accomplissement de cette œuvre immense, contre des difficultés de plus d'un genre, les rivalités des deux génies, et les oppositions des chefs de corps qui, en général, n'aiment point que l'on détourne les soldats de leurs habitudes de caserne, où ces officiers ont le tort de trop concentrer leurs idées. Mais lorsque l'ouvrage fut à peu près terminé, chacun voulut en être le père. On éleva de tous côtés des pierres portant des noms de généraux et de colonels. Si, après plusieurs siècles d'enfouissement, elles arrivent aux races futures, plus d'un antiquaire sera embarrassé d'attacher un souvenir historique à chacun de ces noms. Deux de ces inscriptions survivront indubitablement, et seront comprises : celle du duc de Rovigo, qui mit le premier la main à l'œuvre, et celle du général Voirol, qui y donna tant d'extension. On lit cette dernière sur une élégante colonne en marbre, élevée sur la route de Bir-Kadem, au point culminant des collines de Mustapha-Pacha.

Les travaux de terrassement qui furent faits par les soldats, à qui on n'accordait qu'une double ration de vin, coûtèrent peu. On n'eut à mettre en ligne de compte que le prix de cette ration, et l'usure des outils. Ceux d'empierrement coûtèrent plus cher qu'en France ; mais en somme, la dépense totale fut bien moindre qu'elle ne l'aurait été dans un de nos départements. Toutes les pentes furent calculées au vingtième; c'est-à-dire que les routes grimpantes ne s'élèvent que d'un mètre sur vingt. Ce rapport a paru un peu exagéré dans un pays où l'on n'a pas le verglas à craindre, et où par conséquent les pentes pourraient, sans graves inconvénients, être souvent plus raides. Il en est résulté la nécessité d'un développement très-considérable dans le tracé, et par conséquent une grande augmentation de travail. Mais à présent que la besogne est faite, nos routes sont si belles que l'on ne doit pas regretter le temps ni les bras qu'on y a employés. Mais ce qui est à regretter, peut-être, c'est que le génie ait partout voulu faire du neuf, et qu'il n'ait pas assez tiré parti de ce qui existait.

Des travaux d'une utilité moins immédiate que ceux des routes, mais d'une importance non moins grande, furent entrepris sous le général Voirol. Je veux parler des travaux de desséchement, exécutés par le génie militaire dans les hivers de 1833 et 1834 sur le territoire de la Ferme-Modèle et celui de la Maison-Carrée. Ces deux points, comme on le sait, sont très-marécageux, et répandent au loin une influence morbifique. Le desséchement de ces marais était donc une mesure tout à la fois agricole et hygiénique. Il s'agissait de faire dégorger dans l'Arach ceux de la Maison-Carrée, et dans l'Oued-el-Kerma et l'Arach, ceux de la Ferme-Modèle. Le génie y travailla avec ardeur et talent.

Des travaux de desséchement furent aussi entrepris à Bône.

Peu de temps après l'arrivée du général Voirol, une expédition fut dirigée contre les gens de Bouagueb et de Guerrouaou de l'outhan de Beni-Khelil qui refusaient de reconnaître pour kaïd Bouzeïd-ben-Chaoua, nommé à cet emploi en remplacement d'Hamoud qui avait abandonné ses fonctions. Les Bouagueb et les Guerrouaou avaient en outre commis plusieurs actes de brigandage au détriment des Arabes qui nous étaient soumis. L'expédition fut commandée par le général Trézel. Il y eut un léger engagement dans lequel on échangea avec les Arabes quelques coups de sabre et de fusil (1). Les villages des rebelles furent pillés, et on leur enleva beaucoup de bétail. L'usage qu'on en fit fut très-convenable, car on le partagea entre les Arabes qui avaient eu à souffrir des déprédations de ceux que l'on venait de châtier. Cet acte de vigueur, et en même temps de justice, fut un heureux début pour l'administration du général Voirol. Peu de jours après, un camp fut établi sur les bords du Hamise pour protéger la fenaison des belles prairies qu'il arrose, et qui paraissaient devoir suffire aux besoins de notre cavalerie. Cette opération ne fut nullement contrariée par les Arabes de cette partie de la plaine. Ils venaient, au contraire, chaque jour approvisionner le marché du camp. M. de la Moricière était partout où il y avait quelque trouble à apaiser, et quelque conquête morale à faire.

Le foin récolté au Hamise était abondant et d'excellente qualité. Il fut transporté par mer à Alger; mais il n'en rentra dans les magasins que la moitié au plus de ce qui avait été fauché. La manière dont se fit le transport en

---

(1) Le fils du duc de Rovigo, sous-lieutenant au 1er régiment de chasseurs d'Afrique, se conduisit fort bien dans cette affaire; mais son cheval ayant été tué, il tomba au milieu des ennemis et allait périr lorsque le capitaine de Cologne, du même corps, tua d'un coup de pistolet un Arabe qui tenait un yataghan levé sur sa tête.

laissa perdre beaucoup; ensuite, on a généralement cru que tout ce qu'on reçut ne fut pas déclaré. Il en résulta que les frais ayant été faits pour une certaine quantité, et que cette quantité ayant été réduite de plus de moitié à son entrée administrative au magasin, les dépenses parurent doubles de ce qu'elles avaient été réellement, et que quelques personnes en tirèrent la conclusion absurde que du foin coupé à trois lieues d'Alger, revenait plus cher que celui que l'on envoyait d'Europe.

Le kaïd de Beni-Khelil, Bouzeïd-ben-Chaoua, homme d'une énergie peu commune, voyant que nous étions bien décidés à le soutenir, fit plier son outhan sous son autorité, et se déclara notre serviteur et notre ami plus ouvertement que personne ne l'avait fait avant lui. Le kaïd de Beni-Mouça ayant donné quelques sujets de plainte, fut remplacé par Ali-ben-el-Khasnadji, homme résolu et capable, qui avait été long-temps notre ennemi, mais qui, depuis sa nomination, nous servit avec une admirable fidélité. Le général Voirol pensait, avec raison, qu'il vaut mieux convertir ses ennemis que les tuer, et que l'acharnement avec lequel on nous a fait la guerre ne doit pas être un titre d'exclusion quand on revient à nous. Les haines s'affaiblissaient peu à peu. La fâcheuse impression qu'avait laissée dans les esprits l'exécution de Meçaoud et d'El-Arbi, s'effaçait devant la loyauté bien connue du nouveau général. On songea alors à organiser une force publique chez les Arabes, à rétablir, en un mot, les anciens spahis, avec les modifications cependant que nécessitait l'état des choses.

On commença par le Fhas. Un arrêté du 24 juin 1833, prescrivit la création, dans ce district, d'un certain nombre de cavaliers, dits spahis d'El-Fhas, destinés à prêter main-forte au besoin à la gendarmerie, et à concourir à la défense commune. Ils durent se monter et s'équiper à leurs frais. On leur donna des armes, et on leur alloua une solde fixe de 60 cent. par jour, plus, une indemnité de 2 fr. par chaque jour de service. C'était le tarif de l'ordonnance du 17 novembre 1831, qui autorise la formation de ces cavaliers, mais qui les met à la suite des régiments de chasseurs d'Afrique. Le 5 août un nouvel arrêté vint étendre cette mesure aux trois outhans qui reconnaissaient notre autorité. Elle était là d'une application plus difficile, car les divers cantons de ces outhans n'avaient pas, comme le Fhas, de cheikhs reconnus. Le général Voirol institua, en outre, dans le Fhas une milice à pied, pour garder en été les blockhaus et les postes que leur position mal saine rendait dangereux pour les troupes européennes. Cette sage mesure contribua puissamment à diminuer sensiblement cette année le nombre des malades. Chaque homme de cette milice reçut un franc par journée de service.

Lorsque l'on eut ainsi assuré, par divers moyens, la tranquillité et la soumission des outhans qui environnent Alger, on songea à agir sur les autres. On commença par celui d'El-Sebt, où se trouvent les Hadjoutes, gens turbulents et belliqueux que l'on voulait s'attacher. M. de la Morcière eut dans la plaine une entrevue avec eux. Il vit aussi Chaouch-Kouider-ben-Rebah, l'homme le plus influent de cette tribu; mais il ne put en obtenir que des assurances de paix, sans engagement de soumission. Les Hadjoutes, comme toutes les autres tribus, demandèrent avec instance la liberté des deux marabouts de Coléa, détenus à Alger depuis dix mois. Le général en chef, satisfait de l'état du pays, résolut de leur accorder une partie de leur demande. En conséquence, il relâcha Sidi-Allah, promettant que si la paix n'était pas troublée, il ne tarderait pas à délivrer aussi son cousin Mohammed. Sidi-Allah fut ramené à Coléa par M. de la Moricière.

Malgré l'état satisfaisant de nos relations avec les Arabes, on sentit qu'on ne devait pas s'endormir dans une trop grande sécurité. Le camp de Douéra fut établi, menaçant à la fois Blida et Coléa; mais ce ne fut que l'année d'après que ce camp devint permanent. Les belles routes qui s'ouvraient de toutes parts allaient bientôt nous offrir de nombreux et faciles débouchés sur la plaine; on voulut aussi s'assurer du défilé boisé et marécageux de Bouffarik, passage obligé pour agir sur Blida, et la partie méridionale de l'outhan de Beni-Khelil. On y établit des ouvriers indigènes pour abattre les taillis, consolider les ponts et saigner les marais. Peu de temps après, M. de la Moricière quitta la direction du bureau arabe, pour suivre l'expédition de Bougie, dont l'histoire va terminer ce livre; mais nous devons la faire précéder d'une courte description du pays dont cette ville est le centre.

Ce pays est un segment montagneux dont les bords de la mer forment la corde. Il est traversé du sud au nord par le cours d'eau connu sous les noms de Somman, Adouse, Oued-bou-Messaoud, et Oued-Akbou, rivière formée par la réunion de l'Oued-bou-Sellam, qui vient du plateau de Sétif et de l'Oued-Lekal qui descend de celui d'Hamza.

Bougie est située au bord de la mer, à une lieue de distance de la Somman. Elle est bâtie en amphithéâtre sur un versant du mont Gouraïa, dont l'élévation est de 670 mètres. Elle est partagée en deux par un ravin assez profond qui se bifurque vers le haut de la ville. L'enceinte, autrefois fort étendue, en est indiquée par les restes d'un vieux mur qui, sur le côté droit du ravin, offre encore quelque continuité, mais qui, du côté gauche, n'a plus guère que les fondements, de sorte que la ville est ouverte. Elle est défendue par trois forts : le premier, appelé le fort Mouça, est dans le haut de la ville, sur la droite du ravin ; le second, appelé la Casba, a été construit au bord de la mer, également à droite du ravin ; le troisième, dit fort Abd-el-Kader, est à la gauche du ravin et aussi sur le bord de la mer. Il y a de plus quelques batteries de peu d'importance. Telle était Bougie avant l'occupation française ; mais depuis que nous nous en sommes emparés, nous y avons ajouté de nombreux ouvrages.

Une plaine d'une lieue d'étendue, bornée en demi-cercle par les montagnes et par la mer, règne entre Bougie et la Somman. Elle est arrosée par de petit cours d'eau qui forment quelques marais. Tout le reste de la contrée est montagneux.

Le golfe de Bougie est compris entre les caps Carbon et Cavallo. La rade est vaste et assez sûre, mais pas autant qu'on l'avait cru dans le principe. L'entrée et la sortie en sont peu faciles par les vents qui règnent le plus habituellement sur les côtes de Barbarie. Le mouillage habituel est au nord-est de la ville. C'est une anse spacieuse, comprise entre la pointe du fort Abd-el-Kader et le cap de Bouhak, la partie de ce mouillage située au-dessous du marabout dit Sidi-Yahia est très-sûre.

Les tribus Kbaïles du pays de Bougie sont très-nombreuses et très-guerrières. Celle de Mezzaïa, une des plus puissantes, entoure la ville. A l'est de la Somman, en marchant vers Djidjelli, on trouve les Beni-Messaoud, les Beni-Mimoun, les Beni-Amrous, les Oulad-Ouert-ou-Ali, les Beni-Mohammed, les Beni-Hassein, les Beni-Segrouel.

A l'ouest de Bougie et des Mezzaïa, en suivant le littoral, on rencontre les Beni-Amran, les Beni-Ksila, les Beni-Iddel.

En remontant la rivière au-dessus des Beni-Messaoud, on trouve à droite les Oulad-Abd-el-Djebbar, les Senadja, les Beni-Immel, etc., et à gauche, les Toudja, les Bou-Nedjamen, les Fenaya, les Beni-Ourglis.

Dans l'intérieur des terres habitent les Oulad-Amériou, les Beni-Barbache, les Beni-Soliman, les Beni-Gratib, les Kifser, les Beni-Djellib, les Msisna, les Adjessa, les Beni-Chebana, les Beni-Oudjan, les Beni-Ismaël, les Beni-Abbès et les Greboula.

Ces deux dernières tribus sont les plus éloignées de Bougie. Elles sont très-populeuses et très-puissantes. On trouve sur le territoire des Beni-Abbès, la ville de Kala bâtie sur un rocher élevé où l'on ne parvient que par deux chemins étroits et difficiles. Cette ville est entourée d'un bon mur, et défendue par quelques pièces de canon. Elle n'est qu'à quatre à cinq lieues du défilé des Biban ou Portes de Fer. Le gouvernement en est républicain, et la population de cinq à six mille âmes. Les Beni-Abbès fabriquent des fusils qui sont assez estimés dans le pays. Ils tirent le fer de chez les Beni-Barbache qui en ont des mines considérables en pleine exploitation.

Greboula est aussi une tribu fort puissante qui compte plusieurs villages, dont un, Akrib, est fort peuplé.

Au nord-ouest des Beni-Abbès, entre cette tribu et celle de Flissa, sont les Zouaoua, tribu nombreuse et puissante, centre de l'ancien royaume de Koukou.

Les tribus Kbaïles dont nous venons de parler pourraient réunir plus de 20,000 hommes armés. Chacune d'elles se divise en districts ou kharoubas, et chaque kharouba en dacheras ou villages. Elles jouissent d'une liberté absolue. Les kharoubas ont des cheikhs électifs nommés en assemblée générale et pour fort peu de temps. La justice criminelle est administrée dans chaque tribu par l'assemblée des cheikhs. Les cadis et les talebs, ou savants, administrent la justice civile. Lorsqu'une ou plusieurs tribus entreprennent quelque guerre, elles nomment le plus souvent un chef commun, dont les fonctions sont toujours de courte durée. Toutes les affaires importantes se décident en assemblée générale. Il n'existe nulle part un gouvernement plus complétement démocratique que celui des Kbaïles. Ils se trouvent si bien de cet état de choses et de la grossière simplicité dans laquelle ils vivent, qu'il est impossible de trouver un peuple qui soit plus attaché à ses usages. Cependant, presque tous ont voyagé; beaucoup d'entre eux vont travailler dans les villes de l'Algérie, où ils exercent même des emplois de domesticité ; d'autres entrent au service des puissances barbaresques; mais aussitôt qu'ils se sont fait un petit pécule, ils retournent dans leurs montagnes vivre libres et indépendants. Leur ambition se borne, pour la plupart, à avoir une femme, un gourbi ou cabane, un fusil, un yataghan, une bêche, une meule et un chien. Avec cela, ils sont les plus heureux des hommes. Un petit flageolet, sur lequel ils jouent des airs nationaux d'un mode lent et monotone, est aussi un de leurs éléments de bonheur. Ceux d'entre eux qui ont des maisons en pierres, un cheval, des charrues et des bœufs de labour, sont considérés comme étant au comble de la félicité humaine.

La religion des Kbaïles est le mahométisme. Ils ont des mosquées et des écoles dans la plupart de leurs villages ; mais ils mêlent aux préceptes du Coran beaucoup de superstitions fétichiques. Nous avons déjà dit que leur langue nationale diffère totalement de l'arabe, que la plupart d'entre eux parlent cependant avec facilité (1).

Bougie, et la contrée dont cette ville est le centre, étaient comprises dans la province de Constantine, mais bien plus de nom que de fait. Bougie fut prise, en 1510, par les Espagnols commandés par Pierre de Navarre. Le pacha Salah-Raïs la leur enleva en 1555.

Depuis la tragique aventure de Mourad, sous le maréchal de Bourmont, les Français semblaient avoir oublié cette ville. Trois individus de race et de position diverses résolurent, dans des vues d'intérêt personnel, de leur rappeler qu'elle existait, sous l'administration du duc de Rovigo. Ces trois hommes étaient Oulid-ou-Rebah, personnage très-influent de la tribu des Oulad-Abdel-Djebbar, Boucetta, maure de Bougie, capitaine du port de cette ville, et le sieur Joly, français, demeurant depuis nombre d'années à Alger. Leur projet était de faire établir à Bougie un consul de notre nation, qui aurait été le sieur Joly lui-même, et d'en ouvrir le port aux navires français. Boucetta aurait remis à Joly les objets d'exportation

---

(1) Je dois en grande partie à M. de la Moricière ce que je viens de dire des Kbaïles de Bougie.

apportés en ville par les soins d'Oulid-ou-Rebah. Ils se seraient partagé de cette manière le monopole du commerce, qui consiste en bois de charpente et de construction, cire, huile et quelques autres articles secondaires. Ce plan était assez habilement conçu et pouvait être adopté, à l'exception toutefois du monopole. On pouvait traiter sans déshonneur, de puissance à puissance, avec les Kbaïles de l'Algérie, peuple libre et indépendant de fait et de droit, et qui mérite si bien de l'être. Un simple stationnaire en rade aurait suffi pour protéger le commerce français et européen. On aurait pu même, avec le temps, établir garnison dans un des forts, et y avoir, en attendant, quelques soldats turcs ou indigènes, censés à la solde de la ville, mais que nous avions mille moyens de rendre tout à fait nôtres. Le duc de Rovigo dirigea d'abord ses idées vers ce but, et il accueillit les ouvertures qui lui furent faites dans ce sens par Boucetta et par Oulid-ou-Rebah; mais bientôt, s'exagérant l'importance politique de ces deux hommes (1), il espéra parvenir, par leurs moyens, à faire occuper immédiatement la ville par des troupes françaises, et des projets de conquête remplacèrent ceux de relations commerciales. Sur ces entrefaites, un navire anglais fut insulté en rade de Bougie. Le Gouvernement de la Grande-Bretagne s'en plaignit, disant que, si la France ne savait pas faire respecter le pavillon de ses amis sur des côtes qu'elle considérait comme à elle, il se verrait forcé d'employer d'autres moyens pour que l'insulte qu'il avait reçue ne se re-

---

(1) Oulid-ou-Rebah lui avait envoyé une longue nomenclature des tribus qu'il lui disait être placées sous ses ordres.

nouvelât pas. Le ministère, voyant dans cette insinuation une menace d'occuper Bougie, craignit d'avoir près d'Alger un voisin incommode, et résolut de le prévenir. On fit d'abord reconnaitre la place. M. de la Moricière fut chargé de cette mission. Il s'y introduisit par le moyen de Boucetta, mais il fut très-mal reçu et ne put y rester que peu d'instants. Il courut même d'assez grands dangers. Boucetta fut obligé de quitter la ville avec lui; à peine fut-il embarqué, que la population mit le feu à sa maison.

M. de la Moricière vit néanmoins assez bien le pays; mais le désir si naturel à un jeune officier de voir s'effectuer une entreprise de guerre lui fit, à son insu, exagérer les facilités de celle-ci; aussi les documents qu'il fournit furent cause de plus d'un mécompte.

Le ministre de la guerre annonça au duc de Rovigo, le 26 décembre 1832, que l'occupation de Bougie était un point arrêté dans son esprit; mais ce ne fut que sous le général Voirol qu'on s'occupa des moyens d'exécution. Celui-ci voyait sainement les choses : l'expédition ne lui paraissant pas devoir offrir les avantages qu'on en attendait, il s'y montra peu disposé; mais, ne voulant point lutter contre l'opinion du ministre, et même contre celle de son chef d'état-major et de quelques autres officiers, il ne chercha pas à combattre l'enthousiasme réel ou de commande de quelques têtes qui, n'étant pas toutes jeunes, auraient pu avoir plus de maturité. Néanmoins, lorsqu'on voulut lui persuader que 600 hommes partis d'Alger suffiraient pour occuper Bougie, il repoussa cette extravagance, et détermina le ministre à envoyer, pour cette expédition, un renfort à l'armée d'Afrique.

Le ministre, lorsqu'il était dans la persuasion qu'un

bataillon suffirait pour conquérir Bougie, avait nommé au commandement de ce point le chef de bataillon Duvivier; mais, lorsqu'il vit qu'il fallait plus de troupes qu'il ne l'avait d'abord cru, il décida que l'expédition serait conduite par un maréchal de camp, et il fit choix du général Trézel. Celui-ci, après avoir pris Bougie, devait rentrer dans ses fonctions de chef de l'état-major général, et donner à M. Duvivier le commandement de sa conquête.

Le général Trézel reçut, dans le courant du mois d'août, l'ordre de se rendre à Toulon, pour y prendre le commandement de l'expédition qui, de ce port, devait se rendre à Bougie. Elle se composa des deux premiers bataillons du 59e de ligne. Le commandant de l'expédition connaissait si peu le pays dans lequel il allait opérer que, dans la visite de corps que lui firent les officiers de ce régiment, il fit entendre ces paroles, auxquelles les faits devaient donner par la suite un si formel démenti : « Nos « soldats sont appelés à remplir une mission plus agri- « cole que guerrière. Ils auront plus souvent à manier « la pioche et la bêche que le fusil. C'est en introduisant « chez les Kbaïles les bienfaits de notre civilisation, et « en leur enseignant à mieux se vêtir, à mieux se loger, « que nous les gagnerons à notre cause. »

Le 20 septembre, les deux bataillons du 59e, commandés par le colonel Petit d'Autrive, deux batteries d'artillerie, une compagnie de sapeurs du génie, une section du train des équipages, une section d'ouvriers d'administration, et enfin le général Trézel et son état-major, s'embarquèrent sur une escadre ainsi composée : *la Victoire*, frégate commandée par M. Parseval, capitaine de vaisseau; *la Circé* et *l'Ariane*, corvettes armées; *l'Oise*, corvette de charge; *la Durance* et *la Caravane*, gabarres; *le Cygne*, brig.

L'escadre, contrariée par les vents, ne put sortir de la rade de Toulon que le 22. Elle arriva sur celle de Bougie le 29. Les forts se mirent aussitôt à tirer; mais quelques bordées des bâtiments français les eurent bientôt réduits au silence. Le débarquement commença entre huit et neuf heures du matin. Il s'opéra devant la porte de la Marine, entre la Casbah et le fort Abd-el-Kader. Un ordre du jour en avait réglé tous les détails; mais, comme presque toujours, rien de ce qu'il avait arrêté ne fut exécuté. Le débarquement des premières troupes s'opéra sous un feu assez vif de mousqueterie. Néanmoins, les Français pénétrèrent facilement dans la ville. En face de la porte de la Marine, dont ils se rendirent bientôt maîtres, débouche le ravin de Sidi-Touati, qui coupe la ville en deux. A gauche de ce ravin, est la croupe de Bridja, et, à droite, celle de Mouça, couronnée par le fort de ce nom. Cette dernière avait seule de l'importance; en l'occupant on obligeait l'ennemi d'évacuer la seconde. Ce fut cependant vers celle-ci que se dirigèrent les premières attaques, contrairement aux intentions du général. Le quartier de Bridja fut enlevé, et le fort Abd-el-Kader occupé par les compagnies placées sous les ordres du commandant Esselin, qui fut blessé dans cette affaire. A gauche, d'autres compagnies attaquèrent la croupe de Mouça, et prirent possession de la Casbah, ainsi que du fort Mouça. On eut ainsi deux combats, au lieu du seul que l'on aurait eu en attaquant seulement la croupe de Mouça, dont l'occupation devait faire tomber Bridja. A cette première faute, on ajouta celle de ne point occuper l'espace compris entre la porte Bab-el-Lous, la muraille de l'ouest, et le marabout de Sidi-Touati. L'ennemi resta ainsi maître de la tête du ravin, où il put se glisser pour couper les communications directes entre Bridja et Mouça; c'est ce qu'il fit dans la nuit. Il poussa même jusqu'aux compagnies que l'on avait laissées à la porte de la Marine, et leur tua trois hommes. Il occupait en outre toutes les maisons des quartiers supérieurs. Ainsi, après la première journée, les Français n'étaient point encore complétement maîtres de Bougie.

Le 30, le feu continua sur tous les points. Les Kbaïles se montraient à toutes les têtes de rue. Ils pénétraient facilement en ville par le ravin et par la porte Fouca, que l'on avait négligé d'occuper par ignorance, a-t-on dit, de son existence. Des pièces que l'on conduisait au fort Mouça furent vivement attaquées. On fit alors occuper une maison qui défendait la rue par où les Kbaïles arrivaient de la porte Fouca ; mais ceux-ci passèrent par les rues latérales, et les combats de rue en rue n'en continuèrent pas moins.

Le 1ᵉʳ octobre, les soldats, irrités de cette opiniâtre résistance, se portèrent à des excès déplorables. Quelques Bougiotes étaient restés dans leurs demeures, plusieurs d'entre eux furent égorgés. Quatorze femmes ou enfants furent massacrés dans la maison du cadi. Boucetta, qui avait des vengeances à exercer, présida, dit-on, à cette boucherie. Il en reçut bientôt la juste punition, car il fut tué par un de nos soldats qui le prit pour un Kbaïle.

Il était évident désormais que l'on s'était trompé du tout au tout dans la manière dont on avait envisagé l'expédition de Bougie. Les forts n'avaient pas été défendus par un ennemi qui veut toujours rester maître de sa retraite, mais chaque pan de mur, chaque maison à deux issues, devenait un fort pour lui. On reconnut que l'on n'avait pas assez de forces. Des compagnies de marine débarquèrent, et des secours furent demandés à Alger.

On se décida, le 1er octobre, à occuper le marabout de Sidi-Touati. Le général s'étant aperçu que l'occupation de la maison de la porte Fouca ne remplissait pas le but qu'il s'en était proposé, en fit occuper une autre qui lui parut être dans une position plus avantageuse, mais l'officier qui y fut envoyé, craignant bientôt d'avoir ses communications coupées, revint à la première position. Le général le renvoya bien vite à la seconde. Dans toutes ces allées et venues, on découvrit enfin la porte Fouca, qui fut murée. Le général reçut ce jour-là une blessure à la jambe; elle n'était point assez grave pour l'obliger de quitter le commandement, qu'il conserva.

Dans la nuit du 2 au 3, la position du camp retranché supérieur fut occupée par quatre compagnies qu'y conduisit M. de la Moricière. On y éleva un blokhaus, et on y transporta les pièces qui avaient été conduites à Mouça. De cette manière, on fut maître du haut de la ville et de l'entrée du ravin.

Le 3, quelques compagnies reçurent ordre d'attaquer la position dite des Tours, à l'ouest de la ville; elles l'enlevèrent facilement. On leur donna alors l'ordre d'enlever celle des Ruines, ce qu'elles firent également. Puis enfin, elles reçurent celui d'attaquer le Gouraïa : ici leur bonne volonté fut impuissante et vint échouer contre des difficultés qu'elles n'étaient point en mesure de surmonter. Elles se replièrent sur la ville, où le général Trézel ne songea plus, pendant quelques jours, qu'à se consolider. Un blockhaus fut établi le 4 à Bou-Ali, à l'est de la ville. Le même jour, un bataillon du 4e de ligne et deux compagnies du 2e bataillon d'Afrique, venant d'Alger, débarquèrent à Bougie. Le général Trézel fut alors assez fort pour s'emparer du Gouraïa, dont la prise n'eut cependant lieu que le 12. L'attaque commença avant le jour sur trois colonnes; celle de droite et celle du centre s'emparèrent du sommet du Gouraïa, sans avoir rencontré beaucoup de résistance; celle de gauche, composée du bataillon du 4e de ligne, commandée par le chef de bataillon Gentil, attaqua un camp kbaïle placé à la position du moulin de Demous. Cette position fut enlevée, et l'ennemi repoussé vers le village de Dar-Nassar qui est au-dessous. Des compagnies de marine, que M. de Parseval fit débarquer au fond de la rade, soutinrent ce mouvement et prirent une part glorieuse aux combats de cette journée. Les troupes rentrèrent en ville à la nuit. Le poste du Gouraïa fut fortement occupé. Le génie se mit aussitôt à le fortifier. Le colonel Lemercier, directeur des fortifications, en a fait un très-bel ouvrage.

Les Kbaïles, un peu découragés par nos succès du 12, restèrent plusieurs jours dans l'inaction. Le 25, pendant que l'on établissait le blockhaus Salem pour couvrir les communications avec le Gouraïa, ils vinrent attaquer et furent repoussés avec perte. Le 26, on établit le blockhaus Rouman. Le 1er novembre, l'ennemi vint encore attaquer nos postes. Quelques hommes du 2e bataillon d'Afrique, emportés par trop d'ardeur, s'avancèrent plus qu'ils ne devaient et furent tués. Le 4, une nouvelle ataque eut lieu ; mais cette fois, les travaux des postes extérieurs étant terminés, les troupes restèrent dans leurs lignes ; on se contenta de repousser l'ennemi à coups de canon.

La mission du général Trézel était terminée ; la ville de Bougie était en notre pouvoir ; mais dégarnie d'habitants, mais ruinée par la guerre et par le peu de soin que l'on mit à la conservation des maisons, que les soldats démolissaient pour avoir du bois. Nous avions conquis des ruines, augmenté le nombre de nos ennemis, et accru les embarras et les dépenses de l'occupation. Tel fut, il faut bien le dire, le premier résultat de l'expédition de Bougie.

M. Duvivier prit, le 7 novembre, le commandement supérieur de Bougie. On lui laissa un bataillon du 59ᵉ de ligne, un du 4ᵉ, et le 2ᵉ d'infanterie légère d'Afrique. On lui envoya, peu de temps après, un escadron du 3ᵉ régiment de chasseurs d'Afrique qui était à Bône. Le général Trézel rentra à Alger, où il resta longtemps malade des suites de sa blessure, qui s'était envenimée.

Tout avait été tranquille dans les environs de Bône depuis l'expédition des Oulad-Attia. Les Arabes venaient de tous côtés au marché de cette ville, et toutes les impressions qu'ils y recevaient étaient favorables au général d'Uzer et à l'autorité française. Ce général était tout à la fois craint et aimé des indigènes, qui savaient que, quoiqu'il les traitât avec une paternelle douceur, il ne laisserait jamais une injure ou une injustice impunie. Au mois de septembre 1833, il eut occasion de faire une nouvelle et frappante application de son système : les Merdès, tribu très-nombreuse, qui habite sur la rive droite de la Mafrag, à l'est de Bône, se permirent de piller quelques marchands qui se rendaient dans cette ville. Le général les somma de lui faire réparation de cette offense. Il leur envoya même, pour les engager à ne pas le forcer à recourir aux armes, dix de leurs compatriotes qui servaient à Bône dans ce qu'on appelait les ôtages. Les Merdès furent sourds à ses remontrances; mais il fut si évident qu'ils mettaient le bon droit contre eux, que les dix envoyés du général, quoique de leur tribu, revinrent à Bône, ne voulant pas s'associer à leur injustice. Obligé d'employer la force, le général d'Uzer marcha contre les Merdès. Arrivé sur la rive gauche de la Mafrag, au marabout de Sidi-Abdel-Aziz, il fit de nouvelles sommations, qui ne furent pas plus efficaces que les premières. Ayant ainsi épuisé tout moyen de conciliation, il lança sur l'autre rive de la Mafrag toute sa cavalerie, qui en un clin d'œil enfonça les rebelles, et leur enleva leurs troupeaux. Ils vinrent alors demander leur grâce à genoux. Le général d'Uzer la leur accorda, après une sévère réprimande. Il eut la générosité, peut-être excessive, de ne retenir, du butin qu'il avait fait sur eux, que ce qui était nécessaire pour indemniser les marchands qui avaient été pillés. Depuis cette époque, les Merdès, dont une faible partie était déjà sous notre domination, ne donnèrent plus de sujets de mécontentement.

Dans cette expédition, le capitaine Morris, du 3e régiment de chasseurs d'Afrique, eut un combat singulier avec un Arabe d'une taille gigantesque. Les deux adversaires ayant été démontés dans le choc, se prirent corps à corps : le Français sortit vainqueur de cette lutte acharnée, où l'Arabe laissa la vie.

LIVRE XII.

Commencement d'agitation parmi les Arabes de la Metidja.—Assassinat du kaïd de Beni-Khelil. — Excursions de la commission d'Afrique dans la plaine et à Blidah. — Expédition contre les Hadjoutes.— Ben Zécri. — Expédition de Khachna. — Séjour de M. Vergé parmi les Arabes. — Négociations avec Tugurth. — Expédition de Haouch-Hadji. — Seconde expédition contre les Hadjoutes. — Soumission des Hadjoutes. — Paix générale. — Les Européens se répandent dans la Metidja. — Camp de Douéra. — Marché de Bouffarik. — Reconnaissance des fermes du Beylik.— Intrigues et faiblesse.—Négociations avec Titteri.—Révolution de Cherchel.

Pendant que M. de la Moricière était à Bougie, M. Gaillard, officier d'ordonnance de M. le général Voirol, dirigea un instant les affaires arabes ; mais des raisons de santé et de convenance personnelle l'ayant bientôt rappelé en France, le général en chef mit à la tête du bureau arabe M. de Laporte, récemment nommé, par le ministre, chef des interprètes. M. de Laporte, naguère chancelier du consulat de France à Tanger, était un parfait honnête homme et un orientaliste des plus distingués ; mais son âge déjà avancé lui ôtait l'activité que réclamait sa nouvelle position.

Nous étions arrivés, au moment de cette nomination, à cette époque de l'année où les Arabes, ayant terminé leurs moissons et ne s'occupant pas encore de semailles, sont assez disposés à s'abandonner à leur humeur vagabonde et aventureuse. Il était nécessaire que l'homme chargé de leurs affaires fût plus que jamais au milieu d'eux, et, malheureusement, M. de Laporte ne montait pas à cheval. Dans la dernière quinzaine d'août, les travailleurs des ponts de Bouffarik furent attaqués et dispersés. On accusa de cet acte d'hostilité les gens de Bouagueb et de Haouch-ben-Khelil, lesquels en accusèrent les Hadjoutes. Cette petite levée de boucliers coïncida avec l'arrivée à Alger de la commission d'Afrique, dont nous ferons connaître la mission et les travaux dans un des livres suivants. Le mal était réparable si l'on pouvait punir les coupables. Malheureusement, on fut si mal servi qu'il fut impossible de les connaître, assez du moins pour ne pas craindre de commettre une injustice en frappant ceux qui furent vaguement désignés au général en chef. Le 4ᵉ de ligne poussa une reconnaissance sur les lieux, et ne put rien découvrir. Le colonel qui la commandait, tout à fait étranger à ce qui se passait dans le pays depuis quatre mois, fit tirer sur des spahis qui étaient montés à cheval pour se joindre à lui, et en fit arrêter d'autres qui ne durent rien comprendre à cette manière de récompenser leur exactitude à remplir leurs engagements. Ce n'est pas la seule fois que l'ignorance ou la brutalité de quelques chefs militaires a nui à nos relations avec les Arabes.

La reconnaissance du 4ᵉ de ligne ayant été sans résultat, il fallait établir des troupes à Bouffarik et faire reprendre les travaux sous la protection de nos baïonnettes ; car il ne faut jamais reculer devant les Arabes, et ne leur céder en rien, surtout en ce qui est bon et juste, et tient à l'exercice de la souveraineté. Au lieu de cela, le général Voirol, craignant sans doute l'insalubrité de la position, abandonna l'entreprise commencée. L'insolence de nos ennemis s'en accrut, nos partisans se découragèrent, et tout annonça que cet acte de faiblesse porterait bientôt ses fruits. En effet, le kaïd de Beni-Khelil, Bouzeïd-ben-Chaoua, notre énergique et loyal serviteur, fut insulté, menacé, et, enfin, assassiné, le 9 septembre, au marché de Bouffarik. Sa mort fut héroïque : il ne fléchit pas un instant devant les factieux, et leur fit entendre jusqu'au dernier soupir la voix d'un chef irrité. La veille du jour qui fut pour lui sans lendemain, Bouzeïd avait été prévenu du danger qui le menaçait ; sa famille tout en larmes voulut le détourner d'aller au marché ; mais il n'écouta rien et partit. A peine arrivé à Bouffarik, il se vit entouré de ses ennemis qui se mirent à lui reprocher son amitié pour les Chrétiens. Il leur répondit avec force qu'il était l'ami des lois et de l'ordre, que les Chrétiens n'étaient pas comme eux des perturbateurs et des assassins, et qu'il se faisait gloire de les servir, parce qu'en le faisant, il servait la justice et la raison ; que, du reste, ils eussent à se retirer et à le laisser vaquer aux devoirs de sa charge. Il y eut un instant de trêve ; mais vers la fin du marché, au moment où le kaïd se préparait à se retirer, la querelle recommença : toujours les mêmes reproches d'un côté, et la même énergie et les mêmes réponses de l'autre. Les personnes qui m'ont raconté cette tragique histoire, qui s'est passée sous leur yeux, croient que les ennemis de Bouzeïd n'étaient pas bien décidés à le tuer, et qu'il aurait pu se sauver en évitant de les irriter par ses propos ; mais ce brave kaïd était un de ces hommes de fer qui ne plient jamais quand ils ont le droit pour eux. Bouzeïd, toujours entouré des mêmes hommes et leur tenant toujours tête, parvint jusqu'au pont qui est le plus près du marché, et le dépassa même. Arrivé là et voyant que les factieux s'acharnaient après lui, il se mit à les menacer de la colère des Français. C'est alors qu'un coup de fusil, bientôt suivi de dix à douze autres, l'abattit de son cheval. Le malheureux expira en remettant le soin de sa vengeance à ceux qu'il avait si loyalement servis. Les assassins se partagèrent ses dépouilles et s'éloignèrent. Le peuple de Bouffarik ne prit aucune part à ce meurtre, qui fut l'ouvrage de quelques-uns de ceux que les Arabes appellent les grands, et de quelques brigands de profession. Sidi-Allal-Moubarck passa dans le temps pour n'avoir pas été entièrement étranger à l'assassinat de Bouzeïd. Ce qu'il y a de certain, c'est qu'il était présent, et qu'il ne fit pas tout ce qu'il devait pour l'empêcher, soit par peur, soit par sentiment de son impuissance.

Pendant que la terre de Bouffarik buvait le sang du brave Bouzeïd, une partie des membres de la commission d'Afrique, ayant en tête M. le lieutenant général Bonnet, président de cette commission, se disposait à aller visiter Belida, sous l'escorte d'un corps de 4,000 hommes dont le général Voirol prit lui-même le commandement. Le général en chef apprit en route et annonça aux commissaires l'assassinat du kaïd. C'était le lendemain du crime. On n'en continua pas moins la reconnaissance, et l'on traversa Bouffarik sans rencontrer personne. A peu de distance de Belida, on trouva une députation qui venait prier les Français de ne pas entrer en ville. M. le général Bonnet et M. le général Voirol crurent devoir accéder en partie au désir manifesté par cette députation. En conséquence, le gros de la troupe s'arrêta. Le général Voirol et M. Piscatory, un des membres de la commission, accompagnés de quelques officiers et d'un faible détachement de cavalerie, pénétrèrent seuls dans la ville. Ils n'y res-

tèrent que quelques minutes, et se replièrent ensuite
sur le corps d'armée qui reprit aussitôt la route d'Alger,
MM. les commissaires ayant déclaré qu'ils ne voulaient
pas en voir davantage. A peine était-on en marche, qu'une
centaine d'Arabes vinrent tirailler avec l'arrière-garde,
mais à une fort grande distance ; nos soldats, selon la
mauvaise habitude qu'ils avaient alors, brûlèrent beaucoup plus de cartouches qu'ils ne devaient. D'un côté,
le général Bonnet, qui aurait dû se borner à un pur rôle
d'observation, de l'autre, le maréchal de camp qui commandait les troupes sous le général Voirol, firent exécuter
des mouvements contradictoires et, du reste, sans but,
puisqu'il n'y avait pas, à vrai dire, d'ennemis ; il résulta
de tout cela une agitation et un bruit qui firent croire à
quelques individus de la classe civile qu'ils avaient assisté
à une bataille ; et comme on continuait le mouvement
rétrograde, ils en conclurent que nous avions le dessous.
Ces individus étaient des Européens d'Alger qui s'étaient
mis à la suite de la colonne pour aller, eux aussi, visiter
Belida. Ils tenaient tant à se persuader à eux-mêmes
et à persuader aux autres qu'ils avaient couru de forts
grands dangers, qu'ils présentèrent cette échauffourée
comme une affaire sérieuse. Ce fut dans ce sens que les
journaux en parlèrent. Dans le fait, il n'y eut pas un
instant de désordre dans ce mouvement de retraite ou
plutôt de retour d'une promenade que l'on savait d'avance
devoir être fort courte ; pas une balle ennemie n'arriva
dans la colonne ; il n'y eut que deux tirailleurs qui reçurent de légères contusions.

Sous le point de vue militaire, cette affaire, dont retentirent les journaux de l'époque, ne fut donc que ridicule,
mais, sous le rapport politique, elle eut un caractère

plus grave. L'armée trouva dans le défilé de Bouffarik le cadavre d'un malheureux cantinier et celui de sa femme qui avaient été massacrés par les Arabes sur les derrières de la colonne, pendant qu'elle se portait sur Belida (1). Ce double crime et celui qui avait été commis la veille sur la personne du malheureux kaïd auraient dû être punis sur-le-champ et d'une manière exemplaire. Les villages du quartier de Bouffarik, où sans aucun doute se trouvaient les coupables, n'étaient pas dégarnis de leurs habitants ; on en eut la certitude par deux Européens que les Arabes avaient arrêtés et conduits dans un de ces villages, et qu'ils ne relâchèrent qu'en voyant notre artillerie se préparer à diriger son feu sur leurs habitations, où se trouvaient encore leurs femmes, leurs enfants et tout ce qu'ils possédaient. Il fallait s'établir à Bouffarik, cerner les villages, s'emparer des troupaux, faire sur les lieux une enquête sévère qui aurait amené des résultats ; car les partisans de Bouzeïd, nous voyant bien décidés à

---

(1) Les journaux racontèrent que deux enfants, appartenant à ces malheureux, avaient été pendus par les Arabes aux arbres de Bouffarik, et que toute l'armée les y avait vus. Il est certain que le bruit s'en était répandu dans la colonne, et que plusieurs personnes étaient tellement préoccupées de cette idée qu'elles crurent en effet les voir. Une d'elles m'a avoué qu'elle resta longtemps persuadée de les avoir eus sous les yeux pendant plusieurs minutes : c'était une erreur d'optique, difficile à expliquer si l'on veut, mais c'était une erreur. Le cantinier massacré n'avait qu'une petite fille de dix ans qui se sauva dans le bois pendant qu'on égorgeait ses parents, qui fut recueillie par des femmes arabes et ramenée à Alger peu de jours après. Cette pauvre orpheline a été adoptée par M. Sapity, directeur de l'hôpital Caratine.

agir avec vigueur, seraient venus nous donner des renseignements utiles à la justice. Les indifférents eux-mêmes auraient contribué à nous livrer les coupables, dans la crainte d'être confondus avec eux. L'armée s'attendait à quelque chose de semblable, tant il lui paraissait peu convenable qu'on laissât tant de méfaits impunis. Elle comptait donc s'arrêter à Bouffarik. Son mécontentement fut grand lorsqu'elle vit qu'on continuait à la faire marcher sur Douéra, où elle arriva le soir, écrasée de fatigue, peu satisfaite de sa journée et, il faut bien le dire, de ses chefs.

Le commandement fut de fait tellement partagé dans la journée du 10 septembre, que la responsabilité morale doit l'être également, bien que la responsabilité légale ne puisse porter que sur le général Voirol. Cependant la commission fit publier à Alger un avis où, sous prétexte d'indiquer la nature et la forme des réclamations qui pourraient lui être adressées, elle prévenait le public qu'elle ne prenait aucune part aux opérations politiques et militaires, et qu'elle se contentait de les voir et de les juger. Cette pièce était évidemment dirigée contre le général Voirol. Elle était peu généreuse, et en outre elle était coupable : car, dans un moment où tout annonçait la guerre, elle ne tendait à rien moins qu'à faire perdre au général en chef la confiance des troupes. Ce dernier aurait donc pu à la rigueur sévir contre celui qui la signa, et il aurait non-seulement pu, mais dû suspendre sur-le-champ de ses fonctions le chef du service de la police qui laissa afficher cette pièce, laquelle dans une armée ne pouvait être considérée que comme factieuse. Or, à cette époque, ce qu'on appelait l'établissement d'Alger n'était encore qu'une armée.

Les troupes, comme nous l'avons dit, étaient rentrées peu satisfaites de l'expédition du 10 septembre; mais, comme le général Voirol en était aimé, et que, du reste, il existe toujours en elles un grand esprit de justice, elles ne lui adressèrent pas d'autres reproches que celui que l'impartialité de l'historien nous force de lui adresser nous-même. Tout le poids de leur indignation retomba sur ceux qui avaient voulu le détourner; dans leurs idées, les choses auraient pris une autre tournure sans le *vieux général* et ceux qu'elles désignaient par la qualification dont se servent les soldats en parlant de tout ce qui ne porte pas l'uniforme. Le général Voirol ne tarda pas à leur annoncer, par la voie de l'ordre du jour, que leur vengeance n'était que différée, et que bientôt les crimes commis presque sous leurs yeux seraient punis.

Pendant les quelques semaines qui s'écoulèrent entre la publication de cet ordre du jour et l'expédition annoncée, le bureau arabe chercha à connaître les détails de l'assassinat de Bouzeïd. Il ne put pour le moment avoir que des renseignements fort incomplets. Les Hadjoutes paraissant les vrais coupables, ce fut contre eux qu'on dirigea l'expédition. Le général Trobriand la commanda. Il partit d'Alger avec des forces imposantes, passa le Masafran à Mocta-Kera, et pénétra chez les Hadjoutes, qui s'enfuirent à son approche. Leurs villages furent incendiés, mais on ne put les atteindre. Au retour, ils vinrent tirailler de fort loin, et ne nous firent ni ne reçurent aucun mal. Le corps d'expédition rentra après être resté cinq ou six jours en campagne.

Cette expédition prouva bien que nous n'avions pas oublié le meurtre de Bouzeïd; mais, comme elle frappa à faux, et sur des gens qui n'étaient pour rien dans cette affaire, elle exaspéra les Hadjoutes, qui, dès ce moment, ne cessèrent de faire des courses sur les terres des gens de Beni-Khelil.

M. le général Voirol, voulant donner une nouvelle preuve que les services de Bouzeïd n'étaient pas méconnus, nomma, dans le mois de novembre, son fils Allal kaïd de Beni-Khelil. Celui-ci était loin d'avoir l'énergie de son père, mais il en avait le dévouement. Afin de le soutenir dans ce poste glissant, on mit auprès de lui, peu de temps après sa nomination, M. Vergé, sergent-major au bataillon de zouaves, jeune homme plein de courage et de capacité, qui connaissait parfaitement la langue et les usages des Arabes. Oulid-Bouzeïd, animé par ses discours, et encore plus par son exemple, prit un peu de force; il alla présider le marché de Bouffarick. L'outhan lui remboursa la valeur des objets enlevés à son père après son assassinat, et ce crime parut dès lors oublié. Le général Voirol demanda au Gouvernement une faible pension de cent écus pour la famille Ben-Chaoua, qui n'est pas riche, et dont le chef avait versé son sang pour nous; on aura de la peine à croire qu'elle fut refusée, surtout lorsque l'on saura que Ben-Omar en touchait une de 6,000 francs, et qu'une semblable venait d'être accordée à Ben-Zécri.

Ce Ben-Zécri était un réfugié assez obscur de la province de Constantine, qu'un concours de circonstances heureuses pour lui fit passer, aux yeux du général en chef, pour un personnage d'importance qui pouvait nous être fort utile. C'était un homme qui allait bien au feu, mais du reste complétement nul. On l'établit au fort de l'Eau, avec quelques cavaliers et quelques fantassins indigènes;

pendant un an, ses fonctions se réduisirent à celles de sergent de vétérans, si ce n'est que lui et ses gens nous coûtaient 18,000 francs, ce qui était exorbitant pour la garde d'un point d'aussi peu d'importance que le fort de l'Eau.

M. Vergé resta assez longtemps auprès d'Oulid-Bouzeïd. Il serait parvenu à des résultats encore plus importants que ceux que nous venons de rapporter, s'il avait pu s'appuyer sur quelques cavaliers soldés; mais l'utile institution des spahis avait été abandonnée dès le mois d'octobre. On les crut inutiles, parce qu'on ne sut pas les employer, la pensée qui avait présidé à leur formation n'étant plus celle qui, à cette époque, dirigeait les affaires arabes. M. Vergé ne borna pas ses courses à l'outhan de Beni-Khelil : il pénétra jusque dans les montagnes de celui de Khachna, où il fut bien reçu.

Quelque temps auparavant, une expédition, conduite par le colonel Schauenbourg, commandant le 1er régiment de chasseurs d'Afrique, avait été dirigée sur cet outhan, dont un habitant avait enlevé, avec son consentement du reste, la maîtresse d'un des cavaliers de Ben-Zécri. Par une de ces contradictions qui nous caractérisent, nous punîmes cette peccadille amoureuse avec beaucoup plus d'exactitude que le meurtre du fidèle Bouzeïd. Le colonel Schauenbourg s'empara de beaucoup de bétail dont le général en chef ne sut que faire, lorsqu'il connut les détails tout à fait inoffensifs de l'enlèvement de la nouvelle Hélène. Il profita, quelque temps après, de la bonne réception faite, dans l'outhan, au sergent-major Vergé, pour rendre en argent la valeur du bétail, comme témoignage de satisfaction, et sans paraître revenir sur un acte de l'autorité. Comme il fut bientôt démontré que le jeune fils de Bouzeïd n'aurait jamais les qualités propres au commandement, le général Voirol songea un instant à nommer M. Vergé kaïd de Beni-Khelil, et le ministre le laissa libre d'agir à cet égard comme il le jugerait convenable ; mais, comme cette mesure pouvait avoir des conséquences qui se rattachaient à tout un nouveau système, il ne crut pas devoir mettre son projet à exécution dans la position intérimaire où il se trouvait. Le grade de sous-lieutenant fut peu de temps après la récompense des services du sergent-major Vergé.

Dans le mois de janvier 1834, on vit arriver à Alger un envoyé d'Ali-ben-Djellab, cheikh de Tugurth. Nous avons fait connaître, en parlant de la province de Constantine, la position de cette ville, centre d'un état assez florissant (1). Le cheikh de Tugurth était au nombre des ennemis d'Ahmed, bey de Constantine. Dans les premiers mois de 1833, il fit marcher contre lui quelques troupes, que le bey vainquit, grâce à son artillerie. Ben-Djellab en conserva un profond ressentiment, et, d'après les conseils de Farhat-ben-Saïd, il résolut de contracter avec la France une alliance, dont le but serait de renverser Ahmed et d'élever à sa place le cheikh de Tugurth lui-même, qui reconnaîtrait la souveraineté de la France et lui paierait tribut. L'envoyé de Tugurth arriva à Alger par Tunis. Lorsqu'il se présenta au consul de France dans cette résidence, il était dans un état presque com-

---

(1) Les Arabes donnent par déférence le titre de Sultan au petit prince de Tugurth, mais il ne prend officiellement que celui de cheikh. Il est riche et vit avec un certain éclat. Le pouvoir est héréditaire à Tugurth dans la famille des Beni-Djellab.

plet de dénuement, qu'il expliqua en disant qu'il avait été dépouillé par les Kbaïles au-dessus de Kairouan. Du reste, il était porteur de lettres de créance qui parurent en règle. Le consul de France l'envoya en conséquence au général Voirol par le premier bâtiment partant pour Alger. Les offres qu'il fit, au nom de son maître, étaient tellement avantageuses, qu'elles parurent exagérées; cependant on y répondit de manière à donner suite à la négociation. L'ambassadeur partit très-satisfait de la réception qu'on lui avait faite. Il ne revint que sous l'administration du comte d'Erlon.

Le cheikh de Tugurth ne fut pas le seul ennemi d'Ahmed-Bey qui se mit en relation avec le général Voirol, dans le but de renverser cet homme féroce, mais habile et redoutable. Farhat-ben-Saïd, qui se maintenait toujours dans le Sahara, El-Hadji-Abd-el-Salem, cheikh de Medjana, qui, par sa position, était maître du fameux passage des Bibans ou Portes de Fer, Hasnaoui, cheikh des Hanencha, Abou-Diaf-ben-Ahmed, cheikh de la puissante tribu nomade des Oulad-Maadi, enfin Bel-Cassem, cheikh de Skikda ou Stora, ce point si important de la côte, s'adressèrent tous au général en chef pour lui offrir leur coopération dans le cas d'une expédition sur Constantine, et même pour le prier de régulariser au moins leurs efforts en leur fournissant quelques secours en artillerie, en traçant le plan d'attaque, et enfin en les aidant des lumières et de l'expérience de quelques-uns de nos officiers. Que l'on diminue de moitié les espérances de succès que pouvaient faire naître tant de démonstrations amicales, que l'on fasse à la mobilité du caractère arabe une part aussi large que l'on voudra, et que l'on admette même que quelques-unes des ouvertures qui nous furent faites n'avaient d'autre but que de sonder nos intentions, il n'en demeurera pas moins avéré, par tous ceux qui ont suivi ces négociations et qui ont pu comparer les paroles avec les actions, les antécédents avec la position présente, et analyser les intérêts mis en jeu, que nous avons eu, dans le courant de 1834, de grandes chances d'établir notre autorité dans la province de Constantine. Le Gouvernement ne pouvait sans doute s'engager dans une entreprise de cette importance, sans avoir autre chose que des promesses; il voulait des garanties, et il avait raison. Ces garanties étaient bien offertes, mais il les exigeait comme éléments de la décision à intervenir. Or, le général en chef ne pouvait évidemment mettre les parties en demeure de les fournir, sans leur donner en échange, non les éventualités d'une délibération du conseil des ministres, mais l'assurance d'un parti pris et arrêté dont l'exécution ne dépendrait plus que de ces mêmes garanties: en effet, ces garanties ne pouvaient être que la remise d'ôtages, des fournitures de bétail et de vivres, ou enfin des dépôts d'argent (1), toutes démarches tellement significatives qu'elles devaient sur-le-champ mettre ceux qu'elles concernaient en état d'hostilité contre Ahmed et ses partisans. La guerre devait donc s'ensuivre immédiatement, et par conséquent les secours fournis par la France, quelles qu'en fussent la nature et l'étendue, ne devaient pas se faire attendre.

Il existait donc, dans la manière dont ces négociations furent conduites, un cercle vicieux qui devait en éloigner le terme indéfiniment. Le général Voirol se vit

---

(1) Il en fut offert.

forcé d'employer des faux-fuyants avec des gens qui avaient hâte de conclure, et qui finirent par douter de la puissance de la France, ou du moins de sa volonté de s'établir en Afrique.

Tout fut paisible dans la province d'Alger dans l'hiver de 1833 à 1834, excepté du côté des Hadjoutes, qui commirent des vols continuels au détriment des gens de Beni-Khelil, et surtout au détriment des habitants du Sahel, qu'ils regardaient comme nos alliés les plus directs. Ceux-ci se trouvaient sans défense depuis que la rigueur de la saison des pluies nous avait forcés de lever le camp de Douéra, où il n'y avait point encore d'établissement. On crut d'abord que quelques lettres menaçantes suffiraient pour arrêter les brigandages des Hadjoutes, mais ils n'en tinrent nul compte. Vers le milieu de janvier, on résolut d'enlever de la ferme d'Haouch-Hadj, où on les disait réunis, les plus déterminés de ces pillards. Une colonne commandée par M. de la Moricière, et composée de quatre compagnies de zouaves et d'une centaines de chevaux, partit dans la soirée du 20 pour cette ferme, éloignée d'Alger de 14 lieues. L'infanterie ne devait qu'appuyer le mouvement de la cavalerie dirigée par l'aide de camp du général Voirol. Mais cet officier, trompé par les distances encore imbu d'idées de guerre méthodique, peu applicables au pays, et ayant d'ailleurs rencontré un marais où il fut obligé de laisser une partie de son monde, ne mit pas dans son mouvement la promptitude nécessaire, n'arriva qu'au jour, et ne put saisir les pillards qui l'aperçurent et s'évadèrent. Il ne resta à Haouch-Hadji que des femmes et des enfants, à qui on ne fit aucun mal. Au retour de la ferme, d'où on enleva des armes et quelques chameaux, la petite colonne fut assaillie par les Hadjoutes, mais elle rentra sans avoir éprouvé de perte en hommes, et n'ayant eu que quelques chevaux blessés.

Cette petite expédition, quoiqu'elle n'eût pas atteint le but qu'on se proposait, rendit néanmoins pour quelque temps les Hadjoutes plus circonspects : ils firent plusieurs fois demander la paix, mais on y mit toujours pour condition la restitution du bétail enlevé aux Beni-Khelil, à quoi ils ne voulurent jamais consentir. On profita alors du besoin que ceux-ci avaient de nous pour établir une sorte de hiérarchie administrative dans leur outhan, que l'on divisa en cantons, à la tête de chacun desquels on mit un cheikh. On étendit plus tard cette mesure à Khachna et à Beni-Mouça. C'était faire renaître des idées d'ordre presque perdues depuis quatre ans, les kaïds ayant besoin, pour asseoir leur autorité, de fonctionnaires inférieurs. Le général Voirol était dans l'intention de donner un traitement aux kaïds et aux cheikhs, et d'attacher à leurs personnes quelques cavaliers soldés. La demande d'allouer un traitement aux kaïds, quoique basée sur un arrêté du général Clauzel, fut rejetée par le ministre. Quant à la proposition de créer une force publique dans les outhans, elle fut repoussée comme impolitique, sans que Son Excellence daignât expliquer ce qui la lui faisait considérer comme telle. La seule chose qu'accorda le ministre, ce fut l'autorisation de donner des fusils de commandement aux kaïds et cheikhs nouvellement promus. Un crédit fut ouvert à cet effet.

Malgré les refus du ministère, on n'en continua pas moins l'organisation commencée, et les kaïds et une grande partie des cheikhs eurent une solde. Voici comment on s'y prit : on créa, aux termes de l'ordonnance du 17 novembre 1831, et en revenant aux errements de l'arrêté du 5 août 1833, un certain nombre de spahis que l'on considéra comme en service permanent, ce qui procurait une solde de 80 francs par mois et par homme. On fit figurer sur les états de ces spahis les noms des kaïds et des cheikhs. Toutes les soldes réunies formaient une masse que l'on distribua de la manière suivante : 80 fr. aux kaïds, 60 aux cheikhs, et 30 aux simples cavaliers, dont le nombre fut beaucoup plus considérable que celui qui était porté aux états. Tout le monde fut satisfait de cet arrangement, dont on ne vit que le résultat. S'il n'y avait pas de crédit pour les kaïds et les cheikhs, il y en avait un pour les spahis, de sorte que, par un simple changement de dénomination, on obtint ce qu'on n'avait pu obtenir par le raisonnement. Au reste, quoique le ministre n'eût pas adopté le plan qu'on lui avait proposé, il désirait que quelqu'un fît la police du pays, puisqu'il laissait établir des spahis. Le but fut atteint, et l'aurait été encore mieux, si l'on avait donné plus d'extension à la mesure ; mais on ne voulut pas dépasser certaines bornes, sur un terrain solide, il est vrai, sous le point de vue moral et politique, mais un peu glissant sous le rapport administratif. Les dépenses pour cet objet, dans le courant de l'année 1834, ne dépassèrent jamais 3,000 fr. par mois à Alger, et souvent n'allèrent pas à 2,000.

Les kaïds et les cheikhs étant payés, et pouvant, dans les localités les plus importantes pour nous, se servir de quelques cavaliers également soldés, se sentirent définitivement liés à notre cause, et remplirent leur devoirs avec plus de zèle. Ils arrêtèrent les malfaiteurs, et firent enfin la police du pays. Vers le milieu de mai, le camp de Douéra ayant été occupé de nouveau et définitivement, et les Hadjoutes ayant recommencé leurs courses, le général en chef résolut d'en finir avec eux. Les gens de Beni-Khelil et ceux de Beni-Mouça étant disposés à marcher avec nous, leurs kaïds reçurent l'ordre de se trouver, le 17 mai dans la nuit, aux ponts de Bouffarick, avec le plus de monde qu'ils pourraient réunir. Le général Bro se dirigea sur le même point avec 2,000 hommes d'infanterie et de cavalerie et quelques pièces de canon. Les Arabes avaient été exacts au rendez-vous ; le lendemain 18, nous pénétrâmes sur les terres des Hadjoutes, précédés de 600 auxiliaires en burnous. Le corps d'expédition se dirigea sur le bois de Kareza, entre l'Ouedjer et la Bouroumi, où l'on savait que les ennemis avaient conduit leurs troupeaux. On y pénétra vers le soir et on y fit un butin considérable, que l'on abandonna aux auxiliaires, en dédommagement des pertes qu'ils avaient éprouvées depuis quelques mois. Les Hadjoutes, qui avaient reconnu tout d'abord l'inutilité de la résistance, ne songèrent pas même à combattre. Quelques Kbaïles de Chénouah, qui se trouvaient chez eux, tirèrent seuls, en fuyant, quelques coups de fusils sur nos troupes. Le fils de Sidi-Allal, marabout, se présenta pour traiter de la paix au nom des Hadjoutes ; mais, comme il ne put s'engager à donner des ôtages, ni à faire rendre le bétail volé, le général Bro continua les hostilités. Le lendemain, au moment où il se préparait à faire une battue générale dans le bois de Kareza, un cavalier se présenta à notre avant-garde et demanda à parlementer. M. Vergé et M. Pellissier, nommé récemment chef du bureau arabe, s'abouchèrent avec lui. Il dit, au nom de ses compatriotes, que, si l'on voulait leur accorder la paix, ils s'engageraient à indemniser les Beni-Khelil, sous la condition que le bétail qu'on leur avait pris la veille serait compté en déduction de celui qu'ils seraient condamnés à rendre par le marabout de Coléa, qui serait juge dans la question. Il promit en outre que les Hadjoutes prendraient un kaïd nommé par le général en chef, qui avait d'avance destiné ce poste à Kouider-ben-Rebeha. On rendit compte de ces propositions au général Bro. Celui-ci voulut voir lui-même l'envoyé des ennemis. Comme il hésitait à revenir, M. Vergé, pour exciter sa confiance, se rendit au milieu des Hadjoutes, et y resta pendant tout le temps de la conférence du général et du parlementaire arabe. Cette conférence fut sans résultat, car le général voulait des ôtages, et l'Hadjoute disait que dans l'état d'anarchie où se trouvaient ses compatriotes, ils ne pouvaient en donner, attendu qu'ils n'avaient point de chef pour les désigner, et que personne ne se présenterait volontairement. Les hostilités recommencèrent donc. Le bois de Kareza fut fouillé dans toute son étendue, et nos auxiliaires firent un butin si considérable, qu'ils furent plus que dédommagés de toutes leurs pertes. On brûla aussi quelques villages, et l'on chercha à incendier les récoltes, mais elles étaient encore trop vertes pour que le feu y prît.

Le jour d'après, un nouveau parlementaire se présenta, non plus pour parler de paix, mais, ce qui était mieux, de soumission. Les Hadjoutes reconnurent pour kaïd Bouider-ben-Rebeha, et s'engagèrent à rendre libres les routes de l'ouest. Il ne fut plus question d'ôtages. On convint que ce qui était pris l'était bien, et que, de part et d'autre, on oublierait le passé. Le petit corps d'armée du général Bro reprit alors la route d'Alger. Une dizaine de coups de fusil furent tirés, pendant la marche, sur l'arrière-garde, par des Hadjoutes isolés, qui ne savaient pas ce qui venait de se passer avec le gros de la tribu; mais aussitôt qu'ils l'eurent appris, ils se retirèrent, et nous envoyèrent un des leurs pour s'excuser.

Cette expédition fut la première qui se termina par une négociation régulière avec les vaincus, et où nous ayons eu des Arabes pour auxiliaires. L'usage que l'on fit du butin, tout à fait conforme à la sage politique que le général Voirol avait adoptée dès le principe, prouva que la justice seule lui mettait les armes à la main. Cette vérité, sentie par tout le monde, augmenta le nombre de nos partisans.

Il y eut, quelques jours après la rentrée du corps d'expédition dans ses cantonnements, une grande cérémonie à Blida, où les Hadjoutes et les Beni-Khelil cimentèrent la paix avec toutes les formalités consacrées par l'usage et la religion. Le général en chef rendit alors la liberté à Sidi-Mohammed, le plus célèbre des marabouts de Coléah, détenu à Alger depuis le combat de Bouffarick, sous le duc de Rovigo, et dès lors la tranquillité la plus parfaite régna dans la plaine. Pour prévenir les petites perturbations qui auraient pu naître, le général en chef voulut établir, pendant quelque temps, dans l'outhan de Beni-Khelil, un commissaire investi de pouvoirs supérieurs à ceux du kaïd. Il fit choix de Ben-Omar, ex-bey de Titteri, qui s'établit à Haouch-Kaladji, près de Douéra.

Le général Voirol, considérant alors que tout ne consistait pas à faire régner la paix parmi les Arabes, mais qu'il fallait encore les habituer à nous voir en amis au milieu d'eux, envoya fréquemment sur divers points de la plaine les officiers attachés au bureau arabe pour examiner l'état du pays, écouter les plaintes et étudier les besoins des habitants. Le chef du bureau arabe et M. Allégro, jeune Tunisien, qui, pour le courage et l'intelligence, ne le cédait à aucun Français, se rendirent au marché de Bouffarick, la première fois que Sidi-Mohammed y parut depuis sa captivité. Kouider-ben-Rebcha s'y trouva avec un grand nombre d'Hadjoutes. Ces messieurs l'engagèrent à se rendre à Alger, où il n'avait pas mis les pieds depuis trois ans. A cette proposition, les Hadjoutes murmurèrent le nom de Meçaoud, si indignement décapité sous le duc de Rovigo. M. Allégro prit alors la parole, et leur proposa de rester au milieu d'eux pendant que Kouider irait à Alger. Cette proposition fut accueillie avec empressement. Kouider fut très-bien reçu par le général en chef, qui fut très-satisfait de la sagesse de son langage et de la dignité de ses manières. Il resta plusieurs jours à Alger, et fut ramené par le chef du bureau arabe à Mokta-Kera, où se rendirent de leur côté le marabout de Coléah, une cinquantaine d'Hadjoutes et M. Allégro, que ses hôtes avaient fêté de leur mieux.

La confiance étant ainsi rétablie de part et d'autre, tout parut possible. L'espérance fondée, selon moi, de tirer parti des Arabes pour la défense et la prospérité matérielle du pays, ramena le général en chef à des mesures d'avenir abandonnées dans ces moments de découragements si fréquents, et je dirai si naturels, lorsqu'on travaille sur des éléments aussi difficiles à étudier que les peuples. La garde des blockhaus fut confiée, comme dans la dernière année, aux habitants du Fhas, et l'on réunit à Rassoutha, ferme du beylik, située à deux lieues en avant de la Maison-Carrée, les Arib dispersés dans les diverses tribus de la Métidja, pour en former une colonie militaire. Le général Voirol avait conçu le projet de cette réunion dans l'été de 1833, mais l'exécution en ayant été confiée à Ben-Zécri, il échoua pour lors complètement.

Les Arib, comme nous l'avons déjà vu, sont des Arabes originaires du Sahara, qui vinrent s'établir dans la plaine de Hamza, d'où les Oulad-Maadi les chassèrent. Un grand nombre d'entre eux se réfugièrent dans la Métidja. Comme ils n'y trouvèrent pas tous des moyens légaux d'existence, ils se mirent, pour la plupart, à y exercer le brigandage, de sorte que leur présence y était, en général, une vraie calamité. En les réunissant tous sur un point, et en leur donnant des terres à cultiver, à la charge du service militaire, on pouvait faire des éléments d'ordre de ces vagabonds dangereux. Cette réunion eut lieu dans le mois de juin 1834. On permit aux Arib de cultiver pour leur compte l'immense territoire de Rassoutha, moins les prairies du bord du Hamise. On leur donna des charrues, et on leur fit des avances en semences. Le projet du général Voirol était d'introduire peu à peu chez eux nos procédés agricoles et d'en faire une tribu modèle qui, par le bien-être dont elle aurait joui, aurait donné aux autres la preuve de l'avantage de nos méthodes de travail et de la douceur de nos lois. C'était certes une belle et noble pensée. Les Arib, dont Ben-Zécri fut nommé kaïd, sous la surveillance immédiate du bureau arabe, s'engagèrent, de leur côté, à prendre les armes chaque fois qu'ils en seraient requis pour la défense commune, à monter la garde au fort de l'Eau et à la Maison-Carrée, et à faire la police de cette partie de la plaine, au moyen d'un service de patrouilles régulièrement établi. Ils s'acquittèrent loyalement de leurs promesses, et nous n'eûmes qu'à nous louer d'eux. Mais, pour qu'ils pussent rompre avec le passé, il fallut les amnistier pour leur anciens brigandages et interdire toute poursuite pour les faits antérieurs à leur réunion.

La paix et la confiance s'affermissant de plus en plus, un avis officiel annonça aux Européens que ceux d'entre eux qui voudraient visiter la plaine pour leurs plaisirs ou pour leurs affaires le pouvaient sans crainte; que cependant, pour ne rien laisser au hasard, ils devaient se présenter au bureau arabe, qui leur donnerait des lettres de recommandation pour les cheikhs des cantons, lesquels leur fourniraient, moyennant une légère rétribution, des guides armés. Cette mesure fut très-bien accueillie du public européen et des Arabes. Un grand nombre d'Européens parcoururent la plaine dans tous les sens ; des voitures françaises conduisirent jusqu'au pied de l'Atlas des meules à un marabout qui faisait construire un moulin. Un vol ayant été commis par les gens de l'outhan de Khachna, nos gendarmes allèrent au loin arrêter les coupables ; enfin le procureur du roi d'Alger, voulant aussi instrumenter dans la plaine, fit en personne une arrestation dans celui de Beni-Mouça.

Tout ce qu'on avait entrepris depuis la paix avec les Hadjoutes ayant réussi au delà de toute espérance, on songea à introduire des Européens sur les marchés des Arabes. En conséquence, le chef du bureau arabe alla coucher à Douéra le 22 juin, pour se présenter le lendemain à celui de Bouffarick, avec plusieurs personnes de la classe civile. Mais cette démarche ne plaisait point à Ben-Omar, qui aspirait aux fonctions d'agha, dont il se faisait même donner le titre par ses affidés. Il souffrait de voir les Français agir directement sur les Arabes. En conséquence, il écrivit au général en chef qu'il savait, d'une manière certaine, que les Européens qui se rendraient au marché courraient de grands dangers. Le général, trompé par ce faux rapport, envoya contre-ordre au chef du bureau arabe, qui se le fit répéter, car il avait des renseignements positifs sur la situation des esprits et sur le mauvais vouloir de Ben-Omar. Dès quatre heures du matin, il était entouré de plus de cent cavaliers arabes qui étaient venus à sa rencontre ; mais il fallut obéir : au lieu d'aller au marché, il se dirigea sur la ferme du kaïd de Beni-Mouça, où il passa la nuit. Dans la soirée, le kaïd de Beni-Khelil et une trentaine de cavaliers vinrent lui dire qu'on l'avait attendu longtemps à Bouffarik, et que, lorsque le Maure Ben-Omar s'y était présenté, il avait été froidement reçu ; qu'alors, croyant plaire aux Arabes, il avait dit que c'était lui qui, par son adresse, avait empêché les Français d'y venir, et qu'à cela on lui avait répondu qu'il avait eu tort, attendu que, puisque les Musulmans étaient bien reçus sur les marchés des chrétiens, on ne voyait pas pourquoi ceux-ci ne pourraient pas venir sur les leurs. Cette conclusion très-logique déconcerta Ben-Omar. Mais malheureusement, ceux des Arabes qui n'étaient que résignés à nous voir au milieu d'eux, voyant chez nous de l'hésitation, et dans un de nos principaux agents des dispositions hostiles au système que nous paraissions avoir adopté, revinrent à l'espérance de nous éloigner. Ces opposants étaient en général les grands des tribus, qui avaient intérêt à ce que nous ne fussions pas témoins des petites vexations qu'ils font éprouver au peuple. Cependant, le lundi suivant, le général en chef ayant été convaincu de la fausseté des rapports de Ben-Omar, le chef du bureau arabe se rendit au marché de Bouffarik avec quelques Européens, et fut bien reçu. Cela continua pendant quelque temps.

Dans le courant du mois de juillet, le général Voirol fit procéder à une opération fort utile, celle de la reconnaissance des fermes du beylik, dans les outhans de Beni-Khelil, de Beni-Mouça et de Khachna. Cette opération constata l'existence, et donna la position et la description de dix-neuf beaux domaines, tous susceptibles d'un grand rapport. Elle fut faite par M. Bernadet, contrôleur des domaines, et par le chef du bureau arabe. La position de chaque ferme fut relevée et indiquée sur la carte du pays, par le chef du service topographique. La plupart de ces fermes furent louées à bas prix aux Arabes, qui déjà les habitaient sans titres, mais pour un an seulement, et dans le but de constater, aux yeux de tous, notre prise de possession. Il est à remarquer que, de ces dix-neuf fermes, il y en a sept qui occupent une zone de près de cinq lieues de longueur, dans le milieu de la Métidja, et au centre desquelles se tient le marché de Bouffarik; ce sont, de l'ouest à l'est : Haouch-ben-Salah, Haouch-ben-Khelil, Haouch-bou-Agueb, Haouch-Chaouch, Haouch-Souk-Ali, Haouch-bou-Ladjoura et Haouch-Mimmouch, dont le beylik n'a que la moitié. Le terrain en est d'une fertilité admirable ; elles sont bien boisées et bien arrosées, ayant toutes de vastes jardins et de superbes vergers d'orangers.

Pendant la durée de l'opération dont nous venons de parler, et, par conséquent, l'éloignement du chef du bureau arabe, Ben-Omar, qui remplissait toujours ses équivoques fonctions dans l'outhan de Beni-Khélil, parvint à faire destituer Oulid-Bouzeïd-ben-Chaoua, qui du reste était incapable, et à faire nommer à sa place El-Arbi-ben-Brahim, cheikh de Beni-Salah, qui avait déjà été kaïd une fois. C'était un homme de mérite, mais il affectait une indépendance qui aurait dû l'éloigner de ces fonctions. Le premier acte de son administration fut de déclarer aux Français qui se rendirent au marché, la première fois qu'il le présida, que leur présence à Bouffarik était une déclaration de guerre, et qu'ils ne pouvaient plus s'y présenter qu'en ennemis. Une centaine de cavaliers appuyèrent de démonstrations plus ou moins hostiles ces paroles du kaïd. Deux jours après, il écrivit au général en chef qu'il avait été forcé de paraître adopter les passions de la multitude pour sauver les Français et éviter les plus grands malheurs. El-Arbi attribuait ici à la multitude ce qui n'était le fait que de quelques *grands*, pour parler le langage des Arabes, et le fait du kaïd lui-même. Au reste, il ajouta que, si l'on voulait continuer à fréquenter le marché de Bouffarik, il fallait y envoyer des troupes tous les lundis, pour en faire la police. C'est le parti que l'on aurait dû prendre; mais on préféra reculer devant les répugnances de quelques Arabes, entretenues par les intrigues du Maure Ben-Omar. Celui-ci, le jour où les Français furent en quelque sorte expulsés du marché, avait eu dans la matinée un entretien secret avec El-Arbi au premier pont de Bouffarik. C'est ainsi que, deux ans de suite, des insultes non vengées vinrent nous faire perdre tout le terrain gagné par une politique de douceur et de persuasion, mais qui devient impuissante dès l'instant qu'elle craint au besoin de s'appuyer sur la force.

Ce qui venait de se passer à Bouffarik, et notre

patience à le supporter, firent sourire les ennemis de notre domination, et arrêtèrent tout court, dans leur mouvement d'attraction, ceux qui étaient disposés à venir à nous. Kouider-ben-Rebeha prit des prétextes pour ne plus paraître à Alger. Les Hadjoutes auraient peut-être recommencé à intercepter les routes de l'ouest, si le vénérable marabout Mohammed ne les eût menacés de les maudire et de se retirer à Alger, dans le cas où ils troubleraient le moins du monde la paix. Les Européens n'osèrent plus s'étendre dans le pays ; enfin, il y eut rétrogradation sensible. Ben-Omar, dont le général en chef comprit enfin les secrètes intentions, rentra de nouveau dans l'obscurité dont il n'aurait jamais dû sortir ; mais le mal était fait.

Le kaïd de Khachna, El-Mokfy, étant mort sur ces entrefaites, le général en chef nomma à sa place El-Arbi-ben-Kaïa, sur la demande de l'outhan.

Les mois d'août et de septembre se passèrent sans événements importants dans les environs d'Alger. A Titteri, on fit quelques efforts pour sortir de l'anarchie. Voici ce qui se passa dans cette province. A Médéah, le parti d'Ahmed-Bey, presque tout composé de Koulouglis, était parvenu à faire reconnaître hakem de la ville un certain Mohammed-el-Khadji, qui s'intitulait lieutenant du bey de Constantine. Le parti français, qui était découragé, ne s'opposa pas ouvertement à cette nomination, mais il fit connaître au général en chef combien elle était hostile pour nous, et le pria de déclarer une fois pour toutes si la France voulait ou ne voulait pas de Médéa. Pour comprendre ce langage, il est nécessaire de savoir que Ben-Omar avait toujours conservé des rapports avec ses anciens amis de Médéa, et qu'il avait eu soin de les entretenir dans la pensée que les Français n'avaient pas renoncé à rétablir leur autorité et la sienne dans cette ville. Dans l'hiver précédent, il y avait même eu quelques négociations entamées dans ce sens ; mais elles n'aboutirent, et ne pouvaient aboutir à rien, par les raisons que nous avons expliquées en parlant de celles de Constantine.

Peu de jours après avoir reçu la lettre des gens de Médéa, le général Voirol en reçut deux autres de la province dont cette ville est la capitale. La première était des Abid et des Douair de Berouakia qui, las d'être confondus avec les autres tribus, et de ne plus jouir des avantages et de la prépondérance que leur valait leur position auprès des anciens beys, offraient leurs services à la France, dans le cas où elle voudrait établir un gouvernement de son choix à Titteri. La seconde était de Ben-Aouda-el-Moktari, cheikh des Oulad-Moktar, qui, ayant à se plaindre du hakem de Médéa, Mohammed-el-Khadji, faisait des offres dans le même sens, conjointement avec Djelloul, cheikh des Oulad-Aïed, Ben-Chara, cheikh de Rbeia, beau-père de l'ancien bey Bou-Mezrag, et Djedid, cheikh d'Oulad-Chaïb. On répondit à tous ces gens-là de s'entendre, afin de faire en commun des offres acceptables qui pussent servir de base à une négociation régulière. Dans la pensée qui dirigea cette affaire de notre côté, c'était Ben-Aouda-el-Moktari qui devait être nommé bey de Titteri, comme étant celui qui, ayant déjà plus de puissance réelle, devait rencontrer le moins de difficultés. Mais cet homme, considérant que le titre de bey lui ferait des jaloux parmi ceux qui étaient encore ses égaux, qu'il lui imposerait l'obligation de s'établir à Médéa, où il craignait d'avoir des ennemis, et ne voulant pas peut-être trop s'engager avec nous, fit décider, dans une réunion qui eut lieu à Beni-Bouagueb, que l'on proposerait au général en chef de reconnaître pour bey Ben-Omar, nommé à ce poste par le général Clausel, et chez lequel ce titre était déjà une chose acquise qui ne devait pas exciter de jalousie ; que ce bey résiderait à Médéa, et ne pourrait s'occuper des affaires de l'extérieur que par l'intermédiaire de Ben-Aouda qui serait son agha ; que les Abid et les Douair reprendraient leurs anciennes fonctions ; que l'on livrerait des ôtages pour garantie des conventions, et qu'enfin on prierait les Français de venir jusqu'à la ferme de Haouch-Chaouch de Mouzaïa pour recevoir les ôtages, et rester sur ce point pendant que la révolution s'opérerait, afin d'imposer aux dissidents par cette démonstration.

Jamais négociation avec les provinces ne s'était aussi nettement dessinée ; mais il fallait avoir quelque argent à donner à Ben-Omar, qui évidemment ne pouvait s'embarquer dans cette affaire sans avances. Il était bien dit que les Arabes paieraient l'achour ; mais enfin, pour les commencements, il fallait une première mise quelconque. C'est ce qu'on ne put trouver. Ben-Omar voulut emprunter 50,000 fr., moyennant certaines signatures que notre législation financière ne permit pas de donner, de sorte que cette affaire n'alla pas plus loin. Ensuite, nous étions déjà parvenus au mois de septembre, le comte d'Erlon, nommé gouverneur des possessions françaises du nord de l'Afrique, allait arriver, et il était naturel que le général Voirol, qui devait lui remettre le commandement, lui laissât le soin de donner à cette négociation la suite qui lui paraîtrait convenable. Mais n'anticipons pas sur les événements ; revenons plutôt sur nos pas pour faire connaître au lecteur ce qui se passa à Cherchel dans l'été de 1834.

Le kaïd de cette ville, Mohammed-ben-Aïssa-el-Barkani, avait reçu en 1830 l'investiture de son commandement du général Clauzel. C'était un homme sage, qui se maintenait dans de bonnes relations avec nous, et qui favorisait le commerce entre Cherchel et Alger. Quant à nous, nous ne nous occupions peut-être pas assez de lui, car il y avait quelque chose à faire de ce côté, en rendant les rapports plus fréquents et plus intimes. El-Barkani, malgré la sagesse et la modération de son gouvernement, avait des ennemis ; ceux-ci attendaient avec impatience quelque germe de mécontentement à exploiter. Ils en trouvèrent un dans l'été de 1834 : le kaïd, pressé par les besoins de l'administration, et principalement par des réparations à faire au port, mit un léger droit sur les bâtiments chargés qui en sortaient ; aussitôt grand murmure parmi les *raïs* (1) et grande joie chez les ennemis du kaïd. On excite le peuple à la révolte, mais le peuple ne bouge pas. Les ennemis de Barkani changent alors de batterie et répandent le bruit qu'il a été destitué, et qu'ainsi on ne doit plus le reconnaître pour kaïd. Ce mensonge trompant peu de monde, les perturbateurs virent qu'ils n'avaient d'autres moyens de réussir que d'obliger leur adversaire, par quelque ruse, à abandonner de lui-même la partie. A cet effet, ils dirent à quelques personnes, mais de manière à ce que la chose fût répétée, que des plaintes avaient été portées au général en chef contre lui. Quand le bruit s'en fut bien répandu,

---

(1) Capitaines marins.

et que le temps nécessaire pour qu'on fût censé avoir reçu une réponse d'Alger fut écoulé, ils publièrent que le général avait résolu d'envoyer un bâtiment de guerre à Cherchel pour arrêter le kaïd. El-Barkani commença alors à être ébranlé. Sur ces entrefaites, le hasard voulut que le bateau à vapeur qui fait le service de la correspondance entre Alger et Oran vint à paraître, en longeant les côtes de plus près qu'à l'ordinaire, et de manière à faire croire qu'il se dirigeait sur Cherchel. A cette vue, le kaïd, ne doutant plus de la vérité des assertions de ses ennemis, se hâta de sortir de la ville et se rendit chez les Beni-Menasser, tribu à laquelle il appartenait et dont il était chef. Les perturbateurs, se trouvant ainsi maîtres de la ville, proclamèrent la déchéance de Mohammed-el-Barkani. Cependant, comme ils craignaient le ressentiment des Beni-Menasser, chez qui les Barkani sont en grande vénération, ils nommèrent pour kaïd un autre membre de cette famille. Cet arrangement ne désarma pas la colère des Beni-Menasser, qui vinrent bloquer la ville. Les habitants de Cherchel se défendirent; mais, comme ils avaient peu de poudre, ils en envoyèrent demander au général Voirol, en le priant de reconnaître le nouveau kaïd.

Cet événement fut mal apprécié à Alger; on crut y voir un acte de soumission d'une ville qui n'avait encore eu avec nous aucun rapport de cette nature, tandis qu'au contraire un kaïd investi par nous en avait été expulsé. La poudre fut promise, et peu après délivrée. Le général Doguereau, inspecteur général d'artillerie, se trouvait à cette époque en mission à Alger. Il se mêla de cette affaire, j'ignore à quel titre, et, comme il devait passer quelques jours à Oran, il fut convenu qu'à son retour il s'arrêterait à Cherchel pour l'arranger comme il l'entendrait. Cet officier général, partageant l'illusion qui faisait considérer les événements de Cherchel comme une révolution en notre faveur, prit à Oran deux petites pièces de canon dont il voulait faire cadeau à nos nouveaux alliés. Mais quand le bateau à vapeur fut arrivé au mouillage de Cherchel, et que les nouvelles autorités venues à son bord lui eurent déclaré ne pouvoir répondre de deux officiers qu'il voulait envoyer à terre pour reconnaître la ville, ses idées se modifièrent, et il s'abstint de cet acte de munificence.

Peu de temps après, la paix fut rétablie entre Cherchel et les Beni-Menasser, fatigués de l'interruption du commerce. El-Barkani les engagea lui-même à cesser les hostilités, réservant de faire agir ses partisans dans l'intérieur de la ville et de détromper les Français. Il écrivit en effet au général Voirol une lettre fort sage, où il expliquait sa conduite, qui était à l'abri de tout reproche. Le cadi et le muphti de Cherchel, qui avaient quitté la ville en même temps que lui, vinrent eux-mêmes à Alger pour plaider en sa faveur. Ils dirent qu'un ordre précis du général et une simple démonstration suffiraient pour le rétablissement de son autorité.

Les choses en étaient là lorsque le comte d'Erlon arriva dans la colonie. Sur le compte qui lui en fut rendu, il donna d'abord des ordres pour que El-Barkani fût rétabli à Cherchel par tous les moyens convenables. Mais bientôt on le fit revenir sur cette résolution, et il fut décidé qu'un officier irait sur les lieux reconnaître quel était le vœu réel de la population. On en prévint les habitants de Cherchel, à qui l'on dit en même temps que l'envoi de poudre qu'on leur avait fait ne préjugeait en rien la question principale. Les meneurs de cette ville avaient déjà renvoyé leur nouveau kaïd et en avaient nommé un troisième, lorsque l'officier (1) qui fut chargé d'aller examiner l'état des esprits y arriva. Les choses étaient disposées de manière à ce qu'une majorité compacte parût formée contre El-Barkani dans la ville. On savait déjà que les campagnes étaient pour lui, mais les citadins s'étant déclarés pour son rival, il succomba. Il fut dans toute cette affaire trop confiant en son bon droit; il ne sut pas faire agir ses partisans, qui, très-nombreux dans le principe, finirent par être réduits à un tiers de la population.

Nous avons rendu un compte fidèle des actes politiques et militaires du général Voirol et de tout ce qui s'est passé sous lui dans la province d'Alger. Dans les deux livres suivants, nous parlerons des événements de Bougie et d'Oran, auxquels il resta à peu près étranger, et des actes de l'administration civile.

---

(1) M. le capitaine Gougeon, chef du service topographique.

LIVRE XIII.

Le général Desmichels à Oran.—Expédition contre les Garaba. — Combats sous les murs d'Oran. — Occupation du port d'Arzew. — Occupation de Mostaganem. — Expédition de Tafaraoui. — La commission d'Afrique à Oran. — Perfidie de Kadour à Arzew. — Expédition de Temezourar.—Correspondance du général Desmichels avec Abd-el-Kader. — Combat du 6 janvier.— Négociations pour la paix. — Traité de paix avec Abd-el-Kader.—Guerre d'Abd-el-Kader contre les Douair et les Zmela. — Turcs de Tlémecen.—Prétentions d'Abd-el-Kader sur les provinces d'Alger et de Titteri.—Événements de Bougie.

Le général Desmichels, successeur du général Boyer, arriva à Oran le 23 avril 1833, pendant que le général Avizard exerçait le commandement par intérim à Alger, c'est-à-dire dans des circonstances extrêmement favorables à la continuation du système d'indépendance qu'avait affecté son prédécesseur, et qu'il adopta. Au reste, ce fut seulement en cela qu'il imita le général Boyer, car, peu de jours après son arrivée, il prouva que son intention n'était point d'attendre dans Oran les attaques des Arabes. Ayant résolu d'aller les chercher jusque chez eux, il partit dans la nuit du 7 au 8 mai, avec près de 2,000 hommes de troupe et quatre obusiers de montagne; il se dirigea sur la tribu des Garaba, au sud-est d'Oran. Il arriva à la pointe du jour au milieu de quelques douars de cette tribu. Les Arabes, pris à l'improviste, n'opposèrent presque pas de résistance. On leur enleva une quantité assez considérable de bétail, quelques prisonniers, et quelques femmes qui furent conduites à Oran, et pour lesquelles on eut tous les égards convenables. Au moment où la colonne se préparait à exécuter son mouvement de retraite, elle fut assaillie par les guerriers des douars voisins, qui venaient au secours de leurs compatriotes. Elle ne fut pas un instant ébranlée, mais les Arabes la poursuivirent jusqu'à deux lieues d'Oran, où elle rentra avec ses prisonniers et le butin qu'elle avait fait. Le bétail servit à l'approvisionnement de la place, qui, depuis deux mois, manquait presque entièrement de viande fraîche.

Abd-el-Kader ayant appris l'excursion que venait de faire le général français, réunit le plus de monde qu'il put, et vint s'établir à trois lieues d'Oran, dans un lieu appelé le Figuier, ou depuis nous avons construit un camp retranché. Il était accompagné de son père Sidi-Mahiddin. Le général Desmichels fut à peine instruit de ce mouvement, qu'il résolut d'aller dans la nuit surprendre le camp des Africains. Il sortit donc de la place le 26 mai, avant le jour, pour exécuter son hardi projet, qui, selon toute apparence, aurait réussi; mais quelques personnes moins audacieuses, ou, si l'on veut, plus prudentes, l'en détournèrent. Comme il était tout nouveau dans le pays, il crut devoir se rendre aux conseils de ceux qui paraissaient connaître les Arabes mieux que lui, puisqu'ils les combattaient depuis plus longtemps. En conséquence, il abandonna une entreprise qui pouvait arrêter, dès l'origine, l'essor que commençait à prendre Abd-el-Kader, et se mit en position en avant de la place, sur la route du Figuier, comme pour présenter le combat au chef africain. Celui-ci se contenta d'envoyer, lorsque le jour fut venu, quelques éclaireurs avec lesquels les nôtres échangèrent quelques centaines de coups de fusil. La position qu'occupaient les troupes françaises est un rideau élevé, en avant du fort Saint-André, au sud-est de la ville. Elle domine la plaine, ce qui la rend fort importante et très-convenable pour tenir l'ennemi éloigné de la place. Le général Desmichels, après l'avoir bien étudiée, résolut d'y placer un blockhaus. On procéda sur-le-champ aux travaux préparatoires, et, lorsqu'ils furent terminés, il rentra à Oran avec ses troupes.

Le 27 au matin, il fit sortir de la place dix compagnies d'infanterie, un escadron de chasseurs et deux obusiers de montagne, pour protéger l'établissement du blockhaus que le génie se mit à élever tout aussitôt. Les tirailleurs arabes ne tardèrent pas à se présenter et à engager une vive fusillade avec cette troupe. Aux premiers coups de feu, le général Desmichels se rendit sur le terrain du combat, d'où il aperçut toute l'armée ennemie qui se dirigeait en deux colonnes vers la position que les Français occupaient; une d'elles cherchait même à la tourner et à se rapprocher de la ville. A cette vue, il adressa au général Sauzet, qui était resté à Oran, l'ordre de lui envoyer toutes les troupes qui ne seraient pas nécessaires à la défense du rempart, ce qui fut promptement exécuté. A peine ce renfort était-il arrivé, que l'attaque commença. Elle fut assez vive dans le principe, mais les charges impuissantes des Arabes furent facilement repoussées. Un de leurs détachements, qui commençait à tourner la droite de la ligne française, fut sabré par un escadron de chasseurs. La fusillade dura plusieurs heures, et ne coûta que trois morts et quarante blessés à la division française. L'ennemi eut beaucoup à souffrir du feu de notre artillerie. Abd-el-Kader, dans cette occasion comme dans toutes les autres, paya de sa personne, mais il dut céder à la supériorité des armes.

Pendant le combat, les travaux du blockhaus furent poussés avec activité. Il fut sur pied avant la nuit ; la division, après y avoir laissé un détachement de quarante hommes, rentra dans Oran. Les Arabes se retirèrent dans leur camp du Figuier. Pendant la nuit, ils envoyèrent reconnaître cet édifice improvisé, qu'ils avaient vu s'élever comme par enchantement, et dont ils ne s'expliquaient que confusément l'usage. Ceux qui furent chargés de cette mission s'approchèrent d'abord avec précaution des palissades qui défendaient les approches du blockhaus, et les examinèrent dans tous les sens. Enfin l'un d'eux, plus hardi que les autres, les escalada et vint regarder ce que contenait cette maison de bois, où tout était silencieux : car les soldats avaient reçu ordre de ne pas faire le moindre bruit, et d'attendre pour tirer qu'il y eût un certain nombre d'Arabes engagés entre les palissades et le blockhaus. En attendant le moment favorable, ils étaient tous accroupis contre les planches de l'édifice, de sorte que l'Arabe ne vit rien. Il se prit alors à rire et appela ses compagnons ; mais dans ce moment un soldat, plus impatient que les autres, lâcha son coup de fusil et le tua ; les trente-neuf autres coups partirent aussitôt, et mirent en fuite les Arabes, qui connurent alors l'usage d'un blockhaus.

Le 28 et le 29, une pluie très-forte suspendit toute opération militaire. Le 30, dans la nuit, les Arabes vinrent attaquer le blockhaus avec une petite pièce de canon qui ne put tirer qu'un seul coup. Cette attaque fut sans résultat. Le 31, Abd-el-Kader leva son camp du Figuier, et reprit la route de Mascara, convaincu de l'inutilité de ses entreprises sur Oran.

Malgré l'établissement du blockhaus dont nous venons de parler, qui prit le nom de blockhaus d'Orléans, et malgré l'issue favorable du combat du 27 mai, des partis d'Arabes continuèrent à rôder autour d'Oran, pour en éloigner ceux de leurs compatriotes qui auraient voulu y apporter des denrées, et pour tomber sur les hommes isolés. Un soldat ayant été tué par ces rôdeurs sur la route de Mers-el-Kebir, qui est sur le territoire de la tribu des Douair, le général Desmichels somma Mustapha-ben-Ismaël, chef de cette tribu, de livrer les coupables. Celui-ci n'ayant point répondu, le général sortit, le 11 juin, avec une partie de sa division, dans l'intention d'obtenir par la force ce qu'on paraissait disposé à lui refuser. Il alla bivouaquer à Bridia, qui est un lieu où se tient un marché à une journée à l'ouest d'Oran, dans la direction de Tlemcen. Il rentra le lendemain à Oran, n'ayant rencontré que quelques cavaliers avec lesquels on échangea de rares coups de fusils. Cette expédition fut sans résultat. Les assassins ne furent pas livrés, et les environs d'Oran ne devinrent pas plus sûrs que par le passé. Cependant le général Desmichels ne négligeait rien de ce qu'il croyait propre à le faire tout à la fois craindre et aimer des indigènes. Il en délivra plusieurs qui gémissaient, depuis le général Boyer, dans les prisons de Mers-el-Kebir, et il renvoya aux Garaba les femmes qui leur avaient été prises dans l'expédition du 7 mai. Voulant ensuite donner aux Arabes une haute opinion de sa puissance et de son activité, il résolut d'étendre le cercle de l'occupation française dans la province d'Oran, en établissant des garnisons à Arzew et à Mostaganem.

Arzew, l'ancienne Arsenaria, est une ville qui, déjà à cette époque, comptait plus d'édifices en ruines que de maisons habitables. Elle servait cependant de demeure à une tribu kbaïle du Maroc, qui était venue s'y établir sous la protection du Gouvernement turc, à une époque que je ne saurais préciser. Cette petite colonie était administrée, lorsque nous nous emparâmes d'Oran, par un cadi, nommé Bethouna, qui, comme nous l'avons vu dans un des livres précédents, ne tarda pas à se mettre en relations amicales avec le Français. Lorsque l'on forma, à Oran, le 2e régiment de chasseurs d'Afrique, il fournit plusieurs chevaux que l'on venait prendre au port d'Arzew, distant de la ville d'une lieue et demie environ. Cette conduite ne pouvait plaire à Abd-el-Kader, qui, après avoir inutilement sommé Bethouna de rompre tout commerce avec les Français, finit par le faire enlever d'Arzew et conduire à Mascara, où il fut étranglé après une captivité de plusieurs mois. Ce fut dans ces circonstances que le général Desmichels se détermina à occuper non Arzew, mais son port qui est assez bon. Le 3 juillet, il fit partir, dans la soirée, les troupes d'Oran, sous le commandement du général Sauzet. Elles arrivèrent à leur destination le lendemain, et prirent possession d'un petit fort qui défend le mouillage et qui était depuis longtemps abandonné, ainsi que d'anciens magasins dont on fit des casernes. Ce fort et ces magasins étaient alors les seules constructions qui existassent sur ce point, que les Arabes appellent la Mersa, mais que nous avons pris l'habitude de désigner sous le nom d'Arzew, comme la ville dont il dépend. Le général Desmichels s'y rendit par mer de sa personne, et y arriva à peu près en même temps que les troupes que conduisait le général Sauzet. Il était accompagné de l'oncle de Bethouna, qui s'était rendu près de lui, dans la crainte de tomber, comme son neveu, entre les mains d'Abd-el-Kader.

Pendant que les troupes françaises s'établissaient à la Mersa, celles d'Abd-el-Kader s'emparaient de la ville d'Arzew, et obligeaient les habitants de l'évacuer. Cela fait, elles vinrent se présenter devant nos avant-postes. Le 6 juillet, le général Desmichels envoya contre elles un bataillon d'infanterie et deux escadrons de chasseurs qui les repoussèrent et les poursuivirent jusqu'au delà d'Arzew, où nous ne fîmes rien pour ramener la population. Cette malheureuse ville resta déserte. Bethouna l'avait entourée d'un petit mur de défense qui ne put la soustraire au sort qui lui était réservé. Cependant elle aurait peut-être bravé les attaques des Arabes, si la dissension ne s'était pas mise parmi les habitants, dont plusieurs repoussaient toute alliance avec les Français. Ceux qui étaient plus particulièrement attachés à la famille et au parti de Bethouna vinrent chercher un asile auprès de nous ; ils étaient en assez petit nombre. Ils s'établirent les uns à Oran et les autres à Mostaganem ; mais l'immense majorité des anciens habitants d'Arzew se mêla aux tribus arabes de la plaine de Ceïrat.

La division française resta à la Mersa, que nous appellerons désormais Arzew, jusqu'au 15 juillet. Ce point fut mis en état de défense : un détachement de 500 hommes y fut laissé, et le reste des troupes rentra à Oran.

Cependant Abd-el-Kader, loin de se laisser décourager par le mauvais succès de sa dernière entreprise sur Oran, travaillait avec une nouvelle ardeur à centraliser les forces des Arabes. Son pouvoir n'était encore reconnu que dans un rayon de quinze lieues autour de Mascara; il résolut de l'étendre jusqu'aux extrémités de la province. A cet effet, après s'être assuré de la coopération des Beni-Amer, il marcha sur Tlemecen. Cette ville était divisée en deux partis; les Turcs et les Koulouglis occupaient la citadelle appelée le Mechouar, ainsi que les quartiers qui en dépendent; les Maures ou Hadar étaient maîtres du reste de la cité. Les premiers avaient à leur tête un Turc nommé Boursali; les seconds reconnaissaient l'autorité d'un certain Ben-Nouna, homme riche, éclairé et très-recommandable. Ces deux partis étaient en état de guerre permanent; mais comme, de part et d'autre, on avait intérêt à se ménager, les actes d'hostilité étaient peu sérieux. Cet état de choses favorisant les prétentions d'Abd-el-Kader, il se présenta avec quelques troupes devant Tlemecen, dans le courant de juillet, et somma Ben-Nouna de le reconnaître pour souverain. Celui-ci voulut résister : il en résulta un petit combat dans lequel il fut vaincu. Les Turcs et les Koulouglis déterminèrent sa défaite en l'attaquant par derrière, pendant qu'il était aux prises avec Abd-el-Kader; elle fut si complète, que, craignant d'être livré à son ennemi, il se retira dans un marabout situé à quelque distance de Tlemecen, lequel était un asile inviolable. Il en sortit secrètement la nuit suivante, et s'enfuit à Maroc, auprès de l'empereur Abderrahman, avec qui il était depuis longtemps en relations. Maître de Tlemecen, Abd-el-Kader traita les habitants avec douceur. Il ne tarda pas à gagner leur amour et leur confiance. Il leur donna pour kaïd un des leurs, nommé Sidi-Hamadi, qui, sans avoir l'influence ni le mérite de Ben-Nouna, était cependant un homme assez distingué. La conduite qu'avaient tenue les gens du Méchouar pendant le combat qui avait eu lieu sous les murs de Tlemecen avait dû lui faire espérer qu'eux aussi reconnaîtraient son autorité ; mais il n'en fut rien : tout en promettant de vivre en paix avec lui, ils refusèrent de lui ouvrir les portes de la citadelle. Comme il n'avait point d'artillerie pour les y contraindre, il dut se contenter de leurs assurances de paix, et, évitant d'engager une lutte inutile, il reprit le chemin de Mascara.

Il apprit en route la mort de son père, Sidi-Mahiddin ; il en fut profondément affecté : car, outre la tendresse qu'il avait pour lui, il ne se dissimulait pas que c'était au respect que les Arabes portaient à ce vieillard qu'il devait en partie sa puissance. En Afrique comme en Europe, il est rare que le vulgaire n'attribue pas à un crime la mort d'un personnage politique un peu marquant. Aussi le bruit courut que Mahiddin avait été empoisonné par un émissaire de Ben-Nouna. On disait que l'ancien kaïd de Tlemecen avait espéré anéantir la puissance d'Abd-el-Kader, en frappant celui sans les conseils duquel on ne le croyait pas encore capable de gouverner. Si le fait est vrai, ce que rien ne prouve, Ben-Nouna fit un faux calcul, car Abd-el-Kader, quoique privé de celui qui avait guidé ses premiers pas, se montra en tout digne du poste où la fortune l'avait appelé.

Pendant que l'Émir était à Tlemecen, le général Desmichels marchait sur Mostaganem. Cette ville était occupée depuis 1830 par quelques centaines de Turcs à notre solde. Ils avaient à leur tête le kaïd Ibrahim dont nous avons déjà parlé. Ce personnage avait soutenu plusieurs combats contre les tribus des environs de Mostaganem, qui étaient venues l'attaquer à plusieurs reprises ; mais, depuis quelque temps, il vivait en paix avec elles. Ses ennemis en prirent prétexte pour l'accuser de vendre aux Arabes la poudre qu'il recevait d'Oran, ce qui n'a jamais été prouvé, mais ce qui fit beaucoup d'impression sur le général Desmichels. Dès lors, Ibrahim fut considéré par lui comme un homme suspect et dangereux, dans lequel il était impossible d'avoir confiance, et qui ne serait point éloigné de livrer à Abd-el-Kader la place dont il avait le commandement. Il avait prêté le flanc à ces soupçons, en refusant de recevoir à Mostaganem des officiers français qu'on avait voulu lui envoyer, à diverses époques, pour examiner l'état de la place. Il avait donné pour raison de son refus qu'il ne pouvait répondre de leur sûreté; mais le général Desmichels put nécessairement en conclure qu'il était, ou de mauvaise foi, ou sans autorité réelle à Mostaganem. Dans l'une et l'autre hypothèse, la ville pouvait tomber entre les mains d'Abd-el-Kader d'un moment à l'autre. En conséquence, il prit la résolution de la faire occuper par une garnison française.

Le 25 juillet, la frégate la Victoire et six bâtiments du commerce nolisés pour cette expédition partirent de Mers-el-Kebir, portant 1,400 hommes d'infanterie et deux obusiers de montagne. Le mauvais état de la mer força cette flottille de relâcher à Arzew ; elle y resta trois jours pleins, et reprit, le 27, le chemin de Mostaganem. Mais les vents s'étant déclarés contraires, le général Desmichels se détermina à débarquer au Port-aux-Poules, à l'embouchure de l'Habra. Le débarquement s'opéra sans difficulté. A cinq heures du soir, le petit corps d'expédition se dirigea sur Mostaganem. Il arriva dans la nuit à la fontaine de Sdidia, où il attendit le jour ; au matin, il se remit en route. Quelques Arabes se présentèrent sur le flanc droit de la colonne, mais leurs attaques furent peu vives, et ne ralentirent pas la marche un seul instant. A la nouvelle de l'arrivée des Français, la petite ville de Misigran ou Mazagran, située à une lieue en avant de Mostaganem, avait été abandonnée par ses habitants.

Cependant le kaïd Ibrahim n'était pas sans inquiétude ; il savait qu'il avait été desservi auprès du général Desmichels, et, comme son arrivée ne lui avait pas été officiellement annoncée, il devait craindre qu'on ne lui réservât un mauvais parti. Néanmoins, fidèle aux engagements qu'il avait pris envers la France, il ne songea pas un instant à résister ; après avoir envoyé un de ses officiers au général français, pour l'assurer de sa soumission, il se rendit lui-même auprès de sa personne, et entra à sa suite à Mostaganem, où les Français arrivèrent le 28 juillet. Le commandant du fort de l'Est, moins bien disposé que lui, paraissait vouloir se mettre en état de défense, mais il lui envoya l'ordre formel d'ouvrir ses portes. Ainsi tombèrent les soupçons qui avaient plané un instant sur le kaïd Ibrahim. On sut qu'Abd-el-Kader lui avait fait des offres très-avantageuses, et qu'il les avait repoussées avec indignation. Au reste, la meilleure preuve qu'il ait pu donner de sa fidélité est la manière dont il se conduisit dans la circonstance qui nous occupe. Maître d'une ville fermée, armée de plusieurs pièces de canon de gros calibre, et n'ayant affaire qu'à 1,400 hommes sans artillerie de siége, il ne tenait qu'à lui de mettre le général Desmichels dans une position extrêmement critique. Il n'avait qu'à fermer ses portes pour obliger les Français de se replier en toute hâte sur le Port-aux-Poules ou sur Arzew, où ils ne seraient pas arrivés sans avoir eu sur les bras tous les cavaliers de la plaine de Ceïrat, qui commençaient déjà à se réunir.

Le général Desmichels, après avoir pris possession des forts, établit ses troupes au bivouac en dehors de la ville. Les habitants furent prévenus qu'ils seraient protégés par l'autorité française, mais que, du reste, ils étaient libres, s'ils le désiraient, de quitter la ville avec leurs richesses mobilières. Presque tous préférèrent ce dernier parti, et, dans peu de jours, Mostaganem fut presque entièrement dépeuplée. Le peu d'indigènes qui y restèrent durent se concentrer dans la ville proprement dite: Le quartier de Matamore, qui est dans une position dominante, fut exclusivement réservé à la garnison.

Dès le lendemain de l'arrivée des Français à Mostaganem, les Arabes vinrent les y inquiéter. Leurs attaques furent assez languissantes le 29 et le 30; mais, le 31, elles devinrent sérieuses sur la droite du camp. Il y eut ce jour-là un engagement assez vif dans lequel l'ennemi perdit une cinquantaine d'hommes. Le 2 août, Abd-el-Kader, qui était de retour de son expédition de Tlémecen, se présenta en personne sous les murs de Mostaganem avec des renforts considérables. Le général Desmichels crut alors qu'il était prudent de lever le camp et de renfermer ses troupes dans Matamore et dans les forts. La garde de Mostaganem fut confiée aux Turcs. Quant au général, il s'embarqua sur la frégate la Victoire, qui était mouillée auprès de Mostaganem, et retourna à Oran avec l'intention de profiter de l'éloignement d'Abd-el-Kader pour opérer une diversion dans le centre de la province. Il laissa le commandement de Mostaganem au lieutenant-colonel Dubarail, qui avait été mis depuis peu à sa disposition; mais bientôt après il envoya sur ce point, en qualité de commandant supérieur, le colonel Fitz-James. Il emmena à Oran le kaïd Ibrahim et une partie de ses Turcs : cet officier rentra dans la vie privée, d'où il ne sortit que sous l'administration du comte d'Erlon. Ainsi s'effectua l'occupation de Mostaganem par les troupes françaises. Le général Desmichels l'opéra, non-seulement sans en avoir prévenu le général Voirol, à qui il daignait à peine faire connaître les faits accomplis, mais même sans y avoir été autorisé par le ministre de la guerre. Ce général savait beaucoup prendre sur lui. C'est une faculté précieuse dans un commandement éloigné, et dont il fit un bon usage dans cette circonstance, car les événements ont prouvé l'immense utilité de l'occupation de Mostaganem.

Le lendemain de sa rentrée à Oran, le 5 août, le général Desmichels fit partir de cette ville, dans la soirée, douze à treize cents hommes d'infanterie et de cavalerie pour aller attaquer les Zemela, leur faire le plus de mal possible, et obliger les tribus, dont les guerriers avaient suivi Abd-el-Kader à Mostaganem, de les rappeler par la crainte d'un sort semblable. Le commandement de ce petit corps fut confié au colonel de L'Etang, du 2ᵉ régiment de chasseurs d'Afrique. Cet officier supérieur arriva, le 6 au point du jour, auprès de plusieurs douars des Zemela, non loin d'une montagne appelée Tarfaoui, qui est un des pics les plus élevés du pays. Il mit en position son infanterie et deux pièces de montagne qu'il avait avec lui, et se porta ensuite sur les douars avec la cavalerie, divisée en trois corps, et les Turcs à notre solde. Les Arabes, surpris comme dans l'affaire du 7 mai, se laissèrent enlever une grande quantité de bétail et plusieurs femmes et enfants que les chasseurs poussèrent devant eux, après que les habitations eurent été pillées. À peine le mouvement de retraite eut-il commencé, que les Arabes, qui avaient abandonné leurs douars, se rallièrent et se mirent à tirer sur nos cavaliers ; ceux-ci se replièrent sur l'infanterie, au petit pas, en ripostant à leurs adversaires. Toute la colonne reprit ensuite la route d'Oran, harcelée par les Arabes dont le nombre augmentait de minute en minute. Le soleil était depuis longtemps sur l'horizon, et la chaleur de la saison, augmentée par le terrible vent du sud qui se mit à souffler, devint bientôt insupportable. L'infanterie déjà écrasée de fatigue, que l'on avait eu l'imprévoyance de faire partir sans vivres et qui ne trouvait pas une goutte d'eau à boire, avançait lentement. Sa marche était en outre retardée par les blessés qu'il fallait transporter à bras, tout autre moyen manquant. Les Arabes, de leur côté, faisaient leur possible pour empêcher la colonne d'avancer, afin de donner le temps aux guerriers des douars éloignés de se réunir. Plusieurs d'entre eux se jetèrent en avant de la direction qu'elle suivait, et mirent le feu aux herbes et aux broussailles qui couvraient le sol jusqu'à une grande distance ; il en résulta un immense incendie qui vint encore augmenter la chaleur accablante de l'atmosphère. Les flammes, après avoir dévoré rapidement la légere pâture qui leur était offerte, s'éteignirent bientôt d'elles-mêmes ; mais nos soldats furent obligés de marcher longtemps sur une cendre chaude d'où s'exhalaient des vapeurs suffocantes. Alors le découragement s'empara de l'infanterie. On vit des hommes jeter leurs armes et refuser de marcher malgré les prières de leurs chefs ; ils se couchaient et achetaient un instant de repos au prix de leur vie, que le yataghan des Arabes ne tardait pas à leur ôter. Ceux à qui il restait assez de force pour marcher n'en avaient point assez pour combattre. La cavalerie eut donc à soutenir, à peu près seule, les attaques des Arabes ; elle le fit avec une bravoure et un dévouement dignes des plus grands éloges. Enfin la colonne, après bien des fatigues, arriva à la fontaine du Figuier ; mais un nouveau danger l'y attendait ; car les fantassins, après s'être disputé une eau malsaine et croupissante, s'entassèrent sous les quelques arbres qui se trouvent en cet endroit, et il fut impossible de les faire marcher. Dans ce moment critique, le colonel de L'Etang, dont le courage grandissait avec le danger, déclara à ses officiers qu'il fallait se préparer à périr avec l'infanterie ou à la sauver. Tous applaudirent à cette noble détermination. Aussitôt les chasseurs entourent cet amas d'hommes à demi morts qui gisaient sous les figuiers, et se disposent à soutenir de pied ferme les charges de l'ennemi. Les Arabes, intimidés par leur contenance, n'osèrent heureusement en pousser aucune à fond. Beaucoup d'entre eux venaient de très-loin à une allure très-vive, de sorte que leurs chevaux pouvaient à peine se traîner ; ensuite, ils se laissèrent imposer par les deux obusiers de montagne, qui leur firent assez de mal. Cependant M. Desforges, officier d'ordonnance du général Desmichels, qui avait suivi le colonel de L'Etang, s'était dévoué au salut commun pour aller instruire son général du triste état des choses. La fortune secondant son courage, il parvint à Oran sans accident. Aussitôt le général Desmichels partit avec des renforts considérables, des rafraîchissements et des moyens de transports. Les Arabes se dispersèrent à son approche, et la colonne de M. de L'Etang, après avoir bu et mangé, put regagner Oran où, malgré ce qu'elle avait souffert, elle eut encore le bonheur de ramener son butin et ses prisonniers.

Après le départ du général Desmichels, Abd-el-Kader poussa avec vigueur ce qu'on peut appeler le siége de Mostaganem. Il établit le gros de ses troupes dans le faubourg ruiné de Tistid, et dirigea le 3 ses attaques sur les postes extérieurs. Un marabout situé au bord de la mer, et défendu par une compagnie du 66ᵉ de ligne, fut le but principal de ses efforts. Son dessein était sans doute de couper les communications entre la place et la mer, mais il ne put en venir à bout. Les troupes qu'il envoya sur ce point, repoussées par la compagnie du 66ᵉ, furent chargées par trois autres compagnies qui sortirent de la place, et leur firent éprouver des pertes considérables. Le 5, ce marabout fut de nouveau attaqué. Un brick français, qui était ce jour-là au mouillage, écrasa les Arabes de son feu, et les força à la retraite. Ils rentrèrent dans leur position de Tistid, d'où ils ressortirent bientôt pour attaquer le corps même de la place. Ils le firent avec une intrépidité peu commune. Comme ils étaient sans artillerie pour battre les murs, ils cherchèrent à les saper, dans un endroit où la courtine n'était point flanquée, et où, par conséquent, ils étaient à l'abri du feu de la place, une fois parvenus au pied du rempart. Leur audacieuse entreprise aurait peut-être réussi, si le lieutenant Géraudon et quelques grenadiers ne s'étaient pas mis à califourchon sur le mur pour faire feu sur les assaillants, qui ne se retirèrent qu'après avoir perdu beaucoup de monde. Le 7, les attaques furent plus molles. Le 8, l'état de la mer ayant forcé le brick qui était au mouillage de prendre le large, le marabout fut de nouveau attaqué, mais sans succès. Le 9, les Arabes s'éloignèrent de la place et en levèrent le siége, Abd-el-Kader retourna à Mascara, et les guerriers de chaque tribu rentrèrent dans leurs douars respectifs, craignant une attaque inopinée, comme celle qui avait eu lieu contre les Zmela.

Ces derniers, désirant revoir leurs femmes et leurs troupeaux, qui leur avaient été enlevés dans la journée du 6 août, ne tardèrent pas à demander la paix. Ils envoyèrent quelques-uns des leurs au général Desmichels, qui consentit à les écouter. Après quelques pourparlers, il fut convenu que les Zmela renonceraient à l'obéissance envers Abd-el-Kader, et qu'ils viendraient s'établir sous la protection de la France, dans la belle vallée de Miserghin, à trois lieues d'Oran. Ils livrèrent des ôtages pour garantie de leur bonne foi. A ces conditions, les prisonniers furent rendus, ainsi que les troupeaux.

Vers la fin de septembre, la commission d'Afrique arriva à Oran. Le 1er octobre, elle alla visiter la vallée de Miserghin, escortée par une partie de la division. Un parti assez considérable d'Arabes vint attaquer la colonne française, mais il fut repoussé après un engagement assez vif, où nous eûmes quelques morts et une trentaine de blessés. Le vieux général Bonnet ne chercha pas, comme à Bouffarick, à s'emparer du commandement ; il se contenta de donner personnellement des preuves de cette brillante valeur qui l'avait rendu si célèbre dans sa jeunesse. Le 2 octobre, la commission alla visiter la position du Figuier. Les Arabes se présentèrent en petit nombre, et il n'y eut que quelques coups de fusil tirés.

Cependant les tribus, qui depuis longtemps n'avaient plus de débouchés pour leurs denrées, commençaient à souffrir de cet état de choses et à être lasses de la guerre. Les Medjar se mirent à fréquenter le marché de Mostaganem, les Bordjia approvisionnaient Arzew, les Zmela et même les Douair venaient assez publiquement à Oran. Abd-el-Kader lui-même n'était pas éloigné de la paix ; mais, comme il voulait en avoir l'initiative, il prit des mesures sévères pour faire cesser ces relations partielles contraires à l'unité gouvernementale qu'il voulait établir chez les Arabes. Les tribus cédèrent à son ascendant; les Zmela eux-mêmes ne purent remplir les engagements qu'ils avaient pris avec nous. Parmi les Arabes que le désir du lucre avait attirés sur nos marchés, était un certain Kadour, un des cheikhs des Bordjia. Cet homme, sachant qu'Abd-el-Kader le considérait comme un des principaux instigateurs de la réaction commerciale qui tendait à s'opérer, résolut de désarmer sa colère en lui offrant quelques têtes de chrétiens. A cet effet, il se présenta à Arzew, où il était connu, avec quelques denrées; après les avoir vendues, il affecta de craindre de tomber entre les mains de quelques cavaliers d'Abd-el-Kader, qu'il disait rôder dans le voisinage, et il demanda qu'on voulût bien lui donner une escorte pour l'accompagner jusqu'à un endroit peu éloigné qu'il désigna. Le commandant d'Arzew, obtempérant à sa demande, lui donna quatre chasseurs commandés par un maréchal des logis; mais à moins d'un quart de lieu d'Arzew, ces malheureux tombèrent dans une embuscade dressée, dit-on, par Kadour lui-même. Un d'eux périt, et les quatre autres furent conduits prisonniers à Mascara. Le général Desmichels écrivit à Abd-el-Kader pour les réclamer, disant qu'ils avaient été pris contre le droit des gens.

L'Émir répondit que ses cavaliers les avaient pris en

bonne guerre, escortant des Arabes qui, contre sa défense, s'étaient rendus sur nos marchés ; que s'ils s'étaient laissé tromper par quelques misérables qu'il désavouait, cela ne le regardait nullement, et ne changeait rien à la question ; que, du reste, il les rendrait moyennant 1,000 fusils par prisonnier. Cette proposition ne pouvant être acceptée, il ne fut pas donné suite, pour le moment, à cette affaire.

L'Émir, dans sa lettre au général Desmichels, lui reprochait de n'avoir fait encore que des surprises, et lui jetait le défi de venir le combattre loin d'Oran. Un mois après la réception de cette lettre, le général apprit qu'Abd-el-Kader, qui revenait d'une course du côté de Tlémecen, était campé dans la plaine de Meléta, sur le territoire des Zmela, en un lieu appelé Temezourar. A cette nouvelle, il partit avec presque toutes ses troupes à six heures du soir, le 2 décembre, et se dirigea sur ce point, où il arriva avant le jour ; mais au lieu d'attaquer le camp d'Abd-el-Kader, on tomba sur quelques douars, où beaucoup d'Arabes furent égorgés, et où l'on prit une cinquantaine de femmes et d'enfants. La division commença ensuite son mouvement de retraite, et alla faire halte à une certaine distance, sans être trop inquiétée par les Arabes, qui n'étaient encore qu'en petit nombre ; mais bientôt tout le camp d'Abd-el-Kader fut sur pied, et lorsque la colonne se remit en marche, elle se trouva entourée d'une nuée de cavaliers. Le général Desmichels, avant de reprendre son mouvement rétrograde, renvoya à l'ennemi les femmes et les enfants qui étaient tombés entre les mains de nos soldats. Je ne sais si les Arabes virent en cela un aveu de notre faiblesse, mais leurs attaques en devinrent plus acharnées. La division d'Oran sortait pour la première fois avec de l'artillerie de campagne ; jusque-là elle n'avait eu que des pièces de montagne. Cette artillerie, bien dirigée, fit un mal affreux à l'ennemi, qui, malgré les pertes énormes qu'il faisait à chaque instant, poursuivit cependant la colonne française jusqu'à la nuit. Les deux partis s'attribuèrent le succès de cette journée : les Français parce qu'ils avaient résisté avec avantage aux attaques des Arabes, les Arabes parce qu'ils avaient vu les Français continuellement en retraite devant eux. Ce qu'il y eut de singulier dans cette affaire, c'est que les ôtages des Zmela, qui étaient avec nous, se battirent dans nos rangs contre leurs compatriotes. Le kaïd Ibrahim suivit l'expédition en volontaire et se conduisit bravement.

Il ne se passa plus rien de remarquable à Oran jusqu'au 6 janvier 1834. Ce jour-là, un parti assez considérable d'Arabes s'étant présenté en vue de la place, deux escadrons de chasseurs, commandés par le commandant de Thorigny, montèrent à cheval et allèrent le reconnaître. Cet officier supérieur, emporté par son courage, s'avança trop loin, et eut bientôt sur les bras une nuée d'ennemis avec lesquels il lutta quelque temps avec avantage ; mais le colonel Oudinot (1), qui arriva sur ces entrefaites, suivi des trois autres escadrons de son régiment, crut devoir ordonner la retraite. Elle se fit avec si peu d'ordre et tant de précipitation, que les escadrons de M. de Thorigny perdirent dix-sept hommes, dont un officier. L'ennemi ne s'arrêta qu'à la vue d'un fort détache-

---

(1) Il avait remplacé depuis peu le colonel de L'Étang rappelé en France.

ment d'infanterie qui marchait à sa rencontre. Il eut le temps d'emporter les têtes coupées aux hommes tués, conformément à un usage barbare que nous avons le tort d'imiter trop souvent. Cette affaire malheureuse fut la dernière. Le général Desmichels, voyant les résultats équivoques des expéditions, même les plus heureuses sous le point de vue militaire, désirait la paix. La disette commençait à se faire sentir à Oran, où rien n'arrivait plus par terre, et, comme les mesures habiles prises par Abd-el-Kader rendaient impossible tout arrangement partiel (1), il résolut de faire des ouvertures à l'Émir lui-même, afin d'arriver à une pacification générale. M. Busnac, fils du négociant israélite dont il est fait mention au Ier livre de cet ouvrage, qui était fort avant dans sa confiance et qui connaissait parfaitement les affaires du pays, le confirma dans cette détermination; mais il était assez difficile d'entamer celle-ci, sans augmenter chez Abd-el-Kader le sentiment de sa puissance, et faire naitre en lui des prétentions exagérées. Pour parer autant que possible à cet inconvénient, le général Desmichels écrivit de nouveau à Abd-el-Kader au sujet des prisonniers faits à Arzew. Après lui avoir parlé de l'affaire qui, par la forme, paraissait être la principale, il lui disait à la fin de la lettre que, s'ils pouvaient se voir tous deux quelques instants, ils parviendraient peut-être à s'entendre et à arrêter l'effusion du sang. En même temps, un juif d'Oran, nommé Amar Mardochée, écrivait à Ben-Harach, un des princi-

---

(1) Le général Desmichels avait essayé de traiter avec Mustapha-ben-Ismaël, chef des Douair, et avec son neveu El-Mzari, mais ces négociations ne purent avoir de suite.

paux officiers d'Abd-el-Kader, que les Français étaient dans les meilleures dispositions à l'égard de l'Émir, et que celui-ci ne pouvait rien faire de plus avantageux à sa puissance que de traiter avec eux. Abd-el-Kader, malgré tous ces détours, vit bien qu'on lui demandait la paix, et qu'il allait être maître du terrain des négociations; il répondit au général français que sa religion, qui lui défendait de demander la paix aux chrétiens, ne lui interdisait pas de l'accorder, et qu'en conséquence il consentait à recevoir ses propositions. Il éluda l'offre d'une entrevue qui lui avait été faite par le général Desmichels, mais il envoya sous les murs d'Oran Miloud-ben-Harach et un autre de ses officiers, pour que le général leur fît connaître, par l'intermédiaire d'Amar, sur quelles bases il voulait traiter. Cette démarche charma le général Desmichels, car elle paraissait rétablir l'égalité entre lui et l'Émir. En effet, si d'un côté il avait fait les premières ouvertures, de l'autre on pouvait dire qu'Abd-el-Kader était allé au devant de ses propositions. Comme c'était ici une affaire de la plus haute importance, il réunit auprès de lui les principaux fonctionnaires d'Oran, pour leur soumettre la question. Il fut convenu, dans cette assemblée, que l'on ne pouvait traiter que sur les trois bases suivantes : 1° soumission des Arabes à la France sans restriction; 2° liberté de commerce pleine et entière; 3° remise immédiate des prisonniers. Ces bases furent communiquées aux envoyés de l'Émir, qui les transmirent à leur maître. Celui-ci demanda que les propositions du général français fussent plus explicitement formulées, et renvoya Ben-Harach avec mission de lui rapporter le projet de traité. Le général le rédigea donc, et le remit à Ben-Harach, avec qui il fit partir M. Busnac et le commandant Abdalla d'Asbonne, Chrétien de Syrie, au service de la France depuis l'expédition d'Egypte. Abd-el-Kader était alors sur l'Habra. Il reçut fort bien les envoyés du général français, lut avec attention les conditions qui lui étaient offertes, donna ses instructions à Ben-Harach, et le fit repartir pour Oran avec des pleins pouvoirs pour conclure. Voulant donner au général Desmichels un gage anticipé d'amitié, et peut-être l'éblouir par un acte apparent de générosité, il lui renvoya en même temps les prisonniers d'Arzew. Ben-Harach, après plusieurs jours de discussion, tantôt avec le général Desmichels seul, tantôt en présence du conseil, convint, le 26 février, des dispositions suivantes, qui furent approuvées des deux partis, et qui constituèrent le traité de paix dont voici le texte :

TRAITÉ DE PAIX.

Conditions des Arabes pour la paix.

1° Les Arabes auront la liberté de vendre et acheter de la poudre, des armes, du soufre, enfin tout ce qui concerne la guerre ;

2° Le commerce de la Mersa (1) sera sous le Gouvernement du prince des Croyants, comme par le passé, et pour toutes les affaires. Les cargaisons ne se feront pas autre part que dans ce port. Quant à Mostaganem et Oran, ils ne recevront que les marchandises nécessaires aux be-

---

(1) Arzew.

soins de leurs habitants, et personne ne pourra s'y opposer. Ceux qui désirent charger des marchandises devront se rendre à la Mersa ;

3° Le général nous rendra tous les déserteurs et les fera enchaîner. Il ne recevra pas non plus les criminels. Le général commandant à Alger n'aura pas de pouvoir sur les Musulmans qui viendront auprès de lui avec le consentement de leurs chefs ;

4° On ne pourra empêcher un Musulman de retourner chez lui quand il le voudra.

Ce sont là nos conditions qui sont revêtues du cachet du général commandant à Oran.

Conditions des Français.

1° A compter d'aujourd'hui, les hostilités cesseront entre les Français et les Arabes ;

2° La religion et les usages des Musulmans seront respectés ;

3° Les prisonniers français seront rendus ;

4° Les marchés seront libres ;

5° Tout déserteur français sera rendu par les Arabes ;

6° Tout chrétien qui voudra voyager par terre devra être muni d'une permission revêtue du cachet du consul d'Abd-el-Kader et de celui du général.

Sur ces conditions se trouve le cachet du prince des Croyants (1).

---

(1) Ce traité, tel qu'il est mis ici sous les yeux du lecteur, a été traduit sur l'original arabe.

Ce traité s'éloignait, comme on le voit, des bases qui avaient été arrêtées en conseil. Il était tout à l'avantage d'Abd-el-Kader. Par des circonstances que je ne cherche pas à expliquer, la deuxième partie fut seule communiquée au Gouvernement.

Le général Voirol, qui était resté étranger à toutes ces négociations, fut instruit de ce qui venait de se passer par les dépêches du général Desmichels, que des officiers d'Abd-el-Kader lui apportèrent par terre. Elles étaient accompagnées d'une lettre de l'Émir, qui paraît s'être rappelé, avant le commandant d'Oran, qu'il existait un général en chef à Alger.

Immédiatement après la conclusion de la paix, le général Desmichels envoya à Mascara, pour représenter les intérêts de la France, le commandant Abdalla d'Asbonne, qu'il fit accompagner de deux officiers d'état-major. L'Émir, de son côté, établit des oukils ou représentants à Oran, Mostaganem et Arzew. Celui qu'il envoya à Arzew fut Kaliffa-ben-Mahmoud. C'était un des hommes les plus influents de la tribu des Garaba. Le poste que lui confiait Abd-el-Kader était de la plus haute importance, puisque, aux termes du traité, le commerce d'Arzew allait appartenir exclusivement à l'Émir.

Cependant la nouvelle de la pacification de la province d'Oran se répandit rapidement dans toutes les parties de la Régence. La deuxième partie du traité, la seule dont le public européen connut alors l'existence, fit croire que le commerce serait libre; dans cette persuasion, quelques négociants d'Alger établirent un comptoir à Arzew: mais quelle ne fut pas leur surprise lorsqu'ils se virent soumis au monopole qu'Abd-el-Kader prétendait exercer dans cette place! L'Émir s'était constitué le seul négociant de

24.

ses Etats, à l'exemple du pacha d'Egypte. Il était interdit aux Arabes de traiter directement avec les Européens. Ils devaient vendre à l'oukil d'Abd-el-Kader à des prix fixés par lui-même, et celui-ci revendait ensuite aux marchands européens, qui perdaient ainsi tout l'avantage des marchés de première main. La marche générale du commerce était en outre entravée par ce manque de libre concurrence. Le représentant de la maison française établie à Arzew porta ses plaintes au général Desmichels, qui répondit que le commerce était libre en droit, que le traité l'avait stipulé, et que la réclamation qui lui était adressée provenait sans doute de quelque malentendu. Fort de cette déclaration, le négociant français traita avec un Arabe de la tribu d'Hamian pour plusieurs charges d'orge qui furent transportées à la porte de son magasin. Kaliffa, instruit du fait, se rendit sur les lieux, maltraita l'Arabe, et s'empara de l'orge qu'il paya d'après le tarif arrêté par Abd-el-Kader. Le Français réclama la protection de l'autorité locale, qui déclara que, d'après les ordres du général Desmichels, elle ne pouvait s'opposer en rien aux mesures commerciales que l'oukil de l'Émir jugeait convenable de prendre. Ce fait était très-grave; il fut signalé au général en chef. Vers le même temps, un rapport de M. Sol, sous-intendant civil d'Oran, parvenait à M. Gentil de Bussy. Le monopole exercé par les agents d'Ad-el-Kader à Arzew y était formellement dénoncé, et on l'attribuait à des concessions imprudentes faites secrètement à l'Émir par le général Desmichels. Il y était dit également, qu'au mépris de la législation existante dans la Régence sur les céréales, législation qui en prohibait l'exportation, Abd-el-Kader avait été autorisé à charger pour l'Espagne deux navires de grains dans le port d'Arzew. Le général Voirol ne pouvait évidemment tolérer de pareils actes. Il en écrivit, avec toute la réserve convenable, au général Desmichels, qui nia l'existence du monopole, et qui se retrancha derrière son ignorance de l'arrêté (1) prohibitif de l'exportation des céréales, pour ce qui concernait les deux navires. Il faut qu'il y ait eu dans cette affaire quelque chose d'inexplicable, car pendant toute la durée de son administration, M. le général Desmichels a nié l'existence du monopole, quoique ses dénégations vinssent continuellement se briser contre l'évidence des faits.

Pendant que ce général subissait les conséquences du peu de réflexion qu'il avait apporté à la rédaction de son traité avec Abd-el-Kader, le jeune émir était sur le point de voir s'écrouler l'édifice encore fragile de sa puissance.

Quoique adoré du peuple, dont il était en quelque sorte une émanation, il avait beaucoup d'envieux, comme en ont toujours le mérite et la vertu lorsque par hasard la fortune leur sourit. Dans la vallée du Chélif, Sidi-el-Aribi, chef de la tribu de ce nom, lui reprochait d'avoir traité avec les chrétiens, quoiqu'il n'eût pris lui-même qu'une part fort indirecte à une guerre dont tout le poids était tombé sur Abd-el-Kader. Mustapha-ben-Ismaël, chef des Douair, qui avait été agha sous la domination des Turcs, ne lui donnait pas sans dépit le titre de sultan que lui avait décerné la reconnaissance des peuples; Kadour-ben-el-Morfi, chef des Bordjia, accoutumé à une vie licencieuse et vagabonde, voyait avec peine l'ordre et la paix se consolider. Ces hommes à mauvaises passions n'at-

---

(1) Cet arrêté est du 15 juillet 1832.

tendaient qu'une occasion pour éclater. Elle ne tarda pas à se présenter. Après la paix, les Beni-Amer, la tribu la plus populeuse de la province, se refusèrent à payer l'achour, prétextant que la cessation de l'état de guerre rendait cet impôt inutile. L'Émir ordonna aussitôt aux Douair et aux Zemela de se tenir prêts à marcher contre eux au premier signal. Mais, en homme qui veut n'employer la force que là où la raison est impuissante, avant de combattre, il voulut chercher à persuader. Plusieurs cheikhs des Beni-Amer étaient alors à Mascara. Un jour qu'ils étaient réunis à la mosquée, il s'y rendit de son côté, et du haut de la chaire sacrée, qui était pour lui une tribune nationale, il prononça un discours sur l'obligation imposée à tous les citoyens de contribuer aux charges de l'État dans l'intérêt général. Son éloquence ne fut pas perdue ; les Beni-Amer promirent de payer l'achour, ce qu'ils firent en effet ; mais déjà les Douair et les Zemela, gens de rapine, habitués sous les Turcs à servir d'instruments au pouvoir par l'appât du pillage, avaient commencé les hostilités. Abd-el-Kader leur envoya l'ordre de les cesser, mais ils n'en tinrent aucun compte ; leur chef Mustapha, les voyant dans ces dispositions, leva le masque et les détermina à se mettre en pleine révolte contre l'Émir. Abd-el-Kader marcha contre eux ; mais, trop confiant dans ses forces, il se laissa surprendre par Mustapha dans la nuit du 12 avril, et fut mis en pleine déroute. Il fit personnellement des prodiges de valeur, et eût deux chevaux tués sous lui. Démonté et presque sans armes, il allait périr ou être pris, lorsque son cousin et beau-frère, Miloûd-ben-Sidi-Boutaleb, homme d'une force prodigieuse, l'arracha de la mêlée et le mit sur son cheval. Il rentra presque seul à Mascara, où son ennemi n'osa le poursuivre. Mustapha, étonné de sa victoire, chercha à négocier avec les Français et à obtenir leur alliance aux mêmes conditions qu'Abd-el-Kader. Ses offres furent repoussées. Le général Desmichels écrivit à l'Émir pour l'assurer de la continuation de son amitié et l'engager à ne pas se laisser abattre par ce premier revers. Il lui fit délivrer quatre cents fusils et une quantité assez considérable de poudre, dont Abd-el-Kader versa le prix à Oran. Déjà, à l'époque de la signature du traité de paix, il lui avait fait gratuitement un cadeau de cette nature.

Cependant, à la nouvelle de la défaite de l'Émir, Sidi-el-Aribi avait arboré l'étendard de la révolte ; Kadour-ben-el-Morfi en avait fait autant, et El-Gomari, chef de la tribu d'Angad, s'était uni à Mustapha, de sorte qu'Abd-el-Kader se trouva entouré d'ennemis. Le kaïd de Tlémecen, Sidi-Hamadi, négociait de son côté avec Mustapha, et cette ville importante était aussi sur le point de lui échapper. Tant de désastres ébranlèrent un instant son âme ; mais bientôt son énergie naturelle reprit le dessus. Les circonstances, excessivement graves, demandaient une prompte et vigoureuse détermination. Mustapha-ben-Ismaël, repoussé par le général Desmichels, songeait à s'adresser au général Voirol. Il était à craindre pour l'Émir que les offres de son rival, arrivant dans un moment où on était mécontent à Alger des concessions faites à Abd-el-Kader, ne fussent accueillies par le général en chef, et que celui-ci ne tournât les yeux sur Mustapha pour créer dans la province un pouvoir parallèle à celui du fils de Mahiddin. Le général Desmichels, par amour pour un état de choses qu'il avait créé, avait les mêmes appréhensions. En conséquence, il engagea fortement l'émir à se mettre en campagne, et alla établir lui-même son camp à Miserghin, pour imposer à Mustapha par cette démonstration.

Abd-el-Kader, après avoir réuni les tribus qui lui étaient restées fidèles, sortit donc de Mascara et vint camper sur les bords du Sig. On s'attendait à le voir fondre sur Mustapha ; mais tournant brusquement vers l'est, il alla attaquer les Bordjia qu'il défit complétement. Il s'empara du fort village d'El-Bordj, et força en peu de jours toute cette contrée à rentrer dans le devoir. Cela fait, il marcha contre Mustapha. Les deux rivaux se rencontrèrent le 12 juillet. Il suffit de l'avant-garde de l'Émir, commandée par l'agha Abib-Eoualem, pour mettre en pleine déroute les troupes de Mustapha, qui fut lui-même assez grièvement blessé. Vaincu, malade, et bientôt abandonné de presque tout son parti, Ben-Ismaël implora la clémence de son vainqueur, qui lui pardonna généreusement. Les effets de l'indulgence de l'Émir s'étendirent, sans distinction, à tous les rebelles, dont une partie s'étaient réfugiés sous les murs d'Oran, en invoquant la médiation de la France ; ils n'eurent à regretter que le sang qu'ils avaient perdu dans le combat; pas un seul acte de vengeance ne souilla le triomphe de l'Émir.

Immédiatement après sa victoire, Abd-el-Kader marcha sur Tlémecen. Il avait depuis quelques jours auprès de lui Ben-Nouna, avec qui l'empereur de Maroc l'avait réconcilié. Mécontent, à juste titre, de Sidi-Hamadi, il le destitua, et rendit à Ben-Nouna ses anciennes fonctions. Les habitants de Tlémecen reçurent l'Émir avec transports : mais les Turcs du Méchouar refusèrent, comme à l'époque de son premier voyage, de le laisser pénétrer dans la citadelle, et il eut encore la douleur et l'humiliation de ne pouvoir même chercher à les y contraindre. Cependant, comme il tenait beaucoup à soumettre des gens qui bravaient si insolemment son autorité, il demanda au général Desmichels deux obusiers pour foudroyer le Méchouar. Le commandant d'Oran ne crut pas devoir prendre sur lui de faire un tel présent. Il soumit néanmoins sa demande au ministre de la guerre, qui l'autorisa à fournir les deux obusiers, s'ils étaient demandés de nouveau ; mais avant que cette réponse fût parvenue à Oran, Abd-el-Kader s'était éloigné de Tlémecen. Les Douair et les Zemela, rentrés dans le devoir, furent traités avec autant de douceur que les autres tribus. Un de leurs chefs, El-Mezari, neveu de Mustapha, fut nommé agha. Quant à Moustapha lui-même, ne pouvant se résoudre à vivre sous la domination d'Abd-el-Kader, il se retira auprès des Turcs du Méchouar.

Le général Desmichels désirait vivement avoir une entrevue avec l'Émir, à son retour de Tlémecen. Il le lui exprima par une lettre, en termes très-flatteurs pour le jeune chef ; mais celui-ci ne crut pas devoir accéder à sa demande, prenant pour prétexte que des affaires très-pressantes exigeaient qu'il rentrât sans délai à Mascara. Le général revint dans la suite plusieurs fois à la charge, sans être plus heureux. Abd-el-Kader était loin de se méfier de son allié ; sa répugnance à se trouver avec lui tenait uniquement à des raisons d'étiquette. Se croyant souverain et en ayant le titre, il aurait voulu que le général français se maintînt à son égard dans une position d'infériorité. Or, il voyait bien qu'il ne pouvait élever cette prétention sans choquer celui-ci, ce qu'il voulait éviter. Il était donc de son intérêt de fuir une entrevue qui, d'après ses idées, l'aurait mis dans la nécessité de produire au grand jour des exigences qui auraient trop tôt décélé ses arrière-pensées (1).

Maître de toute la partie de la province d'Oran qui s'étend depuis le Chélif jusqu'à l'empire du Maroc, Abd-el-Kader ne mit plus de bornes à son ambition ; il conçut la pensée de soumettre à sa domination celle d'Alger et celle de Titteri. Voulant sonder les dispositions du général Voirol, il lui écrivit pour lui annoncer qu'ayant, avec l'aide de Dieu, vaincu tous ses ennemis et pacifié la partie occidentale de l'Algérie, il se porterait bientôt vers l'est pour rétablir l'ordre dans les tribus de cette contrée. Cette lettre fut transmise au général en chef par l'intermédiaire de Sidi-Ali-el-Kalati de Miliana. Cet homme, qui appartenait à une famille de marabouts fort ancienne, s'était emparé de toute l'autorité dans cette ville, où il en faisait usage dans l'intérêt d'Abd-el-Kader, à qui il était très-dévoué. Par un zèle mal entendu pour l'Émir, il écrivit de son côté au général Voirol, lui vantant outre mesure la puissance et les bonnes qualités d'Abd-el-Kader, et se faisant un mérite d'avoir, disait-il, désarmé sa colère, allumée par l'expédition qui avait été dirigée contre les Hadjoutes, expédition dont nous avons parlé dans le livre précédent. Il disait, à cette occasion, que, si les Hadjoutes s'étaient mal conduits à l'égard des Français d'Alger, lui, général Voirol, aurait dû, au lieu de se rendre justice lui-même, se plaindre à Abd-el-Kader,

---

(1) Cette explication des refus fait par Abd-el-Kader de s'aboucher avec le général Desmichels a été donnée par l'Émir lui-même à une personne de qui l'auteur tient ce détail.

dont les Hadjoutes étaient sujets. Le général Voirol répondit comme il le devait à cette lettre, aussi insolente que maladroite. Pour ce qui concerne Abd-el-Kader, il lui écrivit qu'il le félicitait d'avoir rétabli l'ordre dans les tribus dont le gouvernement lui était confié ; que, sans doute, en formant le projet de se rendre dans ce qu'il appelait les tribus de l'Est, il n'avait pas conçu celui de franchir le Chélif qui était la limite que lui, général en chef, jugeait convenable de lui assigner ; que, néanmoins, quelques personnes disaient ouvertement qu'il était dans l'intention d'aller plus loin, mais que, quant à lui, il le croyait trop sage pour entreprendre un voyage qui changerait nécessairement la nature de ses relations avec la France ; que, du reste, la province d'Alger était en paix depuis le dernier châtiment infligé aux Hadjoutes. Cette lettre, aussi ferme que modérée, arrêta pour un instant les prétentions d'Abd-el-Kader ; mais malheureusement son ambition, qui aurait eu besoin d'être sans cesse maintenue, fut excitée par ceux mêmes dont le devoir était de la tenir en bride.

Sidi-Ali-el-Kalati, extrêmement piqué de la manière dont il avait été traité par le général Voirol, voulait à toute force jouer un rôle dans les intrigues politiques du moment. Il se rendit à Mascara, où il fit comprendre à l'Émir de quel avantage il serait pour lui de brouiller les deux généraux, en excitant l'amour-propre de l'un à la propagation d'un système dont la raison de l'autre repoussait une application trop étendue. En conséquence, Sidi-Ali, qui, malgré la maladresse de sa lettre au général Voirol, était un homme insinuant et de beaucoup d'esprit, se mit à rechercher la société des officiers de la légation française à Mascara, et à leur faire une foule de prétendues confidence, tendant à leur persuader que le général Voirol était extrêmement jaloux de la paix que, le général Desmichels avait faite avec Abd-el-Kader; que, poussé par un sentiment haineux qu'il ne pouvait maîtriser, il cherchait par tous les moyens possibles à détruire l'œuvre diplomatique du commandant d'Oran. Lorsqu'il fut parvenu à tromper ainsi ces officiers, il écrivit au général Desmichels une longue lettre (1) dans laquelle

---

(1) Voici cette lettre : « Sidi-Ali-ben-el-Kalati, au général Desmichels.

« Louange à Dieu seul qui n'a point d'égal.

« A sa grandeur le général commandant les troupes françaises à Oran.

« Votre lettre est arrivée à votre envoyé Abdalla, cousul de Mascara. D'après les anciens usages admis entre souverains, il nous a donné connaissance de son contenu. Dieu seul vous récompensera du bien que vous nous dites. Nous avons vu par là votre sagesse et votre prudence. Vous êtes un homme de bons conseils et vous avez de saines et grandes idées. Votre conduite nous l'a prouvé. Vous êtes un homme d'honneur et vous avez agi avec désintéressement.

« Quand nous avons vu dans notre pays qu'il y avait des gens malintentionnés parmi diverses tribus, et que ces tribus se battaient entre elles, interceptant les communications avec Alger, pillant et dévastant les biens des personnes attachées aux Français; quand nous avons vu les combats avec le général d'Alger, combats qui ont été très-fréquents, depuis l'occupation (mais Dieu n'a pas favorisé la cause de ce général ; ses paroles et celles des Arabes ses partisans sont restées sans effet) ; quand nous avons vu tout cela, nous avons pris le parti de venir trouver Sidi-el-Hajji-Abd-el-Kader, et le prier de venir dans le pays, et par votre intermédiaire faire la paix entre nous et le général d'Alger, comme il a été fait pour cette province. Nous avons écrit plusieurs fois à l'Émir avant notre arrivée, en le priant de venir dans notre pays. Il a envoyé des lettres à tous les Kbaïles qui habitent les montagnes, et aux habitants des villes de

toutes ces calomnies étaient reproduites avec une telle surabondance de mensonges, de détails et de faits sup-

---

notre province, leur annonçant qu'il avait fait la paix avec tous les Français qui étaient en Afrique, en se conformant toutefois aux lois de la religion. Faites attention, disait-il, de ne pas intercepter les communications; ne pillez ni ne tuez aucun Français; rappelez-vous bien ces paroles que je vous répète dans toutes mes lettres. D'après ses ordres nous avons cessé de faire la guerre aux Français; nous n'avons plus pillé, les communications ont été libres. Nonobstant cela, le général d'Alger est sorti et a attaqué la tribu des Hadjoutes; alors tous les Kbaïles ont couru aux armes, ont marché contre lui et l'ont forcé de rentrer dans la ville d'Alger.

« Alors, nous chefs, nous nous sommes réunis, et après avoir délibéré entre nous, nous avons écrit à El-Hadji-Abd-el-Kader, pour lui faire connaître la conduite de ce général. L'Émir a écrit au général sans cependant lui faire de reproches sur sa sortie contre les Hadjoutes; mais en lui annonçant que son intention était d'aller visiter les tribus de ce côté, et qu'il observerait le traité religieusement, ajoutant de ne pas écouter les gens malintentionnés qui cherchaient à mettre la mésintelligence entre eux. La lettre de l'Émir contenait encore plusieurs autres paroles conciliantes. Le général d'Alger répondit; voici un résumé de sa lettre (*Suit un résumé à peu près fidèle de la lettre du général Voirol à Abd-el-Kader, mais auquel Sidi-Ali a ajouté cette phrase*). Le gouvernement de l'Afrique ne regarde que moi, le général Desmichels n'est rien, et n'est pas écouté du grand roi qui est à Paris). Tel est à peu près la lettre du général d'Alger. Moi, Sidi-Ali, serviteur de Dieu, j'ai écrit au général, et lui ai fait parvenir la lettre de l'Émir, voulant être intermédiaire entre eux deux. Voici sa réponse (*Suit la copie de la lettre du général Voirol à Sidi-Ali, dans laquelle celui-ci a intercalé beaucoup de phrases de dédain pour le général Desmichels*). Tel est la réponse à ma lettre à moi Sidi-Ali. A présent, Sidi-Ali a adressé les choses suivantes au général Desmichels; et vous qui êtes sage et éloquent, comprenez ce que je vous écris et commentez mes paroles mot à mot.

posés, qu'on a de la peine à concevoir comment le général Desmichels put en être la dupe. Il la fut cependant

---

« Je puis vous dire que le général d'Alger est jaloux de vous, parce que c'est vous qui avez conclu la paix, et ce qui le prouve, c'est qu'il veut écrire au roi des Français, pour lui demander l'autorisation de traiter avec l'Émir. Il veut faire comme vous, ou plutôt défaire ce que vous avez fait; mais il est impossible qu'il réussisse, car votre conduite est connue de l'orient à l'occident; si El-Hadji-Abd-el-Kader n'avait pas envoyé trois ou quatre lettres aux Arabes par mon intermédiaire, ceux-ci seraient encore en guerre avec les Français dans la contrée d'Alger, et chaque jour, chaque instant verrait de nouveaux combats.

« Dans toutes ses lettres, Abd-el-Kader dit qu'il va se rendre dans notre pays, et toutes les tribus impatientes attendent avec joie son arrivée. Nous vous dirons de plus qu'Ahmed, bey de Constantine, envoie des lettres tous les mois dans les tribus des environs d'Alger, pour les engager à combattre les Français. Lui-même se prépare, dit-il, à les inquiéter de toutes les manières. Il assure que Méhémet-Ali, vice-roi d'Egypte, lui prêtera une escadre : mais personne dans notre pays ne croit à ces paroles. Cependant j'ai dû en instruire un homme comme vous; vous méritez de connaître ce qui se passe, afin de n'être pas surpris par les malveillants. On vous connaît chez nous pour un homme sage et loyal. Personne n'a pu faire depuis l'occupation ce que vous avez fait. C'est là ce qui prouve votre sagesse. Ce qui la prouve aussi, c'est d'avoir envoyé Abdalla et deux officiers à Mascara. Abdalla est un homme qui connaît bien le monde et traite chacun comme il le mérite. La mission dont vous avez chargé cet officier prouve votre prudence.

« Soyez persuadé que votre conduite avec Abd-el-Kader a donné de la jalousie au général Voirol, et que vous avez beaucoup d'ennemis à cause de l'amitié qui règne entre l'émir et vous.

« Ceci est le dire de moi, Ali-ben-el-Kalati, marabout de Miliana. »

Voilà la lettre que le général Desmichels dit, dans une brochure

à un tel point que, ne doutant plus de l'excellence d'un système qu'on lui disait exciter à un si haut degré la jalousie d'un rival, il ne songea plus qu'à le pousser jusqu'à ses plus étranges conséquences. Il déclara donc à Abd-el-Kader qu'il le rendrait plus grand qu'il n'aurait osé même le désirer, et qu'il fallait qu'il régnât partout, depuis Maroc jusqu'à Tunis. En entendant de pareilles assurances sortir de la bouche de l'officier qui les lui transmettait au nom du général, Abd-el-Kader souriait en silence, et avait sans doute de la peine à croire à un tel excès d'aveuglement.

---

sur son administration, être si remarquable et qu'il regrettait que des convenances militaires ne lui permissent pas de mettre sous les yeux du lecteur. Il n'y eut dans tout cela de remarquable que l'impudence de Sidi-Ali et la crédulité du général Desmichels. Avant d'envoyer cette lettre au général Desmichels, Sidi-Ali lui avait fait dire par un des officiers de la légation de Mascara que le général Voirol, dans l'intention de diminuer le mérite de ce qui avait été fait à Oran, avait voulu de son côté avoir son Abd-el-Kader ; qu'il avait jeté les yeux, pour jouer ce rôle, sur El-Hadji-Mahiddin-el-Sghir, nommé par lui agha des Arabes, mais que celui-ci n'ayant pu se faire reconnaître dans cette qualité, s'était enfui d'Alger avec l'argent que le général Voirol lui avait donné. Ce mensonge était si grossier que Sidi-Ali n'osa pas le répéter dans sa lettre. Il fut néanmoins accueilli par le général Desmichels, et c'est, sans aucun doute, à l'argent donné à El-Hadji-Mahiddin d'après Sidi-Ali, qu'il fait allusion, lorsqu'il parle dans son livre d'arrangements passagers achetés à prix d'argent. On sait maintenant à quel prix ont été achetés les arrangements de M. le général Desmichels.

Au surplus, je ne désapprouve pas d'une manière absolue le système qu'avait adopté le général Desmichels à l'égard d'Abd-el-Kader. Je n'en blâme que l'exagération qui rendait l'Émir trop complétement indépendant.

En attendant la réalisation de si flatteuses promesses que le général Desmichels remettait à l'arrivée du gouverneur depuis longtemps annoncée, Abd-el Kader fit succéder les soins de l'administration au fracas des armes. Il nomma des kaïds et des cadis à toutes les tribus qui en manquaient, et les rangea toutes dans cinq grandes divisions à la tête de chacune desquelles il mit un agha. Toutes ses actions prouvaient qu'il tendait à améliorer la société arabe, sans rien emprunter à la société européenne. Il paraissait n'envier à celle-ci que quelques perfectionnements matériels. Peut-être, en voyant de trop près les petites passions des hommes avec qui les circonstances politiques l'avaient mis en relation, conçut-il de notre civilisation une idée peu avantageuse. Peut-être aussi un fond d'orgueil de race l'en éloignait-il. Quoi qu'il en soit, il est certain qu'il n'a jamais trop cherché à se modeler sur nous.

Jusqu'à ce que le cours de notre narration nous conduise à l'administration du comte d'Erlon, détournons les yeux d'Oran et de Mascara, pour les porter un instant sur Bougie. Nous avons dit, dans le livre XI, que le général Trézel, en quittant cette ville, en remit le commandement à M. Duvivier, que le ministre en avait nommé commandant supérieur. M. Duvivier, à la dissolution du deuxième bataillon de zouaves, était rentré en France, où il fut placé dans le 15° de ligne. Le ministre comprit bientôt que ce n'était pas un homme à laisser trop en sous-ordre, et il le mit dans une position où il pût utiliser ses talents et son expérience. Cette position était loin d'être facile. Il fallait faire la guerre, mais la faire pour avoir la paix. Le nouveau commandant fit bien la guerre, mais la guerre n'amena point la paix.

Il avait été décidé qu'on établirait un blockhaus à l'entrée de la plaine. Le 5 janvier, pendant qu'on s'en occupait, l'ennemi vint inquiéter les travailleurs. Ses attaques furent plus animées le 6 ; mais après plusieurs heures de combat, voyant qu'elles étaient inutiles, il se retira.

Dans la nuit du 17 au 18 janvier, les Kbaïles, au nombre de 4,000 hommes environ, garnirent les contre-forts en avant de nos postes qu'ils attaquèrent au point du jour. La fusillade dura jusqu'à deux heures de l'après-midi. L'ennemi se retira alors en emportant ses blessés. En traversant la plaine, plusieurs de ses groupes se trouvèrent sous le feu du brig le Loiret qui était en rade, et qui leur fit éprouver des pertes sensibles.

Le 5 mars, le commandant supérieur, qui était averti que depuis plusieurs jours les Kbaïles préparaient une attaque générale, résolut de prendre l'initiative; il sortit donc de la place avec toutes les troupes dont il put disposer, et se dirigea sur Klaïlna, village des Mzaïa, situé à peu de distance de Bougie. Il le trouva abandonné de ses habitants qui avaient fui à son approche; il crut devoir y mettre le feu. Bientôt après, les Kbaïles parurent de tous côtés en poussant de grands cris selon leur habitude, et se disposèrent à assaillir la colonne française dans son mouvement rétrograde. Le commandant Duvivier ordonna alors une retraite en échelon qui fut exécutée avec un ordre admirable. Une charge de l'escadron du 3e régiment de chasseurs d'Afrique récemment arrivé à Bougie fit beaucoup de mal à l'ennemi. La colonne rentra dans la place sans avoir éprouvé de pertes sensibles.

M. Duvivier avait, à plusieurs reprises, tenté d'entrer en arrangement avec les indigènes, par le moyen du frère de Boucetta, du sieur Joly, qui était en relation avec Oulid-Ourebah, et d'un nommé Ben-Grabdan, iman de la mosquée de Bougie. Ces agents qui, du reste, travaillaient plus pour eux que pour la cause publique, n'ayant pas obtenu les résultats qu'il attendait, il les expulsa de Bougie. Il se priva par là, avec un peu trop de précipitation peut-être, d'intermédiaires qui, bien dirigés, auraient pu lui être utiles.

Les 18, 19 et 20 avril, les Kbaïles vinrent attaquer nos postes avec assez de résolution. Pour les en punir, le commandant supérieur fit une sortie le 25, et incendia les deux villages de Dar-Nassar et de Goumran. Les Kbaïles perdirent plus de 60 hommes dans cette journée qui ne nous coûta qu'un mort et douze blessés.

Le 29 avril, l'ennemi se montra en force au moulin de Demous, pendant que le commandant supérieur faisait travailler à désobstruer la barre d'un petit cours d'eau qui se jette dans la mer en avant du blockhaus de la plaine. Bientôt les Kbaïles descendirent dans la plaine et vinrent inquiéter les travailleurs. Le commandant supérieur les fit charger par l'escadron de chasseurs. Cette charge, conduite par le capitaine Herbin, coucha cinquante Kbaïles sur le carreau.

Le 5 juin, l'ennemi vint se mettre en bataille devant Bougie, dans un ordre assez régulier, sa droite appuyée à la mer et sa gauche au moulin de Demous. Il paraissait offrir le combat; mais comme il avait des forces supérieures, il aurait été imprudent de l'accepter. Le commandant Duvivier se contenta donc de repousser à coups de canon les provocations des Kbaïles. A neuf heures du soir, quelques-uns d'entre eux escaladèrent les parapets de la redoute du blockhaus de la plaine, et blessèrent ou tuèrent des canonniers sur leurs pièces. Ils furent repoussés dans le fossé, où on roula sur eux des obus allumés à la main, qui leur tuèrent du monde.

Le 25 juillet, le troupeau de l'administration qui paissait sous les murs de Bougie, s'étant avancé au delà des limites assignées pour le pacage, fut enlevé en partie par un fort détachement de cavalerie embusqué derrière le contrefort du moulin de Demous. Le commandant supérieur fit courir après l'escadron de chasseurs, mais ce fut inutilement.

La garnison de Bougie eut à supporter, dans le courant de 1834, des privations et des fatigues de toute espèce. Elle fit preuve de la constance la plus admirable. Les jours de combat étaient ses seuls jours de fête et de distraction.

M. Duvivier fut parfaitement secondé par l'immense majorité des officiers placés sous ses ordres. Le capitaine de Latour-du-Pin, qui remplissait auprès de lui les fonctions de chef d'état-major, se fit remarquer de son chef par son zèle éclairé, et de tout le monde par sa bravoure.

Deux camps retranchés furent établis par le commandant de Bougie : l'un en avant de la porte des Amandiers (Bab-el-Lous); c'est celui qu'on appelle le camp retranché supérieur; l'autre dans le bas, à l'entrée de la plaine; c'est le camp retranché inférieur. La belle conduite militaire de M. Duvivier, à Bougie, lui valut le grade de lieutenant-colonel.

LIVRE XIV.

Nature des rapports entre le général Voirol et M. Genty de Bussy. — Actes administratifs. — Justice, domaine, finances, commerce, agriculture, travaux publics, police, voirie, etc. — Commission d'Alger.—Aperçu de ses travaux.— Démêlés du général Voirol et de l'intendant civil.—Affaire Sofar.— Conversion d'une Mauresque à la religion chrétienne et suites de cette affaire. — Nomination du général Drouet comte d'Erlon aux fonctions de gouverneur général des possessions françaises dans le nord de l'Afrique, et de M. Lepasquier à celles d'intendant civil. — Départ de M. Genty. — Départ triomphal du général Voirol.

On a vu combien le général Voirol fut gêné dans ses relations avec les Arabes par la crainte de faire plus que ne le comportait sa position intérimaire. Dans les opérations administratives, la préoccupation de ce même intérim le mit, dès le principe, dans la dépendance absolue de M. Genty de Bussy. Sa soumission était en quelque sorte justifiée par celle du conseil d'administration. M. Genty avait disposé les choses de manière à ce qu'il n'y avait jamais d'ordre du jour pour régler les travaux de ce conseil de sorte que, les membres arrivant en séance sans s'être préparés sur les matières qui devaient y être traitées, M. l'intendant civil, qui par sa position avait l'initiative de presque toutes les mesures, restait maître absolu des délibérations, et faisait passer tout ce qu'il voulait.

Si M. Genty eût triomphé avec modestie, s'il n'eût pas

affiché trop ouvertement la supériorité intellectuelle qu'il croyait avoir sur le général Voirol, et la supériorité d'influence administrative malheureusement trop réelle qu'il avait usurpée sur lui, peut-être ce dernier n'aurait jamais songé à secouer un joug qui ne tarda pas à lui peser ; mais lorsqu'il vit que l'intendant civil ne travaillait que dans l'intérêt de son amour-propre, sans ménager le moins du monde celui de son supérieur, sa susceptibilité d'homme et de chef se réveilla, et il en résulta un réaction dont les effets furent peu agréables pour M. de Bussy, ainsi que nous ne tarderons pas à le voir.

Nous allons faire connaître aux lecteurs, par branches de service, les principales dispositions administratives prises sous le commandement du général Voirol.

Justice. Plusieurs causes ayant diminué momentanément le nombre des juges à Alger, un arrêté du 22 juin 1833 réduisit à cinq celui des membres de la Cour criminelle. Les condamnations durent être prononcées à la majorité de quatre voix. Cet arrêté n'était que transitoire, mais les dispositions en furent rendues permanentes par un autre arrêté du 2 avril 1834, pour toutes les circonstances où, par suite d'un empêchement quelconque, le nombre des juges se trouverait au-dessous de sept.

Domaine. Nous avons vu dans le 5ᵉ livre de cet ouvrage que le général Clauzel avait signé, le 8 novembre 1830, un arrêté qui interdisait l'aliénation des biens domaniaux, et qui n'en permettait la location que pour trois ans. Cette mesure était fort sage. M. Clauzel comprenait le parti que l'on pourrait tirer de ces biens dans l'intérêt de la colonisation, et il ne voulait pas que l'État s'en dessaisît au profit de quelques spéculateurs. M. Genty de Bussy résolut, j'ignore par quel motif, de changer cette législation. En conséquence, un arrêté du 2 avril 1834 autorisa les locations ou concessions d'immeubles ruraux, à l'amiable ou par adjudication, pour un temps qui pouvait aller jusqu'à 99 ans. Il en fut de même des masures, emplacements de démolition et autres locaux de peu de valeur. Les maisons, magasins et boutiques ne purent être loués que pour 3, 6 ou 9 ans, et par voie d'adjudication.

Le 25 avril 1834, un arrêté rappela que toute aliénation ou location d'immeubles séquestrés était nulle, et prononça la peine de la destitution contre les notaires, cadis et rabbins qui recevraient des actes de cette nature non consentis par l'autorité.

Finances. Par arrêté du 2 janvier, le droit d'importation fut fixé à 6 pour 100 pour un grand nombre de marchandises étrangères sortant des entrepôts de France et importées sous pavillon français. Cet arrêté qui diminuait de 2 pour 100 le droit d'importation pour ces marchandises, fut rendu d'après une décision du ministre de la guerre. Le 27 février, le droit d'ancrage pour tous les ports de la Régence fut fixé à 75 centimes par tonneau pour les bâtiments sous pavillon étranger, et à 50 pour les bâtiments français.

Commerce. Le commerce avait adressé de nombreuses réclamations à l'autorité au sujet de la législation existante sur les céréales, qui en défendait l'exportation pour quelque destination que ce fût. M. Genty les prit en considération, et il fut décidé que l'exportation serait permise, lorsque l'approvisionnement serait assuré, mais pour un quart seulement de cet approvisionnement, fixé à 2,734 quintaux métriques pour Alger.

Quelques mesures furent prises, à peu près à la même époque, pour prévenir l'accaparement des denrées de consommation journalière.

Le 9 juillet 1834, une surtaxe de 15 pour 100 fut établie sur les patentes pour couvrir les dépenses portées au budget de la chambre de commerce. Le 18 avril de la même année, il avait été réglé que cette chambre serait nommée pour un an. L'arrêté qui l'avait constituée sous le général Clauzel en avait fixé le renouvellement à six mois.

Agriculture. M. de Bussy établit auprès d'Alger, dans le canton d'Hamma, un jardin dit d'acclimatement et de naturalisation pour y faire divers essais de culture. Ce fut une très-bonne mesure, qui devait résoudre, par l'expérience, plusieurs questions importantes pour l'avenir du pays. Les essais faits dans ce jardin prouvèrent que le coton, l'indigo et la canne à sucre viennent parfaitement dans la colonie.

M. de Bussy mit aussi beaucoup de zèle à propager la cochenille. Il en fit venir de l'Andalousie, et en établit un dépôt auprès d'Alger sous la direction d'un agent spécial.

Travaux publics. Nous avons vu, dans le livre II, que quelques travaux de desséchement furent entrepris sous l'administration du général Voirol ; voici les dispositions administratives qui furent prises à cet égard : un arrêté du 17 octobre 1833 prescrivit à tous les propriétaires de terrains marécageux de faire au bureau des domaines la déclaration des quantités à eux appartenant, et de leur intention de travailler eux-mêmes au desséchement.

Dans le cas où cette déclaration ne serait pas faite dans

un délai de quinze jours, et dans celui où, un mois après la déclaration faite, les travaux ne seraient pas commencés, toutes circonstances qui devaient être constatées, il fut réglé qu'il serait procédé par voie d'enchères publiques à l'adjudication des terrains marécageux, aux risques et périls des propriétaires, et qu'à défaut d'adjudicataires, le Gouvernement prendrait lui-même ces terrains aux taux fixés par la mise à prix. Le Gouvernement ou les adjudicataires substitués ainsi aux propriétaires qui ne voudraient pas entreprendre eux-mêmes les travaux de desséchement devaient avoir la jouissance des terrains pendant quinze ans, à compter du jour où les travaux seraient terminés.

Ce fut en vertu de cet arrêté que le génie militaire, chargé, comme nous l'avons vu, des essais de desséchement, commença ses travaux à la Ferme-Modèle et à la Maison-Carrée. Mais il se trouva que l'administration n'ayant rempli aucune des formalités prescrites par son propre arrêté, les propriétaires réclamèrent contre l'application de l'article relatif aux quinze ans de jouissance ; et comme ces propriétaires n'étaient pas de pauvres indigènes repoussables par la plus grossière fin de non-recevoir, mais bien des Européens en position de se faire écouter, il fallut transiger avec eux, de sorte que l'arrêté du 17 octobre eut le sort de plusieurs autres, c'est-à-dire qu'il ne fut pas exécuté.

Un autre arrêté de la même date régla la forme des expropriations pour cause d'utilité publique. Ces expropriations devaient être prononcées par un arrêté du général en chef et de l'intendant civil, et exécutées dans les vingt-quatre heures. L'indemnité pour le propriétaire dépossédé dut être fixée définitivement et sans appel par un expert commun ; il fut réglé qu'en ce qui concerne les travaux des routes la plus-value acquise aux terrains restants par l'effet de ces mêmes travaux, serait considérée comme une indemnité suffisante de ceux qu'envahissait la route. Quelque acerbe que puisse paraître cet arrêté, il fut un retour à l'ordre, car jusque-là on avait exproprié sans aucune formalité et sans mesure conservatrice des droits des propriétaires dépossédés. En outre, il faut dire que des formalités trop lentes et trop gênantes pour les expropriations pour cause d'utilité publique rendraient à Alger toute amélioration impossible : car, comme nous l'avons déjà dit, il y existe une foule d'Européens qui n'achètent qu'avec l'espoir de rançonner l'administration. Lorsque l'on construisit la belle route de Birkadem, tous les hommes raisonnables furent scandalisés des chicanes que suscita un personnage dont on voulait prendre une petite portion de terrain. Ce personnage était cependant fonctionnaire public à très-gros appointements. On ne doit pas laisser l'administration, lorsqu'il s'agit de l'intérêt général, à la merci de la cupidité de quelques particuliers. Cette vérité a été sentie en France comme à Alger, et c'est dans ce sens qu'a été modifiée la législation sur les expropriations pour cause d'utilité publique. Mais, si l'arrêté du 17 octobre ne peut être blâmé en principe, les applications qui en furent faites méritèrent de l'être. D'abord l'indemnité promise précéda rarement l'expropriation, et, si ce n'est quelques propriétaires indemnisés par le génie militaire, tous les nouveaux expropriés furent dans la même position que les anciens. Ensuite on mit souvent des familles à la porte sans leur donner même le temps de trouver un nouvel asile. Dans le courant de 1834, M. l'intendant civil, voulant agrandir le jardin de naturalisation, fit signer au général Voirol un arrêté qui, en vertu de celui du 17 octobre, expropriait un pauvre Maure, et, le lendemain, ce malheureux fut chassé du petit jardin qui le faisait vivre, lui et sa famille. Il vint, tout en larmes, se jeter avec ses enfants aux pieds du général, qui le renvoya à l'intendant civil. Celui-ci répondit que les règles de la comptabilité ne permettaient pas de payer sur-le-champ à cet homme l'indemnité qui lui était due, mais qu'on s'en occupait. Le misérable exproprié, qui était sans ressource, ne vécut longtemps que des bienfaits du général Voirol, désespéré d'avoir signé de confiance un arrêté qui avait de pareilles suites.

L'arrêté sur les biens domaniaux, du 2 avril 1834, régla que, lorsqu'une propriété bâtie se trouverait comprise, pour une portion seulement, dans le plan des immeubles à exproprier pour travaux d'utilité publique, le propriétaire aurait l'option, ou d'abandonner l'immeuble en totalité, ou de conserver l'autre portion.

Police. Les mesures de police prises sous le général Voirol sont : l'obligation imposée aux ouvriers de se munir d'un livret délivré par le commissaire de police ; la formation de commissions chargées de veiller à la bonne qualité des denrées mises en consommation et de faire détruire les denrées avariées ou frelatées, enfin quelques dispositions sur les passe-ports.

Il fut réglé, par l'arrêté du 27 juin 1833, que nul ne pourrait séjourner dans la Régence sans être porteur d'un passe-port délivré par les autorités françaises, s'il est Français, et visé par les agents consulaires français, s'il est étranger. Au reste, cet arrêté ne fit que résumer et modifier des dispositions déjà prises sur cette matière.

Voirie. Un arrêté du 8 mai 1833 créa des conseils de voirie (1) pour Alger, Oran et Bône. Le même jour, un second arrêté régla que les propriétaires des maisons qui auraient besoin de réparation et qui menaceraient la sûreté publique seraient sommés par les agents de la voirie de les réparer, et que, faute par eux d'obtempérer à la sommation, la location de ces maisons serait mise aux enchères au compte des propriétaires, à la diligence de l'autorité municipale. — L'adjudicataire fut tenu d'exécuter, dans un délai fixé par le cahier des charges, le devis des réparations dressé par l'architecte de la ville. La durée du bail se composa du temps nécessaire à l'adjudicataire pour que le prix de la location couvrît les dépenses occasionnées par les réparations, et d'une jouissance de trois ans dont le loyer dut être payé au propriétaire.

L'arrêté du 17 octobre, sur les expropriations, régla, en ce qui concerne la voirie, que, lorsqu'une maison menacerait la voie publique, et que le propriétaire ne pourrait la faire abattre à ses frais, elle serait abattue aux frais de l'administration, qui demeurerait nantie du terrain jusqu'à ce qu'elle fût couverte de ses avances.

Toutes ces mesures étaient nécessitées par l'état des villes de la Régence que nous occupons. La misère et l'incertitude de l'avenir y étaient telles, que les habitants ne pouvaient ou ne voulaient faire aucune réparation à leurs demeures. Chaque pluie, chaque coup de vent jetait bas quelques maisons. Les constructions particulières, ayant peu de solidité en Algérie, ont besoin d'un entretien mi-

---

(1) Celui qu'avait institué le général Clauzel n'existait plus depuis longtemps.

nutieux et journalier, de sorte qu'une interruption de trois ans dans ces soins de tous les jours avait conduit les choses au point que toutes les villes étaient menacées d'une prompte et déplorable destruction. Les démolitions pour l'élargissement des rues continuaient toujours; elles allaient vite, parce que l'administration avait abrégé toutes les formalités qui y étaient relatives; les reconstructions, au contraire, marchaient lentement, parce qu'on les avait hérissées de difficultés administratives.

La forme des demandes concernant la voirie fut déterminée par deux arrêtés du 27 juin et du 27 novembre 1833. Ce dernier classa les rues en rues de grande et de petite voiries.

Parmi les actes de l'administration du général Voirol qui ne rentrent pas dans les divisions que nous venons de parcourir, nous citerons un arrêté du 1er juillet 1834, qui établit enfin des débits de poudre dans les villes de la Régence occupées par nos troupes, et les dispositions transitoires qui interdirent, jusqu'à nouvel ordre, toute transmission d'immeubles entre Européens et indigènes à Bougie et Mostaganem. Une disposition semblable avait été prise pour Bône par M. Pichon, dans les premiers temps de l'ocupation de cette ville. Ces mesures étaient sages et devaient prévenir bien des abus et des friponneries.

Vers le milieu du mois d'août 1833, on vit arriver en Afrique une commission composée de pairs et de députés, chargés par le Gouvernement d'examiner le pays, et d'éclairer la France sur les avantages et les inconvénients de sa conquête. Au premier moment d'enthousiasme causé par la prise d'Alger, il n'y avait eu qu'un cri en France pour sa conservation et pour la conolisation des belles contrées qui en dépendent. Le Gouvernement sembla d'abord se rendre à ce vœu si unanimement exprimé, en envoyant sur les lieux M. le général Clauzel, qui dès le principe s'était montré chaud partisan de la colonisation ; mais bientôt les tracasseries suscitées par les ministres à ce général, et enfin son rappel, firent suspecter les intentions du Gouvernement. On parla d'engagement secrets pris avec les puissances étrangères relativement à l'Afrique. L'opinion publique s'en indigna, et la conservation d'Alger devint une affaire d'honneur national. Néanmoins quelques hommes de chiffres se mirent à considérer la question sous un autre point de vue ; ils se demandèrent quels avantages nous pouvions tirer d'Alger en compensation des sacrifices où il nous entraînait ; plusieurs, partant d'un faux calcul, n'hésitèrent pas à déclarer qu'il y avait plus de pertes que de profits à le garder. Les partisans d'Alger ne purent refuser de suivre leurs adversaires sur le terrain des calculs matériels, et la question devint alors en quelque sorte arithmétique. Le ministère, dont presque tous les membres ne voyaient guère dans Alger qu'un embarras de plus, fut ravi de sentir cette question ainsi réduite ; il annonça qu'une commission, nommée par le Roi, irait puiser sur les lieux les éléments nécessaires à sa complète solution. Cette commission, présidée par le lieutenant-général Bonnet, pair de France, était composée de MM. d'Haubersaert, pair de France ; de la Pinsonnière, Laurence, Piscatory et Reynard, membres de la Chambre des députés ; Duval d'Ailly, capitaine de vaisseau ; le général Montfort, inspecteur général du génie.

La commission visita toutes les villes occupées par nos troupes, à l'exception de Mostaganem, se fit donner des mémoires par tous les chefs de service, interrogea plusieurs personnes, et chaque membre traita avec ces éléments la partie qui avait le plus d'analogie avec ses connaissances et ses habitudes. Les diverses questions de principe étaient discutées en séance, et l'avis de la majorité était formulé dans les procès-verbaux. Le travail de M. Laurence sur la justice, celui de M. de la Pinsonnière sur la colonisation, et celui de M. Reynard sur le commerce et les douanes, furent faits avec soin et talent.

Après un peu plus de deux mois de séjour en Afrique, la commission retourna à Paris; elle soumit son travail à une seconde commission présidée par le duc Decazes, laquelle, dans un long rapport très-bien fait, conclut à la conservation d'Alger, à la majorité de 17 voix contre 2. Cette commission était composée de dix-neuf membres.

D'après les conclusions de la commission, le Gouvernement parut se décider franchement à garder Alger. En conséquence, il se mit en quête d'un gouverneur. Trois candidats se présentaient, le maréchal Clauzel, le duc Decazes et le général Damrémont. Tous trois offraient des garanties de capacité et convenaient au pays, le premier surtout y était vivement désiré; mais le choix du Roi, à l'étonnement général, tomba sur le lieutenant-général comte d'Erlon, vieillard de 70 ans, auquel on ne songeait pas plus à Alger qu'il ne songeait lui-même à y être envoyé, quinze jours avant sa nomination.

Les derniers mois de l'administration du général Voirol virent naître de fâcheux démêlés entre lui et l'intendant civil. Le général était fatigué depuis quelque temps de l'indépendance absolue qu'affectait M. Genty; il était en outre mécontent de quelques-uns de ses actes. Une circonstance fortuite vint les brouiller sans retour. Un juif nommé Sofar, qui avait eu des affaires d'intérêt avec la corporation israélite, fut condamné par les rabbins à payer un reliquat de compte ; la sentence ordonnait la prise de corps en cas de non-paiement. Ce juif présenta au général en chef une requête où, après s'être plaint de mauvais traitements exercés sur sa personne par ordre du chef de la nation juive, il demandait la révision du jugement, alléguant qu'il avait été condamné à payer une somme que le jugement de condamnation supposait qu'il devait, d'après l'apurement des comptes de la corporation juive, tandis qu'au contraire ces mêmes comptes, portés aux registres de la corporation, prouvaient qu'il ne devait rien, et que les mêmes rabbins qui le condamnaient comme juges l'avaient déchargé comme administrateurs, en apposant sur leurs registres leurs signatures au bas de l'arrêté de compte, en leur qualité de membres du conseil hébraïque. La requête de Sofar était évidemment une plainte en prévarication. En conséquene, M. le général Voirol l'accueillit, aux termes de l'article 10 de l'arrêté du 22 octobre 1830, ainsi conçu : « Toute plainte « pour cause de forfaiture, de prévarication ou de déni « de justice, contre les juges des tribunaux musulmans « et israélites, sera portée devant le général en chef qui « en ordonnera. » Or, ce que le général Voirol jugea convenable d'ordonner fut la suspension de l'exécution du jugement, et la présentation des registres, où des interprètes assermentés trouvèrent la preuve de ce qu'avait avancé Sofar. Le général en rendit compte au ministre; mais M. Genty de Bussy avait été dans toute cette affaire d'un avis contraire à celui du général. Il soutint que rien ne pouvait, en matière civile, arrêter l'exécution des jugements des tribunaux indigènes, déclina l'arrêté du 22 octobre et tous les antécédents qu'on lui opposa, et parvint à faire partager ses convictions au ministre qui ordonna d'exécuter le jugement des rabbins contre Sofar. M. Voirol résista à cet ordre. Il fallait, certes, pour en venir là, qu'il fût bien persuadé de l'injustice dont ce juif était la victime. Il fit valoir en faveur de son opinion, sur le point de droit, celle de plusieurs jurisconsultes ; mais ce fut en vain. Le ministre insista, et il fallut obéir. Toute cette affaire fut traitée avec passion dans les bureaux ; car M. Voirol fut blâmé, quoiqu'il eût pour lui de nombreux antécédents et l'esprit de la nouvelle législation qui allait être établie en Afrique, conformément aux travaux de la commission.

Le triomphe obtenu par M. de Bussy sur le général Voirol, dans l'affaire Sofar, fut bientôt suivi d'un autre. Une affaire civile avait été portée par appel devant le conseil d'administration, conformément à la législation existante. Le général Voirol pensant que M. de Bussy avait un intérêt, je ne dis pas matériel, mais d'affection, à faire triompher plutôt une partie que l'autre, persuada au conseil de refuser de la juger, sur le motif que la nouvelle ordonnance sur l'administration de la justice allait bientôt paraître, et que, d'après ses dispositions, le conseil n'aurait plus d'attributions judiciaires. Cette fin de non-recevoir, qui n'avait pu être conçue que dans la tête d'un militaire, était un vrai déni de justice qui, sur le rapport de M. de Bussy, fut blâmé par le ministre avec juste raison.

Dans les premiers jours de septembre, un événement peu important par lui-même vint mettre le comble à la mésintelligence qui régnait entre le général en chef et l'intendant civil. Une mauresque divorcée se présenta au général Voirol, et lui déclara que son intention était d'embrasser la religion chrétienne. Le général, après s'être assuré que cette femme n'était pas en puissance de mari, l'envoya au commissaire du roi près de la municipalité, en lui prescrivant de veiller à ce qu'elle ne fût pas maltraitée par les Musulmans qui pourraient voir sa conversion de mauvais œil. La néophyte, assurée de la protection de l'autorité, se mit alors à s'instruire des premiers principes de notre religion, en attendant son baptême. Le cadi d'Alger, Sid-Abd-el-Azis, homme instruit mais fanatique, ayant appris ce qui se passait, courut se plaindre au général en chef, prétendant que la mauresque n'avait pas le droit de changer de religion, et qu'elle méritait même d'être punie pour en avoir formé le projet. Le général, l'ayant écouté avec beaucoup de patience, lui répondit qu'il lui était personnellement fort indifférent que cette femme fût chrétienne ou musulmane, mais qu'il ne souffrirait pas qu'il lui fût fait la moindre violence sous prétexte de religion ; que chacun était libre de suivre le culte qui lui convenait; que ce principe avait été respecté par l'autorité française qui ne s'était opposé en rien à la conversion de plusieurs chrétiens à la religion musulmane; et que, par analogie, il ne pouvait empêcher une conversion à la religion chrétienne. Le cadi n'ayant rien de raisonnable à opposer à cela, pria alors le général de lui permettre au moins de voir la mauresque, afin de tâcher de la ramener par ses conseils à la religion de ses pères. Le général répliqua qu'il en était parfaitement libre, et que personne n'avait jamais songé à l'en empêcher. Le cadi parut satisfait de cette réponse. Il paraît qu'il comptait sur les effets de son éloquence auprès de la mauresque; mais le prêtre chrétien qui l'instruisait, avait deux puissants auxiliaires, le goût qu'avait pris cette femme pour les mœurs européennes et son désir d'épouser un français. Sid-Abd-el-Azis échoua donc dans ses tentatives. Renonçant alors à la persuasion, il voulut avoir recours à la force : il fit enlever la mauresque par ses chaouchs. Le général, instruit de cet acte de violence, envoya un de ses aides de camp au cadi pour lui rappeler ce dont ils étaient convenus. Sid-Abd-el-Azis, en voyant entrer dans son prétoire cet officier, avec lequel il avait cependant quelques relations d'amitié, se leva de son siége et sortit, sans lui donner le temps de s'expliquer et en proclamant à haute voix que la justice de Mahomet n'était plus libre. La mauresque, à qui on était sur le point d'administrer la bastonnade, se voyant délivrée de ses persécuteurs, s'enfuit à l'église catholique où elle fut sur-le-champ baptisée, sans que cet événement produisit la moindre sensation dans la ville. Le cadi, en sortant du prétoire, se rendit chez le muphti maleki, Sid-Mustapha-ben-el-Kebabti, pour s'entendre avec lui sur ce qu'il y avait à faire dans la circonstance, et tous deux convinrent d'interrompre le cours de la justice. En effet, le lendemain les tribunaux restèrent fermés, ce qui fit sur l'esprit des indigènes beaucoup plus d'impression que la conversion de la mauresque. Mais le général Voirol eut bientôt brisé cette opposition factieuse et déraisonnable : il fit sommer les deux magistrats musulmans de reprendre sur-le-champ leurs fonctions; sur leur refus, il les destitua, et nomma à l'emploi de cadi maleki, Sid-Ahmed-ben Djadoun, cadi du Beit-el-Mal, et à celui de muphti, Sid-Aoued-ben-Abd-el-Kader, cadi de Belida, tous deux hommes éclairés et recommandables. On écrivit au dernier pour lui annoncer sa nomination ; le premier fut installé sur-le-champ par le commissaire du roi près de la municipalité. Ce fonctionnaire convoqua les notables musulmans pour assister à cette cérémonie, où se rendirent aussi plusieurs personnes non convoquées qui firent entendre quelques murmures désapprobateurs, et qui même insultèrent le nouveau cadi. Deux ou trois arrestations eurent bientôt rétabli l'ordre, et la cérémonie s'acheva paisiblement.

Le jour d'après, le muphti Mustapha, voyant la tournure qu'avaient prise les affaires, vint présenter ses excuses au général en chef, et lui demanda de continuer ses fonctions. Comme Sid-Aoued avait écrit de Belida pour demander, avant d'accepter, des explications sur les causes de la destitution de celui qu'on l'appelait à remplacer, M. Voirol, satisfait des actes de soumission de Sid-Mustapha, consentit à le laisser en place jusqu'à décision ministérielle, et le fit annoncer à Sid-Aoued. On a su, depuis, que ce dernier, en recevant sa nomination, s'était mis en route pour se rendre à Alger, mais qu'ayant reçu en chemin des lettres menaçantes de quelques maures de cette ville, il était revenu sur ses pas.

L'installation du nouveau cadi eut lieu le 10 septembre ; dès le 11, la justice avait repris son cours, et il n'y avait plus trace d'agitation.

Voici maintenant le rôle que M. de Bussy joua dans cette affaire. Le jour de la fermeture des tribunaux musulmans, le général en chef le fit appeler et lui dit : « Je vous ai mandé, monsieur l'intendant civil, pour vous entretenir de l'événement du jour. — Quel événement, mon général ? demanda M. de Bussy. — Mais, monsieur,

reprit le général, vous devez bien le savoir, la conversion de cette mauresque et les suites de cet incident. — Comment, mon général, il y a une mauresque qui a embrassé le christianisme ? je vous assure que je n'en savais rien. »
— Le général Voirol, indigné de cette affectation ironique d'ignorer une chose que tout Alger connaissait, le pria froidement de se retirer, en lui disant que, puisqu'il en était ainsi, il lui ferait plus tard connaître ses ordres. Cependant, vers le soir, il lui écrivit pour lui demander s'il avait quelques candidats à présenter pour les emplois de cadi et de muphti ; sa réponse ayant été négative, le général signa l'arrêté qui nommait Sid-Ahmed et Sid-Aoued, et l'envoya à l'intendant civil.

Le lendemain, de très-bonne heure, M. de Bussy se rendit chez le général Voirol pour lui faire quelques observations sur cet arrêté. Au bout de peu de minutes, la conversation prit une direction telle, que M. Voirol, abandonnant sa position de chef, se mit, à l'égard de M. de Bussy, dans celle d'un homme jaloux sur le point d'honneur et qui se croit provoqué. Cette scène pénible clôtura d'une manière fâcheuse l'administration de M. Genty de Bussy.

Les Maures, mécontents des mesures qu'avait prises le général Voirol, trouvant un appui avoué dans l'intendant civil, excitèrent le commencement de tumulte dont nous avons rendu compte un peu plus haut ; voyant qu'ils ne réussissaient pas de ce côté, ils se mirent à pétitionner contre le général Voirol ; mais comme celui-ci était très-aimé de la majorité des indigènes, il y eut des contre-pétitions, et le terrain de la polémique, comme celui de l'émeute, manqua aux perturbateurs.

Des rapports calomnieux, mais qui ne venaient pas

tous des Maures, furent adressés au ministre sur cette affaire : la *fausseté* en fut officiellement démontrée sous le comte d'Erlon. Une chose assez remarquable, c'est que M. Genty, qui trouvait mauvais que le général Voirol n'eût pas empêché la conversion de la mauresque, exprime, dans un ouvrage qu'il a écrit sur Alger, le désir que des missionnaires aillent prêcher la foi aux Arabes.

M. Genty, n'ayant pas été compris dans la nouvelle organisation administrative de la Régence, quitta Alger peu de jours après l'arrivée de son successeur, M. Lepasquier, qui arriva, le 28 septembre 1834, avec le comte d'Erlon. Il laissa peu de regrets en Afrique, où il était loin d'être aimé. M. le général Voirol, qui l'était extrêmement, ayant refusé le commandement des troupes qu'il remit au général Rapatel, partit d'Alger dans le mois de décembre. Son départ fut un triomphe véritable. Tous les kaïds des tribus s'étaient réunis pour lui faire leurs adieux et lui offrir, au nom de leurs administrés, des armes du pays. La population presque entière l'accompagna jusqu'au port, en exprimant hautement ses regrets de le voir s'éloigner ; enfin, une médaille d'or lui fut offerte comme témoignage de la reconnaissance d'une colonie où son nom et son souvenir seront toujours chers et respectés.

LIVRE XV.

Ordonnance constitutive de la haute administration des possessions françaises dans le nord de l'Afrique. — Organisation de la justice. — Arrivée des nouveaux fonctionnaires. — Intrigues des Maures. — Installation des tribunaux. — Nouvelle organisation de la municipalité et de la police. — Formation des communes rurales. — Actes administratifs.

Le Gouvernement s'étant décidé, sur le rapport de la commission qu'il avait envoyée en Afrique, à donner un caractère de permanence à l'occupation de l'ancienne Régence, fit paraitre, le 22 juillet 1834, une ordonnance qui y constitua l'administration sur des bases nouvelles et plus régulières. La haute direction fut confiée à un gouverneur général agissant sous les ordres du ministre de la guerre. Il eut le titre de gouverneur général des possessions françaises dans le nord de l'Afrique ; la dénomination d'Algérie ne prévalut que plus tard.

Un officier général commandant les troupes, un intendant civil, un officier général commandant la marine, un procureur général, un intendant militaire, et un directeur des finances, furent chargés des divers services civils et militaires, sous les ordres du gouverneur et dans les limites de leurs attributions respectives.

Ces divers fonctionnaires formèrent auprès du gouverneur un conseil, où durent être appelés, avec voix consultative, les chefs des services spéciaux civils et militaires que l'objet des discussions pourrait concerner.

Les possessions françaises dans le nord de l'Afrique durent, jusqu'à dispositions contraires, être régies par des ordonnances. Il fut réglé que le gouverneur général rédigerait en conseil les projets d'ordonnance que réclamerait la situation du pays, et les transmettrait au ministre de la guerre; mais, dans les cas d'urgence, il put en rendre les dispositions exécutoires par voie d'arrêté.

Le 10 août, une ordonnance du roi organisa la justice de la manière suivante :

Il y eut un tribunal de première instance dans chacune des villes d'Alger, de Bône et d'Oran, un tribunal de commerce à Alger et un tribunal supérieur siégeant dans la même ville, mais dont le ressort embrassa la totalité des possessions françaises

Le tribunal de 1re instance d'Alger se composa de deux juges, d'un substitut du procureur général du roi, d'un greffier et d'un commis-greffier. L'un des deux juges dut connaître de toutes les matières civiles en premier ou en dernier ressort, dans les limites déterminées pour les tribunaux de France, et l'autre en dernier ressort de toutes les contraventions de police, et à la charge d'appel des autres contraventions et délits correctionnels. Ce juge fut aussi chargé de l'instruction des affaires criminelles. Les deux juges du tribunal de 1re instance remplirent aussi les diverses fonctions que les lois confèrent en France aux juges de paix.

Les tribunaux de première instance de Bône et d'Oran se composèrent chacun d'un juge, d'un suppléant, d'un substitut du procureur général du roi, et d'un greffier. Dans chacun de ces sièges, le juge réunit les attributions partagées entre les deux juges du tribunal d'Alger. Il dut connaître en outre de toutes les affaires de commerce, et en dernier ressort des contraventions et des crimes ou délits contre lesquels la loi ne porte pas de peine plus forte que la réclusion. Il connut des autres crimes à la charge d'appel.

Le tribunal de commerce d'Alger se composa de sept notables négociants nommés chaque année par le gouverneur. Ils furent indéfiniment rééligibles. Ils ne reçurent ni traitement ni indemnité.

Le tribunal supérieur d'Alger se composa d'un président et de trois juges, d'un procureur général du roi, d'un substitut, d'un greffier et d'un commis-greffier. Il dut recevoir les appels des jugements des tribunaux de première instance et de commerce; constitué en Cour criminelle, il jugea les appels en matière correctionnelle, toutes les affaires qui, en France, sont du ressort des Cours d'assises, ainsi que les appels des jugements de Bône et d'Oran.

Les tribunaux que nous venons de faire connaître connaissaient de toutes les affaires civiles et commerciales entre Français, entre Français et indigènes ou étrangers, entre indigènes de religion différente, entre indigènes et étrangers, entre étrangers, enfin entre indigènes de la même religion, quand ils y consentaient. En matière criminelle, ils connurent de toutes les infractions aux lois de police et de sûreté, à quelque nation ou religion qu'appartînt l'inculpé, de tous les crimes ou délits commis par des musulmans indigènes au préjudice des Français, des Israélites ou des étrangers, et de tous les crimes et délits commis par des Français, des Israélites et des étrangers.

Dans toutes les affaires civiles où un musulman serait intéressé, les juges français durent être assistés d'un assesseur musulman ayant voix consultative. Il y eut quatre de ces assesseurs pour Alger, et deux pour chacune des villes de Bône et d'Oran.

La loi française régit les conventions et contestations entre Français et étrangers. Les indigènes furent présumés avoir contracté entre eux selon la loi du pays, à moins de convention contraire. Dans les contestations entre Français ou étrangers et indigènes, la loi française ou celle du pays dut être appliquée selon la nature de l'objet du litige, la teneur de la convention, et, à défaut de convention, selon les circonstances et l'intention présumée des parties.

Il fut réglé que, toutes les fois qu'un Musulman serait mis en jugement sous la prévention d'un crime ou d'un délit, le juge français serait assisté d'un assesseur musulman ayant voix consultative; et que, quand ce serait le tribunal supérieur qui serait investi de l'affaire, il s'adjoindrait deux assesseurs avec voix délibérative sur la déclaration de culpabilité, et voix consultative seulement sur l'application de la peine.

L'ordonnance du 10 août maintint la juridiction des tribunaux musulmans, et autorisa le gouverneur à instituer, partout où besoin serait, des tribunaux israélites composés de un ou trois rabbins par lui désignés.

En affaires criminelles, les jugements des cadis ne purent être mis à exécution qu'après avoir été revêtus du *visa* du procureur général à Alger, et de son substitut à Bône et à Oran. Le condamné et les membres du parquet purent interjeter appel des décisions du cadi. Le tribunal supérieur put les réformer, mais seulement pour faits prévus par la loi française. Il fut établi que, dans le cas où le cadi négligerait ou refuserait de poursuivre, le tribunal supérieur pourrait, d'office ou sur la réquisition du procureur général, évoquer la poursuite des crimes ou délits.

Les tribunaux israélites connurent en dernier ressort des contestations entre Israélites concernant la validité ou la nullité des mariages et répudiations selon la loi de Moïse, des infractions à la loi religieuse, lorsque, d'après la loi française, elles ne constituaient ni crime, ni délit, ni contravention. Ces tribunaux purent concilier les Israélites se présentant volontairement, et constater entre eux toutes conventions civiles. Toute autre attribution leur fut interdite sous peine de forfaiture.

La juridiction des tribunaux institués par l'ordonnance du 10 août s'étendit, sur les territoires occupés, jusqu'aux limites déterminées par un arrêté du gouverneur. Demeurèrent réservés aux conseils de guerre les crimes et délits commis au dehors de ces limites par un indigène au préjudice d'un Français ou d'un étranger, par un indigène au préjudice d'un autre indigène, pour faits intéressant la souveraineté française ou la sûreté de l'armée, par un Français au préjudice d'un indigène.

Aucune condamnation à la peine de mort ne put être exécutée sans l'autorisation écrite et formelle du gouverneur, qui put ordonner un sursis d'exécution à toute condamnation quelconque; mais le droit de grâce resta réservé au roi.

Le recours en cassation fut ouvert aux parties, mais seulement contre les jugements du tribunal supérieur.

L'ordonnance du 10 août régla aussi le mode de procédure à suivre devant les tribunaux qu'elle institua, et la juridiction administrative du conseil établi près du gouverneur par celle du 22 juillet. Ce conseil connut de toutes les matières dont la connaissance est dévolue en France aux conseils de préfecture, et des actes d'administration attribués au conseil d'Etat. Ses arrêtés purent être déférés au conseil d'Etat, mais ils furent, dans tous les cas, provisoirement exécutoires, à moins que le gouverneur n'en suspendît l'exécution jusqu'à décision définitive.

Le conflit élevé par l'autorité administrative dut être jugé en dernier ressort par le conseil réuni sous la présidence du gouverneur, et avec adjonction d'un membre de l'ordre judiciaire.

Tous les arrêtés rendus précédemment sur l'administration de la justice furent abrogés par l'ordonnance du 10 août.

Après avoir pourvu à l'organisation judiciaire dans les possessions françaises du nord de l'Afrique, le Gouvernement voulut s'occuper de la législation du pays : mais n'ayant pas les matériaux nécessaires pour cet immense travail, malgré ce qu'avait déjà fait la commission d'Afrique, il résolut d'envoyer sur les lieux un commissaire spécial, ayant pour mission de rechercher et de réunir tous les faits et documents propres à l'éclairer sur l'état actuel de la législation à Alger, et sur les modifications et les améliorations qu'il serait convenable d'y apporter. Il confia cette mission à M. Laurence, membre de la Chambre des députés, qui, ainsi que nous l'avons vu, avait fait partie de la commission d'Afrique, dont il était un des membres les plus remarquables. M. Laurence dut, pendant son séjour à Alger, remplir par intérim les fonctions de procureur général.

M. le comte d'Erlon fut nommé, comme nous l'avons déjà dit, gouverneur général. M. Lepasquier, préfet du

Finistère, quitta sa préfecture pour prendre l'emploi d'intendant civil. M. le contre-amiral de la Bretonnière eut le commandement de la marine. Une ordonnance du 10 août régla qu'il aurait sous ses ordres un adjudant du grade de capitaine de frégate ou de corvette, un sous-adjudant lieutenant de vaisseau, un lieutenant de vaisseau chargé des mouvements du port. Le service administratif de la marine fut confié, sous les ordres du contre-amiral, à un commissaire de la marine assisté d'un commis principal et de deux commis entretenus. Dans chacune des résidences d'Oran et de Bône, le service maritime fut confié, toujours sous les ordres du contre-amiral, à un lieutenant de vaisseau chargé des mouvements, et à un commis principal assisté d'un commis entretenu.

M. Blondel fut nommé directeur des finances. M. Bondurand resta intendant militaire jusqu'à sa mort, qui arriva dans le mois de février 1835. Il eut pour successeur M. Melcion d'Arc. M. Vallet de Chevigny fut nommé secrétaire du Gouvernement, et dut contresigner les arrêtés en cette qualité.

Le gouverneur général et les nouveaux fonctionnaires arrivèrent à Alger à la fin de septembre 1834.

L'ex-agha Hamdan et le maure Ahmed-Bouderbah étaient rentrés à Alger depuis quelque temps avec l'autorisation du ministre. Le dernier qui, comme nous le savons déjà, était un homme de beaucoup d'esprit, s'était fait quelques amis puissants à Paris. La manière remarquable dont il avait parlé devant la grande commission d'Afrique, présidée par M. Decazes, et les bons renseignements qu'il y avait fournis avaient dû, je l'avoue, donner une opinion assez favorable de sa personne. Aussi, était-il parti de Paris avec la certitude d'obtenir de l'emploi à Alger; mais, non content de cette assurance, il voulut profiter des préventions de la nouvelle administration contre tout ce qui existait en Afrique, pour se faire une part aussi large que possible. Il dirigea principalement ses attaques contre le bureau arabe, dont il convoitait la direction. Hamdan et Ben-Omar, aussi désireux de pouvoir, mais moins adroits que lui, se mirent également à circonvenir le gouverneur. Ils employèrent, pour attirer son attention, les ruses les plus grossières, qui auraient mérité un sévère châtiment. Ils poussèrent l'insolence jusqu'à lui présenter comme des Arabes d'importance, et qui, grâce à eux, consentaient à nous servir, quelques misérables obscurs qu'ils avaient revêtus d'habits d'emprunt. Le comte d'Erlon aurait été la dupe de cette jonglerie sans le général Voirol. L'audace de ces deux intrigants ne fut pas punie; mais le comte d'Erlon apprit à se méfier d'eux, et le leur montra tant qu'il conserva le souvenir de cette aventure. Nous reviendrons, dans le livre suivant, sur les intrigues des Maures, lorsque nous parlerons des affaires arabes.

Les nouveaux tribunaux furent installés en grande pompe dans le mois d'octobre. M. Laurence prononça à cette occasion un fort beau discours, où l'on remarqua plusieurs passages encourageants pour l'avenir de la colonie. Il s'étendit beaucoup sur les devoirs du magistrat, sur la rigidité de mœurs qui lui est nécessaire pour arriver à cette considération personnelle dont il a plus besoin que tout autre fonctionnaire.

Le cadi Ben-Djadoun, nommé par le général Voirol, ayant la vue tellement fatiguée qu'il lui était impossible de se livrer à l'examen des actes qui lui étaient présentés, fut remplacé par Sid-Aoued-ben-Abd-el-Kader, à qui ce général avait destiné l'emploi de muphti, qui resta à Sid-Mustapha-ben-el-Kebabty. L'ancien cadi Abd-el-Aziz quitta Alger et se retira à Alexandrie. Le ministre, ou plutôt ses commis, avaient eu quelques velléité de le réintégrer dans ses fonctions. Trompés par de faux rapports, ils pensaient que cette réintégration donnerait à la nouvelle administration beaucoup de popularité aux dépens de l'ancienne. Mais il était tellement impossible de ne pas voir sur les lieux la vérité dans tout son jour, que le comte d'Erlon s'y opposa.

Sid-Ahmed-ben-Djadoun, dont on n'avait qu'à se louer, fut nommé assesseur au tribunal supérieur. Les Maures qui furent nommés aux mêmes fonctions en même temps que lui, ne justifièrent pas tous la confiance qu'on leur montra. L'un d'eux, Ben-Négro, se rendit même coupable, peu de temps après sa nomination, d'une escroquerie commise au préjudice de Ben-Mustapha-Pacha, fils du dey de ce nom. Cet homme avait été nommé sur la recommandation de Bouderbah, malgré les renseignements fournis sur son compte par le bureau arabe, qui fit connaître la perversité des principes et la honte des antécédents de ce personnage, appelé à l'honneur de siéger à côté des magistrats français, et qu'il fallut bientôt destituer.

Un long arrêté du ministre de la guerre, du 1ᵉʳ septembre 1834, avait déterminé les attributions du gouverneur général, des hauts fonctionnaires civils placés sous ses ordres, et du conseil d'administration. La part du gouverneur fut assez large en apparence, mais ces mots de l'ordonnance du 22 juillet, *le gouverneur exerce ses pouvoirs sous les ordres et la direction du ministre de la guerre,* voulaient-ils dire que ce gouverneur devait en tout attendre l'impulsion de Paris, ou que les limites de ses attributions lui étant une fois tracées, c'était à lui de se mouvoir dans ce cercle comme il l'entendrait? La lecture attentive que nous avons faite de l'arrêté du 1ᵉʳ septembre, nous porte à croire que c'est dans ce dernier sens qu'il devait être interprété. M. le comte d'Erlon, dans le cours de son administration, ne fut pas toujours de cet avis, car on l'entendit souvent se plaindre d'avoir les mains liées. C'est du reste une excuse fort commode, et à laquelle on a souvent eu recours à Alger. Peu de gens savent accepter la responsabilité de leurs actes, et la plupart aiment mieux faire le sacrifice de l'indépendance de leur position que de l'assumer. C'est-à-dire, en d'autres termes, que peu d'hommes sont nés pour commander.

L'arrêté ministériel dont nous venons de parler, et un autre de la même date, qui régla les formes de l'administration civile et de l'administration municipale, servirent de base, dans ces matières, aux principaux actes de l'administration du comte d'Erlon, lesquels n'en sont que des paraphrases.

Le 20 octobre, un arrêté du gouverneur fit connaître les attributions des trois hauts fonctionnaires de l'ordre civil. Celles de l'intendant civil furent analogues aux attributions d'un préfet en France ; le procureur général fut chargé de tout ce qui est relatif au service de la justice ; et le directeur des finances réunit dans ses attributions les domaines, les douanes, les postes, les contributions, enfin, toutes les branches du revenu public. Le lecteur n'oubliera pas, sans doute, que, dès 1830, le général Clauzel avait divisé en trois branches les services civils, comme ils le furent par la nouvelle organisation.

L'arrêté ministériel du 1er septembre donna à l'intendant civil l'ordonnancement de toutes les dépenses publiques, autres que celles qui s'appliquent à la solde de l'armée de terre et à celle de mer, et aux services des administrations militaires ou maritimes. Il dut sous-déléguer au directeur des finances les crédits affectés aux dépenses des services dont celui-ci avait la direction.

Les trois actes les plus marquants de l'administration civile du comte d'Erlon furent l'établissement d'un régime municipal, la division en communes de la banlieue d'Alger, et la création d'un collége dans cette ville, toutes mesures ordonnées par l'arrêté ministériel du 1er septembre.

L'arrêté du gouverneur qui organise la municipalité d'Alger est du 18 novembre 1854. Cette municipalité se composa d'un maire et d'un conseil municipal de dix-neuf membres, dont dix français, six musulmans et trois juifs. Les adjoints furent choisis parmi les membres du conseil. Ils furent au nombre de trois, un de chaque nation. Les membres du conseil municipal furent nommés pour un an par le gouverneur. L'arrêté ministériel, relatif à l'administration municipale, détermina les branches des revenus des communes et les dépenses qu'elles durent supporter. Les recettes se composèrent des produits des divers droits semblables ou analogues à ceux qui, en France, font partie des revenus des communes, tels que l'octroi et autres, des revenus des biens communaux, et de quelques autres produits plus particuliers à Alger, comme la ferme du Mézouar et les revenus de la dotation des fontaines. Les dépenses municipales furent à peu près les mêmes qu'en France ; elles comprirent, en outre, le traitement des maires et adjoints, lorsqu'il leur en fut alloué, et l'entretien des fontaines, dont les revenus formèrent une des principales branches des revenus communaux. Les attributions du conseil municipal furent celles qui étaient conférées, en France, aux corps constitués sous la même dénomination, par la loi du 28 pluviôse an 8 et les règlements postérieurs, antérieurement à la loi du 21 mars 1831. La commune d'Alger est la seule qui fut constituée sur les bases de l'arrêté ministériel du 1er septembre.

Le budget de cette commune, tant pour les recettes que pour les dépenses, dut être établi par le conseil municipal, examiné par le conseil d'administration, et arrêté définitivement par le gouverneur général.

Quelques personnes, considérant que la partie la plus forte des dépenses civiles de la régence était alors relative à la ville d'Alger, et que cette ville et sa banlieue étaient, au résumé, ce qu'il y avait de plus positif dans les possessions françaises du nord de l'Afrique, dirent et firent imprimer que séparer le budget d'Alger du budget général, c'était prendre le principal pour l'accessoire et compliquer fort inutilement les rouages de l'administration. Ces personnes avaient oublié sans doute que cette combinaison offrait l'immense avantage d'affranchir une bonne partie des affaires locales du contrôle, toujours gênant et souvent peu éclairé, de Paris, et de permettre de consacrer aux besoins de la localité une portion considérable des revenus qui était versée auparavant au trésor. Mais un résultat fâcheux de l'établissement de la commune d'Alger, résultat qui, du reste, ne tenait pas à l'institution, fut l'obligation où M. Lepasquier crut être, pour se conformer strictement à la nomenclature des revenus municipaux insérée dans l'arrêté ministériel du 1ᵉʳ septembre, d'établir plusieurs droits qui n'existaient pas avant lui, et qui, portant sur des objets de consommation journalière, augmentèrent la cherté, déjà si grande, de la vie animale. En effet, on établit, sous le comte d'Erlon, des droits de place sur les marchés de comestibles, de bois, de charbon, de paille, de foin, et sur le marché aux bestiaux ; des droits d'attache pour les bêtes de somme des paysans qui approvisionnent la ville ; des droits d'attache pour les navires qui mouillent dans le port ; des droits sanitaires, de patente, de visite de bâtiments, etc., etc. On conçoit qu'en définitive, c'est le consommateur qui paie tout cela, et que ce n'était pas un moyen d'attirer du monde à Alger que d'y faire monter les denrées hors de prix.

Le fhas, ou banlieue d'Alger, fut divisé en neuf communes rurales, par arrêté du gouverneur, du 22 avril 1835, savoir :

La Pointe-Pescade, qui est la partie basse du quartier de Bouzaréa (1) ;

Le Bouzaréa, qui est la partie haute du même canton ;

Dely-Ibrahim, comprenant le quartier de Beni-Messous, celui de Zouaoua, et une partie de celui d'Oulad-Fayed dans le Sahel ;

Mustapha, qui n'est autre chose que le quartier d'Hamma, dénomination qu'on aurait tout aussi bien fait de conserver ;

---

(1) Voyez le livre III.

El-Biar, comprenant le terrain entre le fort de l'Empereur, Dely-Ibrahim et Bir-Madreïs ;

Bir-Madreïs, comprenant la partie de Bir-Kadem qui touche à Mustapha ;

Bir-Kadem, comprenant l'autre partie du quartier du même nom ;

Kadous, comprenant une grande partie du quartier d'Aïn-Zeboudja ;

Kouba, comprenant le quartier du même nom.

Aux termes de l'arrêté du 25 avril, il y eut, dans chaque commune rurale, un maire français et deux adjoints, dont un dut être indigène. Les maires eurent dans leurs attributions la tenue des registres de l'état civil, la police municipale, la police rurale, l'emploi de la force publique de la commune, et tous les détails qui se rattachent à l'administration proprement dite des communes. Ils durent délibérer, avec leurs deux adjoints, sur toutes les questions qui sont en France dans les attributions des conseils municipaux.

Le 25 mai, le gouverneur établit cinq nouvelles communes qui furent *Hussein-Dey*, *Bir-Touta*, *Déchioua*, *Douéra* et *Masafran*. Ces communes n'eurent guère qu'une existence nominale. La population européenne de la commune de Hussein-Dey était fort peu de chose. Elle était nulle à Bir-Touta et à Déchioua ; on ne trouvait à Douéra que les cabaretiers du camp ; enfin, on peut dire qu'il n'y avait aucune espèce de population dans la commune de Masafran.

Le 29 avril, un arrêté du gouverneur régla que la police rurale des communes se ferait, concurremment avec les gardes champêtres qui pourraient être ultérieurement établis, par les agents du kaïd El-Fhas; c'est du reste ce qui avait déjà lieu.

Le collége d'Alger fut établi dans le mois d'avril 1835, On y donne l'enseignement universitaire.

La police fut réorganisée par un arrêté du 21 décembre, qui supprima l'emploi de chef de service de la police, lequel avait existé sous diverses dénominations depuis la conquête, et institua deux commissaires de police ordinaires. La ville d'Alger fut divisée pour ce service en deux arrondissements. La police a fourni matière à plusieurs arrêtés sous l'administration du comte d'Erlon. Les plus remarquables sont ceux qui furent rendus pour entraver le droit de port d'armes, et dans l'un desquels on remit en vigueur, au grand ébahissement des habitants d'Alger, une déclaration de Louis XV de 1728.

Par une malheureuse coïncidence, ces arrêtés parurent à une époque où, par suite de la direction donnée aux affaires, les Arabes hostiles venaient égorger les colons dans l'intérieur de nos lignes. La déclaration de 1728 n'en figure pas moins dans les actes imprimés du Gouvernement, où, si elle ne donne pas la preuve de l'esprit d'opportunité de M. Lepasquier, elle fournit du moins celle de son érudition administrative.

Le 6 décembre parut un arrêté qui ordonnait le recensement de tous les individus, sans moyens d'existence connus, habitant les villes d'Alger, Bône, Oran, Bougie et Mostaganem, pour que le gouverneur pût en ordonner l'expulsion, ainsi qu'il en avait le droit. Le même arrêté renferme des dispositions contre l'introduction dans la colonie de gens que l'autorité pourrait se voir dans la nécessité d'en éloigner plus tard.

Le 5 janvier 1835, un arrêté du gouverneur institua, à Bône et à Oran, des commissions provinciales, chargées de donner leur avis sur les questions de localité, et même sur les questions d'intérêt général, ainsi que sur celles qui seraient relatives au contentieux administratif. Ces commissions se composèrent du général commandant les troupes, président, du sous-intendant civil, du sous-intendant militaire, du substitut du procureur du roi, de l'agent supérieur des domaines, et de l'agent supérieur des douanes. Un second arrêté, du 5 janvier, régla la forme des recours au conseil d'administration des arrêtés de l'intendant ou des sous-intendants civils.

Le service des eaux était toujours en souffrance. Ce service qui se faisait si bien sous les Turcs, qui était si bien assuré par l'*Amin-El-Aïoun*, n'avait pas encore pu l'être par nous. Il venait de passer tout nouvellement des mains de l'administration des ponts et chaussées dans celles de la municipalité d'Alger; mais ce changement ne l'avait pas amélioré. Le 1er juillet, un arrêté du gouverneur établit une commission spéciale chargée de le surveiller, et d'administrer les biens des fontaines. Ce même arrêté porta des peines d'emprisonnement et d'amende contre les contraventions et délits relatifs à la conservation des fontaines.

Un arrêté du 30 mars porta à neuf le nombre des membres de la chambre de commerce d'Alger, dont sept français, un maure et un juif. Il régla que cette chambre serait renouvelée tous les ans par tiers, et que les nominations auraient lieu dans une assemblée composée des membres du tribunal de commerce, de dix commissaires délégués par le conseil municipal et pris dans son sein, des membres de la chambre de commerce, et de dix-sept notables commerçants, dont dix désignés par le conseil municipal, dix par le tribunal de commerce, et sept par la chambre de commerce.

Je passe sous silence quelques autres arrêtés d'un intérêt secondaire, rendus sur la proposition de M. Lepasquier, et que le lecteur curieux de ces sortes de détails peut lire dans le Bulletin officiel des actes du Gouvernement, créé par arrêté du gouverneur général du 20 octobre 1834.

L'ordonnance du 10 août avait organisé l'administration de la justice d'une manière assez complète, pour que de longtemps il n'y eût plus de nouvelles dispositions à prendre sur cette importante matière. Cependant il était nécessaire de régler l'exercice et la discipline de la profession d'avocat. Il aurait été à désirer peut-être que cette plaie des sociétés européennes eût été éloignée de nos nouveaux établissements avec autant de soin que nous en mettons à repousser la peste, ce fléau bien moins redoutable de l'Orient. Mais enfin puisque nos malheureuses habitudes ne le permettaient pas, il fallait au moins diminuer le mal autant que possible. Il existait à Alger une foule de prétendus avocats qui n'offraient pas même les garanties de connaissances spéciales des véritables membres du barreau, et qui n'avaient de commun avec eux que le désir de voir le monde entier en procès (1). Ces gens-là s'étaient de plus constitués agents

---

(1) Je prie le lecteur de considérer que je ne parle ici que de la profession et non des individus. De même qu'il y a des vertus d'état, il y a des vices d'état. C'est la faute de la société et non celle de l'individu.

d'affaires pour les achats d'immeubles, et il leur arrivait souvent d'acheter des droits litigieux, ou qu'ils étaient parvenus à faire considérer comme tels à leurs clients. Enfin, le vaste champ ouvert à la chicane dans un pays où la série des fautes que nous avons si souvent signalées avait jeté la plus grande incertitude dans la propriété, attirait journellement en Afrique une foule de légistes qui espéraient s'y créer, aux dépens des plaideurs, une fortune et une position que la médiocrité de leurs talents ne leur permettait pas d'espérer en France. Tout cela n'échappa point à M. Laurence. Ce magistrat, qui sortait lui-même du barreau, devait connaître plus que tout autre les abus de la profession, et personne n'était plus en position que lui d'élever la digue qu'il convenait de leur opposer. C'est ainsi que les vieilles femmes galantes sont celles qui savent le mieux garder la vertu de leurs filles. En conséquence, il rédigea un arrêté qu'il fit signer, le 27 janvier, à M. le gouverneur général, et qui contient les dispositions suivantes :

Les légistes, chargés de représenter les parties devant les tribunaux des possessions françaises du nord de l'Afrique, eurent le titre de défenseurs. Ils réunirent les attributions des avocats et celles des avoués dans les limites établies par le mode de procédure adopté dans l'Algérie. Leur nombre fut fixé à douze pour Alger, à quatre pour Bône et à trois pour Oran. Ils furent nommés et commissionnés par le gouverneur général. Ils durent être licenciés en droit, et produire des attestations de moralité délivrées par les autorités des lieux où ils résidaient avant de venir en Afrique. Ils furent assujettis en outre à un cautionnement de 8,000 francs pour Alger, et 3,000 francs pour Bône et Oran. Ce cautionnement dut appartenir en propre aux titulaires, et son effet cesser aussitôt qu'il apparaîtrait un bailleur de fonds, ou des actes d'opposition ou jugements qui en affecteraient l'intégrité. Il demeura affecté spécialement et par privilége à la garantie des créances et répétitions résultant d'abus ou prévarication dans l'exercice de la profession.

Les discussions sur la quotité des honoraires dus aux défenseurs durent être jugées en chambre du conseil par le tribunal. Sous aucun prétexte, il ne put être porté des droits ou vacations quelconques résultant des applications des tarifs de France. Chaque année le procureur général dut désigner, à tour de rôle, un défenseur chargé gratuitement de fournir des consultations aux indigents, et de défendre au besoin leurs intérêts civils.

Il fut interdit aux défenseurs de se rendre directement ou indirectement adjudicataires des biens, meubles ou immeubles, dont ils seraient chargés de poursuivre la vente ; de se rendre cessionnaires de droits litigieux ; de faire avec leurs parties des conventions pour une participation quelconque aux résultats du procès; et de former aucune association pour la défense, soit entre eux, soit avec des tiers. Les peines encourues par les défenseurs, selon la gravité des cas, furent : le rappel à l'ordre, la réprimande, la suspension pour six mois au plus, et la révocation. Afin de ménager quelques positions individuelles, l'arrêté du 27 janvier régla que pour la première fois seulement, sans égard à la limitation de nombre, pourraient être commissionnés défenseurs les individus exerçant cette profession dans la Régence au moment de la promulgation de l'arrêté, s'ils réunissaient les conditions requises pour être, en France, admis comme avoués devant un tribunal de première instance, ou s'ils avaient, pendant six ans au moins, siégé comme juges ou suppléants dans un tribunal colonial ou de commerce.

L'arrêté du 27 janvier régla aussi l'exercice de la profession d'huissier, qu'elle assujettit à un cautionnement de 4,000 francs pour Alger, et de 2,000 francs pour Bône et Oran.

Dans le premier mois de son administration, M. le comte d'Erlon se montra très-opposé aux prétentions d'Abd-el-Kader et à la politique adoptée par le général Desmichels à l'égard de ce chef arabe. Aussi, sur le bruit assez généralement répandu que l'émir de Mascara voulait établir, par le golfe du Rachgoune des relations commerciales avec Gibraltar et l'Espagne, il rendit, le 27 novembre, sur la proposition de M. Blondel, directeur des finances, un arrêté qui défendit toutes importations et exportations de marchandises françaises, étrangères ou africaines, par d'autres ports que par ceux qui étaient occupés par nos troupes, à moins d'une autorisation spéciale. Les contrevenants furent déclarés passibles de la confiscation des bâtiments et des marchandises, en exécution des dispositions de la loi du 21 septembre 1793. La marine fut chargée de surveiller les ports par où le commerce interlope pourrait être tenté. Les sandales (1) maures conservèrent le privilége de faire le cabotage dans les eaux de la Régence.

Le 8 décembre, la perception de toutes les contribu-

---

(1) Petits bâtiments assez semblables à nos *tartanes*.

tions (1) fut confiée à l'administration des douanes, à partir du 1ᵉʳ janvier 1835. Cette administration prit la dénomination d'administration des douanes et des contributions diverses. Le 5 janvier, la douane fut établie à Bougie et à Mostaganem, et il fut réglé que toutes les exceptions relatives aux services financiers établis pour ces deux places cesseraient d'avoir leurs effets et que tous les droits y seraient perçus d'après les règles admises pour les autres points de nos possessions. Comme il ne se faisait aucune espèce de commerce à Mostaganem, l'administration ne tarda pas à s'apercevoir que c'était une duperie que de vouloir y établir un service de douane qui n'aurait pas même perçu de quoi couvrir les frais de son personnel, et l'arrêté du 5 janvier resta quelque temps sans application, en ce qui concerne cette ville. La douane d'Arzew, qui avait été établie sous le général Voirol, n'avait rapporté que 15 francs dans les huit premiers mois de son établissement, et coûtait près de 500 francs par mois.

Un premier arrêté du 5 janvier avait rendu uniformes, pour Oran, Bône et Alger, les impôts qui jusque-là avaient présenté quelques différences dans le taux et la perception dans chacune de ces villes. Tout fut ramené aux règles établies pour Alger. Enfin, le 23 avril, un arrêté du gouverneur général déclara applicable aux possessions françaises du nord de l'Afrique, la législation française sur les douanes, en ce qui concerne les divers cas de fraude ou de contravention, leur constatation, la

---

(1) Il n'y avait à Alger que les patentes et des contributions indirectes.

rédaction des procès-verbaux, la suite à leur donner, la compétence des tribunaux et la pénalité, en tout ce qui n'est pas prévu par des arrêtés spéciaux. Ces dispositions furent aussi rendues applicables aux contributions directes.

Le 4 mars, une ordonnance du roi régla que les cautionnements seraient versés à la caisse du trésorier-payeur à Alger, et qu'ils seraient productifs de l'intérêt de 4 pour 100 fixé par la loi du 28 avril 1816. Les dépôts et consignations continuèrent à être versés à la caisse de l'administration des domaines. Cette administration ayant perdu, par l'arrêté du 8 décembre 1854, la perception des contributions diverses, dut prendre la qualification d'administration de l'enregistrement et des domaines, au lieu de celle d'administration des domaines et droits réunis qui lui avait été donnée par arrêté de M. Pichon.

Le dernier acte de l'administration de M. le comte d'Erlon fut un arrêté, du 21 juillet 1835, qui ordonnait à tous les habitants d'Alger, de dix-huit à cinquante ans, de se faire inscrire pour le service de la garde nationale, sans distinction d'Européens et d'indigènes. Cette mesure, qui avait besoin d'être préparée et étudiée, passa au conseil sur la proposition de M. Lepasquier, sans qu'on en eût discuté la portée. Elle fit naître un peu d'agitation en ville, et lorsqu'on parla au comte d'Erlon de l'effet qu'elle avait produit, il parut surpris de l'extension de cet arrêté qu'il avait cependant signé, mais qu'il ne croyait pas applicable aux indigènes. Telle est malheureusement la légèreté avec laquelle les hommes haut placés traitent souvent les affaires les plus importantes.

LIVRE XVI.

Premiers actes de l'administration du comte d'Erlon dans ses relations avec les Arabes. — Intrigues de quelques Maures d'Alger.— On envoie des troupes au marché de Bouffarik. — Bons résultats de cette mesure. — État satisfaisant du pays. — Le lieutenant-colonel Marey est nommé agha des Arabes. — Changement dans la politique arabe. — Guerre contre les Hadjoutes. — Troubles sur plusieurs points. — Événements de Bougie. — Prétendue paix avec les Kbaïles. — Le général Desmichels quitte Oran. — Abd-el-Kader envahit la province de Titteri et une partie de celle d'Alger. — Concessions que lui fait le comte d'Erlon. — La guerre recommence. — Combat de Muley-Ismaël. — Défaite de la Macta. — Départ du comte d'Erlon.

Les premiers actes du comte d'Erlon purent faire croire qu'il avait adopté, à l'égard des Arabes, le système de conciliation du général Voirol, dégagé de ce que celui-ci y avait introduit d'hésitation et de faiblesse. Malheureusement, le nouveau gouverneur était un homme facile à circonvenir, et dont les idées recevaient de leur confusion une grande mobilité. Chacun chercha à s'emparer de son esprit et à prendre une petite part aux affaires.

Nous avons parlé, dans le livre précédent, des ruses grossières employées par quelques Maures pour se donner de l'importance à ses yeux. Les premières attaques, dirigées contre le bureau arabe, ayant échoué, les intrigants se mirent à dénoncer les kaïds pour les faire remplacer par des hommes à leur dévotion. Hamdan, l'ex-agha, voulait faire nommer, à Beni-Mouça, Bou-Rebaah, homme immoral, destitué par le général Voirol et remplacé par Ali-ben-el-Khasnadji. Tout fut mis en œuvre pour amener ce changement ; mais El-Khasnadji, soutenu par le général Voirol, résista à toutes ces attaques et triompha des machinations de ses ennemis.

Les arrivages des huiles d'Isser, d'Ammal et d'Oued-Zeithoun ayant éprouvé quelque interruption, on mit à profit cette circonstance pour attaquer le kaïd de Khachna, El-Arbi-ben-Kaïa. Chacun présenta son candidat, comme le seul qui pût rendre au commerce toute son activité. Ben-Omar mit en avant un homme obscur et sans influence. Un médecin anglais établi à Alger, et qui avait eu quelque crédit auprès du duc de Rovigo, voulut aussi se mêler de cette affaire. Mais les arrivages des huiles ayant tout naturellement repris leur cours, les intrigues cessèrent. Le candidat de Ben-Omar ayant insulté le kaïd, fut mis en prison, et tout rentra dans l'ordre.

Le comte d'Erlon, débarrassé pour un temps de ces obsessions, se mit à étudier un peu le pays. Il se fit rendre compte de ce qui s'était passé à Bouffarik, dans le mois de juillet précédent, et convaincu de la nécessité d'y faire respecter l'autorité française, il y envoya, tous les lundis, quelques compagnies dont la présence rendit facile aux Européens la fréquentation du marché. Il se détermina bientôt à faire occuper ce point d'une manière permanente. Cette mesure rencontra de nombreux contradicteurs. Le ministère eut de la peine à consentir aux dépenses, bien faibles cependant, qu'elle devait entraîner. A Alger même, quelques personnes la regardaient comme destructive du marché, et, par conséquent, de tout le commerce des Beni-Khelil. Les faits prouvèrent que ces craintes n'étaient point fondées ; le marché de Bouffarik ne fut point abandonné. Le camp qu'on y construisit prit le nom de camp d'Erlon. Il consista en une enceinte rectangulaire bastionnée, et en un vaste réduit en pierre où l'on bâtit des casernes et des écuries.

Les mesures prises par le comte d'Erlon ayant fait penser aux Arabes qu'il se proposait de les traiter avec fermeté, quoique avec douceur, toutes les petites perturbations qui avaient été la suite naturelle de l'événement du mois de juillet, cessèrent tout-à-coup, et les choses reprirent le cours qu'elles avaient quelques mois auparavant. Les Européens se répandirent de nouveau dans la plaine ; enfin, la situation politique du pays fut, pendant quelque temps, assez satisfaisante. Pour consolider cet état de choses, le comte d'Erlon crut devoir nommer un agha des Arabes. Il fit choix de M. Marey, qui venait d'être nommé lieutenant-colonel, commandant le corps des spahis réguliers alors en organisation. Cet officier venait de passer huit mois à Paris et était signalé, par l'opinion des personnes importantes qu'il y avait vues, comme très-propre à remplir ce poste. C'est ce qui détermina le choix du comte d'Erlon. Cette mesure entraînait naturellement la dissolution du bureau arabe, qui cessa d'exister le 20 novembre 1835.

Le chef de ce bureau employa les huit derniers jours de sa gestion à parcourir le pays, sans autre escorte que les Arabes eux-mêmes, afin de constater l'état pacifique des tribus. Il vit à Coléah, chez le marabout Sidi-Mohammed, les principaux Hadjoutes qui se plaignirent de l'inaction de leur kaïd, que l'amour d'une jeune femme absorbait au point de lui faire négliger ses devoirs. Une nouvelle réunion fut désignée à Mocta-Kera, à quelques jours de là, pour aviser aux moyens de remédier à un état de choses qui, laissant le champ libre aux malfaiteurs, pouvait compromettre toute la tribu. En effet, un vol de bœufs avait été commis dans le Sahel, et personne n'avait eu autorité pour poursuivre les coupables, qui étaient connus et qui furent désignés par les Hadjoutes eux-mêmes. La dissolution du bureau arabe ayant été prononcée sur ces entrefaites, la suite de cette affaire revenait naturellement au nouvel agha ; mais le comte d'Erlon crut devoir la confier à MM. Vergé et Allégro, sortant tous deux de ce bureau. Ces deux officiers se rendirent auprès des Hadjoutes, et après qu'il eut été bien reconnu que l'inaction de Kouider ne permettait pas de lui continuer ses fonctions, on proposa de nommer à sa place Mohammed-ben-el-Hadji-Rebah, propriétaire d'Haouch-el-Hadji, jeune homme brave et actif, qui avait une foule de partisans. L'affaire allait se conclure, lorsque des amis de l'agha, plus zélés qu'éclairés, vinrent dire que ces deux officiers agissaient sans ordre, et qu'on ne devait ajouter aucune foi à leur parole. Les Hadjoutes crurent voir alors qu'il n'y avait plus à Alger unité de commandement, et qu'on s'y disputait la direction des affaires arabes. Quelques-uns allèrent même jusqu'à demander aux deux officiers quels avantages ils leur feraient pour les avoir dans leur parti contre l'agha. Cette affaire aurait dû, sans doute, être conduite plus régulièrement qu'elle ne le fut ; mais, enfin, il aurait été à désirer qu'elle eût été conclue d'une manière ou d'une autre. L'autorité française, dans quelques mains qu'elle se trouvât, étant prévenue que les Hadjoutes étaient de fait sans chef et qu'ils en souhaitaient un de réel, il était de son devoir d'y pourvoir ; c'est ce qu'elle ne fit pas.

Les Hadjoutes, présomptueux et moqueurs, se permirent contre l'agha des plaisanteries déplacées. D'un autre côté, bien des gens étaient las d'être en paix. On saisit donc avec empressement le prétexte des bœufs volés dans le Sahel pour finir, par la voie des armes, une affaire qui aurait pu se terminer autrement.

Le 5 janvier, quatre bataillons, les zouaves, les chasseurs d'Afrique, les spahis réguliers, quatre obusiers de montagne et deux pièces de campagne, se réunirent à Oulad-Mendil, en avant de Douéra. Le même jour, qui était un lundi, le colonel Marey se présenta au marché de Bouffarik avec quelques troupes, et fit arrêter deux Hadjoutes qui s'y trouvaient. Un des deux était un homme à qui le général Voirol avait eu occasion de rendre service, et qui, depuis cette époque, n'avait laissé échapper aucune occasion de nous être utile. Il fut conduit à Alger avec son compagnon, et mis en prison. Au bout de deux mois de captivité, ils parvinrent à s'évader.

Cette arrestation de deux hommes, qui se reposaient sur la foi des conventions existantes, était peu loyale sans doute; mais elle prévint un acte qui l'aurait été encore moins, c'est-à-dire une surprise en pleine paix d'une tribu dans le moment inoffensive. En effet, les Hadjoutes, avertis par ce qui s'était passé à Bouffarik, se tinrent sur leurs gardes, et lorsque les troupes françaises se présentèrent sur leur territoire, le 6 au matin, ils avaient mis leurs personnes et leurs troupeaux en sûreté. Le général Rapatel, qui commandait cette expédition, divisa ses forces en deux colonnes, et battit le pays dans tous les sens, dans les journées des 6 et 7. Dans la nuit du 7, il se porta sur la tribu des Mouzaïa, que l'on crut devoir mettre aussi dans la querelle. Au point du jour, il attaqua un de leurs villages, situé dans une des gorges de l'Atlas. Il y eut là un engagement assez vif, dans lequel le colonel Marey fut blessé. Les deux colonnes allèrent, le 8, coucher sur les bords de la Chiffa, poursuivies par les Hadjoutes et les Mouzaïa. Le 9, elles rentrèrent à Bouffarik, d'où les troupes reprirent, le lendemain, la route de leurs cantonnements.

Ainsi recommença la guerre contre les Hadjoutes, guerre dans laquelle nous avions plus à perdre qu'à gagner. Depuis cette époque, cette tribu, qui comptait au plus 500 cavaliers, brava notre autorité, nous tua plus de monde que nous ne lui en tuâmes, et reprit constamment, à nous ou à nos alliés, le double du bétail que nos expéditions lui faisaient perdre. Loin de diminuer, elle augmenta chaque jour, par l'adjonction des mécontents des autres tribus qui se rendirent sur son territoire (1).

Un mois après notre course chez les Hadjoutes, ils voulurent nous rendre la visite que nous leur avions faite. A cet effet, ils envoyèrent environ 150 cavaliers, parmi lesquels se trouvait un déserteur français. Ce parti balaya, comme un orage, la route de Dely-Ibrahim à Douéra, tua des voyageurs et des militaires isolés, et se retira après avoir échangé quelques coups de fusil avec un camp de travailleurs établi à Baba-Hassan pour les travaux de la route. Il fit dans le Sahel un butin consi-

---

(1) Les Hadjoutes furent la matière ordinaire des bulletins. Le *Moniteur algérien* en tua plus qu'il n'en avait existé.

dérable. Une forte reconnaissance, conduite par le général Rapatel, partait ce jour-là de Bouffarik pour aller visiter les bords du Masafran, où l'on désirait établir un poste. Le hasard aurait pu la faire rencontrer avec les Hadjoutes, qui se seraient trouvés pris dans leurs propres piéges ; mais ils furent assez heureux pour passer le gué de Mocta-Kera une heure avant que les Français n'y arrivassent.

Cet événement et quelques autres actes de brigandage commis par les Arabes hostiles répandirent la terreur chez les colons européens. L'effroi fut encore augmenté par la publication maladroite de plusieurs ordres du jour, où l'on recommandait de telles précautions, que le mal parut à tous plus grand qu'il ne l'était en réalité. Le comte d'Erlon vit bien qu'il s'était engagé dans une fausse voie. Les réflexions qu'il fit à ce sujet furent, sans aucun doute, au nombre des causes qui le déterminèrent à céder en tout aux Arabes sur les autres points de son gouvernement. C'est ainsi que, chez les hommes faibles, l'aveu intérieur d'une faute ne sert qu'à leur en faire commettre une nouvelle, dans un autre sens.

Les courses des Hadjoutes firent comprendre que la route de Dely-Ibrahim à Douéra était mal défendue. Pour la couvrir du mieux qu'il serait possible, on établit un camp d'un bataillon à Maalema.

Cependant les actes de l'administration avaient indisposé bien des gens ailleurs que chez les Hadjoutes. Les Arabes qui, sous le général Voirol, avaient été traités avec affabilité et tout à fait en compagnons et camarades, avaient pris goût à cet état de choses, et ne se souciaient plus des formes turques que l'on affectait avec eux. Plusieurs d'entre eux cessèrent de venir à Alger, et prirent même parti contre nous. De ce nombre fut le kaïd de Beni-Khelil, El-Arbi-ben Brahim, qui se mit dans les rangs des Hadjoutes à l'expédition du mois de janvier. On le remplaça par Ali-Bouchicha, cheikh d'Oulad-Chebel. Presque tous les cavaliers du Merdjia et plusieurs de Beni-Mouça suivirent l'exemple d'El-Arbi. A peu près à la même époque, un navire sarde fit naufrage près du cap Bengu. L'équipage arriva à terre sain et sauf; mais il tomba entre les mains des gens d'Isser qui ne voulurent pas le lâcher sans une forte rançon. Cette insolence, qui aurait mérité un châtiment exemplaire, glissa sur l'âme du comte d'Erlon. L'argent destiné à racheter ces malheureux fut fourni par le consul de Sardaigne, et porté aux gens d'Isser par un officier d'état-major. L'humanité exigeait sans doute que ces naufragés fussent d'abord délivrés; mais après, il fallait apprendre à la tribu d'Isser qu'elle ne mettrait pas impunément à composition le gouverneur général des possessions françaises dans le nord de l'Afrique. Cet utile enseignement ne lui fut pas donné. Ainsi, tandis que le comte d'Erlon tourmentait les Hadjoutes pour quelques bœufs volés par des individus isolés de cette tribu, il laissait en paix les Isser qui avaient volé des hommes.

Vers la fin de mars, les Hadjoutes, au nombre de deux à trois cents, vinrent faire une démonstration sur le camp de Bouffarik. Pendant qu'une partie d'entre eux occupait l'attention de nos troupes, en ripostant bravement à des coups de canon par des coups de fusil, les autres enlevaient du bétail aux gens de Beni-Khelil nos alliés. Après une journée de course et de pillage, ils se retirèrent sur les bords de la Chiffa, où ils avaient un petit camp.

Le lendemain, dans la nuit, le général Rapatel se dirigea sur ce camp avec quelques troupes; mais lorsqu'il y arriva au point du jour, il le trouva évacué. Les spahis réguliers et les chasseurs d'Afrique se mirent à la poursuite des Hadjoutes, qui ne les attendirent pas. Après une course d'une heure, notre cavalerie rentra dans la colonne, qui reprit le chemin de Bouffarik. Les Hadjoutes vinrent alors tirailler avec l'arrière-garde, selon leur habitude. Cette petite expédition fut du reste sans résultat.

Les événements militaires et politiques les plus importants, survenus sous l'administration du comte d'Erlon, se passèrent hors de la province d'Alger.

A Bougie, le Gouraïa fut attaqué le 9 octobre dans la nuit; le poste lança des grenades qui éloignèrent l'ennemi. La fusillade, d'abord assez vive, cessa bientôt.

Le 10, dès le matin, de nombreux groupes de Kbaïles se montrèrent au loin. A huit heures du soir, des fusées lancées du blockhaus de la plaine et de celui de Rouman, annoncèrent l'approche de l'ennemi. Bientôt après, une fusillade très nourrie se fit entendre au camp retranché inférieur; mais au bout de quelque temps, les Kbaïles se portèrent au camp retranché supérieur où se trouvait le colonel Duvivier. Repoussés par le feu de notre artillerie, ils concentrèrent leurs forces autour du blockhaus Salem, qu'ils attaquèrent avec beaucoup d'acharnement. Ce blockhaus se défendit pendant quatre heures, et joncha de morts le terrain qui l'environnait. Les Kbaïles mirent le feu aux fascines et aux gabions de la redoute, mais heureusement l'incendie ne gagna pas le blockhaus. A une heure du matin, les attaques cessèrent, et l'ennemi s'éloigna au point du jour. Le colonel Duvivier, qui n'avait que 600 hommes disponibles, ne put faire de sortie. Les forces des Kbaïles s'élevaient à près de 6,000 hommes.

Il ne se passa rien de remarquable à Bougie, depuis l'attaque du blockhaus Salem jusqu'au 5 décembre. Ce jour-là, l'ennemi parut en assez grand nombre dans la plaine et sur les hauteurs du Moulin. Le colonel Duvivier marcha avec une partie de ses troupes contre ceux qui étaient dans la plaine, et ordonna au 2ᵉ bataillon d'Afrique de manœuvrer de manière à tourner ceux qui étaient sur les hauteurs du Moulin, et à les rejeter sur lui; mais les choses ne se passèrent pas ainsi : les Kbaïles, qui étaient à la position du Moulin, restèrent maîtres de leur retraite, qu'ils opérèrent par le haut de la position. Ceux de la plaine furent culbutés par le colonel Duvivier et chargés par la cavalerie, qui leur tua quelques hommes.

Trois jours après, c'est-à-dire le 8 décembre, le colonel Duvivier sortit de Bougie avec 1,500 hommes environ, et se dirigea vers la vallée de l'Oued-bou-Messaoud, où il pénétra sans résistance. Cette vallée est superbe, bien cultivée, et couverte de nombreuses habitations, dont quelques-unes furent incendiées. Les Kbaïles, postés sur la rive droite de la rivière, commencèrent une assez vive fusillade lorsqu'on en approcha; mais ils s'éloignèrent lorsque les Français la franchirent. Après avoir reconnu la vallée sur les deux rives, le colonel Duvivier commença sa retraite sur Bougie; elle s'effectua avec assez d'ordre. Cependant, deux compagnies du 2ᵉ bataillon d'Afrique, qui avaient mal compris ce qu'elles avaient à faire, furent un instant compromises.

Depuis cette expédition, les Mzaïa observèrent une

sorte de neutralité. Oulid Ourebahh, qui habitait la vallée de l'Oued-bou-Messaoud, comprenant que l'on pouvait venir jusque chez lui, commença à désirer la paix ; mais par ménagement pour son amour-propre, il affecta de ne pas vouloir la demander au colonel Duvivier. Il y avait alors à Bougie un jeune homme, appelé Lowasy, commissaire du roi près la municipalité tout à fait imaginaire de cette ville. Ce fut vers lui qu'il tourna les yeux. Il se mit en relation avec ce personnage par l'intermédiaire d'un certain Médani, Arabe intrigant. M. Lowasy, fier d'avoir enfin quelque chose à faire à Bougie, se hâta d'écrire à l'intendant civil pour lui annoncer qu'il tenait dans ses mains la pacification de la contrée, et que si elle n'avait pas déjà eu lieu, il fallait s'en prendre aux sentiments de haine et d'éloignement que le colonel Duvivier avait eu le malheur d'inspirer aux Kbaïles. L'intendant civil fit part de cette découverte au gouverneur qui, sans plus approfondir la question, autorisa M. Lowasy à traiter, s'il le pouvait, avec Oulid Ourebahh. Muni de cette autorisation, que l'on eut l'inconcevable inconvenance de ne point faire connaître au commandant supérieur de Bougie, M. Lowasy s'embarqua, le 27 mars, sur une chaloupe du port, et se rendit, avec son Arabe, sur un point de la côte où Oulid-Ourebahh l'attendait. Leur conférence avait à peine duré quelques minutes, qu'elle fut interrompue à coups de fusil par des Kbaïles mécontents de ce que l'on voulait faire. Oulid-Ourebahh, qui était bien accompagné, tomba avec ses gens sur ses interrupteurs, et en tua trois à qui il fit couper la tête. Pendant ce combat, M. Lowasy, ne sachant quelle en serait l'issue, avait regagné son embarcation à la nage. En vain Oulid-Ourebahh voulut le rappeler en lui montrant les sanglants trophées de sa victoire, qui étaient en même temps des garanties de sa bonne foi; il n'entendit rien et fit force de rames vers Bougie. Mais un nouveau désagrément l'attendait : le colonel Duvivier avait été informé qu'une chaloupe était sortie du port, et il avait vu de loin un Européen en conférence avec l'ennemi, sans y avoir été autorisé par lui, acte puni de la peine de mort par nos lois. Il fit aussitôt partir une seconde embarcation pour aller arrêter cet Européen. M. Lowasy fut donc saisi et conduit à bord du stationnaire, où il fut détenu pendant quelques heures. Ayant ensuite exhibé les instructions du comte d'Erlon, il fut relâché, et partit immédiatement pour Alger, où il arriva en même temps que le rapport que le colonel Duvivier écrivit au gouverneur sur cette affaire.

Le comte d'Erlon recevant à la fois, sur les mêmes faits, un rapport écrit et un rapport verbal qui devaient nécessairement se contredire sur plusieurs points, fit partir pour Bougie le colonel Lemercier, directeur des fortifications, que la nature toute spéciale de ses fonctions semblait devoir rendre étranger à de pareilles missions. Cet officier supérieur reçut l'ordre d'examiner l'état des choses et de traiter avec Oulid-Ourebahh, si les dispositions de ce cheikh étaient toujours pacifiques. En arrivant à Bougie, il s'aboucha avec lui à l'embouchure de la Summan. Oulid-Ourebahh déclara qu'il voulait bien faire la paix, mais qu'il y mettait pour condition première l'éloignement de Bougie du colonel Duvivier, sans alléguer contre cet officier aucun grief positif. Cette prétention était si exorbitante, si contraire à la dignité qu'il convenait que nous mettions dans nos relations avec les indigènes, que le colonel Lemercier ne voulut pas traiter sur cette ignoble base, et rompit la conférence ; mais le colonel Duvivier, instruit de ce qui s'était passé, et aigri par les procédés du gouverneur, déclara qu'il ne voulait pas être un obstacle à la paix que l'on paraissait si fortement désirer. Il demanda à rentrer en France, en prévenant toutefois que cette paix ne serait guère qu'une fiction, ce que les événements n'ont que trop justifié. Un bateau à vapeur fut aussitôt expédié pour porter à Alger l'ultimatum d'Oulid-Ourebahh et la demande de M. Duvivier.

Le comte d'Erlon venait à cette époque de provoquer le rappel d'Oran du général Desmichels, à qui il reprochait d'avoir conclu avec Abd-el-Kader une paix où la dignité de la France n'avait pas été assez ménagée. Néanmoins, par une contradiction déplorable, il n'hésita pas à accepter l'ultimatum insolent d'Oulid-Ourebahh. L'offre faite par M. Duvivier de se retirer, s'il était un obstacle à la paix, fut accueillie. Cet officier supérieur fut provisoirement remplacé par le colonel Lemercier. Certes, si M. Duvivier n'était point propre à amener une pacification que l'on devait désirer, il ne fallait point lui sacrifier le bien-être et la consolidation de notre établissement à Bougie ; mais il était contre toutes les convenances de l'offrir en holocauste aux exigences d'un ennemi, surtout pour arriver à des résultats aussi négatifs que ceux que l'on obtint.

Le terrain étant ainsi débarrassé de tous les obstacles à la paix dont M. Lowasy avait préparé les bases, M. Lemercier et Oulid-Ourebahh signèrent un traité par lequel ce dernier cédait à la France la ville et les forts de Bougie, qui, certes, ne lui avaient jamais appartenu, et la plaine en avant de cette ville qui se trouve sur le territoire des Mzaïa. La France s'engageait, de son côté, à soutenir Oulid-Ourebahh dans ses guerres contre les tribus qui lui seraient hostiles (1).

Or, cet Oulid-Ourebahh, dont on faisait ainsi un prince, n'était qu'un cheikh des Oulad-Abd-el-Djebar, assez riche pour avoir toujours quelques cavaliers à sa solde, mais point assez puissant pour mettre sa volonté et ses calculs à la place des haines ou des caprices des Kbaïles. Il est à présumer qu'il s'abusa lui-même sur le degré d'influence qu'il croyait exercer. Pendant tout le temps que M. Lemercier commanda à Bougie, il le pressa d'attaquer, d'après les clauses du traité, les gens de Mzaïa, ses ennemis; mais ce colonel ayant déclaré qu'il ne le ferait qu'autant qu'Oulid Ourebahh se réunirait aux Français pour cette expédition, il fut forcé d'avouer que cette démarche soulèverait toute la contrée contre lui : c'était reconnaître qu'il ne pouvait nous être d'aucune utilité, ainsi que l'avait fort bien prévu M. Duvivier. De son côté, il ne tira d'autres fruits de son alliance avec nous, que quelques présents assez riches que lui fit le comte d'Erlon.

Immédiatement après le départ de M. Duvivier, au moment où l'on croyait encore avoir traité avec la majorité des Kbaïles, Bougie fut attaquée par trois à quatre mille hommes. M. Lemercier chercha longtemps à se persuader que ces gens-là se trompaient, que c'était un malentendu. Il envoya vers eux quelques pelotons et un

---

(1) Il est clair qu'un homme qui, comme M. Duvivier, connaissait l'organisation politique des Kbaïles, n'aurait pu signer un pareil traité qui était un non-sens continuel. (Voyez le livre XIV.)

interprète qui furent reçus à coups de fusil. Il fallut bien alors reconnaître la vérité. Le lendemain, trois de nos soldats eurent la tête coupée à une demi-portée de fusil de la ville, et, ce qui était plus significatif, rien ne venait au marché qu'Oulid Ourebahh s'était chargé d'approvisionner. Il fut démontré dès lors que la paix n'était qu'une illusion, ainsi que l'avait annoncé M. le colonel Duvivier.

Après quelque temps de séjour à Bougie, le colonel Lemercier voyant que la position ne changeait pas, alla reprendre ses fonctions à Alger. M. Girod, lieutenant-colonel d'état-major, aide de camp du gouverneur, le remplaça. Ce fut sous le commandement de ces deux officiers, que l'on construisit l'enceinte qui, du fort Abd-el-Kader, va à celui de Mouça. Cette construction rendit plus facile et moins fatigante pour les soldats la garde de la place. M. Girod, conformément aux instructions qu'il avait reçues, ne fit jamais aucune sortie et se contenta de repousser de derrière ses lignes les attaques impuissantes des Kbaïles. Il était encore à Bougie lorsque le comte d'Erlon quitta la colonie.

Il y eut à Bône, peu de temps après l'arrivée de ce général à Alger, une expédition assez importante. Le 18 novembre, des cavaliers de la tribu des Elma arrivèrent à toute bride dans cette ville pour implorer la protection du général d'Uzer, contre les troupes du bey de Constantine qui ravageaient leur territoire sous la conduite de Ben-Aïssa. Dans la soirée, le général se mit en route avec trois bataillons, une batterie, trois escadrons du 3ᵉ de chasseurs d'Afrique, et tous les spahis. On arriva au matin sur les troupes de Ben-Aïssa que les chasseurs et les spahis chargèrent avec beaucoup de résolution. Les cavaliers du bey abandonnèrent les fantassins, dont cent cinquante furent tués et quinze pris.

L'infanterie française n'eut aucune part à cette affaire, dans laquelle le commandant Yousouf et le capitaine d'état-major Delcambe, commandant les spahis irréguliers, se firent principalement remarquer. On trouva dans le camp des Constantinois 10,000 têtes de bétail que l'on rendit, en grande partie aux Elma, à qui elles avaient été enlevées.

Nous venons de faire connaître les événements politiques et militaires des provinces de Bône et d'Alger, sous l'administration du comte d'Erlon. Il nous reste maintenant à parler de ceux de la province d'Oran, qui furent à cette époque d'une grande importance.

Les partisans et les adversaires de la politique du général Desmichels attendaient, avec une égale impatience, l'arrivée du comte d'Erlon, les uns dans l'espérance de faire triompher un système qu'ils croyaient sans doute avantageux à la colonie ; les autres dans celle d'ouvrir les yeux au Gouvernement sur les conséquences funestes qui devaient naturellement en découler. Les premières impressions que reçut le gouverneur général, furent peu favorables à la cause d'Abd-el-Kader. Le bureau arabe venait d'intercepter des lettres où les prétentions du jeune émir et ses projets ambitieux étaient si clairement dévoilés qu'il était impossible de voir en lui, comme le voulait le général Desmichels, un instrument docile dont la France pouvait se servir pour établir sa domination en Algérie. A peine le général d'Erlon eut-il pris connaissance de ces lettres, que le général Desmichels arriva à Alger avec Miloud-ben-Arach, qui venait sonder les dispositions du nouveau gouverneur. Ce dernier ne pouvait avoir encore sur les affaires du pays que des idées assez confuses; aussi l'effet produit par les lettres interceptées (1) s'effaça en partie dans les entrevues que le commandant d'Oran et l'envoyé arabe eurent avec lui. Miloud fut traité avec une grande distinction, et partit d'Alger très-satisfait du résultat de sa mission, et chargé d'assez riches présents pour son maître. Le général Desmichels put croire un instant que son système triomphait ; mais avant qu'il n'en eût complétement obtenu l'adoption, il fut obligé de retourner à Oran où le choléra-morbus venait d'éclater. Le comte d'Erlon tomba alors sous l'empire d'autres influences qui, malheureusement, ne furent pas les dernières qui modifièrent sa conduite et ses idées.

Abd-el-Kader, imprudemment excité par le général Desmichels, et se croyant sûr de ne trouver aucune opposition de la part du gouverneur, reprit le projet d'agrandissement dont le général Voirol l'avait forcé d'ajourner l'exécution quelques mois auparavant. Il écrivit aux tribus de Titteri, et même à celles de la province d'Alger, pour leur annoncer sa prochaine arrivée. Le comte d'Erlon en ayant eu connaissance, en éprouva une vive indignation. Il écrivit de son côté à toutes les tribus, et leur déclara que si Abdel-Kader effectuait son projet, il le traiterait en ennemi de la France ainsi que tous ceux qui s'uniraient à lui. Il signifia en même temps à Abd-el-Kader de s'abstenir, nonseulement de franchir le Chelif, mais même de s'avancer

---

(1) Ces lettres avaient été saisies dans les derniers jours de l'administration du général Voirol, qui donna ordre de ne point les ouvrir avant l'arrivée du comte d'Erlon.

au delà de la Fedda. L'Émir était loin de s'attendre à une signification aussi impérieuse. Le dépit qu'il en ressentit l'aurait poussé peut-être à n'en tenir aucun compte si, dans ce moment, le choléra-morbus n'avait pas ravagé ses tribus. Forcé de rester dans une inaction matérielle, l'activité de son esprit se prit à analyser la nature de ses relations avec le comte d'Erlon; il vit qu'elles manquaient de continuité et d'ensemble, et qu'aux influences permanentes qui agissaient contre lui, il devait opposer des influences de même nature. En conséquence, il résolut d'avoir un chargé d'affaires à Alger. Il fit choix, pour remplir ce poste délicat du juif algérien Durand, homme éclairé, fin et habile, qui avait été élevé en Europe, dont il parlait plusieurs langues, le français surtout, avec une extrême facilité. Au moment où cet homme fut accrédité auprès du comte d'Erlon, le commerce français élevait des plaintes véhémentes contre le monopole exercé par Abd-el-Kader, contrairement, disait-il, à la teneur du traité. Le gouverneur demanda des explications à Durand qui répondit que, d'après le traité qu'on invoquait, Abd-el-Kader était libre de donner au commerce d'Arzew la direction qui lui convenait. Le fait fut nié et devait l'être, car le comte d'Erlon ne connaissait que la partie du traité rendue publique. Quelle ne fut donc pas sa surprise lorsque Durand mit sous ses yeux le traité entier, tel que nous l'avons mis sous ceux du lecteur dans le livre XIV ! Ne pouvant expliquer d'une manière favorable au général Desmichels l'ignorance où on l'avait laissé de l'existence de cette pièce, il demanda sur-le-champ au ministre le rappel de cet officier général, et envoya à Oran, pour le remplacer, le général Trézel, chef de l'état-major.

Peu de temps avant ce dénoûment, le général Desmichels, qui comprenait qu'une explication allait devenir nécessaire, avait cherché à substituer un nouveau traité à celui dont l'existence mystérieuse excitait tant de réclamations. Il envoya à cet effet auprès de l'Émir un de ses officiers qui lui proposa la cession de Mostaganem, et quelques autres avantages, à condition qu'il renoncerait au monopole et qu'il paierait un léger tribut à la France. Abd-el-Kader répondit avec beaucoup de hauteur qu'il s'en tenait à son premier traité, et que si, contre tout droit et toute justice, on voulait recommencer la guerre, il était prêt à la soutenir.

Malgré ce ton d'assurance, Abd-el-Kader craignait la guerre; aussi fut-il très-affecté lorsqu'il eut connaissance du rappel du général Desmichels, qui lui sembla être le signal d'un changement complet dans la politique suivie depuis dix mois à son égard. Mais pendant que le général Trézel arrivait à Oran, sous l'impression des causes qui avaient motivé la disgrâce de son prédécesseur, le juif Durand travaillait avec succès à Alger à ramener le gouverneur général aux errements d'une politique qu'il avait si ouvertement condamnée. Dans cette occasion, les circonstances favorisèrent merveilleusement l'habileté diplomatique du chargé d'affaires de l'Emir. Le comte d'Erlon, ainsi que nous venons de le dire, avait annoncé qu'il traiterait en ennemies les populations de la province d'Alger et de celle de Titteri qui favoriseraient les projets ambitieux d'Abd-el-Kader. Les habitants de Médéah répondirent à ses menaces par une lettre très sensée, où ils disaient que s'ils avaient jamais désiré l'arrivée chez eux du fils de Mahiddin, c'était dans l'espérance qu'il tirerait la province de l'anarchie où elle gémissait depuis quatre ans; qu'ils s'étaient plusieurs fois adressés aux Français dans le même but, que ceux-ci avaient dédaigné de leur tendre une main secourable, et qu'il était étrange que ces mêmes Français trouvassent mauvais qu'ils cherchassent ailleurs un secours si obstinément refusé. Ce raisonnement était de nature à faire impression; aussi le gouverneur général en sentit la justesse. Il songea donc à organiser un gouvernement à Titteri; mais au lieu de prendre cette affaire au point où les négociations du général Voirol l'avaient laissée, il jeta les yeux, pour les fonctions de bey de Titteri, sur le kaïd Ibrahim, que la disgrâce du général Desmichels avait remis en évidence. Son dessein était de lui organiser un corps de cinq cents soldats turcs ou indigènes, et d'aller l'installer à Médéah, où il serait resté avec cette petite troupe. Ce projet n'ayant pas reçu l'approbation du ministre, le comte d'Erlon crut qu'il n'avait plus de moyens de résister à l'ambition d'Abd-el-Kader, et résigné à en subir désormais les conséquences, il s'abandonna sans réserve à l'impulsion que Durand cherchait à lui donner. Ainsi le général Trézel, qui avait été envoyé à Oran comme représentant un système opposé à celui du général Desmichels, se trouva, par une singulière bizarrerie de position, en contradiction avec le comte d'Erlon lui-même qui l'y avait placé dans ce but.

Cependant Abd-el-Kader, instruit par Durand de ce qui se passait à Alger, ne négligeait rien de son côté pour se rendre agréable au comte d'Erlon. Tous les Français qui voyageaient dans ses états étaient bien reçus, et la protection la plus complète et la plus efficace leur était assurée. Il employa surtout la séduction de son esprit et de ses manières à capter la bienveillance de quelques officiers d'état-major que le gouverneur lui envoya à diverses reprises, et qu'il savait jouir de quelque crédit. Bientôt on ne s'entretint plus à Alger que de l'émir Abd-el-Kader; ceux mêmes qui déploraient les erreurs d'une fausse politique ne parlaient qu'avec admiration de ses grandes qualités. Pendant que sa réputation s'étendait ainsi, que son nom franchissait même les mers et retentissait en Europe, sa puissance était de nouveau attaquée. Sidi-El-Aribi, après lui avoir fait sa soumission, avait conspiré contre lui. Les preuves écrites de la main du coupable ayant été produites, un conseil des cadis et des ulémas le condamna à mort. Soit par générosité naturelle, soit par crainte d'exciter le ressentiment d'une famille puissante, Abd-el-Kader ne laissa pas exécuter la sentence. Sidi-El-Aribi fut cependant mis en prison, où il mourut peu de temps après du choléra. Ses fils, refusant de voir dans cette mort une cause naturelle, coururent aux armes, et entraînèrent à la révolte presque toutes les tribus du Chélif. Mustapha-ben-Ismaël, cet irréconciliable ennemi d'Abd-el-Kader, en apprenant cette nouvelle, releva la tête du fond du Méchouar de Tlemcen où il s'était retiré, et fit au général Trézel des offres que les instructions de celui-ci ne lui permettaient pas d'accepter. Une haine personnelle et envenimée faisait seule agir Mustapha; un fanatisme aveugle dirigeait les tribus qui avaient répondu à l'appel de Sidi-El-Aribi. Ainsi, pendant que Mustapha cherchait chez les Français un appui à sa révolte, les tribus de l'Est couraient aux armes, en reprochant à Abd-el-Kader son alliance avec des Chrétiens. Le frère même de l'Emir, l'ancien kaïd de Flita, qui avait quitté les affaires pour se livrer, disait-il, à la vie contemplative, s'était joint à elles, et les excitait contre celui qui était l'orgueil de sa famille et la gloire de son nom. Elles eurent bientôt un auxiliaire plus redoutable : Mouça, chérif du désert, s'avançait du côté du midi avec des forces considérables, annonçant qu'il allait exterminer les Français et leurs partisans, aux premiers rangs desquels il mettait le fils de Mahiddin. Il traînait avec lui ces tribus du Sahara désignées par les Turcs sous le nom de Darkaoui, ou indépendants, qui, à diverses époques, avaient fait trembler les beys. Abd-el-Kader, voyant se former l'orage, résolut d'aller au devant. Il partit de Mascara le 12 mars 1835, et arriva chez les fils de Sidi-El-Aribi avec tant de promptitude, qu'il les força à se soumettre, avant qu'ils eussent pu tenter la chance des armes. Lorsqu'ils se présentèrent à lui, il les traita avec douceur et distinction, leur dit que la mort de leur père lui avait fait oublier son crime, et nomma l'aîné d'entre eux kaïd de leur tribu. Cela fait, il se dirigea sur le pont du Chélif. Les Shiah voulurent s'opposer à sa marche, mais il les battit complétement et les força à venir implorer sa clémence. Poursuivant ensuite sa route, il arriva au pont du Chélif. Le franchir, c'était fouler aux pieds les défenses du Gouvernement français; mais il pensa qu'il pouvait tout oser. Cependant, quoiqu'il eût fait prévenir le général Trézel, par son consul à Oran, que son intention était d'aller jusqu'à Miliana, arrivé aux limites qui lui avaient été assignées, il hésita un instant, car cet instant allait peut-être décider son avenir politique. Enfin, apprenant que Mouça le Darkaoui était entré à Médéa, il s'abandonna à sa fortune, et arriva à Miliana, où le peuple le reçut avec un enthousiasme frénétique. L'ex-agha du général Berthezène, El-Hadji-Mahiddin-El Sghir, et Mohammed-El-Barkani, ex-kaïd de Cherchel, que des circonstances fâcheuses ou des imprudences avaient rendus ennemis des Français, vinrent offrir leurs services à l'Emir, qui n'eut garde de les refuser. Il marcha avec eux contre Mouça le Darkaoui qu'il rencontra près de Haouch-Amoura, sur le territoire des Soumata. Quelques pièces d'artillerie, dont Abd-el-Kader était pourvu, décidèrent la défaite de Mouça. Ses bagages et ses femmes, qui l'avaient suivi, tombèrent entre les mains du vainqueur. El Hadj-Mahiddin, qui commandait l'avant-garde de l'Emir, poursuivit Mouça jusqu'à Beraoukia sans pouvoir l'atteindre. Cet aventurier rentra dans le Sahara, et peu de temps après, Abd-el-Kader lui renvoya ses femmes, qu'il avait traitées avec générosité et courtoisie. L'Emir fut reçu à Médéa comme il l'avait été à Miliana, et nomma bey de la province de Titery Mohammed-ben-Aïssa-El-Barkani.

Cependant le comte d'Erlon se trouvait dans une position fort embarrassante pour un homme bien décidé à n'agir que d'après des ordres venus de Paris, mais qui se rappelait cependant les menaces faites à Abd-el-Kader pour l'empêcher de franchir le Chélif. Le général Trézel lui écrivait d'Oran pour lui demander l'autorisation de marcher sur Mascara, afin de forcer l'Emir à rentrer dans les limites qui lui avaient été tracées par le général Voirol et par le gouverneur lui-même. Mais le comte d'Erlon, subjugué par Durand, finit, après quelques hésitations, par préférer de céder à Abd-el-Kader, que de recourir aux armes. Le juif Durand se chargea de sauver les apparences, non aux yeux des Arabes, c'était impossible, mais à ceux du public européen, qui du reste ne se laissa pas tromper. En conséquence, on répandit le bruit que l'Emir n'avait agi qu'avec le consentement du gouverneur, et on lui écrivit en même temps pour lui demander s'il consentirait à recevoir un officier d'état-major que le gouverneur voulait lui envoyer pour traiter quelques affaires, et lui offrir des présents. A la réception de cette lettre, Abd-el-Kader ne put que bénir l'habileté de son chargé d'affaires, et la simplicité du gouverneur français, qui n'avait sans doute pas calculé les tristes conséquences de cette démarche. Il répondit de manière à convaincre le comte d'Erlon que l'ambassadeur et les présents seraient fort bien reçus, et, pour comble d'humiliation, il chargea les Hadjoutes de lui conduire l'officier qu'on voulait lui envoyer. Les Hadjoutes, à qui nous avions eu le tort de déclarer une guerre injuste, et que nous ne pouvions ou ne savions soumettre, mirent un certain orgueil à conduire à Abd-el-Kader l'envoyé des Français. Celui-ci accompagnait Durand, le chargé d'affaires d'Abd-el-Kader, et n'avait pas d'autre interprète que lui. Il était donc clair que sa mission se bornait à porter à l'Émir des paroles approbatives et des présents que celui-ci était en droit de regarder comme une preuve de soumission. Dès lors, il dut penser, et pensa en effet que les Français, renonçant à tout projet de colonisation, ne songeaient plus qu'à avoir en Afrique quelques comptoirs sous la protection de celui qu'ils reconnaissaient, avec tant de complaisance, pour souverain de tout le pays. Il exigea qu'on levât l'embargo mis sur deux cents fusils, restant d'une fourniture commandée par lui à un négociant européen, et dont la livraison avait été arrêtée à l'époque où le comte d'Erlon s'était presque déclaré son ennemi. Il demanda aussi quelques milliers de poudre. Tout cela lui fut promis. Après avoir proclamé El-Hadji-Mahiddin bey de Miliana, nommé un kaïd chez les Hadjoutes, et un autre dans la tribu de Beni-Khelil, il reprit la route du Chélif, traînant à sa suite l'envoyé français, qui semblait n'être venu auprès de lui que pour assister à ses triomphes (1).

Pendant que l'Emir était sur la rive droite du Chélif, deux de ses officiers avaient été assassinés sur le territoire de la tribu de Flita. Abd-el-Kader, à son retour, marcha contre cette tribu. Comme elle ne put livrer les meurtriers qu'on disait en fuite, elle fut condamnée à une amende de 150,000 boudjous (250,000 francs) qui furent versés dans le trésor de l'Émir, après qu'il en eut été prélevé une somme assez forte pour les familles des victimes. Cet exemple d'une rigoureuse justice acheva de rétablir l'ordre partout. Les brigandages cessèrent, parce que chaque tribu se mit à surveiller les malfaiteurs. Les routes devinrent si sûres que, d'après l'expression des Arabes, un enfant aurait pu les parcourir avec une couronne d'or sur la tête. Abd-el-Kader, dont l'esprit travaillait sans cesse, s'étant aperçu que les cadeaux que l'usage permettait aux cadis de recevoir des plaideurs nuisaient à la bonne administration de la justice, leur défendit par une ordonnance de rien accepter, et leur assigna un traitement fixe payé par l'État. Une autre ordonnance abolit la peine de mort pour le crime d'adul-

---

(1) L'auteur de cet ouvrage voyageait à cette époque parmi les Arabes de la province d'Oran en simple curieux. Il apprit par eux l'arrivée d'un officier français au camp d'Abd-el Kader, et les entendit parler de cet événement comme d'une preuve de soumission de la part du gouvernement général.

tère, tout en laissant aux maris le droit de tuer leurs
femmes prises en flagrant délit, ce qui a lieu partout. Le
génie de cet homme extraordinaire embrassait tout, et,
comme il n'avait autour de lui que des gens assez médiocres, il était forcé d'entrer dans tous les détails. Il
avait organisé un régiment d'infanterie permanente et
quelques compagnies de canonniers, qu'il se plaisait souvent à faire manœuvrer. Il attira à Mascara quelques
ouvriers armuriers qui parvinrent à lui faire d'assez bons
fusils sur des modèles français. Les premières armes qui
sortirent de cette manufacture naissante donnèrent lieu
à des réjouissances publiques. Il faisait aussi fabriquer
de la poudre. La fabrication en était lente, parce que
toutes les triturations se faisaient à la main. Un déserteur allemand lui présenta un modèle de moulin; il en fut
dans l'admiration, mais il n'eut pas le temps de le faire
exécuter en grand. Enfin, dans ses rêves d'agrandissement, il songeait à se créer une marine à Rachgoun et à
Tenez. Cette ville avait reconnu son autorité depuis son
expédition de Médéa.

Les finances attiraient surtout l'attention de l'Émir.
Toutes les tribus lui payaient l'achour, impôt prescrit
par le Coran et le seul qu'il se crût en droit d'exiger.
Pour augmenter ses revenus, il fit une recherche exacte
de tous les biens de l'ancien Beylik, et les fit administrer pour le compte du trésor. Il éleva même des prétentions sur ceux qui étaient situés à Oran; mais le
général Trézel les repoussa comme il le devait. Abd-el-
Kader, comme tous les princes de l'Orient, avait des
idées très-fausses sur le commerce. Il voyait dans le
monopole une source féconde de richesses, et, sûr de
ne pas être inquiété à ce sujet par le gouverneur géné-

ral, il se mit à l'exploiter avec une nouvelle rigueur. Le juif Durand, qui lui avait rendu de si grands services, reçut le privilége exclusif du commerce pour Arzew et Rachgoun; l'Émir passa de plus avec lui un marché pour la vente des grains provenant de l'achour. Il fit aussi à un négociant français des propositions pour le commerce de Tenez, mais on ne put s'entendre sur les conditions.

Heureux dans toutes ses entreprises, Abd-el-Kader se crut plus grand qu'il ne l'était ; il osa méconnaître la puissance de la France, parce qu'elle était momentanément représentée en Afrique par un homme dont le le grand âge avait peut-être un peu usé l'énergie. Dès son retour à Mascara, après sa grande expédition, ses relations diplomatiques avec l'autorité française prirent un caractère de hauteur plus prononcé que jamais. Le gouverneur général s'étant rendu à Oran dans les premiers jours de juin 1835, il lui écrivit qu'il était heureux de le savoir dans son *royaume*. Il lui envoya en même temps Ben-Arach pour lui demander un mortier et deux obusiers pour le siége du Méchouar de Tlémecen, et lui faire d'impérieuses remontrances sur la manière dont M. le lieutenant-colonel Marey se conduisait envers les Arabes de la Métidja. Le gouverneur promit d'avoir égard à ses remontrances à son retour à Alger. Quant au mortier et aux obusiers, il paraissait disposé à les livrer, et ne s'en abstint que sur les énergiques observations du général Trézel. Ben-Arach était également porteur de quelques propositions pour un traité plus régulier que celui qui existait, mais qui devait sanctionner les usurpations de l'Émir et reconnaître son indépendance encore plus explicitement que l'ancien.

Le gouverneur, que l'opposition constante et raisonnée du général Trézel gênait un peu, renvoya à un autre temps l'examen de cette affaire.

Pendant que l'Émir marchait sur Miliana, le général Trézel, pensant que cette violation des défenses du Gouvernement français amènerait une rupture, et ne pouvant croire que le comte d'Erlon se mettrait en contradiction manifeste avec lui-même, le général Trézel, disons-nous, avait cherché à susciter des embarras à Abd-el-Kader; à cet effet, il avait travaillé à détacher de sa cause les Douairs et les Zmela chez qui fermentait encore un levain de révolte contre l'Émir. Il était parvenu à décider plusieurs douars de ces deux tribus à se déclarer sujets de la France, sous la condition d'une protection efficace; mais le comte d'Erlon s'étant déterminé à tout supporter d'Abd-el-Kader, refusa de sanctionner cet arrangement. L'Émir, qui était parfaitement au courant de tout ce qui se passait de relatif à ses affaires, même dans les conseils intimes du gouverneur, eut connaissance de cette négociation, et se promit bien d'empêcher qu'elle ne se renouât. Aussi à peine le comte d'Erlon se fut-il rembarqué pour Alger, qu'il ordonna (1) à la partie des Zmela et des Douair qui occupaient les environs d'Oran de s'éloigner de cette place et d'aller s'établir au pied des montagnes. Ses ordres n'ayant pas été exécutés, il envoya sur les lieux son agha El-Mzary, avec quelques troupes, et mission d'user de rigueur au

---

(1) On crut généralement que cet ordre fut provoqué par la maison Durand, qui voyait une atteinte à son privilége dans le commerce que les Douair et les Zmela parvenaient à faire directement avec les Européens, malgré les défenses de l'Émir.

besoin. Les Douair et les Zmela ainsi menacés envoyèrent sur-le-champ des députés au général Trézel pour implorer la protection de la France. C'était le 14 juin. Aussitôt et sans hésiter, le général sortit d'Oran avec une partie des troupes dont il pouvait disposer, et vint s'établir à Miserghin, déclarant aux Arabes qu'il venait les soutenir contre les attaques d'El-Mzary. Le lendemain, ayant appris que cet agha était dans les environs de Bridia, il envoya à sa rencontre un de ses aides de camp, escorté par un escadron de chasseurs, pour lui signifier de se retirer et de laisser en paix des hommes qu'il prenait sous sa protection. L'agha commençait déjà à exécuter, dans toute leur rigueur, les ordres qu'il avait reçus de l'Émir. Il avait fait arrêter et couvrir de chaînes son propre neveu, Ismaël-Ben-Kadi, qui avait osé lui résister; mais, à l'approche de l'officier français, il lâcha sa proie et s'éloigna sans que celui-ci pût le joindre, et par conséquent lui parler. Les Douair et Zmela, qui étaient décidés à se séparer de l'Émir, vinrent se réunir auprès du général Trézel, ayant à leur tête Abda-Ben Othman et Ismaël-Ben-Kadi. Les autres, qui étaient en assez grand nombre, suivirent de près El-Mzary, et se portèrent au sud du lac salé, voulant rester fidèles à celui qui, à l'époque de la première révolte, s'était montré clément et généreux. Cette scission se fit en silence et sans acte d'hostilité. Chacun allait prendre la place qu'il jugeait convenable sans demander compte à son voisin de celle que celui-ci choisissait.

Le 16 juin, le général Trézel alla s'établir à la position du Figuier, à deux lieues au sud d'Oran, pour couvrir toute la partie du pays où s'étaient réunis les Douair et les Zmela qui s'étaient déclarés contre Abd-el-Kader. On signa un traité par lequel ces deux tribus reconnurent la souveraineté de la France (1). Le 19, le général se porta à trois lieues plus loin, et campa sur les bords

---

(1)   VOICI CE TRAITÉ :

Conditions arrêtées le 16 juin 1835 au camp de Figuier, entre le général Trézel et les Douair et Zmela.

Art. 1er. Les tribus reconnaissent l'autorité du roi des Français et se réfugient sous son autorité.

2. Elles s'engagent à obéir aux chefs musulmans qui leur seront donnés par le gouverneur général.

3. Elles livreront à Oran, aux époques d'usage, le tribut qu'elles payaient aux anciens beys de la province.

4. Les Français seront bien reçus dans les tribus, comme les Arabes dans les lieux occupés par les troupes françaises.

5. Le commerce des chevaux, des bestiaux et de tous les produits, sera libre pour chacune de toutes les tribus soumises; mais les marchandises destinées à l'exportation ne pourront être déposées et embarquées que dans les ports qui seront désignés par le gouverneur général.

6. Le commerce des armes et des munitions de guerre ne pourra se faire que par l'intermédiaire de l'autorité française.

7. Les tribus fourniront le contingent ordinaire, toutes les fois qu'elles seront appelées par le commandant d'Oran à quelque expédition militaire dans les provinces d'Afrique.

8. Pendant la durée de ces expéditions, les cavaliers armés de fusils et de yataghans recevront une solde de 2 fr. par jour. Les hommes à pied, armés d'un fusil, recevront 1 fr. Les uns et les autres apporteront cinq cartouches au moins. Il leur sera délivré de nos arsenaux un supplément de dix cartouches. Les chevaux des tribus soumises qui seraient tués dans le combat seront remplacés par le Gouvernement français.

Lorsque les contingents recevront des vivres des magasins fran-

du ruisseau de Tlélat. Il écrivit à Abd-el-Kader pour lui déclarer que les Français resteraient dans cette position jusqu'à ce qu'il eût désavoué l'arrestation d'Ismaël, et renoncé à tout droit de souveraineté sur les Douair et les Zmela. Il écrivit en même temps à Alger pour annoncer au gouverneur la démarche qu'il avait cru devoir faire; il le priait, dans le cas où cette démarche ne serait pas approuvée, de lui envoyer ses ordres par son successeur, déclarant qu'il lui serait impossible de conserver le commandement à des conditions qu'il regardait comme incompatibles avec l'honneur de la France. Abd-el-Kader répondit au général Trézel que sa religion ne lui permettait pas de laisser des Musulmans sous la domination française, et qu'il ne cesserait de poursuivre les deux tribus rebelles, fussent-elles enfermées dans les murs d'Oran. Il terminait sa lettre par demander qu'on lui renvoyât l'agent consulaire qu'il avait à Oran, pour être échangé contre celui que nous

---

çais, les cavaliers et les fantassins ne recevront plus que 50 cent. par jour.

9. Les tribus ne pourront commettre d'hostilités sur les tribus voisines que dans le cas où celles-ci les auraient attaquées, et alors le commandant d'Oran devra en être prévenu sur-le-champ, afin qu'il leur porte secours et protection.

10. Lorsque les troupes françaises passeront chez les Arabes, tout ce qui sera demandé pour la subsistance des hommes et des chevaux sera payé au prix ordinaire et de bonne foi.

11. Les différends entre les Arabes seront jugés par leurs kaïds ou leurs cadis; mais les affaires graves de tribu à tribu seront jugées par le cadi d'Oran.

12. Un chef choisi dans chaque tribu résidera à Oran, avec sa famille.

avions à Mascara. La guerre étant ainsi déclarée, il ne fallait plus, de part et d'autre, songer qu'à combattre. Le général français, un peu indécis sur ce qu'il avait à faire, se mit d'abord à retrancher sa position de Tlélat, pour pouvoir, au besoin, y enfermer ses bagages et un bataillon. Quant à l'Émir, ayant fait un appel à tous ses Arabes, il se rendit sur les bords du Sig, où il leur avait donné rendez-vous.

Les hostilités commencèrent, le 22, par l'attaque d'un convoi qui se rendait d'Oran à Tlélat. Cette attaque fut, du reste, peu vive et sans résultat. Le 25, un fourrage fut également attaqué, dans les environs de Tlélat, par un parti de 200 chevaux. Le 26 enfin, le général Trézel n'ayant plus que quatre jours de vivres, se décida à marcher contre Abd-el-Kader, qui avait eu le temps de réunir des forces considérables. Le petit corps du général français n'était que de 2,500 hommes au plus. Il se composait d'un bataillon du 66e de ligne, du 1er bataillon d'infanterie légère d'Afrique, d'un bataillon et demi de la légion étrangère, du 2e régiment de chasseurs d'Afrique, de deux pièces de campagne et de quatre obusiers de montagne. Le convoi contenait vingt voitures. Ce faible corps d'armée se mit en marche dans l'ordre suivant, à quatre heures du matin :

L'avant-garde, aux ordres du colonel Oudinot, composée de deux escadrons de chasseurs, de trois compagnies polonaises, et de deux obusiers de montagne.

Le convoi, flanqué à droite par le bataillon du 66e de ligne et un escadron, et à gauche par le bataillon italien de la légion étrangère et un escadron.

L'arrière-garde, commandée par le lieutenant-colonel Beaufort, composée du 1er bataillon d'infanterie légère d'Afrique, d'un escadron et de deux obusiers de montagne.

Cet ordre de marche avait l'inconvénient de trop morceler notre cavalerie, et de ne point présenter une tête de colonne assez forte. C'est une faute qu'il faut éviter avec soin en Afrique.

A 7 heures, la colonne s'engagea dans le bois de Muley-Ismaël, qui est un taillis assez épais sur un sol inégal et raviné. A 8 heures, elle aperçut l'avant-garde d'Abd-el-Kader. La nôtre, assaillie par un ennemi plus nombreux, plia presque aussitôt et éprouva des pertes considérables. Le bataillon du 66ᵉ de ligne, que les accidents du terrain avaient séparé du gros de la colonne, attaqué à son tour, plia également. A la gauche, la légion étrangère, mieux disposée, conserva sa position et résista à l'ennemi ; mais le colonel Oudinot, qui cherchait à rallier l'avant-garde, ayant été tué, et les cavaliers qui étaient avec lui ayant tourné bride, le désordre gagna la légion étrangère, qui se mit aussi en retraite. Le convoi, se voyant ainsi découvert de tout côté, prit l'épouvante, et les voitures firent demi-tour, à l'exception de celles du génie. Le général fit aussitôt passer de l'arrière-garde à la tête du convoi une compagnie du bataillon d'Afrique, qui se porta en avant au pas de charge. Les deux ailes prirent alors l'offensive, et, par un vigoureux effort, qui fit oublier le moment de faiblesse qu'elles avaient eu, elles repoussèrent l'ennemi, dont les pertes furent énormes. Les nôtres s'élevaient à 52 tués et à 180 blessés. On fut obligé, pour transporter ceux-ci, de débarrasser les voitures des tentes, et même de quelques approvisionnements.

A midi, le corps d'armée fit halte dans la plaine du

Sig, en dehors du bois. Il arriva au Sig à 4 heures du soir, et campa en carré sur les bords de cette rivière. Abd-el-Kader établit son camp à deux lieues au-dessus de celui des Français. A l'entrée de la nuit, l'agent consulaire de l'Émir fut échangé contre le nôtre, le commandant Abdallah. Cet agent porta à son maître une lettre du général Trézel, dans laquelle, renchérissant sur ses premières conditions, ce général imposait à Abd-el-Kader celles de reconnaître, non-seulement l'indépendance des Douair et des Zmela, mais encore celle des Garaba, des Koulougli de Tlémcen, et de renoncer en outre à toute prétention sur les contrées de la rive droite du Chélif. Abd-el-Kader répondit comme la première fois; cependant, on a su depuis que les pertes qu'il avait éprouvées au combat de Muley-Ismaël l'auraient engagé peut-être à entrer en arrangement, si son agent ne lui avait pas fait connaître que les Français avaient, de leur côté, perdu beaucoup de monde, et que le général Trézel était surtout embarrassé de ses blessés. En effet, ce général, qui avait d'abord formé le projet d'attaquer le camp de l'Émir, y renonça dans la crainte d'en augmenter encore le nombre, et, après avoir passé sur le Sig la journée du 27, il se mit le 28 en retraite sur Arzew. Le bataillon d'infanterie légère d'Afrique prit la tête de la colonne. Venait ensuite le convoi, marchant sur trois files de voitures, et flanqué à droite par les compagnies polonaises et deux escadrons, et à gauche par le bataillon italien et un escadron. L'arrière garde, commandée par le lieutenant-colonel Beaufort, se composait du bataillon du 66ᵉ de ligne et de deux escadrons. Ce fut dans cet ordre que l'armée, entourée de tirailleurs, s'avança dans la plaine de Ceïrat. Abd-el-Kader, la voyant s'ébranler, se mit aussitôt à ses trousses avec huit à dix mille cavaliers et douze à quinze cents fantassins. Il l'eut bientôt enveloppée, et à 7 heures la fusillade devint assez vive ; mais l'ordre le plus parfait ne cessa de régner dans la colonne française depuis le matin jusqu'à midi.

Le général Trézel, craignant de rencontrer sur la route directe d'Arzew des difficultés de terrain insurmontables à ses voitures, avait résolu, contrairement à l'avis de ceux qui connaissaient le mieux le pays, de tourner les collines très-accessibles des Hamian, et de déboucher sur le golfe par la gorge de l'Habra, à l'endroit où cette rivière, sortant des marais, prend le nom de Macta. L'Émir ayant reconnu son dessein, envoya un gros de cavaliers, ayant des fantassins en croupe, pour occuper ce défilé, où la colonne française arriva vers midi. Elle y pénétra sans précaution, ayant à sa gauche les collines des Hamian, et à sa droite les marais de la Macta. A peine y était-elle engagée, que quelques tirailleurs ennemis parurent sur les collines. Au lieu d'engager aussitôt contre eux des forces suffisantes, on ne fit marcher que deux compagnies, qui furent repoussées par un gros d'Arabes que masquaient les tirailleurs. D'autres compagnies arrivèrent successivement et furent aussi successivement repoussées. Ces attaques partielles et sans force ne pouvaient évidemment avoir qu'une malheureuse issue. Les Arabes ayant précipité dans la vallée tout ce qui avait cherché à s'établir sur les collines, en descendirent à leur tour et tombèrent sur le convoi, que la nature du chemin forçait à défiler voiture par voiture. L'arrière-garde, se voyant alors coupée, prit l'épouvante et serra sur la tête de la colonne en passant à droite du convoi, qu'une vigoureuse charge de cavalerie dégagea un instant, en refoulant les Arabes sur les pentes des collines de gauche; mais bientôt les voitures du train des équipages et celles du génie, voulant éviter le feu qui partait de la gauche, appuyèrent à droite et s'engagèrent dans les marais, où elles s'embourbèrent. Dans ce moment, un millier de cavaliers arabes de l'aile droite de l'Émir, ayant passé le marais, menaçait le convoi par la droite. A leur approche, les conducteurs effrayés coupèrent lâchement les traits et s'enfuirent avec les chevaux, laissant ainsi les voitures au pouvoir de l'ennemi, et, ce qu'il y a de plus affreux, les blessés. Une seule voiture chargée de vingt blessés fut sauvée par l'énergie du maréchal des logis Fournié, qui, le pistolet à la main, força les conducteurs à faire leur devoir et à serrer sur la colonne.

Les voitures de l'artillerie, conduites par des gens de cœur, ne s'étaient point engagées dans les marais et furent presque toutes sauvées. Néanmoins, un obusier de montagne resta entre les mains des Arabes.

Cependant le désordre le plus affreux régnait dans la colonne; tous les corps étaient confondus, et il ne restait presque plus rien qui ressemblât à une organisation régulière. Heureusement que les Arabes, occupés à piller les voitures et à égorger impitoyablement les blessés, ralentirent leur attaque. Cela donna à quelques fuyards le temps de se rallier sur un mamelon isolé, où l'on conduisit une pièce d'artillerie qui se mit à tirer à mitraille sur les Arabes. Les hommes qui se réunirent sur ce point se formèrent en carré, et dirigèrent également sur l'ennemi un feu irrégulier, mais bien nourri. La masse des hommes entièrement démoralisés, et ce qui restait de voitures, s'entassèrent en arrière du mamelon, dans un fond qui paraissait être sans issue ; car en cet endroit, la route d'Arzew, à peine tracée, tourne brusquement vers l'Ouest. Plusieurs voyant la Mocta à leur droite, et, au delà, quelque chose qui ressemblait à un chemin, se précipitèrent dans la rivière et se noyèrent. D'autres, et même quelques chefs, criaient qu'il fallait gagner Mostaganem. La voix du général se perd dans le bruit, il y a absence de commandement ; et ce n'est qu'au bout de trois quarts d'heure que cette masse informe, après s'être longtemps agitée sur elle-même, trouve enfin la route d'Arzew. Mais les soldats restés sur le mamelon n'entendent, ou plutôt n'écoutent pas les ordres qu'on leur donne, et ne comprennent point qu'ils doivent suivre la retraite. Ils font entendre des paroles décousues et bizarres qui prouvent que la force qui les fait encore combattre est moins du courage qu'une excitation fébrile. Enfin, les compagnies du 66e de ligne finissent par se mettre en mouvement ; mais les autres les suivent avec tant de précipitation, que la pièce de canon est un instant abandonnée. Elle fut dégagée cependant, et les hommes qui étaient restés si longtemps sur le mamelon, se réunirent à ceux qui étaient déjà sur la route d'Arzew ; alors le corps d'armée ne présenta plus qu'une masse confuse de fuyards. L'arrière-garde ne fut plus composée que de quarante à cinquante soldats de toutes armes qui, sans ordre et presque sans chefs, se mirent à tirailler bravement, et de quarante chasseurs commandés par le capitaine Bernard. Quelques pièces d'artillerie, dirigées par le capitaine Allaud et par le lieutenant Pastoret, soutenaient ces tirailleurs en tirant par-dessus leurs têtes, mais leur nombre ayant été bientôt réduit de moitié, les Arabes allaient entamer une seconde fois la masse des fuyards, lorsque le capitaine Bernard les chargea avec tant de bravoure et de bonheur, qu'il les força de lâcher leur proie (1). Dès ce moment, la retraite se fit avec plus de facilité. Bientôt on parvint sur le rivage de la mer, où la vue d'Arzew releva un peu le moral du soldat. Les Arabes, fatigués d'un long combat et surchargés de butin, ralentirent successivement leurs attaques, qui cessèrent complétement à 6 heures du soir. A 8 heures, le corps d'armée arriva à Arzew, après 16 heures de marche et 14 de combat.

Nous eûmes, dans cette fatale journée, trois cents hommes tués et deux cents blessés, et nous perdîmes la plus grande partie de notre matériel ; dix-sept hommes seulement furent faits prisonniers par les Arabes, qui, à l'exception de ceux-là, égorgèrent tous ceux qui tombèrent entre leurs mains, même les blessés.

Le corps expéditionnaire campa à Arzew dans le plus grand désordre, quoiqu'il dût s'attendre à chaque instant à être attaqué par Abd-el-Kader. Les troupes paraissaient tellement découragées, que le général Trézel ne crut pas devoir les ramener à Oran par terre. Des ordres furent donnés pour que tous les bâtiments qui étaient disponibles à Mers-el-Kebir vinssent les chercher. Cette mesure prouvait, plus que le reste, toute l'étendue du mal.

Cependant le comte d'Erlon avait reçu la lettre où le général Trézel lui donnait avis de sa marche sur Tlélat.

---

(1) M. Maussion, chef d'escadron d'état-major et chef d'état-major du général Trézel eut deux chevaux tués ou blessés sous lui.

M. Jacquin, capitaine du génie, fut continuellement avec les tirailleurs de l'arrière-garde.

La question était urgente et demandait une prompte solution. Elle était en outre fort simple, et n'admettait que le oui ou le non. En effet, ou le général Trézel devait être approuvé, et dans ce cas soutenu ; ou il devait être blâmé, et alors immédiatement rappelé ; mais, au lieu de se prononcer dans un sens ou dans l'autre, le gouverneur après avoir perdu huit jours en délibérations, ne se décida ni pour ni contre, et parut résolu à laisser à son lieutenant toute la responsabilité de sa démarche. Cependant il fit partir pour Oran le commandant Lamoricière et le juif Durand, avec mission d'examiner l'état des affaires, et d'entrer, s'il était possible, en arrangement avec Abd-el-Kader. Les deux envoyés relâchèrent à Arzew, et furent témoins du découragement de l'armée. Ils avaient avec eux le kaïd Ibrahim. Après s'être arrêtés quelques heures à Arzew, ils poursuivirent leur route sur Oran. A peine le commandant Lamoricière y fut-il débarqué, que conjointement avec le kaïd Ibrahim, il réunit près de 300 cavaliers Douair et Zmela, et se dirigea avec eux et les capitaines Cavaignac et Montauban sur Arzew où il arriva le 5 juillet, sans avoir rencontré d'ennemis. L'embarquement de l'artillerie et de l'infanterie était terminé, et celui de la cavalerie allait commencer ; mais l'arrivée de Lamoricière l'arrêta. On vit que la cavalerie pouvait retourner par terre et l'on renonça à la voie de mer ; de sorte que le brave, mais malheureux et imprudent général Trézel, ne fut pas obligé de boire jusqu'à la lie le calice amer de sa défaite. Il rentra à Oran par la porte d'où il en était sorti. Sa conduite, dans les pénibles circonstances où il se trouvait, fut noble et digne. Dans ses rapports et son ordre du jour, il ne chercha point à déguiser l'étendue du mal, ni à le rejeter sur ses troupes. Il en accepta la responsabilité, et se montra résigné à en subir les conséquences.

Avant que la rupture avec Abd-el-Kader eût été connue à Alger, un bâtiment chargé de poudre et de fusils destinés pour l'Émir était parti de cette place pour Rachgoun, où la livraison devait en être faite. Ainsi nous fournissions nous-mêmes des armes à notre ennemi ; mais le général Trézel ayant eu connaissance de l'arrivée de ce bâtiment, le fit saisir par le stationnaire de Mers-el-Kbir, et arrêta ainsi ce monstrueux commerce (1).

La nouvelle de la défaite de la Macta étant parvenue à Alger, le comte d'Erlon qui, comme nous l'avons vu, n'avait ni blâmé ni approuvé la conduite du général Trézel lorsque les événements étaient encore incertains, sévit contre le commandant d'Oran aussitôt que la fortune se fut prononcée contre lui. Il lui ordonna de remettre son commandement au général d'Arlanges, arrivé récemment à Alger, où il venait prendre le commandement d'une brigade, en remplacement du général Trobriant. Voulant renouer à tout prix avec Abd-el-Kader, il aurait abandonné à sa vengeance les Douair et les Zméla, sans les énergiques représentations de la majorité des membres du conseil d'administration, et surtout du général Rapatel. Il fut décidé que ces deux tribus nous étaient à jamais acquises. On leur donna pour

---

(1) Le gouvernement d'Alger fit nier par son journal officiel l'envoi de ces armes et de cette poudre ; mais le fait est prouvé autant qu'un fait peut l'être : il est même de notoriété publique. Ce fut le capitaine Bolle, commandant le *Loiret*, qui saisit le bâtiment en question. Tout Oran le sait et l'a vu ; du reste, les preuves écrites et officielles existent.

chef le kaïd Ibrahim qu'elles avaient demandé, et qui, aux yeux de certaines personnes, paraissait un adversaire redoutable pour Abd-el-Kader. On groupa autour de lui les Turcs qui étaient restés à Mostaganem lorsqu'il quitta cette ville en 1833, et quelques autres qu'on lui recruta de tout côté. Il alla avec cette troupe s'établir à Miserghin ; mais bientôt la tribu des Beni-Amer le força de se réfugier sous le canon même d'Oran. La garnison de cette place fut considérablement affaiblie par le départ de la légion étrangère que la France céda à l'Espagne dans l'été de 1835. En vain on représenta au comte d'Erlon que les circonstances étaient assez impérieuses pour qu'il prît sur lui de suspendre le départ de la partie de la légion qui était à Oran. Il ne voulut rien entendre, et aima mieux compromettre la sûreté de nos établissements, que de retarder de quelque temps l'exécution des ordres du ministre : ainsi c'était après une défaite que nous diminuions nos forces. Il est vrai que le comte d'Erlon nourrissait l'espoir de rétablir la paix avec Abd-el-Kader. L'Émir de son côté, presque embarassé de sa victoire, sentait bien que ses intérêts exigeaient qu'il la fît en quelque sorte oublier. Il n'ignorait pas que la France est trop susceptible sur ce sujet pour laisser longtemps impuni un affront fait à ses armes, et il se montrait assez disposé à négocier ; mais bientôt la scène changea. Le comte d'Erlon fut rappelé, et le choix de son successeur put faire penser à l'Émir que la France était décidée à ne reconnaître dans le pays d'autre souverain qu'elle-même.

Le comte d'Erlon, peu de temps après son retour de son voyage à Oran, conçut la pensée d'établir Ben-Omar à Blida, je ne sais trop à quel titre. On lui persuada que rien ne pouvait être plus utile, et en même temps plus facile. Ben-Omar fut conduit à Blida, au milieu d'une forte colonne commandée par le colonel Marey; mais les habitants de cette ville refusèrent de le recevoir. L'agha qui venait de recevoir la nouvelle du désastre de la Macta n'insista pas et ramena paisiblement Ben-Omar à Alger. Dans le même moment partait pour Paris une lettre dans laquelle le gouverneur annonçait que ce Maure avait été parfaitement accueilli à Blida et que, dans peu, il irait à Médéa. Le comte d'Erlon avait regardé comme fait ce qu'on lui avait présenté comme si facile à faire.

Peu de temps après cet événement, un parti d'Hadjoutes fit une nouvelle irruption dans le sahel, surprit à l'abreuvoir un détachement de chasseurs de la garnison de Douéra, lui tua quelques hommes, et lui prit quelques chevaux. A peu près vers le même temps, un autre parti d'Hadjoutes enleva un troupeau à Haouch-ben-Mered, non loin de Bouffarik. Pour tâcher de le ravoir, Ali-ben-el-Khasnadji, qui venait d'échanger depuis peu de jours le kaïdat de Beni-Mouça pour celui de Beni-Khelil (1), eut une entrevue avec les Hadjoutes, avec qui il chercha également à négocier la paix. Cette première entrevue se passa assez bien, et une seconde fut assignée; mais en revenant, le kaïd annonça à quelques personnes que l'on allait établir un fort détachement d'Arib à Haouch-bou-Agueb, pour tenir les Hadjoutes en bride. Ce propos leur fut rapporté, et ils crurent y voir la preuve que Khasnadji voulait les tromper; aussi dans la seconde entrevue qu'ils eurent avec lui, ils l'enleyèrent et le laissèrent

---

(1) Son frère le remplaça à Beni-Mouça.

odieusement assassiner sous leurs yeux, peu d'instants après, par un ancien domestique qui avait à se plaindre de lui. Ce tragique événement coïncida avec le départ du comte d'Erlon. Le général Rapatel, qui prit le commandement par intérim, en ayant eu connaissance, fit marcher contre les Hadjoutes quelques troupes commandées par le colonel Schauenbourg. Cet officier supérieur ne trouva personne à combattre. Tout avait fui, excepté les fermiers du grand marabout de Coléah Sidi-Mohammed, habitués à regarder leur ferme comme un terrain neutre. Le colonel Schauenbourg les fit fusiller, et fit enlever leurs troupeaux. Le vieux Mohammed, qui les aimait beaucoup, en fut profondément affecté. Cette circonstance, jointe à plusieurs autres, lui firent croire que les sentiments de bienveillance que lui avait montrés le général Voirol avaient été répudiés par la nouvelle administration; il craignit d'être enlevé de Coléah comme il l'avait été sous le duc de Rovigo, et s'enfuit de cette ville pour se réfugier à Boualouan. Il mourut en route de fatigue et d'abattement; il était fort âgé.

Le comte d'Erlon quitta Alger le 8 août. En voyant partir ce bon et respectable vieillard, la colonie oublia un instant ses erreurs et sa faiblesse. On le plaignit de s'être laissé placer momentanément sur un théâtre si peu fait pour lui, et surtout de ne pas avoir eu des amis assez sages et assez dévoués pour l'empêcher d'y monter.

FIN DU PREMIER VOLUME.

TABLE DES MATIÈRES

CONTENUES DANS LE PREMIER VOLUME.

LIVRE Ier.

Pages.

Aperçu géographique, historique et politique sur la régence d'Alger.—Cause de la guerre de la France contre Alger.—Blocus.—Préparatifs de l'expédition.—Départ de l'armée d'expédition. 1

LIVRE II.

Incidents de la traversée. — Débarquement à Sidi-Féruch et combat du 14 juin. — Dispositions défensives des Turcs. — Bataille de Staoueli.—Combat de Sidi-Kalef.—Combat de Sidi-Abderrahman-bou-Nega.— Investissement d'Alger. — Siége du fort l'Empereur. — Prise du fort l'Empereur. —Reddition d'Alger. 21

LIVRE III.

Entrée des Français à Alger.—Confiance de la population. — Trésor de la Casbah. — Désarmement des indigènes.—Digression sur le gouvernement intérieur d'Alger sous la domination des Turcs.—Désordre administratif après l'occupation.—Commission centrale du gouvernement présidée par M. Denniée.—Conseil municipal. — Police française. —Corporation juive. — Octroi. — Douanes, etc., etc. — Description de la province d'Alger. 71

LIVRE IV.

Marche sur le cap Matifou.—Evacuation de Sidi-Féruch et des redoutes.— Concentration de l'armée autour d'Alger. — Dévastations qui en sont la suite. — Départ d'Hussein-Pacha. —M. de Bourmont est nommé maréchal de France. — Relations avec les Arabes. — Hamdan-ben-Amin-el-Secca est nommé agha des Arabes.— Ben-Zamoun. —Expédition de Blida.—Expédition de Bône.—Expédition d'Oran. — Massacre de Mourad à Bougie. — Révolte du bey de Titteri.— Révolution de 1830. — Départ de M. de Bourmont.   95

LIVRE V.

Arrivée du général Clauzel. — Commission d'enquête.— Nouvelle organisation de l'armée. — Formation des zouaves.— Comité du Gouvernement. — Organisation des divers services publics. — Justice. — Domaine. —Douane.—Mesures spoliatrices à l'égard des Turcs et des corporations. — Ferme-modèle. — Analyse de divers actes administratifs.   113

LIVRE VI.

Relations avec les Arabes. — Expédition de Médéa.—Digression sur la province de Titteri. — Prise de Blida.— Combat de Ténia.—Occupation de Médéa.—Ben Omar est nommé bey de Titteri.— Combat et sac de Blida. — Réduction de l'armée. — Garde nationale algérienne. — Chasseurs algériens.—Destitution d'Hamdan.— Le colonel Mendiri, agha. —Traités avec Tunis au sujet de la province de Constantine et de celle d'Oran. — Evacuation de Médéa.— Départ du général Clauzel. — Etat de la colonie au départ du général Clauzel..   133

LIVRE VII.

Administration du général Berthezène. — M. Bondurand intendant en chef. — Aperçu des actes de l'administration

TABLE DES MATIÈRES. 475

militaire.— Administration civile. — Acquisitions des Européens. — Essais de culture. — Analyse de divers actes administratifs. 165

LIVRE VIII.

Relations avec les Arabes.—Assassinat du caïd de Khachna. —Excursion dans la plaine.—Reconnaissance de Coléa.— Travaux topographiques. — Expédition de Beni-Salah. — Expédition de Médéa.—Désordres de la retraite.—Combats auprès de la Ferme-Modèle.—El-Hadj-Mahiddin est nommé agha des Arabes.—Expédition malheureuse de Bône.—Mort du commandant Huder.—Le général Boyer à Oran. — Organisation des services publics à Oran.—Description de la province. — Rappel du général Berthezène. 189

LIVRE IX.

Séparation de l'autorité civile de l'autorité militaire à Alger. —Rappel du général Berthezène.— M. le duc de Rovigo est nommé commandant du corps d'occupation d'Afrique. — M. Pichon est nommé intendant civil.—Renouvellement des régiments de l'armée. — Formation des chasseurs d'Afrique et des bataillons d'infanterie légère.—Travaux des routes et établissement des camps. — Contribution des laines.—Actes de l'administration de M. Pichon. — Abandon du nouveau système, et rappel de M. Pichon.—M. Genty de Bussy, intendant civil. — Etablissement des villages de Kouba et de Dely Ibrahim.—Actes de l'administration de M. Genty sous le duc de Rovigo. 223

LIVRE X.

Politique du duc de Rovigo avec les Arabes. — Sa conduite envers l'agha. — Négociations avec Farhat-ben-Said. —Massacre d'El-Ouffia. — Massacre d'une reconnaissance française.—Démonstration du général Buchet sur l'Isser.

— Agitation dans la province d'Alger.— Publication de la
guerre sainte et insurrection générale.—Affaire de Bouffarik.
—Conduite équivoque et fuite de l'agha. — Arrestation des
marabouts de Coléa. — Expédition sur Blidah.—Arrestation
et exécution de Meçaoud et d'El-Arbi.—Négociation avec
Constantine. — Coup de main sur Bône. — Evénements
d'Oran et rappel du général Boyer. — Départ du duc de
Rovigo.—Digression sur la province de Constantine. 245

LIVRE XI.

Intérim du général Avizard. — Création du bureau arabe. —
M. de la Moricière, chef du bureau arabe.—Actes de l'administration civile sous le général Avizard. — Arrivée du
général Voirol.—Expédition de Guerouaou.—Camp du Hamise. — Création des spahis d'El Fhas. — La garde des
blockhaus est confiée aux indigènes.— Pacification du pays.
—Travaux des ponts de Bouffarik.—Travaux des routes et
de desséchement.— Camp de Douéra.—Expédition de Bougie.—Evénements de Bône. 291

LIVRE XII.

Commencement d'agitation parmi les Arabes de la Metidja. —
Assassinat du kaïd de Beni-Khelil.—Excursions de la commission d'Afrique dans la plaine et à Blidah.—Expédition
contre les Hadjoutes.—Ben Zécri.—Expédition de Khachna.
—Séjour de M. Vergé parmi les Arabes.—Négociations avec
Tugurth.—Expédition de Haouch-Hadji. — Seconde expédition contre les Hadjoutes. — Soumission des Hadjoutes.—
Paix générale. — Les Européens se répandent dans la Metidja. — Camp de Douéra. —Marché de Bouffarik. — Reconnaissance des fermes du Beylik.—Intrigues et faiblesse.
—Négociations avec Titteri.—Révolution de Cherchel. . . 315

LIVRE XIII.

Le général Desmichels à Oran.—Expédition contre les Garaba.

TABLE DES MATIÈRES. 477

— Combats sous les murs d'Oran. — Occupation du port d'Arzew. — Occupation de Mostaganem. — Expédition de Tafaraoui. — La commission d'Afrique à Oran. — Perfidie de Kadour à Arzew.—Expédition de Temezourar.— Correspondance du général Desmichels avec Abd-el-Kader.— Combat du 6 janvier.— Négociations pour la paix.—Traité de paix avec Abd-el-Kader.—Guerre d'Abd-el-Kader contre les Douair et les Zmela.— Turcs de Tlémcen.—Prétentions d'Abd-el-Kader sur les provinces d'Alger et de Titteri. — Événements de Bougie. 347

LIVRE XIV.

Nature des rapports entre le général Voirol et M. Genty de Bussy.— Actes administratifs.—Justice, domaine, finances, commerce, agriculture, travaux publics, police, voirie, etc. —Commission d'Alger.—Aperçu de ses travaux.—Démêlés du général Voirol et de l'intendant civil.—Affaire Sofar.— Conversion d'une Mauresque à la religion chrétienne et suites de cette affaire.— Nomination du général Drouet comte d'Erlon aux fonctions de gouverneur général des possessions françaises dans le nord de l'Afrique, et de M. Lepasquier à celles d'intendant civil. — Départ de M. Genty. — Départ triomphal du général Voirol. 389

LIVRE XV.

Ordonnance constitutive de la haute administration des possessions françaises dans le nord de l'Afrique.—Organisation de la justice.—Arrivée des nouveaux fonctionnaires.— Intrigues des Maures.—Installation des tribunaux.—Nouvelle organisation de la municipalité et de la police.— Formation des communes rurales.— Actes administratifs. 407

LIVRE XVI.

Premiers actes de l'administration du comte d'Erlon dans ses relations avec les Arabes. — Intrigues de quelques Maures d'Alger. — On envoie des troupes au marché de Bouffarik. — Bons résultats de cette mesure. — État satisfaisant du pays. — Le lieutenant-colonel Marey est nommé agha des Arabes. — Changement dans la politique arabe. — Guerre contre les Hadjoutes. — Troubles sur plusieurs points. — Événements de Bougie. — Prétendue paix avec les Kbaïles. — Le général Desmichels quitte Oran. — Abd-el-Kader envahit la province de Titteri et une partie de celle d'Alger. — Concessions que lui fait le comte d'Erlon. — La guerre recommence. — Combat de Muley-Ismaël. — Défaite de la Macta. — Départ du comte d'Erlon. 429

FIN DE LA TABLE DU PREMIER VOLUME.

www.ingramcontent.com/pod-product-compliance
Lightning Source LLC
Chambersburg PA
CBHW070947240426
43669CB00036B/2059